무역실무

한 권으로 마스터한다

무역실무

한 권으로 마스터한다

권영구 지음

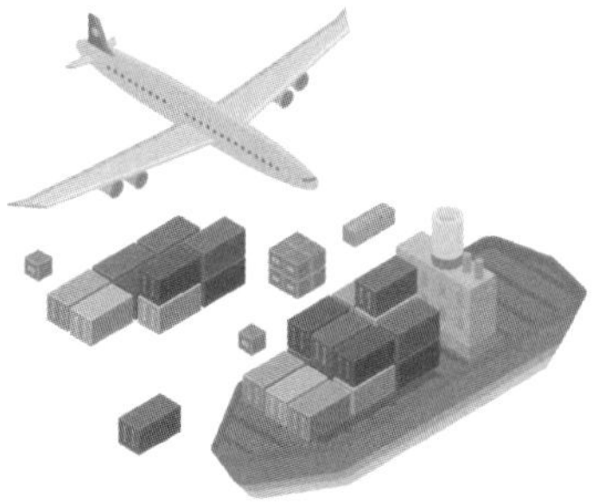

권영구의 무역비즈니스 플랫폼

중앙경제평론사

| 머리말 |

이 책에는 처음으로 해외와 무역거래를 하려고 하는 분들에게 이 정도의 지식만은 알아두었으면 하는 내용을 망라하였다. 그리고 무역에 관한 번잡한 절차를 가능한 한 알기 쉽게 설명하려 했다.

AI시대가 생각보다 빨리 다가오고 있다. AI는 제조·생산, 물류·유통, 영업·마케팅, 재무·금융 등 기업 전반에 광범위하게 적용될 것이라 한다. 무역업계에서도 수출업체와 수입업체를 IT·AI 기술을 활용해서 연결하는 스마트 플랫폼을 구축하는 등 IT·AI 기술을 활용하는 디지털무역에 대비하고 있다. 이제 AI는 국제무역질서를 변화시키는 핵심 동인으로 작용하고 있다고 해도 과언이 아니다.

시간이 너무 빠르게 지나간다. 20년도 더 지났지만 필자가 무역현장에서의 경험을 바탕으로 처음 무역실무를 강의했던 당시와 현재의 무역실무, 무역거래를 비교하면 엄청 변화·진보한 것을 실감한다. 그 대표적인 것이 '컴퓨터화'와 '스피드화'이다. 이러한 진보로 옛날에는 생각할 수 없는 종류와 양의 업무를 단시간에 처리할 수 있게 되었다. 그러나 무역실무를 하는 데서 기본적인 자세는 그다지 변하지 않은 것 같기도 하다. 어디까지나 기본이 중요한 것이다.

필자는 오래전부터 무역실무를 포함해서 무역에 관련되는 여러 분야의 기본적인 지식을 아우르는 책이 한 권 있으면 좋겠다는 생각을 했다. 오프라인에서 무역지식의 플랫폼 역할을 할 수 있는 책으로서 말이다. 서점에 나가 봐도 무역 각 분야의 전문서적은 많아도 무역거래에 관련한 전체의 지식과 경험을 알려주는 한 권짜리 책은 거의 보이지 않았다.

무역을 처음 하는 분들이 각 분야의 책을 따로 사지 않고도 책 한 권만으로 무역 관련 전 분야의 기본지식을 학습할 수 있도록 말이다. 그런 후 어느 한 분야에서 더 깊은 전문지식이 필요하다면 그때 가서 그 분야의 책을 구입하면 된다.

이 책은 필자의 풍부한 무역현장 경험과 중소기업에 대한 무역비즈니스 컨설팅 내용 그리고 강의 내용을 바탕으로 무역에 관련한 전반적인 기본지식을 집대성한다는 데 의미를 두고 집필하였다. 필자 혼자서는 부족한 부분도 있었기 때문에 부족한 부분은 그 분야 전문가들의 협력을 구하고 관련분야의 서적을 참고하였다.

이 책은 총 15PARTS로 구성되어 있다. PART 1부터 PART 9까지는 무역실무에 필요한 전반적인 지식을 설명하는 장으로 해외시장조사에서부터 바이어 발굴전략, 클레임 대응까지 무역실무의 전 과정을 다루었다. PART 10부터는 전자무역과 디지털무역, 온라인 무역, 수출입협상, 무역마케팅, 국제통상과 FTA, CISG(국제물품매매계약에 관한 유엔협약), 국제무역사기 등의 기본지식에 관해 무역을 처음 하는 분들도 이해하기 쉽게 기술하려 했다.

왜 무역을 하는데 무역실무의 기본적이고 기초적인 지식이 중요한가? '알아야 면장을 하지'라는 속담이 있다. 이 정도의 지식도 없으면 누군가 아무리 설명을 잘해도 이해할 수 없으며 질문도 할 수 없고 인터넷 검색하기도 어렵다. 검색을 한다 해도 그 답을 이해하기 어렵게 된다. 하지만 이 정도의 지식만 있으면 무역을 하는 데 그다지 어려움이 없다. 그다음부터는 모르는 것이 있으면 인터넷 검색을 하든가 전문가에게 질문을 하고 그 답을 이해할 수 있게 되니까 말이다.

언제부턴가 우리나라 대학교에서는 무역학과와 그 명칭이 사라지고 있다. 무역학과가 다른 학부(경제, 경영 등)에 통합된 상태이거나 국제통상학과, 글로벌 비즈니스학과 등과 같은 명칭으로 바뀌었는데 커리큘럼을 보면 무역학과의 커리큘럼이 그 중심이다. 이러한 현상도 시대의 변화에 따른 것이라 여겨진다.

무역거래를 둘러싸고 있는 환경이 상당히 빠르고 크게 변화를 거듭하고 있다. 온라인 무역이나 디지털 무역이 확대되고 국제적인 규칙(Rule)이나 대금결제방법, 물류, 보험제도 등이 점점 진화하고 있으므로 과거의 경험만으로는 새로운 무역실무에 대응하기 어렵게 되었다. 이 책에서는 그 같은 새로운 변화에 관해서도 이해하고 대응할 수 있도록 최신의 지식이나 실무를 다루려 했다.

한국 기업은 이제 국내시장을 바라보는 것만으로는 생존조차 어려운 시대가 되었다. 해외로부터의 저렴한 수입품이 대량으로 유입됨으로써 국내 회사는 생산거점을 해외로 옮기거나 생산 그 자체를 외부에 위탁하거나 하여 가격 경쟁에 대항할 수밖에 없게 되었다. 이런 가운데 해외와의 가교 역할을 하는 무역실무자의 중요성은 그 어느 때보다 높아지고 있다고 할 수 있다.

따라서 무역실무의 지식과 실무능력을 갖춘 사람은 무역에 직접 관계가 있는 기업만이 아니라 중소기업의 해외진출에도 꼭 필요한 인재이다. 앞으로는 대부분의 기업에서 무역실무자가 필요하게 될 것이라 예상되기도 한다.

이 책은 2013년에 출간해서 독자들의 사랑을 많이 받았던 필자의 전작 《개인 수출입을 위한 무역실무 읽는 법》의 완전 개정·보완판이라 할 수 있다. 이 책의 내용은 어디까지나 무역 초심자에 맞춰서 집필하였지만 실무경험자가 읽어도 지루하지 않도록 이론의 설명에도 힘을 쓰려고 했다.

끝으로 이 책을 읽은 독자들이 무역업계의 다양한 분야에서 활약하는 데 이 책이 조금이라도 도움이 된다면 필자로서는 그 이상의 기쁨은 없을 것이다. 이 책이 나오기까지 물심양면으로 도움을 주신 중앙경제평론사의 김용주 사장님을 비롯해서 수고해주신 모든 분에게 감사드린다.

권영구

| CONTENTS |

PART 4 바이어 발굴전략

PART 5 수출실무

PART 6 수입실무

PART 12 무역마케팅

PART 13 국제통상과 FTA, CISG

유용한 정보 차례

PART
1

무역실무, 이것만은 알고 시작하자

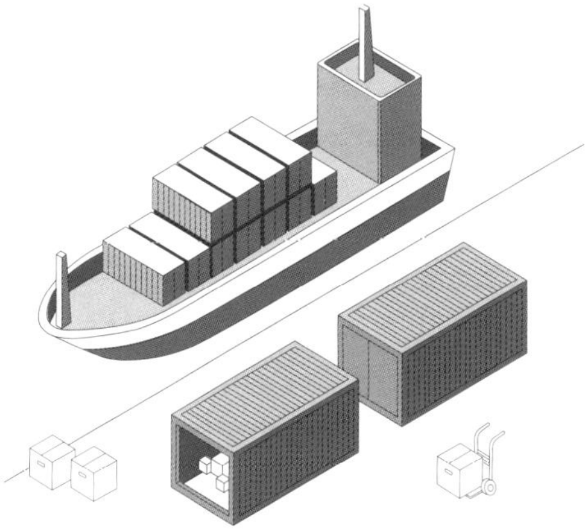

01

왜 무역실무가 필요한가

포인트

무역비즈니스를 성공으로 이끌기 위해서 적절하게 서포트를 하는 것이 무역실무이다. 따라서 최소한의 무역 관련 전문용어와 무역실무 지식은 물론 무역업무가 돌아가는 원리를 알 필요가 있다.

무역실무가 필요한 이유	
항 목	내 용
거래처와 제대로 대화하기 위해서	고객들은 일하기 수월하게 실무를 알고 있는 담당자와 만나기를 바란다. 수출입 관련 업체와 제대로 대화하기 위해서라도 최소한의 무역실무 지식은 필요하다.
비즈니스의 흐름을 알기 위해서	수출입의 정해진 기본 절차를 알아야 한다. 그래야만 다음 벌어질 일을 대략이나마 예측할 수 있다.
누가 무슨 일을 하는지 알아야 해서	수출입거래에는 다양한 입장의 회사(사람)들이 관련되어 있다. 포워딩회사, 선박회사, 항공회사, 은행, 보험회사, 세관, 관세사 사무실, 무역 관련 지원기관 등. 이들 회사가 무역과 관련해서 무슨 일을 하는지 알아야 업무를 진행할 수 있다.
시간과 물적 손실을 줄이기 위해서	수출입거래에는 다양한 리스크가 있다. 이들 리스크로부터 시간적·물적 손실을 줄이기 위해서는 시행착오, 즉 실수하지 않는 것이 중요하다. 그러기 위해서 무역실무 지식이 필요하다.

무역거래에 관심 있는 기업들 증가

국내경기의 불황으로 인한 어려움의 타개책을 무역거래에서 찾으려는 기업들이 점점 증가하고 있다. 따라서 무역실무를 익혀두면 자사가 해외로 진출할 경우 그 중심 역할을 할 수 있다.

무역실무자 수요 확대

기업들의 해외 진출과 무역거래가 증가함으로써 무역실무의 지식이나 스킬을 지닌 무역실무자에 대한 수요도 늘고 있다. 따라서 무역실무를 익혀두면 취업의 범위가 넓어지고 취업경쟁력도 높아진다.

무역거래를 서포트하는 것이 무역실무

무역상담을 할 때 무역실무 지식이 없으면 상대방이 무슨 말을 하는지 이해하기 어렵다. 무역실무는 무역거래를 잘되게 서포트하는 전문지식을 갖춘 사람들의 업무라고 할 수 있다.

리스크도 있지만 보람 있는 업무

무역거래에는 리스크도 있다. 국경을 넘나드는 절차나 운송방법 문제, 시차나 언어, 상관습 차이로 어려운 점도 있다. 그런 일을 잘해냈을 때 보람을 느낄 수 있지만 무역실무 지식이 없으면 시행착오를 하는 등 실수를 해서 물적 손해를 볼 수도 있다.

02

무역실무를 잘하려면

포인트

무역실무 지식이 어느 정도 있는 사람도 실제로 현장에서 무역실무를 하다 보면 무역 관련 기관이나 회사에 물어보는 경우가 많다. 무역실무자는 무역 프로세스와 무역용어를 잘 알아야 한다. 물론 무역 관련 기관에 대해서도 알아야 한다.

무역실무를 잘하려면	
무역실무를 이해하자	무역실무가 국내거래와 다른 점을 이해한다.
필요한 최소한의 지식을 쌓자	수출입을 하려면 꼭 알아야 할 지식을 갖추어야 한다.
인터넷과 주요 통신수단을 알아두자	인터넷 등 주요 통신수단의 진화는 무역실무에도 많은 변화를 가져왔다.
전문용어를 숙지하자	무역 전문용어를 알아야 무역실무를 할 수 있다.
수출입 풀 프로세스를 기억하자	무역실무자라면 반드시 수출입 풀 프로세스를 알아야 한다.
무역 관련 기관에 관해 알아두자	무역 관련 기관은 선생님이자 협력자다. 외부기관의 조언이나 협력을 받는 것도 무역업무의 하나이다.
무역실무에 필요한 서류에 관한 지식을 갖추자	무역실무에 등장하는 서류에는 각각 특유의 형식이 있다. 서류 보는 방법이나 서류의 특징을 기억하고 실무에 활용하도록 하는 것이 중요하다.

무역실무를 이해하자

무역을 하려는 사람은 누구든 처음에는 막연하고 불안할 수 있다. 그렇지만 무역도 국내에서 행해지는 매매(賣買)와 같으므로 실무 관점에서 무역거래가 국내거래와 다른 다음 두 가지를 명확하게 이해하고 무역실무에 관한 최소한의 필요지식을 습득하면 무역이 그렇게 어려운 것이 아님을 인식하게 될 것이다.

① 물품의 이동에 관해 기본적으로 국가의 무역관리 제도에 합치해야 한다. 바꾸어 말하면 세관에 신고하고 통관절차를 거쳐야 하는 것이다.

② 세계의 외국환 결제기구를 이용해야 한다. 구체적으로 말해서 수출입 대금을 결제할 때 환어음 거래 방법에 따라서 은행을 이용하는 경우가 많다는 것이다.

최소한의 필요한 지식을 쌓자

규모의 크고 작음을 불문하고 무역 부문의 일을 하려면 최소한 알아야 할 필요지식이 있다. 그 모든 것을 여기에서 하나하나 설명할 수는 없지만 수출입을 하려면 알아두어야 할 지식항목을 편의상 필수지식, 필요지식, 관련 지식으로 구분하여 다음 페이지 표에서와 같이 소개한다.

인터넷과 주요 통신수단을 알아두자

무역거래에서 활용되는 통신수단으로는 인터넷을 비롯하여 SNS, 팩스(Fax), 국제전화, 우편 그리고 전보 등이 있으니 상대지역과 필요에 따라 적

무역실무에 필요한 지식항목

항 목	지식항목
필수지식	상품지식, 수출입 대금결제방법, 수출입 계약, 무역조건(가격조건), 시장지식, 화물이동에 관한 지식, 수출입 규제와 통관제도에 관한 지식, 인코텀즈, 해상보험
필요지식	수출입 코스트와 채산성, 자금계획, 무역보험, 거래통화, 거래상대방의 신뢰도, 무역전문용어, 환예약, 관세제도, 신용장통일규칙, 제품검사, 국제상사중재제도, 지적재산권, 수입상품에 관한 국내법, 부당한 클레임 발생, 해운 · 통신 · 보험 등에 관한 국제협정 또는 조약
관련 지식	외국어의 활용, 의사소통의 어려움 극복, 원격지 거래, 다른 문화 · 관습과 법률, 통신이나 커뮤니케이션 수단, 상대국의 신뢰도, 리스크 관리능력, 제조물책임에 관한 법률, 자사의 영업력과 실행력, 인터넷 및 소셜 네트워크 활용지식

절히 활용하면 된다. 통신수단의 다양화와 간편성 그리고 동시에 이루어지는 대규모화는 비즈니스하는 사람들을 크게 바꾸어놓았고, 그것을 적절히 이용하는 것이 무역기업 경영의 성패를 좌우한다고 해도 지나친 말이 아닐 정도이다.

PC와 휴대전화는 날로 진화하며, 이것을 이용해 순식간에 대량 송수신할 수 있는 이메일은 물론 정보검색, 검출, 자기 홍보, 영업, 판매, 제조, 경리 등에 이르기까지 모든 면에서 활용되고 있다. 국내외 관련 단체의 홈페이지(URL)는 관련 비즈니스의 현상과 근황을 표시하므로 비즈니스에 관한 좋은 판단재료를 얻을 수 있다.

또한 팩스나 전화, 디지털 방송이나 TV 등과의 접속, 초고속 네트워크 등이 날로 진화되어 무역대금을 전자결제하고 업무가 EDI로 전자 처리되는 등 전자무역이 대기업을 중심으로 활성화되고 있으므로 필요할 때 대응해야 한다.

전문용어를 숙지하자

무역실무를 빨리 이해하려면 전문용어 숙지가 중요하다. 무역실무에서 나오는 모든 전문용어를 기억하기는 어렵겠지만 기초 용어와 그 의미는 우선 암기해두는 것이 무역실무를 이해하는 데 크게 도움이 될 것이다.

무역 전문용어

용 어	약 어	한국어
Letter of Credit	L/C	신용장
Packing List	P/L	포장명세서
Insurance Policy	I/P	보험증서
Purchase Order	P/O	구매주문서
Free on Board	FOB	본선인도
Cost, Insurance and Freight	CIF	운임보험료 포함인도
Full Container Load	FCL	컨테이너 단위의 큰 화물
Container Yard	CY	컨테이너 장치장
Cash on Delivery	COD	현품상환방식
Cash against Documents	CAD	서류상환방식
Documents against Acceptance	D/A	서류인수인도 방식
Estimated Time of Departure	ETD	출항예정일
Inspection Certificate	I/C	검사증명서
Shipping Advise	S/A	선적통지
Negotiation	NEGO	수출자의 환어음 매입의뢰
Invoice	I/V	송장
Bill of Lading	B/L	선하증권
Certificate of Origin	C/O	원산지증명
Letter of Guaranty	L/G	보증서

용 어	약 어	한국어
Cost and Freight	CFR	운임포함인도
Air Waybill	AWB	항공화물 운송장
Less than Container Load	LCL	소량혼재화물
Container Freight Station	CFS	화물집화소
Cash with Order	CWO	주문상환방식
Documents against Payment	D/P	지급인도방식
Uniform Customs and Practice for Documentary Credit	UCP	신용장통일규칙
Estimated Time of Arrival	ETA	도착예정일
Proforma Invoice	P/I	견적송장
Bill of Exchange	B/E	환어음
Harmonized System Code	HS Code	국제통일상품분류체계

수출입 풀 프로세스를 기억하자

무역에서 수출 또는 수입마케팅 활동은 수출입을 비즈니스로 성립시키기 위한 기본 요건이고 중요한 행동이다. 이 같은 마케팅 활동을 결실로 연결하기 위해 행하는 일련의 업무가 수출입 프로세스이다. 이에 관해서는 뒤에서 별도로 '수출입 풀 프로세스(Full Process)'를 설명하니 무역실무자라면 반드시 기억해두기 바란다.

무역 관련 기관에 관해 알아두자

무역 관련 기관은 무역업무를 처음 하는 사람들에게는 선생님이면서 협력자이기도 하다. 무역업무를 잘하려면 외부의 기관으로부터 조언이나 정보를 듣는다든가 업무 서비스를 받는 것이 좋다. 이들 외부기관의 조언이나 협력을 받는 것도 무역업무의 하나이다.

별도로 소개하는 무역 관련 기관에 관해서도 알아두고 적절히 활용하면 많은 도움이 될 것이다.

무역실무에 필요한 서류에 관한 지식을 갖추자

수출입거래에서 서류는 업무를 달성하는 도구이며 소프트웨어라 할 수 있다. 수출입거래에서 중요한 것은 계약대로 상품을 이전하고 상품 대금을 지불하는 것이지만 그것을 실현하기 위해서 서류는 대단히 중요하다.

수출입거래에서는 통상의 국내거래에서보다 많은 서류가 활용되고 있다. 자국과 타국 세관의 관여, 대금결제 방법으로서 환거래 그리고 거래당사자 이외 관계자의 동의나 확인, 행동을 요청하는 경우 등에 필요한 서류가 다양하다. 그중에서 무역실무의 필수기초지식으로 알아두어야 할 서류를 다음 장(PART 3)에서 소개하니 숙지하기 바란다.

03

무역거래와 국내거래의 차이를 이해하자

포인트

국경을 넘어 문화도 법률도 다른 나라와의 거래에는 국내거래와 다른 점이 몇 가지 있다. 이 다른 점을 아는 것이 무역거래에서 리스크나 트러블을 회피하는 데 중요하다.

무역거래와 국내거래의 차이

항 목	내 용
커뮤니케이션할 때 언어 차이	무역거래는 다른 나라와의 매매거래이므로 언어가 다르다. 협상이나 연락에는 영어를 사용하는 것이 일반적이다.
통화(通貨) 차이	나라마다 사용하는 화폐단위가 다른데 미국 달러나 유로를 사용하는 것이 일반적이며 환리스크가 따른다.
법률 규제 차이	나라마다 무역관리제도가 다르기 때문에 상대방 국가의 관련 법제도를 확인해야 한다.
상관습 차이	상담이나 계약 협상을 할 때 상관습 차이로 오해나 인식 차이를 불러올 수 있으므로 상대 국가의 상관습을 충분히 이해해야 한다.
문화 차이에 따른 상품 기호(嗜好) 차이	의식구조나 국민성을 이해해야 한다.
종교적으로 금기된 상품 존재	특히 이슬람국가 등으로 수출할 때 유의해야 한다.
다양한 리스크 존재	환리스크, 신용리스크, 운송리스크, 컨트리리스크 등과 같은 리스크가 존재한다.

무역거래는 다른 국가 간에 행해지는 매매이기 때문에 국내거래에 비해 다양한 차이가 있다. 국내거래와 무역거래의 차이는 앞의 표에서 언급한 것과 같은 것을 들 수 있다. 무역당사자는 이러한 점에 유의하지 않으면 안 된다. 또한 해상운송의 무역거래이면 운송거리가 길고 운송일도 오래 걸리기 때문에 어느 지점에서 상품을 인도할지, 어느 시점에서 상품대금을 지불할지에 대한 고려도 중요하다. 무역거래는 국내거래와 차이를 이해하는 것이 성공으로 이끄는 열쇠라 할 수 있다.

04

수출입 풀 프로세스를 기억하자

포인트

수출입의 큰 흐름을 알려면 수출입거래의 풀 프로세스를 이해해야 한다. 수출입의 풀 프로세스를 모르면 수출입을 어떻게 시작하는지는 물론 시작했다 해도 끝까지 완료하는 데 상당한 어려움이 따른다.

수출 풀 프로세스

1) 해외시장조사에서 계약까지

해외시장조사 → 바이어 발굴 → 인콰이어리 수령 → 오퍼 제시 → 바이어로부터 카운터 오퍼 수령 → 최종오퍼 → 계약체결 → 2) 신용장 수령에서 수출대금 수령까지

2) 신용장 수령에서 수출대금 수령까지

신용장 수령 → 물품 확보 → 선복예약 → 선적서류 작성 → 해상보험 가입 → 선적일정 통보 → 수출통관 및 선적 → 수출대금 수령 및 사후관리

※ 계약체결 전에 바이어에 관한 신용조사를 할 필요가 있음을 유의한다.
※ 상기와 같은 수출 풀 프로세스는 신용장 거래에 따른 무역의 일반적·기본적인 절차이며, 실제 수출을 이행하는 과정에서는 일부 과정이 생략되거나 동시에 진행될 수도 있고, 상품 성격에 따라 복잡하게 진행되는 경우도 있으므로 실무를 진행하다가 막힐 때는 전문가에게 자문하는 것이 좋다.

수출 풀 프로세스

1) 해외시장조사에서 계약까지

① **해외시장조사** → 수출하려고 하는 품목이 정해지면 해외시장조사를 해

야 한다. 수출대상 국가의 정치·경제·사회·문화 전반에 걸쳐 현황을 살펴보고 해당 상품이 목표시장에 적합한지, 유사상품 또는 경쟁상품이 있는지, 시장규모는 어느 정도인지, 유통경로는 어떠하며 경쟁상품의 가격수준 등은 어떤지 조사한다. 특히 인증제도를 반드시 확인해야 한다.

② **바이어 발굴** → 입수한 바이어 리스트를 참조하여 선정한 잠재 바이어들에게 거래제의서신(Circular Letter)을 발송한다. 해외의 전문잡지 등에 광고를 하고, 전시회 등에 참가하여 카탈로그 등을 배포하며 잠정 바이어들과 접촉한다. 또한 인터넷 거래알선 사이트에 접속하여 광고하고 바이어를 검색한 후 거래제의서신을 보낸다.

③ **인콰이어리(Inquiry) 수령** → 바이어로부터 상품에 대한 문의가 오는 것을 '인콰이어리'라 한다.

④ **오퍼(Offer) 제시** → 바이어로부터 인콰이어리를 받으면 최대한 빨리 요청받은 물품의 가격과 납기, 지불조건을 포함하는 거래조건이 명기된 오퍼를 작성해서 바이어에게 보낸다. 이때 오퍼는 바이어가 알기 쉽게 작성하는 것이 중요하며 인사 편지(Covering Letter)를 써서 함께 보내는 것이 좋다.

⑤ **바이어로부터 카운터 오퍼(Counter Offer) 수령** → 바이어에게 제출한 오퍼에 대해 그 바이어가 가격과 조건을 만족하면 바로 계약에 들어갈 수 있지만, 바이어는 대부분 오퍼에 대해 자신들의 조건을 제시해온다. 이것을 '카운터 오퍼'라 한다. 바이어와의 교섭은 경우에 따라 여러 번에 걸쳐 쌍방이 조

건을 제시하며 조정해간다.

⑥ **최종오퍼(Final Offer)** → 교섭 결과 쌍방이 가격과 조건에 합의하면 그 합의사항을 근거로 하여 최종오퍼를 바이어에게 제출한다. 바이어는 제출된 최종오퍼를 검토하고 합의사항과 차이가 없으면 최종적으로 승낙(Acceptance)을 하고 주문서를 발행한다.

⑦ **계약체결** → 바이어로부터 최종 승낙이나 주문서를 받으면 계약체결에 들어간다. 계약은 별도 계약서를 작성하여 쌍방이 서명하는 것이지만, 소액 거래인 경우에는 수출자가 제출한 최종오퍼 하단에 카운터 서명을 하거나 아니면 바이어가 발행한 발주서(Order Sheet)에 수출자의 확인 서명(Acknowledgment)을 받는 것으로 계약서를 대신하기도 한다.

2) 신용장 수령에서 수출대금 수령까지

⑧ **신용장 수령** → 결제조건이 신용장 조건이면 바이어로부터 신용장을 수령한다. 신용장을 수령하면 내용이 계약내용과 일치하는지 확인해야 한다.

⑨ **물품 확보** → 해당 상품을 생산할 원자재를 확보하고 생산에 들어간다. 자사에서 생산하지 않을 경우에는 외주사에 발주하여 물품을 확보한다.

⑩ **선복예약** → 선박회사에 연락하여 선박 일정을 확인하고 선복(ship's space)을 예약한다.

⑪ **선적서류 작성** → 신용장 내용에 따라 Invoice(송장), Packing List(포장명세서) 등과 같은 선적서류를 작성한다.

⑫ **해상보험 가입** → 인도조건이 CIF(Cost Insurance and Freight, 운임보험료포함인도)인 경우에는 신용장 내용에 따라 해상보험에 부보하고 보험증권을 수령한다.

⑬ **선적일정 통보** → 선박회사와 합의한 선적일정(Shipping Schedule)을 바이어에게 통보(Shipping Notice)한다.

⑭ **수출통관 및 선적** → 관세사에게 수출통관을 의뢰하고 통관이 완료되면 지정된 선박에 선적한 후 선박회사로부터 선하증권(Bill of Lading)을 수령한다. 선적완료 사실을 바이어에게 통보한다.

⑮ **수출대금 수령 및 사후관리** → 신용장 내용을 바탕으로 은행 제출용 서류를 작성하여 거래은행에 환어음매입을 의뢰(Nego)하고 수출대금을 수령한다. 수출이 완료되면 바이어가 상품을 잘 수령하였는지 그리고 상품에 만족하는지 확인하는 등 계속 거래관계를 유지하기 위해 바이어 관리를 한다.

수입 풀 프로세스
1) 해외거래처 물색에서 계약체결까지 과정 해외거래처 물색 → 국내시장조사 → 정식오퍼 요청 → 카운터 오퍼 제시 → 승낙 → 계약체결 → 2) 신용장 개설의뢰에서 국내 판매까지 과정
2) 신용장 개설의뢰에서 국내 판매까지 과정 신용장 개설의뢰 → 선적일정 확인 → 선적통지 수령 → 수입대금 결제 → 수입통관 의뢰 → 관세납부 및 수입통관 → 수입허가 후 작업 및 국내 판매
※ 경우에 따라 계약체결 전에 해외공급처에 대한 신용조사를 할 필요가 있음을 유의한다. ※ 상기와 같은 수입 풀 프로세스는 신용장 거래에 따른 무역의 일반적이고도 기본적인 절차이며, 실제 수입을 이행하는 과정에서는 일부 과정이 생략 또는 동시에 진행될 수 있고, 상품 성격에 따라 복잡하게 진행되는 경우도 있으므로 실무를 하다가 막힐 때는 전문가에게 자문하는 것이 좋다.

수입 풀 프로세스

1) 해외거래처 물색에서 계약체결까지 과정

① **해외거래처 물색** → 수입할 상품을 먼저 정한 후 해외거래처 물색에 들어간다. 해외공급업자는 무역거래알선기관에서 보유하고 있는 자료를 활용하거나 인터넷 거래알선 사이트를 활용하여 물색할 수 있다. 또한 국내외에서 열리는 유명 전시회 등은 상품이나 공급업자를 선정하는 좋은 기회가 된다.

② **국내시장조사** → 수입상품과 해외공급업자가 결정되면 국내시장조사에 들어간다. 상품의 국내시장을 잘 안다면 모르겠지만 그렇지 않으면 시장성 여부를 면밀히 조사한다. 이때 해당 상품이 국내의 수입 관련 법규에 저촉되지 않는지는 물론 수입할 때 인허가 사항을 반드시 조사해야 한다.

③ **정식오퍼 요청** → 국내시장조사 결과 시장성이 있고 수입에 문제가 없다면 해외공급업자에게 정식으로 인콰이어리(Inquiry)를 보내고 오퍼를 요청한다.

④ **카운터 오퍼 제시** → 해외거래처로부터 오퍼를 받으면 가격 및 거래조건을 검토하고 자사의 거래조건과 맞지 않으면 카운터 오퍼를 제시한다. 경우에 따라서 여러 번에 걸쳐 서로 거래조건을 조정하는 협상이 필요하다.

⑤ **승낙(Acceptance)** → 협상 결과 가격과 거래조건이 합의되면 승낙을 하고 최종 확정오퍼를 요청한다. 최종오퍼를 검토하고 합의사항과 일치하면 해외공급자에게 주문서(Purchase Order)를 발행한다.

⑥ **계약체결** → 최종오퍼와 주문서를 바탕으로 계약을 체결한다. 계약은 별도 계약서를 작성하는 것이 바람직하지만 경우에 따라서는 주문서 하단에 해외공급자의 확인을 받는(Acknowledgment) 것으로 계약서를 대신할 수 있다. 수입자는 별도 주문서를 발행하지 않고 해외공급자로부터 받은 최종 확정오퍼에 카운터 사인을 하여 승낙(Acceptance)하는 것으로 대신하기도 한다.

2) 신용장 개설의뢰에서 국내 판매까지 과정

⑦ **신용장 개설의뢰** → 계약을 체결하고 대금지불조건이 신용장 조건일 경우에는 거래은행에 신용장개설을 의뢰한다. 거래은행 양식의 신용장발행신청서에 계약 내용을 명기하여 은행에 개설을 의뢰하면 은행은 신용장을 개설하고 그 복사본을 보내준다. 복사본을 검토하여 계약 내용과 틀림없는지

확인하고 바이어에게 신용장 개설 사실을 통지한다. 그리고 수입상품이 국내 관련 법규에 따라 인허가 수속이 필요하면 사전에 가능한 한 빨리 처리해 두는 것이 중요하다.

⑧ **선적일정 확인** → 선적일이 가까워 오면 해외공급자에게 선적 일정을 확인한다. 인도조건이 FOB(Free on Board, 본선인도)나 CFR(Cost and Freight, 운임포함인도)일 경우 적하보험에 가입한다. 인도조건이 FOB일 경우에는 선박 예약도 해야 한다.

⑨ **선적통지 수령** → 해외공급자는 선적을 완료하면 그 사실을 수입자에게 통지해준다. 이를 참고하여 선박회사에 배의 도착을 확인한다.

⑩ **수입대금 결제** → 은행에 해외공급자로부터 대금결제서류 도착 여부를 확인하고 대금을 결제한 후 서류를 수령한다. 이때 그 서류가 신용장 내용대로 작성되었는지 확인해야 한다.

⑪ **수입통관의뢰** → 은행에서 받은 선적서류를 관세사에게 보내고 수입통관을 의뢰한다. 이때 관세사 사무실에 물품을 통관한 후 국내운송에 필요한 운송회사 수배도 의뢰할 수 있다.

⑫ **관세납부 및 수입통관** → 관세사 사무실에서 관세를 포함하여 수입통관에 필요한 제반 비용을 대략 산정해주면 그 금액을 관세사 사무실에 보낸다. 관세사 사무실에서는 수입통관을 대신해주고 통관에 들어간 비용을 정산한

후 금액이 남으면 관련 세금계산서, 영수증과 같이 돌려준다.

⑬ **수입허가 후 작업 및 국내 판매** → 수입상품에 따라 필요한 경우 수입허가 후 상품을 재포장하거나 라벨을 붙이고 설명서 삽입 등과 같은 작업을 한다. 그리고 국내에 유통해서 판매에 들어간다.

| 유용한 정보 |

무역실무를 익히려면

• 무역실무 관련 강의를 듣는다
→ 한국무역협회나 KOTRA 등과 같은 무역 관련 지원기관에서 실시하는 무역실무 강의를 들으면 크게 도움이 될 것이다.

• 무역회사에 취업을 해서 경험한다
→ 회사의 무역 관련 분야에서 일을 하든가 아니면 무역회사에 취업해서 직접 뛰면서 배운다.

• 무역전문가에게 자문을 한다
→ 무역전문 컨설턴트라든가 무역 관련 강의를 하는 강사, 무역 분야에 오래 종사한 사람들을 찾아 자문을 하는 것도 좋은 방법이다. 무역전문가를 만나기 어려울 경우에는 무역실무 책을 쓴 저자에게 연락을 해서 도움을 청하는 것도 한 방법이다.

• 무역 관련 책을 보고 혼자서 공부한다
→ 혼자서 무역실무 책을 보고 직접 뛰면서 배운다. 무역 관련 지식은 인터넷을 검색하면 거의 대부분 찾을 수 있으므로 이해되지 않는 것은 인터넷을 활용하면 큰 도움이 된다.

05

무역 관련 기관을 알아본다

포인트

무역거래를 할 때는 다양한 기업이나 공적 기관과 관계를 맺게 되므로 어떤 기업 기관이 있는지 파악해둘 필요가 있다. 수출과 수입을 순조롭게 잘하려면 외부의 관련 기관으로부터 지원이나 정보 제공, 업무서비스를 받는다든가 하는 것이 좋다.

무역 관련 기관

구 분	관련 기관
수출입업무 관련 지원기관	중소벤처기업부 중소기업수출지원센터, 중소벤처기업진흥공단, 한국무역협회, 코트라(KOTRA), 대한상공회의소, 대한상사중재원, 관세청, 한국수입업협회, 한국외국기업협회, 한국무역정보통신, 각 지방자치단체, 한국주재외국대사관, 한국주재 외국의 무역 관련 기관, 무역 관련 컨설팅회사, 산업분야별 연구기관 및 단체
일상 수출입업무와 관련되는 기관	통신회사, (국제)우체국, 선박회사, 항공회사, 해상(항공)화물운송회사(포워더), DHL과 같은 국제특급화물택배회사, 세관, 관세사(사무실), 인터넷(이메일)/소셜 네트워크
수출입 관련 금융기관	은행, 한국수출입은행, 한국무역보험공사, 보험회사
기타 수출입업무 관련 기관	수출입 관련 각종 검사 또는 검량기관, 각종 수출입과 관련한 인허가기관, 신문사·방송사·통신사 등 정보제공기관, 외국의 무역 관련 기관, 외국의 상공회의소, (국제)변호사사무실, (국제)특허사무실, 경제 관련 단체 또는 연구소

수출입업무 관련 지원기관

수출입업무를 추진하면서 필요한 자료나 정보를 받을 수 있고 해외시장조사를 포함한 각종 조사는 물론 수출입 관련 전반에 대해 지원받을 수 있는 기관이다. 목적에 따라서 관련 기관을 활용하면 많은 도움을 받을 수 있다.

기관명	관련 업무
중소벤처기업부 중소기업수출지원센터 (www.exportcenter.go.kr)	수출인큐베이터 설치, 수출금융지원, 해외규격인증 정보제공 및 획득지원, 온라인 수출지원, 무역촉진단 파견사업, 해외시장정보제공 등 중소기업의 각종 수출지원 등
중소벤처기업진흥공단 (www.kosmes.or.kr)	해외시장조사, 해외마케팅, 수출인큐베이터, 무역상담회 등 중소기업의 수출 관련 업무지원 및 교육 등
한국무역협회 (www.kita.net)	해외바이어 정보를 비롯한 무역에 관한 정보제공, 무역상담, 무역실무지원 등 종합무역컨설팅 서비스제공 및 교육(무역아카데미) 등
KOTRA (www.kotra.or.kr)	수출상담회, 전시사업, 플랫폼활용비즈니스 지원 등의 해외시장개척 지원을 비롯하여 통상정보, 오퍼정보 등 무역 관련 각종 정보의 제공 등 해외비즈니스 전반에 대해 지원 및 교육 등
대한상공회의소 (www.korcham.net)	외국상공회의소와의 상의네트워크, 기업정보, 국제통상정보의 제공, 원산지증명 발급, ATA까르네 등의 무역인증업무 등
대한상사중재원 (www.kcab.or.kr)	국내외 상거래에서 발생하는 분쟁 상담·해결, 상거래 실무 및 상관습에 대한 안내 및 상담을 통한 분쟁사전예방지원, 외국중재법규 및 기관에 대한 정보제공 등
관세청 (www.customs.go.kr)	수출입 통관절차와 과세절차 안내 및 상담, 관세·FTA상담, 품목분류상담, 관세법 등 법령정보제공 등
한국수입업협회 (www.koima.or.kr)	무역상담회, 거래알선, 무역상담, 무역 관련 교육 및 정보제공
한국외국기업협회 (www.forca.org)	수출물품구매, 알선업에 관한 지원 등
한국무역정보통신 (www.ktnet.co.kr)	인터넷 기반 전자무역서비스(무역업무 전 과정(외환, 상역, 통관, 물류) 원스톱서비스), 전자무역 컨설팅 등

기관명	관련 업무
각 지방자치단체	통상사절단 파견 등 해외마케팅 지원
한국주재외국대사관	해외시장 정보 및 바이어 리스트 입수
한국주재 외국의 무역 관련 기관	해외시장 정보 및 바이어 리스트 입수
무역 관련 컨설팅회사	장기간에 걸친 경험이나 지식을 살려서 전문적이고 구체적인 상담 가능(대부분 유료)
산업분야별 연구기관 및 단체	관련 분야 해외시장 정보제공 및 해외시장개척지원

일상 수출입업무 관련 기관

수출입업무를 하는 데 필요한 통신이나 운송과 관련되는 기관이다.

기관명	관련 업무
통신회사	(국제)전화 등 커뮤니케이션
(국제)우체국	(국제)우편물 접수, 운송 및 배달
선박회사, 항공회사, 해상(항공)화물운송회사(포워더), DHL과 같은 국제특급화물택배회사	내륙운송, 해상(항공)운송 관련 업무
세관	통관행정으로 수입물품에 대한 관세 및 부가가치세 등 징수, 수출입물품에 대한 적법사항 확인 심사, 보세화물관리 등 보세행정업무
관세사(사무실)	수출입 통관업무
인터넷(이메일)/소셜 네트워크	커뮤니케이션, 바이어 검색을 비롯한 각종 정보검색, 거래알선 사이트 활용, 각종 정보교환, 인맥 형성 등

수출입 관련 금융기관

은행은 수출입 대금결제, 해외투자에 이르기까지 광범위하게 관련되어 있으며 보험회사 또한 해상보험을 비롯하여 국제적인 각종 보험과 관련되어 있다.

기관명	관련 업무
은행	수출입 대금결제, 국제투자에 이르기까지 외국환금융기관
한국수출입은행 (www.koreaexim.go.kr)	기업의 수출과 해외투자, 해외자원개발, 주요 자원의 수입에 필요한 중장기/단기금융을 지원하는 기관
한국무역보험공사 (www.ksure.or.kr)	무역거래에서 물품대금 등의 손실을 보상하는 정책보험인 수출입 관련 보험의 취급 및 국외기업에 대한 신용조사를 대행하는 기관
보험회사	해상보험을 비롯한 각종의 국제적 보험에 응하는 기관으로 해상보험은 화재해상보험회사에서 취급

기타 수출입업무 관련 기관

위에서 소개한 기관 이외에 수출입에 직간접적으로 관련되는 기관이 여럿 있다.

기관명	
• 수출입 관련 각종 검사 또는 검량기관	• 각종 수출입과 관련한 인허가기관
• 신문사, 방송사, 통신사 등 정보제공기관	• 외국의 무역 관련 기관
• 외국의 상공회의소	• (국제)변호사사무실
• (국제)특허사무실	• 경제 관련 단체 또는 연구소

06

무역거래의 리스크를 알아두자

포인트

외국과의 거래인 무역에서는 상품운송, 보험, 대금결제 등의 업무가 복잡하게 얽혀 최종적으로 거래가 완료되기까지 다양한 리스크가 잠복해 있다. 이러한 리스크를 미연에 회피하려면 실무의 포인트를 제대로 파악하고 그 대응책을 이해해두는 것이 중요하다.

무역거래의 리스크 종류		
리스크의 종류		리스크의 내용
여신	신용위험 비상위험	거래처가 대금을 지급하지 않거나 선적 불이행 등이 발생하는 리스크 * 신용위험(거래처에 기인하는 리스크) * 비상위험(전쟁 등에 의한 리스크)
자금 매니지먼트	자금부담 리스크	물품 인도와 대금 수령에 시간 간격이 생기고 그 때문에 자금조달 필요성이 나오든가 자금운용을 효율적으로 할 수 없는 리스크
외국환	환변동 리스크	거래통화를 자국통화로 교환하는 경우에 적용하는 외국환 시세가 변동함에 따라 환차손을 입을 가능성이 있는가 하면 채산이 맞지 않을 리스크

신용위험

해외 거래상대방의 문제에서 기인한 위험을 말한다. 해외 거래상대방이 파산 등과 같은 경영상 이유로 대금을 지불하지 않는다든가 수출입 전에 상대방이 파산해서 수출입 불능상태가 되는 것을 들 수 있다. 해외기업에 대한 정보는 많이 부족해서 상대방이 계약대로 대금을 지급할지 또는 상품을 선적할지 등이 불안하다.

비상위험

무역 등 해외거래에서 당사자 잘못에 기인하지 않는 불가항력의 위험을 말한다. 예를 들면 환거래의 제한·금지, 관세인상, 수입의 제한·금지, 전쟁, 혁명 등과 같은 거래당사자 이외에 제3자의 행위나 천재지변 등으로 수출할 수 없게 된다든지, 대금지불 또는 선불금 반환을 받을 수 없게 된다든지, 해외투자로 취득한 주식 등이 몰수되고 배당금 등을 송금할 수 없게 된다든지 하는 것들을 들 수 있다.

자금부담리스크

무역거래에서는 상품과 대금을 주고받는 시점이 다르므로 기업 전체 자금의 흐름, 다시 말해 캐시 플로어에서 일시적으로 자금이 부족하게 되거나 자금을 조달할 필요성이 생기거나 자산운용을 효율적으로 할 수 없게 되거나 하는 것을 자금부담리스크라 한다.

환변동리스크

무역거래에서 대금지불을 외화로 할 경우 대금지불 또는 대금회수 단계에서 자국통화와 교환해야 한다. 통화 교환에는 외국환 시세를 적용하지만 시세는 항상 변하고 예측하기 어렵기 때문에 시세 움직임에 따라서는 원화로 교환할 때 당초 예상했던 채산대로 이익이 나오지 않을 수도 있는데, 이를 환변동리스크라 한다.

이외에도 의사소통리스크, 운송에 따른 화물손해리스크 등 다양한 리스크가 있다. 특히 무역거래는 장거리 운송에 시간이 걸리기 때문에 운송상의 사고에 의한 화물의 변질이나 손상 등의 손해가 발생하는 리스크도 높다.

이같이 무역거래는 국내거래보다 리스크가 많다. 이러한 리스크를 커버하고자 무역거래 관계자들은 다양한 방법이나 룰을 만들어냈는데, 이것이 긴 역사 속에서 국제 룰로 정착되었다. 언뜻 복잡하게 보이는 무역거래의 구조나 절차도 이러한 리스크를 가능한 한 줄이고 회피하고자 나타난 것이다.

따라서 무역거래를 할 때는 항상 '왜 이 절차가 필요한가', '이 절차는 어떤 리스크를 커버하는가' 등을 생각해야 정확한 절차를 이해하게 된다.

| 유용한 정보 |

무역을 처음 시작하려면

• 취급할 상품을 정한다.
→ 무역을 하려면 가장 먼저 취급할 상품을 정해야 한다.
(제조업인 경우는 자사 제품을 수출하면 된다.)

• 기본적인 무역실무 지식을 익힌다.
→ 무역실무를 하는 데 가장 많이 사용되는 기본적인 지식을 익힌다.

• 무역을 하기 위한 사전 준비를 한다.
→ 회사소개서, 카탈로그, 명함, (영문)홈페이지, 수출지역 등 무역을 하기 위해 필요한 것들을 사전에 준비한다.

• 해외거래처를 찾는다.
→ 해외에서 비즈니스를 안정적으로 지켜줄 신뢰할 수 있는 파트너를 물색한다.

07

무역거래의 중심기업과 관련 회사를 알아본다

포인트

무역거래에서는 수출자와 수입자가 중심이 된다. 그 과정에서 다양한 업무를 하는 기업들이 무역실무를 지원한다. 따라서 중심기업을 비롯해 각 기업의 역할을 알아둘 필요가 있다.

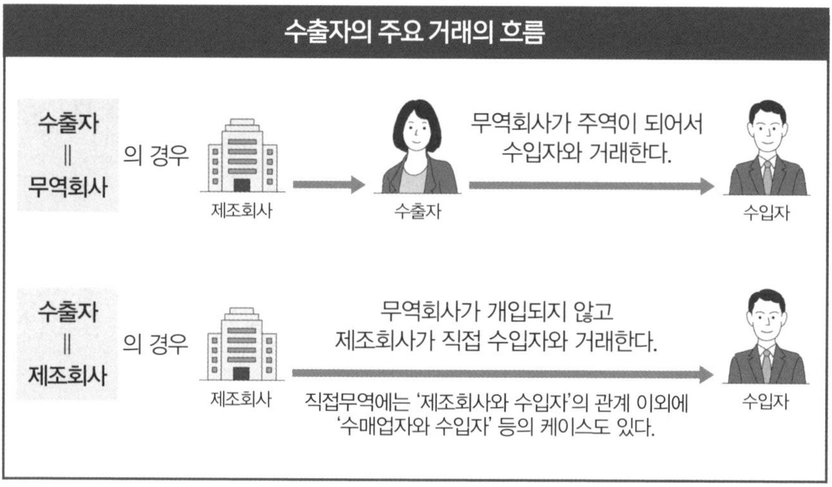

수출자

- 다양한 제품을 해외로 수출하는 것이 수출자의 업무이다.
- 수출자는 수출거래를 원만하게 하고자 많은 업자와 관계를 맺으며 구체적인 수속은 업자에게 위탁한다.

〈수출자의 업무〉

수출자의 중요한 업무는 여러 가지이지만 해외의 거래처를 찾아 협상하고 수출상품의 대금을 확실하게 회수하는 것이 무엇보다 중요하다. 수출자는 다양한 운송 방법을 구사해 상품, 제품을 세계로 수출한다. 그러나 구체적 수속은 직접 하지 않고 선박회사, 관세사, 보험회사, 포워더 등과 같은 기업에 의뢰한다.

수출자의 업무와 관계자

수출자는 무역거래를 하면서 다양한 업자와 관계한다.

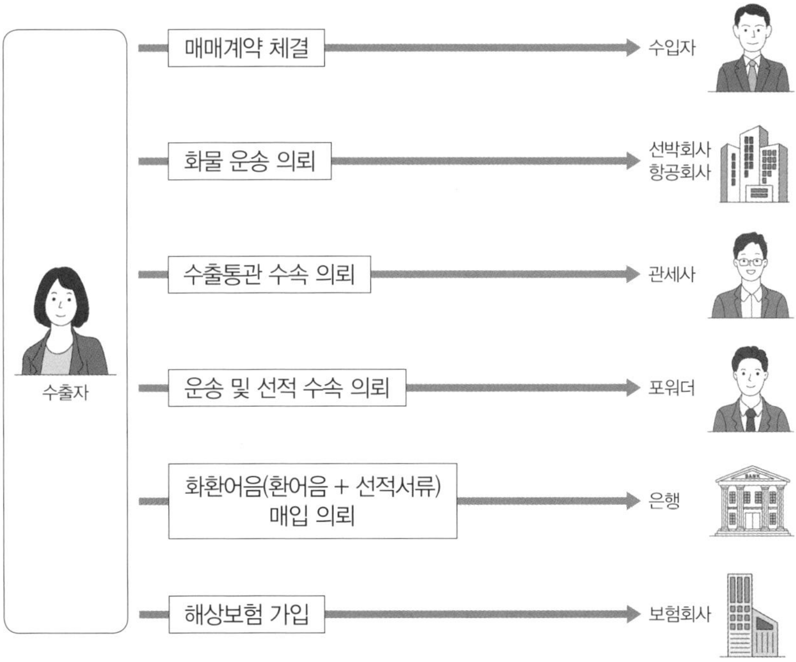

수입자의 주요 거래의 흐름

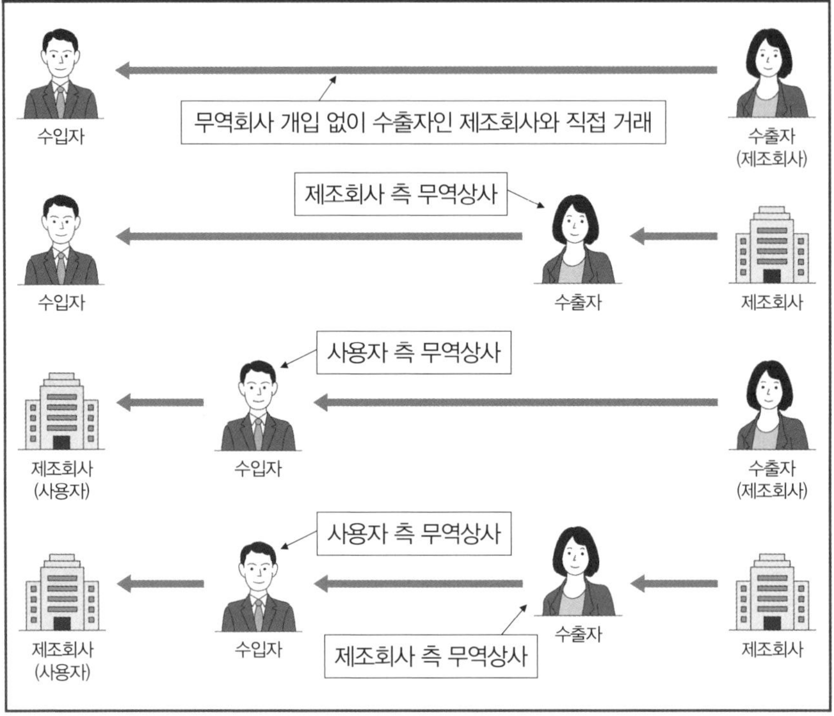

수입자

- 다양한 제품을 해외에서 수입하는 것이 수입자의 업무이다.
- 수입자는 수입거래를 원만하게 하고자 많은 업자와 관계를 맺고 구체적 수속은 업자에게 위탁한다.

〈수입자의 업무〉

수입자의 중요한 업무는 여러 가지이지만 해외에서 수입 아이템과 공급처를 찾아서 협상하고 수입상품의 대금을 지불하고 확실하게 상품을 인도받는 것이 무엇보다 중요하다.

수입자는 해외에서 다양한 상품이나 제품을 수입한다. 그러나 구체적 수속은 직접 하지 않고 선박회사, 관세사, 보험회사, 포워더 등과 같은 기업에 의뢰한다.

수입자의 업무는 수출자의 업무와 많이 중복되는데, 화물운송이나 해상보험 가입 등 비용 부담은 무역조건에 따라 다르다. 또한 수입자의 업무로 국내에서 상품을 판매하기 위해 소매점, 도매업자, 판매점과의 관계도 중요하다.

수입자의 업무와 관계자

수입자는 무역거래를 하면서 다양한 업자와 관계한다.

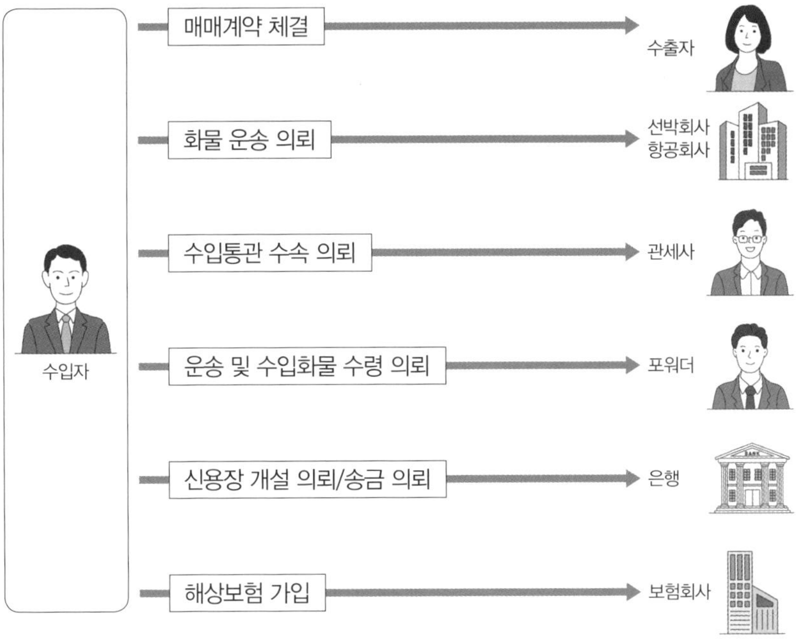

수출입자를 서포트하는 관련 회사

수출입자를 서포트하는 관련 회사로는 선박회사, 항공회사(항공화물대리점), 관세사, 화물운송업자(포워더, NVOCC), 세관, 은행, 보험회사 등이 있다. 이들 회사의 지원업무에 관해서는 '03 무역 관련 기관을 알아본다'에서 설명한 내용을 참고하기 바란다.

| 유용한 정보 |

무역을 하기 위한 사전 준비사항

수출입거래를 효율적으로 하려면 가능한 한 다음 표에 명기된 사항들을 사전에 준비할 필요가 있다.

상담자료 준비 사항	해외시장 이해를 위한 항목
• 명함 • 회사소개서 • 카탈로그 • 견적서(거래조건 포함) • 샘플(시식회 준비 포함) • 거래제의서신 • 외국어 홈페이지 • 무역실무 지식 • 해외시장 진출 전략	• 해당국의 국민성 및 의식구조, 상관습 • 해당시장의 특징 • 해당국 국민의 협상스타일 • 해당국 비즈니스 시 유의사항 • 해당국 국민과의 상담요령 • 해당국의 식생활 • 해당국의 식사문화 등 다양한 문화 • 해당국의 일반적 개요 및 사회의 현황 • 해당국의 경제현황 및 무역현황

무역실무와 관련 있는 기업·기관

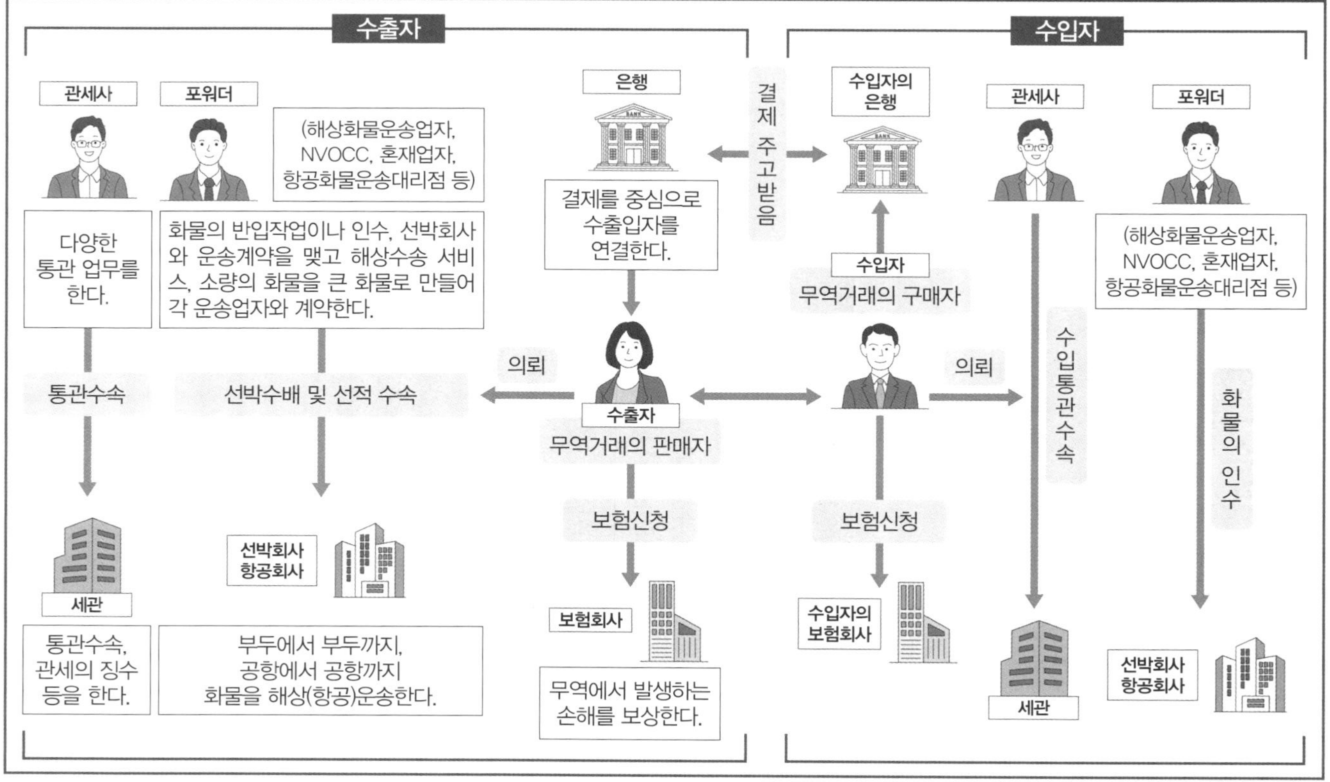

08

무역거래의 세 가지 흐름을 이해하자

포인트

무역거래에는 상품, 돈, 서류라는 3가지 다른 흐름이 있다. 수출자와 수입자 간에 다양한 업자가 관여하므로 상품, 돈, 서류의 흐름이 스무드하게 이루어진다. 이들 흐름을 이해하는 것이 중요하다.

무역의 3가지 흐름	
구 분	내 용
상품의 흐름	→ 상품인 화물이 운송되는 흐름 ◎ 흐름은 수출자에서 수입자로 ○ 선박(항공)회사, 관세사, 세관, 운송회사(포워더) 등이 관련되어 있다.
돈의 흐름	→ 상품대금을 국경을 넘어서 지불하는 흐름 ◎ 흐름은 수입자에서 수출자로 ○ 은행, 보험회사 등이 관련되어 있다.
서류의 흐름	→ 계약, 선적수배, 수출입통관, 시장에 유통되기까지 필요한 서류 흐름 ◎ 흐름은 수출자에서 수입자로 ○ 선박(항공)회사, 관세사, 세관, 운송회사(포워더), 은행 등이 관련되어 있다.

무역거래에서 3가지 흐름이 동시에 진행되는 것은 아니다. 서류의 종류나 관계기관도 많으며 국내거래와 아주 다르다. 무역실무에서 중요한 것은 이 3가지 큰 흐름을 확실하게 파악하는 것이다.

상품의 흐름

수출자로부터 수입자에게 상품이 운송되는 흐름을 말한다. '수출되는 화물', '수입되는 화물'의 흐름을 확실하게 파악하는 것이 중요하다. 실제로 현장에서 화물의 흐름을 확인하는 것도 중요하다.

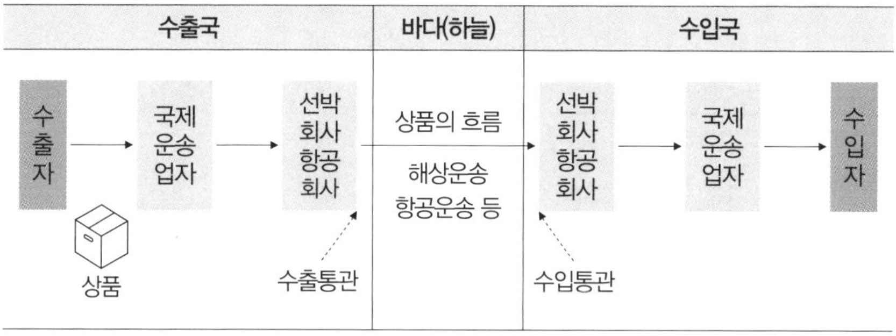

돈의 흐름

상품대금이나 기타 무역거래에 관련한 비용을 지불하는 흐름을 말한다. 돈의 흐름은 서류의 흐름과 밀접한 관계가 있음을 유의해야 한다.

서류의 흐름

계약체결에서부터 수입자가 화물을 인도받기까지 필요한 서류의 흐름이다. 서류의 종류와 작성자, 그 서류가 어떠한 경로로 해서 유통되는지 파악하는 것이 중요하며, 서류의 의미나 역할을 이해하고 서류를 작성하는 것도 중요하다.

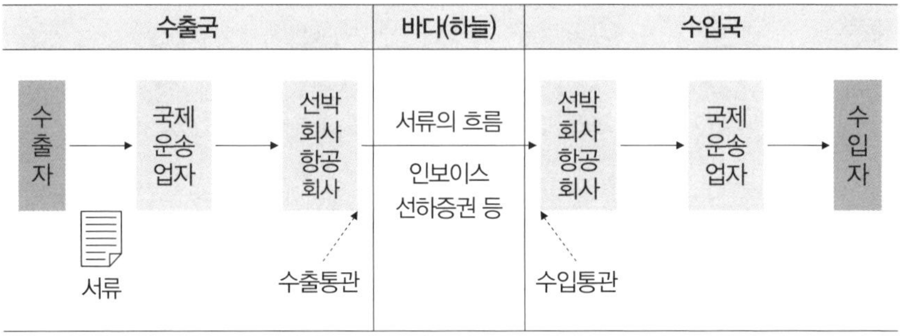

| 유용한 정보 |

소자본무역업 창업절차

우리나라는 무역업을 하고자 희망하는 사람은 누구든 할 수 있다. 처음 무역업을 창업하려는 사람들을 위해 창업절차를 설명한다. 기존의 회사도 수출입을 희망할 경우 직간접적으로 무역을 할 수 있다.

① 수출을 할 것인가, 수입을 할 것인가 아니면 수출입을 다 할 것인가를 결정한다.
② 아이템을 선정한다. 아이템을 먼저 선정한 후 ①을 결정할 수도 있다.
③ 사무실을 정한다. 사무실은 자택을 활용하는 것도 가능하다.
④ 회사를 개인사업자로 할지 아니면 법인으로 할지를 정한다.
⑤ 약사법, 식품위생법 등 개별법에 의한 허가(등록, 신고) 업종일 경우 그 규정에 따라 허가(등록, 신고)증을 취득한다.
⑥ 사업장 소재지 관할세무서에 사업자등록증을 신청한다.
⑦ 한국무역협회에 무역업 신고를 하고 고유번호를 받는다.
⑧ 사업개시. 먼저 사업을 개시한 후 ③, ④를 정하고 ⑥, ⑦을 하는 것도 가능하다.

※ 참고사항

- ④의 회사 형태를 법인으로 할 경우에는 ⑤의 허가(등록, 신고)증을 취득하기 전에 법인설립을 한다.
- 사업을 시작한 날로부터 20일 이내에 구비서류를 갖추어 관할세무서에 신청하여야 함. 단, 사업개시 전에도 신청 가능함
- 사업자등록신청서는 사업자 본인이 자필로 서명하여야 한다. 대리인이 신청할 경우 대리인과 위임자의 신분증을 필히 지참하여야 하며 사업자등록신청서에 사업자 본인 및 대리인 모두 인적사항을 기재하고 자필 서명하여야 함
- 2인 이상의 사업자가 공동사업을 하는 경우 사업자등록신청은 공동사업자 중 1인을 대표자로 하여 대표자 명의로 신청해야 함
- 법인설립요건 및 절차에 관해서는 인터넷 검색 또는 법무사에게 문의하면 알 수 있으며, 그 절차를 개인이 직접 하기도 하지만, 상호, 사업목적 등과 필요 서류를 구비하여 법무사에게 의뢰하는 것이 일반적이다.

09

수출입상품의 가격책정에 관한 지식을 익히자

포인트

가격은 한번 정해지면 쉽게 변경할 수 없으므로 신중하게 결정해야 한다. 수출입가격을 결정할 때는 수출입가격 구성요소들을 바탕으로 다양한 전략이나 방침이 필요하다. 특히 수출입가격 결정에서는 환율의 변화추이를 간과하면 안 된다.

<table>
<tr><th colspan="3">수출가격 구성항목</th></tr>
<tr><td colspan="2">물품가격
(공장도가격)</td><td>• 제조원가 또는 물품구입가격 • 선적 전 검사 비용
• 수출포장비 등</td></tr>
<tr><td rowspan="3">부대비용</td><td>물류비용</td><td>• 내륙운송비 • 해상 또는 항공 운송비
• 보험료: 적하보험, 화재보험, 수출보험, PL보험
• 기타비용: CY(CFS) Charge, 하역비, 창고료, 부두사용료, 채선료 등</td></tr>
<tr><td>행정비용</td><td>• 수출추천비용 • 수출통관비용
• 각종 인허가비용 • 제반 서류 발급비용
• 기타비용: 샘플비용, 통신료, 우편료, Quota Charge 등</td></tr>
<tr><td>은행관련비용</td><td>• 무역금융 등 자금 차입에 따른 이자 • 환가료
• 기타비용: Cable Charge, 신용장통지수수료, 신용장양도수수료, 내국신용장개설 수수료, Delay Charge, Less Charge, 수출보험료, 대체료 등</td></tr>
<tr><td colspan="2">수출 관련자 이익</td><td>• 자사이익 • 국내외 대리점 수수료
• 중개수수료 등</td></tr>
</table>

수출상품의 가격책정

해외시장은 국내시장과 달라서 가격책정을 신중히 해야 한다. 바이어들은 전 세계에 흩어져 있는 경쟁회사들로부터도 가격을 받기 때문에 가격경쟁이 상당히 심하며 비쌀 때는 떠나고 만다. 따라서 기업의 주된 목표는 이윤극대화를 추진하는 데 그 주안점이 있으나 터무니없이 높은 가격으로 책정하면 팔리지 않을 수 있으므로 사전 시장조사로 가장 경쟁력 있는 가격을 책정해야 한다.

수출가격은 제조원가인 물품가격, 부대비용 그리고 수출 관련자 이익 등으로 이루어진다. 부대비용은 물류비용, 은행 관련 비용, 행정비용, 기타비용으로 나뉜다.

1) 물품가격

물품의 인도조건을 기준으로 말하면 공장도가격(EXW, Ex-Works)이라 할 수 있다. 여기에는 원·부자재 구입비용, 노무비, 관리비, 제세금, 제조사 이익금, 선적 전 검사비용 그리고 수출포장비 등이 포함된다.

2) 부대비용

① 물류비용

- 내륙운송비: 물품 선적을 위해 공장이나 창고에서 부두 또는 공항까지 운송하는 데 소요되는 비용으로 Inland Transportation Charge이다.
- 해상 또는 항공운송비: 물품의 선적지에서 하역지까지 운송하는 데 소요되는 운임으로 Ocean(Air) Freight이다. 이 비용의 부담은 무역의 정형거래조건(Trade Terms)에 따라 다른데, 예를 들면 무역조건(인코텀즈)이

CFR이나 CIF일 경우에는 수출자가 부담하지만 FOB일 때는 수입자가 부담한다.

- 보험료: 보험에는 해상운송구간을 위한 해상보험, 내륙운송구간을 위한 화재보험 그리고 수출대금 미회수에 대비하는 수출보험이 있다. 이 중에서 해상보험료는 무역의 정형거래조건에 따라 CIP, CIF, D그룹 규칙일 경우에만 수출자가 부담하고 FOB나 CFR 등 나머지 규칙에서는 수입자가 부담하게 된다.
- 기타비용: 선적에 소요되는 비용으로 CY(CFS) Charge, 하역비, 창고료, 부두사용료(Wharfage), 체선료(Demurage) 등이 있을 수 있다.

② 행정비용

여기에는 수출추천비용, 수출통관비용, 각종 인허가비용 및 제반서류 발급비용 등이 있을 수 있으며 견본비용, 통신료, 우편료, Quota Charge 등도 포함된다.

③ 은행 관련 비용

- 무역금융을 받았다든가 자금을 차입했을 경우 발생하는 이자
- 환가료: 신용장 조건일 경우 신용장 개설은행이 수출상에게 수출대금을 먼저 지급하는 데 따르는 수수료로 은행에 따라 약간 차이가 있을 수 있다.
- 기타비용: Cable Charge, 신용장통지수수료, 신용장양도수수료, Local L/C개설수수료, Delay Charge(지연이자), Less Charge(미입금수수료), 수출보험료, 대체료 등이 있을 수 있다.

3) 수출 관련자의 이익

수출자의 이익은 물론 국내외 대리점 수수료, 중개수수료 등 해당 상품의 수출에 관련되는 회사(또는 개인)의 이익을 말한다.

국외대리점에 대한 수수료는 외국환거래규정에 따라 외국환은행에 무역외지급신고 후 지급이 가능하다. 대리점계약서와 같은 지급의 근거가 되는 서류가 필요하다.

수입상품의 가격책정

수입상품의 가격은 국내시장조사로 경쟁상품 또는 유사상품의 가격을 참고하여 판매가능가격을 책정하든가 해외 수출상의 수출가격을 조사하여 그것을 바탕으로 수입에 따른 제반 비용을 감안해 책정한다.

수입가격은 물품대금, 수입에 따르는 제반경비, 수입자 및 판매 관련자의 이익 그리고 이자로 이루어진다. 수입제반경비는 물류비용, 행정비용, 은행 관련 비용 등으로 나누어볼 수 있다.

1) 물품대금

수입상품의 대금으로 선하증권(B/L) 결제대금을 말한다. 수입상품을 인수하려면 선하증권이 반드시 필요하며, 결제조건이 신용장일 경우에는 거래은행에 선적서류가 도착하면 대금을 결제하고 선적서류를 수령한다. 이때 은행에 결제하는 대금을 말한다.

이 결제금액에는 계약(인도)조건에 따라 해상(또는 항공)운송비와 해상보험료가 포함되기도 한다.

수입가격 구성항목		
물품가격		• B/L결제대금(은행 결제대금을 말함)
부대비용	물류비용	• 해상 또는 항공 운송비 • 내륙운송비 • 적하보험료 • 기타비용: 화재보험료, 하역료, 입항료, THC, 입출고비용, 검정료 등
	행정비용	• 관세 • 부가가치세 • 통관에 따른 제반 세금(개별소비세, 교육세, 농어촌특별세 등) • 통관수수료 • 기타비용: 수입추천비용, 검사비용 등
	은행관련비용	• 신용장개설 수수료 • Cable Charge • L/G Charge • Usance 이자 등
수입 관련자 이익 및 이자		〈수입 관련자 이익〉 • 수입자 이익 • 국내외 대리점 이익 • 판매대리점 이익 〈이자〉 • 재고이자 • 여신이자

2) 수입 제반경비

① 물류비용

- 해상(또는 항공)운송비: 계약조건에 따라 무역조건(Trade Terms)이 C그룹이나 D그룹일 경우에는 수출자가 부담한다.
- 내륙운송비: 부두에서 수입물품을 수령하여 일정 장소까지 운반하는 비용과 국내유통비용까지 포함한다.
- 해상보험료: 수출지에서 수입지까지 해상운송구간을 커버하는 보험으로 계약조건에 따라 무역조건이 CIP, CIF, D그룹 규칙일 경우에는 수출

자가 부담한다.

- 기타비용: 내륙운송 시 사고에 대비하기 위한 화재보험료, 하역료, 입항료, THC(Terminal Handling Charge), 입출고비용, 검정료, 재포장비 등이 있을 수 있다.

② 행정비용

수입상품의 통관에 따르는 제반 비용을 말한다.

- 관세: 해상(또는 항공)운임과 해상보험료가 포함된 가격이 관세의 과세가격이 된다. 과세기준은 수입상품에 따라 다르다.
- 부가가치세: 일반적으로 관세의 과세가격에 관세를 포함한 가격이 과세가격이 된다.
- 제반 세금: 수입상품에 따라 개별소비세, 교육세, 농어촌특별세 등이 과세되며 이 경우 부가가치세는 이들 세금이 포함된 금액을 과세가격으로 하여 계산한다.
- 통관수수료: 관세사에게 지불하는 수수료를 말한다.
- 기타비용: 수입추천비, 검사비용 등이 있을 수 있다.

③ 은행 관련 비용

신용장개설 수수료, Cable Charge, L/G Charge, Usance 이자 등

3) 수입자 및 판매 관련자의 이익

- 수입자 및 국내외 대리점의 이익
- 수입물품의 국내 유통단계에서 판매대리점의 이익

4) 이자

수입상품의 국내 판매 시 발생하는 이자를 말한다.

- 재고이자: B/L 대금 결제일부터 판매일까지 이자
- 여신이자: 국내 판매 시 결제조건이 어음일 경우에 대비하여 수입상품 판매일부터 어음대금이 현금화될 때까지 발생하는 이자

수출입상품의 가격책정과 환율

외국과 거래에서 사용되는 통화가 우리나라 원화라면 환율에 신경을 그리 쓸 필요가 없지만 현실적으로는 그렇지 않다. 대부분 거래에서는 미국의 달러화가 사용되고 있으며 유럽의 경우에는 유로화가 주로 사용되고 있다. 일본의 경우에는 미국 달러화 외에 엔화도 많이 사용되고 있다.

따라서 수출가격과 수입가격을 책정할 때는 환율 변동추이를 충분히 고려하여 신중하게 하지 않으면 안 된다. 환율변동에 따른 리스크를 줄이기 위해 환변동보험(한국무역보험공사에서 취급)에 들거나 선물환계약(외국환은행) 등을 한다.

PART
2

무역실무에 필요한 지식

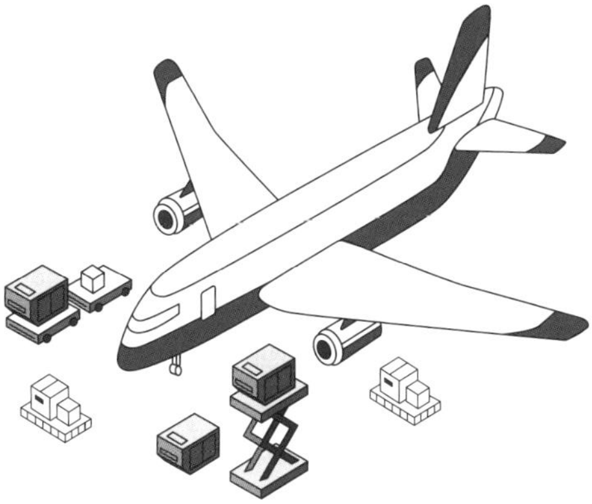

01
해외시장조사

POINT

해외시장조사로 수출할 상품의 특성에 맞는 국가를 선정한다. 수출자는 다양한 각도에서 시장조사를 한다. 필요하면 직접 현지에 가서 조사해야 한다.

해외시장조사 항목과 방법		
구분		항목
조사 항목	일반사항	정치, 경제, 사회, 문화, 종교, 인구, 기후, 언어 등 산업동향과 경제동향 등
	무역 관련 사항	무역관리제도와 인증제도, 무역동향, 통화정책, 수입관리제도, 수입관세율 및 외환관리제도, 각종 법적 규제 등
	시장 관련 사항	소비자의 의식구조나 상관습 등 시장의 특성, 유통경로, 유통의 형태 등 유통구조
	제품 관련 사항	해당시장에서 판매적격성, 관심품목의 수급동향, 경쟁력과 수익성, 시장의 규모, 경쟁사 등
조사 방법	온라인 방법	인터넷 검색으로 조사하는 방법
	오프라인 방법	유엔무역통계연보나 IMF발간연보 등을 활용한 국별자료 이용, 국내외 경제단체 및 수출유관기관 이용, 직접 현지 방문, 해외시장조사 대행기관에 의뢰하는 방법

수출입거래를 위해서는 해외시장조사로 유망한 해외시장과 상품을 발굴할 필요가 있다. 수출을 위한 해외시장조사는 해외바이어로부터 수주하는 활동의 첫 번째 단계이며 목표시장을 선정하는 과정이라 할 수 있다. 또한 해외시장에서의 마케팅 기회를 확인하는 과정이기도 하다.

해외시장은 국내시장과 달리 지역적인 격리성, 상관습과 언어의 차이 등 여러 요인으로 조사방법에서 많은 어려움이 따르지만 비용과 위험을 최소화하고 부가가치를 극대화하려면 해외시장조사가 필수 전제조건이라 할 수 있다.

해외시장조사의 내용

1) 일반사항

먼저 해당국의 정치, 경제, 사회, 문화, 종교, 인구, 기후, 언어 등을 조사한다. 또한 산업동향과 경제동향도 조사한다. 산업동향에서는 산업구조, 특히 제조업 동향을 알아볼 필요가 있다. 경제동향으로는 그 나라의 경제성장, 국민소득, 물가, 임금, 고용, 국제수지 등을 조사한다.

2) 무역 관련 사항

해당국의 무역관리제도와 인증제도, 무역동향을 조사한다. 그 나라의 통화정책, 수입관리제도, 수입관세율, 외환관리제도 등도 조사한다. 또한 대외무역구조, 특히 품목별, 지역별 경쟁국의 진출동향 등을 조사한다. 우리나라와 교역현황도 알아둘 필요가 있다. 해당국의 해당 품목에 대한 수입규모를 조사해야 한다.

3) 시장 관련 사항

관심품목의 수입자를 선정하기 위하여 해당 시장의 사회경제적 동향의 전체적 · 구체적 파악이 요구된다. 조사항목으로는 다음과 같은 것이 있을 수 있다.

① **시장의 특성:** 일반적 특성 외에 소비자의 의식구조나 상관습, 해당 시장에 대한 효율적인 접근방법을 조사한다. 주요 커뮤니케이션 수단은 무엇이고 그 시장이 현존시장인지, 잠재시장인지, 미래시장인지 파악할 필요가 있다.

② **유통구조:** 유통경로는 어떻게 형성되어 있는지 알아본다. 유통 형태나 단계별 마진율, 해당 상품의 거래관습 등을 알아야 한다.

4) 제품 관련 사항

관심품목의 해당 시장 판매적격성, 관심품목 수급동향, 경쟁상품과 비교하여 경쟁력과 수익성, 국내외 경쟁상대자 등에 대한 파악이 중요하며, 가격조사가 필요하다. 해당국 시장에 형성되어 있는 가격은 물론이고 현지 생산품의 가격과 수입품의 가격을 조사한다. 상품에 따라서는 성수기, 비수기 또는 계절에 따라 가격 차이가 있는지도 조사가 필요하다.

해외시장조사 방법

해외시장조사 방법에는 인터넷을 활용하는 온라인(on-line) 방법과 국별 자료를 이용하거나 직접 현지를 방문해서 조사하는 오프라인(off-line) 방법 그리고 해외시장조사대행기관에 의뢰하는 방법이 있다.

1) 온라인 방법

인터넷에서 조사하는 방법으로 대부분 국가 또는 관련 전문기관에서 정보를 제공하는 다양한 사이트가 있으므로 이를 잘만 활용한다면 필요한 정보를 신속하게 입수할 수 있다. 사이트에 따라서는 유료인 경우도 있지만 비용은 저렴하다. 그런데 이 방법에서는 정보를 찾아낼 인터넷 검색능력과 수집한 정보를 분석할 능력이 요구되며, 관련 정보 사이트에 대한 지식과 정보를 꾸준히 검색할 인내심이 필요하다.

2) 오프라인 방법

기존의 시장조사방법으로 다음과 같은 것들이 있다.

① 국별자료이용

유엔무역통계연보(Yearbook of International Statistics)나 IMF발간연보(International Financial Statistics) 등에 수록된 국별 수출입 통계자료를 이용한다. 이들 자료는 한국무역협회, KOTRA, 경제단체 등의 자료실에 비치되어 있으며, 이들 자료를 이용하여 상품 수요측정을 위한 세부조사 대상지역을 선정한다.

② 관련 기관 또는 지인을 활용하는 방법

국내외 경제단체 및 수출유관기관을 이용하거나 주한외국공관의 자료를 이용하고, 무역 관련 기사나 홍보책자, 서적, CD ROM을 활용하여 시장조사를 할 수 있다. 또한 해외 에이전트나 지인을 통해서도 할 수 있다. 광고회사를 통해 시장조사를 하는 방법도 있을 수 있다.

③ 직접 현지방문

현지 주재 우리나라 대사관, 영사관 또는 KOTRA 현지 무역관, 한국무역협회 현지 사무실을 방문하여 현지 시장현황에 관해 설명을 듣고 협력을 구해 조사할 수 있다. 또한 현지 상공회의소 등과 같은 경제 관련 단체를 방문하여 시장현황 자료를 입수한다. 그 외에 현지의 유력한 수입업자 또는 도매상을 직접 만나 시장현황에 관해 설명을 듣는다.

직접 현지방문조사는 경비부담이라는 문제가 있으나 최선의 방법이라 할 수 있으며 해당국의 수입규제조치가 없는 한 소량을 주문받을 가능성도 있다.

3) 해외시장조사 대행기관에 의뢰하는 방법

국내외의 해외시장조사 전문대행기관에 의뢰하여 시장조사를 하는 방법으로 유료라서 비용부담이 있다. 우리나라에서 해외시장조사를 대행하는 대표적 기관은 다음과 같다.

- 한국무역협회 www.kita.net
- KOTRA www.kotra.or.kr
- 중소벤처기업진흥공단 www.sbc.or.kr

국가별 인증제도

국가별 인증제도로 인해 수출길이 막히는 경우가 종종 있으므로 해외시장 진출을 계획하기 전에 해당 지역 인증제도를 확인할 필요가 있다. 초기 수출 계획 단계에서 인증디자인 전략을 세우고 인증절차를 밟는 단계에서 각 수출국가가 선호하는 제품에 관한 정보를 미리 입수할 수 있도록 해야 한다.

선진국들의 인증제도는 선진국 소비자들의 안전의식이나 환경에 대한 의식을 엿보는 바로미터라 할 수 있다. 그러므로 인증제도를 단순한 규제로 인식하는 수준에서 벗어나 각국 소비자들의 신뢰를 확보하는 계기로 활용하는 것이 중요하다. 제품 디자인, 마케팅전략을 세울 때 수출하려는 국가의 인증제도를 확인하여 참고하는 것을 잊어서는 안 된다.

국가별 인증제도 정보는 해외인증정보시스템(Certification Information Center) 홈페이지(www.certinfo.kr)를 방문하면 입수할 수 있다. 중견·중소기업은 개별 기업이 국가별 인증제도와 지원정책, 정보를 일일이 취득하기가 어렵다. 안다고 해도 시험, 인증 등의 절차를 밟는 데는 비용과 시간 부담이 클 수밖에 없다. 이 같은 비관세 무역장벽을 해소하기 위해 한국화학융합시험연구원(KTR, www.ktr.or.kr), 한국산업기술시험원(KTL, www.ktl.re.kr) 등이 국내 중견·중소기업의 해외인증과 기술규제 장벽 극복을 지원하므로 상담하면 도움을 받을 수 있다.

02

해외신용조사

POINT

거래처 신용을 조사할 때는 자산, 영업능력, 성실성 등에 주목한다. 전문 신용조사기관에 의뢰하는 방법도 생각할 수 있다.

해외신용조사 항목과 방법		
구분		항목
조사항목	상도의(Character)	성실성, 평판, 영업태도, 채무변제 등
	지불능력(Capital)	재무상태 파악, 지불능력과 관련한 내용 등
	거래능력(Capacity)	연간 매출액, 회사 형태, 영업능력, 영업상태 등
조사방법	은행신용조회	Bank Reference, 거래은행에 조사를 의뢰하는 방법
	동업자 신용조회	Trade Reference, 상대방 회사와 거래 경험이 있는 회사에 의뢰하는 방법
	전문기관에 의뢰	Credit Bureau, 대표적인 신용조사 전문기관 국내: 한국무역보험공사 해외: DUN & Bradstreet International Market Guide

상거래에서는 상대의 신용상태를 알아보는 것이 기본이다. 무역거래가 경제나 문화 등이 다른 외국기업과 신용을 바탕으로 하는 점을 감안하면 해외 거래상대를 선정할 때는 신용상태를 조사해보는 것이 중요하다.

해외신용조사는 거래상대에 대해 물품대금 지불능력 등을 조사하고 그 이행에 대한 신의와 기업의 일반적 상태를 보장받을 수 있는지 사전에 조사하여 장래 이행의 확실성을 예측하는 것이다. 신용은 물품의 인도와 지급에 관한 신의, 지급능력, 지급불능 시 지급을 강제할 자산 보유현황, 경제상태 등을 통해 파악한다.

반드시 조사해야 하는 항목 3C

- 상도의(Character): 거래상대방의 개성, 성실성, 평판, 영업태도, 채무변제 등을 중심으로 조사한다.
- 지불능력(Capital): 거래상대방의 재무상태표(SoFP, 대차대조표) 내용을 중심으로 재무상태를 파악하고 지불능력과 관련한 내용을 조사한다.
- 거래능력(Capacity): 거래상대방의 연간 매출액, 회사 형태, 영업능력, 영업상태 등을 중심으로 조사한다.

이밖에 필요에 따라 다음과 같은 항목 등을 추가할 수 있다.

- 거래조건(Condition)
- 담보능력(Collateral)
- 거래통화(Currency)
- 해당국가(Country)

이상의 신용조사항목 중에서도 상도의(Character)가 가장 중요한 항목이라 할 수 있다. 미리 대금을 받을 때는 신용조사를 하지 않아도 되지만 그렇지 않을 경우 거래 후에 미리 생각하지 못했던 문제의 발생에 따른 위험에 대비하고 악질적인 무역업자들의 농락을 미연에 방지하기 위해 면밀하고 충분하게 신용조사를 해두어야 한다.

해외신용조사 방법

신용조사 방법으로는 거래은행에 상대방 신용상태를 조사 의뢰하는 은행 신용조회(Bank Reference)와 관련 업자에게 조회를 의뢰하는 동업자 신용조회(Trade Reference) 그리고 신용조사를 전문적으로 하는 조사기관이나 상업흥신소(Credit Bureau)를 이용하는 방법이 있다.

- 은행신용조회: 자세한 내용을 입수하기 힘들며 의미 없는 답변으로 일관할 여지가 있다.
- 동업자 신용조회: 좀 더 성실한 결과를 얻을 수 있으나 거래관계에 따르는 편견으로 객관성이 부족한 왜곡된 의견을 접할 소지가 많다. 신뢰할 만한 파트너가 있는 경우 효과적일 수 있다.
- 신용조사 전문기관에 의뢰: 정확도가 높고 효과적이나 비용이 많이 들어간다는 부담이 있다.

이밖에 상대국의 상공회의소나 거래처를 통해 상대방 신용상태를 알아볼 수 있다.

신용조사 전문기관

국내 전문기관

대표적 신용조사 전문기관으로 한국무역보험공사(www.ksure.or.kr)가 있다. 한국수출보험공사가 2010년 7월 7일자로 새롭게 출발한 기관이다. 종래의 한국수출보험공사는 수출 관련 해외신용조사를 대행했지만 한국무역보험공사로 새롭게 출발하면서 수출지원 사업뿐만 아니라 수입지원 사업으로 수입 관련 국외기업 신용조사도 대행한다.

해외 전문기관

세계적으로 널리 알려진 대표적 신용조사기관으로 미국의 Dun & Bradstreet Information Services가 있으며, 거래상대국의 전문 신용조사기관은 한국주재 상대국 대사관이나 상대국 상공회의소에 문의하면 알 수 있다.

03

인코텀즈 2020에 관해서

POINT

인코텀즈(INCOTERMS)는 국제상업회의소가 정한 무역정형거래조건의 해석 기준이다. 인코텀즈 2020은 〈모든 운송방식에 적용되는 규칙〉과 〈해상운송과 내수로(內水路) 운송에 적용되는 규칙〉 두 분류에서 총 11개 규칙이 있다.

인코텀즈 2020 규칙의 종류	
모든 운송방식에 적용되는 규칙	
EXW: Ex Works	공장인도규칙
FCA: Free Carrier	운송인 인도규칙
CPT: Carriage Paid To	운송비지급 인도규칙
CIP: Carriage and Insurance Paid To	운송비 · 보험료지급 인도규칙
DAP: Delivered at Place	도착지 인도규칙
DPU: Delivered at Place Unloaded	도착지양하 인도규칙(신설)
DDP: Delivered Duty Paid	관세지급 인도규칙
해상운송과 내수로(內水路) 운송에 적용되는 규칙	
FAS: Free Alongside Ship	선측인도규칙
FOB: Free On Board	본선인도규칙
CFR: Cost and Freight	운임포함 인도규칙
CIF: Cost Insurance and Freight	운임 · 보험료포함 인도규칙

인코텀즈란 무엇인가

INCOTERMS는 INternational COmmercial TERMS의 약칭이다. 무역거래에서 국가에 따라 각기 다른 상관행으로 정형거래조건(Trade Terms)에 대한 해석이 달라서 발생할 소지가 있는 오해와 분쟁, 소송을 미연에 방지하거나 최소화하기 위해 국제상업회의소(ICC, International Chamber of Commerce)에서 1936년에 무역조건을 정형화한 「무역조건의 해석에 관한 국제규칙(International Rules for the Interpretation of Trade Terms)」을 제정 공표하였다.

그 후 인코텀즈는 국제무역환경의 변화에 따라 1980년 이전까지 여러 차례 개정되었으며, 1980년 이후에는 대략 10년 주기로 개정되어 이용되고 있다. 「인코텀즈 2020」은 2019년에 「인코텀즈 2010」을 개정한 최신판으로 2020년 1월 1일부터 이용되고 있다.

이 규칙도 UCP(Uniform Customs and Practice for Documentary Credit: 신용장 통일규칙)와 마찬가지로 무역업자에게는 국제거래의 규칙으로서 약관화물의 가격결정이나 인수·인도, 선적 등 무역거래의 주요 계약부분을 정할 때 반드시 필요해 무역조건의 바이블과 같은 존재로 되어 있다.

〈인코텀즈 규칙의 표기〉

인코텀즈 규칙의 표기는 각 규칙의 영문 알파벳 3문자와 그 바로 뒤에 지정장소(항구)를 명기하는 것으로 한다. 예를 들면

CIF Yokohama port Incoterms 2020

이라는 식으로 적는다. 이것을 보면 수출자(매도인)가 물품을 본선 선상에

적재함으로써 수입자(매수인)에게 인도됨과 동시에 위험부담도 이전되고, 수출자는 목적지항인 요코하마항까지 운임과 보험료를 부담해야 한다는 정보가 이 한 줄에 표시되어 있다.

〈인코텀즈 이용에 강제력은 없다〉

인코텀즈는 조약이나 법률에는 없으며, 이를 당사자가 이용하는 것에 관해서는 매매계약에서 받아들임이 명시적으로 되어 있음을 조건으로 한다. 인코텀즈는 수차례에 걸쳐 개정되었으므로 최신판을 이용할 필요가 있다. 받아들인 후에는 당사자는 인코텀즈나 법의 규제를 받는다.

개정된 인코텀즈 2020이 최신판으로 이용되지만 인코텀즈 2010은 물론 최초 공표된 이후 개정된 각각의 인코텀즈도 무역실무에 그대로 이용할 수 있다. 그러므로 단순히 인코텀즈를 받아들인다는 문언만으로는 각 개정판에 따라 내용이 달라 트러블의 원인이 되기도 하므로 몇 년에 개정된 인코텀즈인지 명확히 할 필요가 있다. 그 같은 트러블을 배제하고자 예를 들면 계약서 조건에서는 다음과 같은 문장을 이용하기도 한다.

"Trade terms such as FOB, FCA and any other terms which may be used in this Contract shall have the meanings defined and interpreted by the INCOTERMS 2020 as amended, unless otherwise specifically provided in this Contract."

인코텀즈 2020의 내용

〔모든 운송방식에 적용되는 규칙〕

① EXW(Ex Works, 공장인도규칙)

수출자(매도인, 판매자)가 공장이나 창고 같은 지정장소에서, 그 지정장소 내에 합의된 지점이 있는 경우에는 그 지점에서 물품을 수입자(매수인, 구매자)의 처분하에 두는 때 수출자로부터 수입자에게 인도되는 것이다. 이때부터 위험부담과 비용부담이 수출자로부터 수입자에게 이전된다. 지정장소는 수출자의 영업구내일 수도 있고 아닐 수도 있다.

- 수출자는 운송계약을 할 의무가 없지만 수입자의 위험과 비용으로 수입자가 요청할 경우 운송 마련에 필요한 정보를 제공해야 한다. 물품을 수입자의 수취용 차량에 적재하지 않아도 되고 수출통관도 할 필요가 없다.
- 수출자는 보험계약을 체결할 의무가 없지만 수입자의 위험과 비용으

인코텀즈 2020에서 위험과 비용부담의 이전시기 및 수출자와 수입자의 역할

	위험과 비용부담의 이전	운송 계약	보험 계약	수출지 수출통관	수입지 수입통관	도착지 양하비용
EXW	지정장소(공장이나 창고)	수입자	수입자	수입자	수입자	수입자

인코텀즈 2020에서 위험부담 이전시점과 운송계약에 관한 일람표

	지정장소 (공장/창고)	수출국 지정장소 (지정운송인)	수출국 지정선적항	선적항 본선	수입국 지정 도착항	수입국 지정 목적지
모든 운송방식에 적용되는 규칙						
EXW	- - - - - - - - → ————————					

- - - - - - - - → 수출자의 운송계약　　———————— 수출자의 위험부담

로 수입자가 요청할 경우 부보하는 데 필요한 정보를 수입자에게 제공해야 한다.

- EXW는 수입자에게 가장 불리한 규칙이다.

② FCA(Free Carrier, 운송인 인도규칙)

수출국 지정장소에서, 그 지정장소 내에 지정된 지점이 있는 경우에는 그 지점에서 수입자가 지정한 운송인 또는 제3자에게 물품을 인도하거나 그렇게 인도된 물품을 조달하는 때 수출자로부터 수입자에게 인도되는 것이다. 이때부터 위험부담과 비용부담이 수출자로부터 수입자에게 이전된다. 인도방법은 다음과 같이 두 가지 지정장소에 따라 다름에 유의할 필요가 있다.

첫째, 지정장소가 수출자 영업구내인 경우 수출자가 물품을 수입자가 마련한 운송수단에 적재한 때 인도되는 것을 의미한다.

둘째, 지정장소가 그 밖의 장소인 경우 물품이 수출자 운송수단에 적재되어 지정장소에 도착하고 수출자의 운송수단에 실린 채 양하 준비된 상태로 수입자가 지정한 운송인이나 제3자 처분하에 놓인 때 인도되는 것을 의미한다.

- 그렇게 인도된 물품을 조달한다는 것은 연속적으로 이루어지는 연속매매에도 대응하기 위함이다.
- 수출자는 운송계약을 할 의무가 없지만 수입자의 위험과 비용으로 수입자가 요청할 경우 필요한 정보를 제공해야 한다.
- 수출자는 수출통관은 해야 하지만 물품 수입을 위한 또는 제3국 통과를 위한 통관을 하거나 수입관세를 납부하거나 수입통관절차를 수행할 의

인코텀즈 2020에서 위험과 비용부담의 이전시기 및 수출자와 수입자의 역할

	위험과 비용부담의 이전	운송 계약	보험 계약	수출지 수출통관	수입지 수입통관	도착지 양하비용
FCA	지정장소에서 수입자가 지정한 운송인에게 인도되었을 때	수입자	수입자	수출자	수입자	수입자

인코텀즈 2020에서 위험부담 이전시점과 운송계약에 관한 일람표

	지정장소 (공장/창고)	수출국 지정장소 (지정운송인)	수출국 지정선적항	선적항 본선	수입국 지정 도착항	수입국 지정 목적지
모든 운송방식에 적용되는 규칙						
FCA	- - - - - - - - → ————————					

- - - - - - - - → 수출자의 운송계약　　———— 수출자의 위험부담

무가 없다.

- 수출자는 보험계약을 체결할 의무가 없다. 수입자의 위험과 비용으로 수입자가 요청할 경우 부보하는 데 필요한 정보를 수입자에게 제공해야 한다.

③ CPT(Carriage Paid To, 운송비지급 인도규칙)

수출자가 자신이 계약한 운송인에게 물품을 교부하거나 또는 그렇게 인도된 물품을 조달함으로써 수출자로부터 수입자에게 인도되는 것이다. 물품이 수입자에게 인도된 때 위험은 수출자로부터 수입자에게 이전된다. 그러나 수출자는 인도장소부터 합의된 목적지까지 운송하는 운송비를 부담해야 한다. 이 규칙에서는 물품의 위험이전을 위한 인도장소와 물품의 목적지로 합의된 장소(또는 지점)가 다르다는 점에 유의할 필요가 있다.

- 수출자는 수출통관을 해야 하지만 물품 수입을 위한 또는 제3국 통과를 위한 통관을 하거나 수입관세를 납부하거나 수입통관절차를 수행할 의무가 없다.
- 수출자는 인도장소로부터, 그 인도장소에 합의된 인도지점이 있는 때에는 그 지점으로부터 지정목적지까지 또는 합의가 있는 때에는 그 지정목적지 어느 지점까지 물품을 운송하는 계약을 체결하거나 조달해야 한다. 운송계약은 수출자의 비용으로 통상적인 조건으로 하면 된다.
- 목적지에서 양하비용에 대해서 운송계약상 수출자에게 발생했더라도 당사자 간에 달리 합의하지 않는 한 그러한 비용을 수입자로부터 받을 권리는 없다.
- 그렇게 인도된 물품을 조달한다는 것은 연속적으로 이루어지는 연속매매에도 대응하기 위함이다.

인코텀즈 2020에서 위험과 비용부담의 이전시기 및 수출자와 수입자의 역할

	위험과 비용부담의 이전	운송 계약	보험 계약	수출지 수출통관	수입지 수입통관	도착지 양하비용
CPT	수출국에서 운송인에게 인도될 때 위험은 이전, 수출자는 수입국 지정목적지까지 운송비 부담	수출자	수입자	수출자	수입자	수입자

인코텀즈 2020에서 위험부담 이전시점과 운송계약에 관한 일람표

	지정장소 (공장/창고)	수출국 지정장소 (지정운송인)	수출국 지정선적항	선적항 본선	수입국 지정 도착항	수입국 지정 목적지
모든 운송방식에 적용되는 규칙						
CPT	- →					
	────────────────					

- - - - - - - - → 수출자의 운송계약　　────── 수출자의 위험부담

- 수출자는 보험계약을 체결할 의무가 없다. 수입자의 위험과 비용으로 수입자가 요청할 경우 부보하는 데 필요한 정보를 수입자에게 제공해야 한다.

④ CIP(Carriage and Insurance Paid To, 운송비 · 보험료지급 인도규칙)

수출자가 자신이 계약한 운송인에게 물품을 교부하거나 또는 그렇게 인도된 물품을 조달함으로써 수출자로부터 수입자에게 인도되는 것이다. 물품이 수입자에게 인도된 때 위험은 수출자로부터 수입자에게 이전된다. 그러나 수출자는 인도장소부터 합의된 목적지까지 운송하는 운송비와 보험료를 부담해야 한다. 이 규칙에서는 물품의 위험이전을 위한 인도장소와 물품의 목적지로 합의된 장소(또는 지점)가 다르다는 점에 유의할 필요가 있다.

- 수출자는 수출통관을 해야 하지만 물품 수입을 위한 또는 제3국 통과를 위한 통관을 하거나 수입관세를 납부하거나 수입통관절차를 수행할 의무가 없다.
- 수출자는 인도장소로부터, 그 인도장소에 합의된 인도지점이 있는 때에는 그 지점으로부터 지정목적지까지 또는 합의가 있는 때에는 그 지정목적지 어느 지점까지 물품을 운송하는 계약을 체결하거나 조달해야 한다. 운송계약은 수출자의 비용으로 통상적인 조건으로 하면 된다.
- 목적지에서 양하비용에 대해 운송계약상 수출자에게 발생했더라도 당사자 간에 달리 합의하지 않는 한 그러한 비용을 수입자로부터 받을 권리는 없다.
- 그렇게 인도된 물품을 조달한다는 것은 연속적으로 이루어지는 연속매

인코텀즈 2020에서 위험과 비용부담의 이전시기 및 수출자와 수입자의 역할

	위험과 비용부담의 이전	운송 계약	보험 계약	수출지 수출통관	수입지 수입통관	도착지 양하비용
CIP	수출국에서 운송인에게 인도될 때 위험은 이전, 수출자는 수입국 지정목적지까지 운송비 · 보험료 부담	수출자	수출자	수출자	수입자	수입자

인코텀즈 2020에서 위험부담 이전시점과 운송계약에 관한 일람표

	지정장소 (공장/창고)	수출국 지정장소 (지정운송인)	수출국 지정선적항	선적항 본선	수입국 지정 도착항	수입국 지정 목적지
모든 운송방식에 적용되는 규칙						
CIP	- - - - - - - - - - ————————	- - - - - - - - - - ————————	- - - - - - - - - -	- - - - - - - - - -	- - - - - - - - - -	- - - - - - - - - -→

- - - - - - - - → 수출자의 운송계약 ———— 수출자의 위험부담

매에도 대응하기 위함이다.

- 수출자는 보험에 가입해야 하는데, 협회적하약관의 A-약관이나 그와 유사한 약관에 따른 광범위한 담보조건으로 부보해야 한다는 점에 유의해야 한다. 당사자들은 더 낮은 수준의 담보조건으로 부보하기로 합의할 수 있다.

⑤ DAP(Delivered at Place, 도착지 인도규칙)

물품이 지정목적지에서 또는 지정목적지 내에 어떠한 지점이 합의된 경우에는 그 지점에서 도착운송수단에 실어둔 채 양하준비된 상태로 수입자의 처분하에 두거나 또는 그렇게 인도된 물품을 조달함으로써 수출자로부터 수입자에게 인도되는 것이다. 이때까지 모든 위험과 비용을 수출자가 부담한다. 따라서 이 규칙에서 인도와 목적지 도착은 같은 것이다.

- 수출자는 자신의 비용으로 물품을 지정목적지까지 또는 그 지정목적지에 합의한 지점이 있는 때는 그 지점까지 운송하는 계약을 체결하거나 운송수단을 마련해야 한다.
- 수출자는 지정목적지에서 도착운송수단으로부터 물품을 양하할 의무는 없다. 그러나 운송계약상 양하비용이 수출자에게 발생했더라도 당사자 간에 달리 합의하지 않는 한 그러한 비용을 수입자로부터 받을 권리는 없다.
- 그렇게 인도된 물품을 조달한다는 것은 연속적으로 이루어지는 연속매매에도 대응하기 위함이다.
- 수출자는 수출통관은 해야 하지만 물품 수입을 위한 또는 제3국 통과를 위한 통관을 하거나 수입관세를 납부하거나 수입통관절차를 수행할 의무가 없다.

인코텀즈 2020에서 위험과 비용부담의 이전시기 및 수출자와 수입자의 역할

	위험과 비용부담의 이전	운송 계약	보험 계약	수출지 수출통관	수입지 수입통관	도착지 양하비용
DAP	수입국 지정목적지에서 도착 운송수단에서 양하 전	수출자		수출자	수입자	수입자

인코텀즈 2020에서 위험부담 이전시점과 운송계약에 관한 일람표

	지정장소 (공장/창고)	수출국 지정장소 (지정운송인)	수출국 지정선적항	선적항 본선	수입국 지정 도착항	수입국 지정 목적지
모든 운송방식에 적용되는 규칙						
DAP	- →					

- - - - - - - - → 수출자의 운송계약　　———— 수출자의 위험부담

- 이 규칙에서는 수출자, 수입자 모두 상대방에 대하여 보험계약을 체결할 의무가 없다. 따라서 물품이 인도될 때까지 물품의 멸실 또는 훼손의 모든 위험을 부담해야 하는 수출자가 보험에 가입할 수밖에 없다는 점에 유의할 필요가 있다.

⑥ DPU(Delivered at Place Unloaded, 도착지양하 인도규칙)

지정목적지에서 또는 지정목적지 내에 어떠한 지점이 합의된 경우에는 그 지점에서 물품을 도착운송수단으로부터 양하된 상태로 수입자 처분하에 두거나 또는 그렇게 인도된 물품을 조달함으로써 수출자로부터 수입자에게 인도되는 것이다. 이때까지 모든 위험과 비용을 수출자가 부담한다. 이 규칙에서 인도와 목적지 도착은 같은 것이다.

- 수출자가 양하의 위험과 비용을 부담하기를 원하지 않는 경우에는 DPU를 피하고 그 대신 DAP를 사용해야 한다.
- 그렇게 인도된 물품을 조달한다는 것은 연속적으로 이루어지는 연속매매에도 대응하기 위함이다.
- 수출자는 자신의 비용으로 물품을 지정목적지까지 또는 그 지정목적지에 합의된 지점이 있는 때에는 그 지점까지 운송하는 계약을 체결하거나 운송수단을 마련하여야 한다.
- 수출자는 수출통관은 해야 하지만 물품 수입을 위한 또는 제3국 통과를 위한 통관을 하거나 수입관세를 납부하거나 수입통관절차를 수행할 의무가 없다.
- 이 규칙에서는 수출자, 수입자 모두 상대방에 대하여 보험계약을 체결

인코텀즈 2020에서 위험과 비용부담의 이전시기 및 수출자와 수입자의 역할

	위험과 비용부담의 이전	운송 계약	보험 계약	수출지 수출통관	수입지 수입통관	도착지 양하비용
DPU	수입국 지정목적지에서 도착운송 수단에서 양하 후	수출자		수출자	수입자	수출자

인코텀즈 2020에서 위험부담 이전시점과 운송계약에 관한 일람표

	지정장소 (공장/창고)	수출국 지정장소 (지정운송인)	수출국 지정선적항	선적항 본선	수입국 지정 도착항	수입국 지정 목적지
모든 운송방식에 적용되는 규칙						
DPU	- - - - - - - - - - - - - - - - - - →					
	————————————————					

- - - - - - - - → 수출자의 운송계약 ———— 수출자의 위험부담

할 의무가 없다. 따라서 물품이 인도될 때까지 물품의 멸실 또는 훼손의 모든 위험을 부담해야 하는 수출자가 보험에 가입할 수밖에 없다는 점에 유의할 필요가 있다.

⑦ DDP(Delivered Duty Paid, 관세지급 인도규칙)

물품이 수입통관 후 지정목적지에서 또는 지정목적지 내에 어떠한 지점이 합의된 경우에는 그 지점에서 도착운송수단에 실어둔 채 양하준비된 상태로 수입자의 처분하에 두거나 또는 그렇게 인도된 물품을 조달함으로써 수출자로부터 수입자에게 인도되는 것이다. 이때까지 모든 위험과 비용을 수출자가 부담한다. 이 규칙에서 인도와 목적지 도착은 같은 것이다.

- 수출자는 자신의 비용으로 물품을 지정목적지까지 또는 그 지정목적지

에 합의된 지점이 있는 때에는 그 지점까지 운송하는 계약을 체결하거나 운송수단을 마련해야 한다.

- 수출자는 목적지에서 도착운송수단으로부터 물품을 양하할 의무는 없다. 그러나 운송계약상 양하비용이 수출자에게 발생했더라도 당사자 간에 달리 합의되지 않는 한 그러한 비용을 수입자로부터 받을 권리는 없다.
- 그렇게 인도된 물품을 조달한다는 것은 연속적으로 이루어지는 연속매매에도 대응하기 위함이다.
- 수출자는 수출통관은 물론 수입통관도 해야 하며 수입관세를 납부하거나 모든 통관절차를 수행해야 한다. 수출자에게 가장 불리한 규칙이며, 수출자가 수입통관이 어려울 경우에는 수입자가 수입통관을 하도록 되어 있는 DAP나 DPU의 선택을 고려해야 한다.

인코텀즈 2020에서 위험과 비용부담의 이전시기 및 수출자와 수입자의 역할

	위험과 비용부담의 이전	운송 계약	보험 계약	수출지 수출통관	수입지 수입통관	도착지 양하비용
DDP	수입국 수입통관하고 지정목적지에서 도착운송수단에서 양하 전	수출자		수출자	수출자	수입자

인코텀즈 2020에서 위험부담 이전시점과 운송계약에 관한 일람표

	지정장소 (공장/창고)	수출국 지정장소 (지정운송인)	수출국 지정선적항	선적항 본선	수입국 지정 도착항	수입국 지정 목적지
모든 운송방식에 적용되는 규칙						
DDP	- →					
	————————————————————————————					

- - - - - - - - → 수출자의 운송계약 ———————— 수출자의 위험부담

• 이 규칙에서는 수출자, 수입자 모두 상대방에 대하여 보험계약을 체결할 의무가 없다. 따라서 물품이 인도될 때까지 물품의 멸실 또는 훼손의 모든 위험을 부담해야 하는 수출자가 보험에 가입할 수밖에 없다는 점에 유의할 필요가 있다.

〔해상운송과 내수로운송에 적용되는 규칙〕

⑧ FAS(Free Alongside Ship, 선측인도규칙)

수출자는 물품을 지정선적항에서, 그 지정선적항에 수입자가 표시하는 적재지점이 있는 경우에는 그 지점에서 수입자가 지정한 선박의 선측에(부두 또는 바지선) 두거나 또는 그렇게 인도된 물품을 조달함으로써 수출자로부터 수입자에게 인도되는 것이다. 이때부터 모든 위험부담과 비용부담이 수출자로부터 수입자에게 이전된다.

인코텀즈 2020에서 위험과 비용부담의 이전시기 및 수출자와 수입자의 역할

	위험과 비용부담의 이전	운송 계약	보험 계약	수출지 수출통관	수입지 수입통관	도착지 양하비용
FAS	지정선적항에서 수입자가 지정한 선박의 선측에 놓였을 때	수입자	수입자	수출자	수입자	수입자

인코텀즈 2020에서 위험부담 이전시점과 운송계약에 관한 일람표

	지정장소 (공장/창고)	수출국 지정장소 (지정운송인)	수출국 지정선적항	선적항 본선	수입국 지정 도착항	수입국 지정 목적지
해상운송과 내수로 운송에 적용되는 규칙						
FAS	- - - - - - - - ————————	- - - - - - - - ————————	- - - - - - - → ————————			

- - - - - - - - → 수출자의 운송계약　　———————— 수출자의 위험부담

- 수출자는 수출통관은 해야 하지만 물품 수입을 위한 또는 제3국 통과를 위한 통관을 하거나 수입관세를 납부하거나 수입통관절차를 수행할 의무가 없다.
- 그렇게 인도된 물품을 조달한다는 것은 연속적으로 이루어지는 연속매매에도 대응하기 위함이다.
- 수출자는 운송계약을 체결할 의무는 없지만 합의가 있는 경우에 수출자는 수입자의 위험과 비용으로 통상적인 조건으로 운송계약을 체결해야 한다.
- 수출자는 보험에 가입할 의무는 없다. 다만 수입자 요청이 있으면 수입자의 위험과 비용으로 수입자가 부보에 필요한 정보를 제공해야 한다.

⑨ FOB(Free On Board, 본선인도규칙)

수출자는 물품을 지정선적항에서, 그 지정선적항에 수입자가 표시하는 적재지점이 있는 경우에는 그 지점에서 수입자가 지정한 선박에 적재하거나 또는 그렇게 인도된 물품을 조달함으로써 수출자로부터 수입자에게 인도된다. 물품의 멸실 또는 훼손의 위험은 물품이 선박에 적재된 때 수출자로부터 수입자에게 이전하고, 수입자는 이때부터 향후 모든 비용을 부담한다.

- 수출자는 수출통관은 해야 하지만 물품 수입을 위한 또는 제3국 통과를 위한 통관을 하거나 수입관세를 납부하거나 수입통관절차를 수행할 의무가 없다.
- 그렇게 인도된 물품을 조달한다는 것은 연속적으로 이루어지는 연속매매에도 대응하기 위함이다.

인코텀즈 2020에서 위험과 비용부담의 이전시기 및 수출자와 수입자의 역할

	위험과 비용부담의 이전	운송 계약	보험 계약	수출지 수출통관	수입지 수입통관	도착지 양하비용
FOB	수입자가 지정한 선박의 선상에 놓였을 때 또는 선상에서 연속 매매되었을 때	수입자	수입자	수출자	수입자	수입자

인코텀즈 2020에서 위험부담 이전시점과 운송계약에 관한 일람표

	지정장소 (공장/창고)	수출국 지정장소 (지정운송인)	수출국 지정선적항	선적항 본선	수입국 지정 도착항	수입국 지정 목적지
해상운송과 내수로 운송에 적용되는 규칙						
FOB	- - - - - - - - ————	- - - - - - - - ————	- - - - - - - - ————	- - - - - - - -→ ————		

- - - - - - - - → 수출자의 운송계약　　———— 수출자의 위험부담

- 수출자는 운송계약을 체결할 의무는 없지만 합의가 있는 경우에 수출자는 수입자의 위험과 비용으로 통상적 조건으로 운송계약을 체결해야 한다.
- 수출자는 보험에 가입할 의무는 없다. 다만 수입자 요청이 있으면 수입자의 위험과 비용으로 수입자가 부보에 필요한 정보를 제공해야 한다.

⑩ CFR(Cost And Freight, 운임포함 인도규칙)

수출자는 물품을 지정 선박에 적재하기나 또는 그렇게 인도된 물품을 조달함으로써 수출자로부터 수입자에게 인도되는 것이다. 물품의 멸실 또는 훼손 위험은 물품이 선박에 적재된 때 수출자로부터 수입자에게 이전하고, 수출자는 지정목적항까지 운임을 부담해야 한다.

- 수출자는 인도장소로부터 지정목적항까지 또는 그 지정목적항 내의 합의된 지점이 있는 때에는 그 지점까지 물품을 운송하는 계약을 체결하거나 조달해야 한다. 운송계약은 수출자의 비용으로 통상적인 조건으로 체결하면 된다.
- 그렇게 인도된 물품을 조달한다는 것은 연속적으로 이루어지는 연속매매에도 대응하기 위함이다.
- 수출자는 수출통관은 해야 하지만 물품 수입을 위한 또는 제3국 통과를 위한 통관을 하거나 수입관세를 납부하거나 수입통관절차를 수행할 의무가 없다.
- 수출자는 보험에 가입할 의무는 없지만 수입자 요청이 있으면 수입자의 위험과 비용으로 수입자가 부보에 필요한 정보를 제공해야 한다.

인코텀즈 2020에서 위험과 비용부담의 이전시기 및 수출자와 수입자의 역할

	위험과 비용부담의 이전	운송 계약	보험 계약	수출지 수출통관	수입지 수입통관	도착지 양하비용
CFR	지정 선박의 선상에 놓였을 때 또는 선상에서 연속 매매되었을 때 위험은 이전되고 수출자는 목적항까지 운임 부담	수출자	수입자	수출자	수입자	수입자

인코텀즈 2020에서 위험부담 이전시점과 운송계약에 관한 일람표

	지정장소 (공장/창고)	수출국 지정장소 (지정운송인)	수출국 지정선적항	선적항 본선	수입국 지정 도착항	수입국 지정 목적지
해상운송과 내수로 운송에 적용되는 규칙						
CFR	- → ————————————————————————					

- - - - - - - - → 수출자의 운송계약　　———— 수출자의 위험부담

⑪ CIF(Cost Insurance and Freight, 운임 · 보험료포함 인도규칙)

수출자는 물품을 지정 선박에 적재하거나 또는 그렇게 인도된 물품을 조달함으로써 수출자로부터 수입자에게 인도된다. 물품의 멸실 또는 훼손 위험은 물품이 선박에 적재된 때 수출자로부터 수입자에게 이전되고, 수출자는 지정목적항까지 운임과 보험료를 부담해야 한다.

- 수출자는 인도장소로부터 지정목적항까지 또는 그 지정목적항 내의 합의된 지점이 있는 때에는 그 지점까지 물품을 운송하는 계약을 체결하거나 조달해야 한다. 운송계약은 수출자의 비용으로 통상적인 조건으로 체결하면 된다.
- 그렇게 인도된 물품을 조달한다는 것은 연속적으로 이루어지는 연속매

인코텀즈 2020에서 위험과 비용부담의 이전시기 및 수출자와 수입자의 역할

	위험과 비용부담의 이전	운송계약	보험계약	수출지 수출통관	수입지 수입통관	도착지 양하비용
CIF	지정 선박의 선상에 놓였을 때 또는 선상에서 연속 매매되었을 때 위험은 이전되고 수출자는 목적항까지 운임 · 보험료 부담	수출자	수출자	수출자	수입자	수입자

인코텀즈 2020에서 위험부담 이전시점과 운송계약에 관한 일람표

	지정장소 (공장/창고)	수출국 지정장소 (지정운송인)	수출국 지정선적항	선적항 본선	수입국 지정 도착항	수입국 지정 목적지
해상운송과 내수로 운송에 적용되는 규칙						
CIF						

- - - - - - - - → 수출자의 운송계약　　——————— 수출자의 위험부담

매에도 대응하기 위함이다.

- 수출자는 수출통관은 해야 하지만 물품 수입을 위한 또는 제3국 통과를 위한 통관을 하거나 수입관세를 납부하거나 수입통관절차를 수행할 의무가 없다.
- 수출자는 선적항부터 적어도 목적항까지 물품의 멸실 또는 훼손 위험에 대하여 보험계약을 체결해야 한다. 수출자는 협회적하약관의 C-약관이나 그와 유사한 약관에 따른 제한적 담보조건으로 부보하도록 되어 있으므로 이 점을 유의해야 한다. 그러나 더 높은 수준의 담보조건으로 부보하기로 당사자 간에 합의할 수 있다.

〈인코텀즈 2020 기타 내용〉

- FCA 규칙의 경우 물품이 선박에 적재되기 전에 물품의 인도가 이루어지므로 본선적재표기의 선하증권(on board B/L)이 필요한 경우 수입자가 자신의 위험부담과 비용부담으로 운송인에게 선적선하증권의 발행을 지시할 수 있고 수출자는 그 선적선하증권을 은행을 통해서 제공할 의무가 있도록 규정하고 있다.
- 인코텀즈 2010에서는 운송을 제3자 운송인에 의뢰하는 것을 전제로 하고 있었다. 인코텀즈 2020에서는 D그룹 규칙의 경우 수출자는 수입국의 지정목적지까지 별도의 운송계약 없이 자신의 운송수단을 이용한 운송이 가능하다. 마찬가지로 FCA매매에서 수입자가 수출국 인도장소에서 물품을 수취해서 자신이 정한 목적지까지 자신의 운송수단을 이용한 운송이 가능하도록 규정하고 있다.

수출자와 수입자의 의무 10가지 내역 비교표

수출자/수입자 의무	인코텀즈 2020	인코텀즈 2010
A1/B1	일반의무	수출자·수입자 일반의무
A2/B2	인도/인도의 수령	허가, 승인, 보안 통관 및 기타 절차
A3/B3	위험이전	운송&보험계약
A4/B4	운송	인도/인도의 수령
A5/B5	보험	위험이전
A6/B6	인도/운송서류	비용분담
A7/B7	수출/수입통관	수출자·수입자 통지
A8/B8	점검/포장/하인표시	서류배송/배송증명서 수령
A9/B9	비용분담	점검/포장/하인표시
A10/B10	통지	정보에 의한 협조와 관련 비용

※ 인코텀즈 2020에서는

- 인코텀즈에서 인도의무가 가장 중요하므로 그것을 위로(A2/B2) 올렸다. 그다음으로 위험이전(A3/B3), 운송의무(A4/B4), 보험(A5/B5) 등의 순으로 순서를 변경했다.
- 운송 및 비용조항에 보안 관련 의무 삽입: 테러 등을 고려해서 보안 관련 의무의 명시적 할당이 개별규칙의 A4와 A7에 추가되었다. 보안 관련해서 발생하는 비용도 비용조항인 A9/B9(비용분담)에 규정했다.
- 비용분담이 하단(A9/B9)으로 내려오게 된 것은 중요도에도 불구하고 서류작업, 통관, 포장 등 각종 분담비용을 열거한 후 비용일람표를 제공한다는 목적으로 ICC가 밑으로 오게 위치를 변경했다.

04

수출입 대금결제에 관해서

POINT

수출입거래 시에 수출자는 상품 선적 전에 대금을 받기를 바라고 수입자는 상품을 수령한 후 대금을 지불하길 바란다. 다양한 결제방식이 있으므로 거래당사자에게 존재하는 위험을 줄이는 적합한 결제방식을 거래당사자 간에 합의할 필요가 있다.

수출입 대금결제 방법의 종류

항 목	내 용	
신용장결제방식 (Letter of Credit)	설명	수입자 측 거래은행이 대금지불을 약속하는 서장(書狀)
	분류	일람불 신용장(at sight Letter of Credit)
		기한부 신용장(usance Letter of Credit)
추심결제방식 (Collection)	설명	수입자를 지급인으로 한 환어음을 수입자 거래은행에 추심을 의뢰하는 방식
	분류	D/P(Documents against Payment): 지급도방법, 수입자가 환어음 대금을 지급하면 추심은행이 선적서류를 건네주는 방식
		D/A(Documents against Acceptance): 인수도방법, 수입자가 환어음 앞면에 인수의사를 표시하면 선적서류를 건네주는 방식
송금결제방식	설명	수입자 거래은행이 수출자 거래은행 앞으로 직접 송금하는 전신환송금(Telegraphic Transfer Remittance) 방식이 일반화
	분류	사전송금방식: 물품을 주문하면서 대금을 송금하는 방식
		사후송금방식: 물품을 수령한 후 대금을 송금하는 방식

수출입거래 시에 수출상은 바이어로부터 수출대금을 확실하게 회수할 수 없는 위험이 있기 때문에 상품의 선적 전에 수출대금을 받기를 바라고, 수입상은 수출상이 정해진 기일 내에 계약 물품을 선적할지에 대한 위험이 있으므로 상품을 수령한 후에 수입대금을 지불하기를 바란다. 일반적으로 세계시장은 구매자 중심의 시장이라 할 수 있으므로 일정기간 후 대금을 지급하는 바이어들의 외상수입이 늘어나고 있다.

대금결제방법은 상호 간 신뢰도, 상대 신용도, 국가 위험 등 위험 정도, 상품의 특성 등과 같은 여러 가지 조건에 따라 다를 수 있으며, 거래상대방과 합의해 결정된다. 대표적 결제방식으로는 신용장결제방식, 추심결제방식 그리고 송금결제방식이 있다.

신용장결제방식

수출입거래 시 결제방식으로 가장 많이 활용되는 방식이다. 신용장은 영어로 'Letter of Credit'인바, 명칭대로 신뢰(Credit)의 편지(Letter)이다. 수출상인 판매자 입장에서는 다른 나라에 있는 바이어의 재정상태나 신용상태를 알기 어려우므로 이를 보완해주는 편지가 신용장인 것이다.

신용장거래에서 수출상은 은행이 신용장으로 대금지불을 약속해주기 때문에 안심하고 수출할 수 있으며, 바이어도 매매계약의 주요 내용을 신용장에 기재하면 기일 내에 그에 합치한 상품의 수령을 보증해주기 때문에 안심할 수 있다. 신용장에 관해서는 별도로 설명한다.

추심결제방식

수출자가 수입자를 지급인(Drawee)으로 하여 환어음을 발행하고 여기에 선하증권 등 계약서에 명시된 서류를 첨부하여 자신의 거래은행을 통해 수입자은행에 환어음 추심(Collection)을 의뢰한다. 그러면 수입자가 환어음 금액을 지불하거나 환어음을 인수한 경우에 한하여 선하증권 등 선적서류를 수입자에게 인도하도록 하는 결제방식을 말한다.

추심결제방식에는 수입상이 환어음 대금을 지급한 후 선적서류를 추심은행이 수입상에게 건네주는 지급도방식(D/P, Documents against Payment)과 수입상이 환어음 앞면에 인수(Acceptance) 의사만 표시하면 선적서류를 수입상에게 건네주는 인수도방식(D/A, Documents against Acceptance)의 두 가지가 있다. D/A방식에서 인수란 외상어음을 수입상이 어음만기일에 대금을 결제하겠다고 약속하는 것을 말한다.

〈추심결제방식의 특징〉

① 환어음 사용(어음법 적용)

② 국제규칙(URC 추심에 관한 통일규칙)의 적용

③ 서류와 대금을 관계은행(추심은행, 추심의뢰은행, 제시은행)을 통하여 송부 및 송금

④ 은행의 지급확약이 없으므로 신용이 확실한 거래관계에서만 이용

⑤ 신용장거래보다 은행수수료 부담이 낮다.

⑥ 환어음의 지급인(Drawee)은 수입상이 된다.

〈URC에 관해서〉

국제상업회의소가 제정한 '추심에 관한 통일규칙(Uniform Rules for Collection)'이다. UCP와 마찬가지로 무역환경의 변화에 대응해서 개정되고 있다. D/P, D/A 방식의 거래에서 이 규칙을 적용하기 위해서는 추심지시서에 다음과 같은 문언을 명기해야 한다.

"This collection is subject to Uniform Rules for Collection, 1995 Revision, ICC Publication No. 522" 또는 "This collection is subject to URC522."

송금결제방식

결제방법 중에서 가장 간편하고 은행수수료도 적은 방법이다. 여기에는 송금시기에 따라 사전송금방식(Advance Payment)과 사후송금방식(Deferred Payment)이 있다. 송금방식에 따라서는 송금수표방식, 우편송금방식, 전신송금방식이 있는데 최근 들어 대부분 송금방식은 일정금액을 전신환(T/T, Telegraphic Transfer) 형식으로 발행하여 송금은행이 직접 지급은행 앞으로 송금하는 전신송금방식이 이용되고 있다.

사전송금방식을 선지급방식(Payment in Advance or Cash in Advance)이라고도 하며, 수입상이 수출상 앞으로 물품을 주문하면서 미리 대금을 송금하다는 의미로 주문지급(注文支給, CWO, Cash with Order)이라고도 한다.

사후송금방식의 종류는 성격에 따라 여러 가지 용어로 표현되는데, 현품상환방식(COD, Cash on Delivery), 서류상환방식(CAD, Cash against Documents), 선적통지부불(O/A, Open Account, 외상거래, 상호계정방식 등), European D/P 등이 있다.

송금방식은 환어음을 사용하지 않기 때문에 어음법을 적용할 수 없는 거래이고, 적용되는 국제규칙도 없으며 은행의 지급확약도 없기 때문에 오직 매매계약서를 근거로 거래가 성립된다. 따라서 매매계약서를 체결할 때는 당사자의 권리·의무에 관한 내용을 더욱 구체적으로 확실하게 작성할 필요가 있다.

그 밖의 결제방식

수출입 대금결제방식으로는 상기 3가지 방식 이외에도 혼합방식, 수출상이 물품을 공급하고 발생하는 외상매출채권을 팩터링회사에 양도하고 금융지원을 제공받는 무신용장 방식의 국제팩터링(International Factoring) 방식, 수출거래에서 발생하는 환어음을 소구의무없이(without recourse) 고정금리로 할인받는 방식으로 usance L/C 거래에 주로 사용되는 포페이팅(Forfaiting) 방식 등 다양한 결제방식이 있다.

또한 전자무역이 활성화함에 따라 인터넷을 이용한 트레이드 카드(Trade Card) 시스템, 볼레로(Bolero) 시스템 등도 도입되어 수출입거래 대금결제방식도 전자상거래 개념을 활용한 기법이 전 세계적으로 늘고 있다.

D/P 거래 업무의 흐름

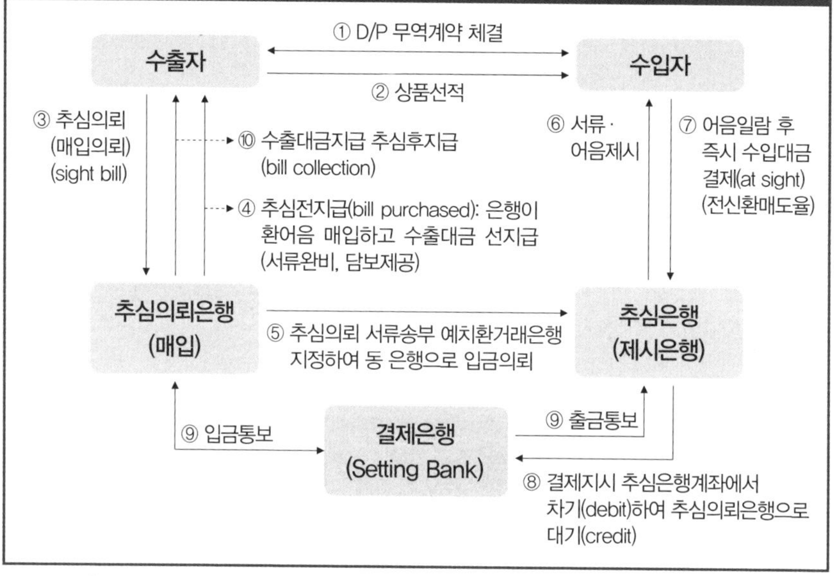

D/A 거래 업무의 흐름

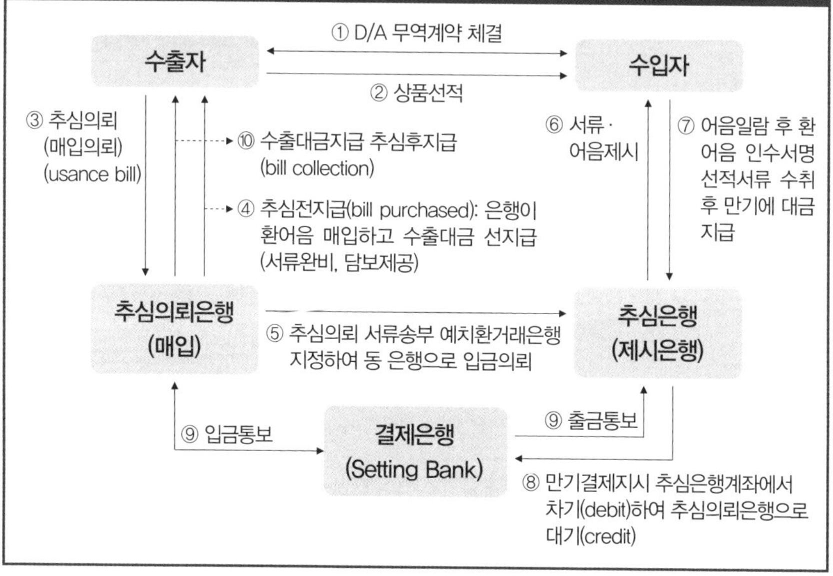

05

신용장

POINT

신용장(L/C, Letter of Credit)은 수입자 측의 신용장 개설은행이 수출자에게 상품대금 지급을 확약하는 서류이다. 수출자에게는 상품대금 회수에 대한 불안감을 해소해주고, 수입자에게는 상품인수의 불확실성에 따르는 위험을 제거해준다.

신용장의 종류

신용장은 비즈니스 성격에 따라 다음과 같이 여러 형태가 있다.

비즈니스 성격	신용장 종류
취소 가능 여부	• 취소가능신용장(Revocable L/C) • 취소불능신용장(Irrevocable L/C)
선적서류첨부 여부	• 화환신용장(Documentary L/C) • 무화환신용장(Clean L/C)
결제방법에 따라	• 지급신용장(Payment L/C) • 연지급신용장(Deferred Payment L/C) • 인수신용장(Acceptance L/C) • 매입신용장(Negotiation L/C)
결제기간에 따라	• 일람불신용장(at sight L/C) • 기한부신용장(Usance L/C)
확인 여부에 따라	• 확인신용장(Confirmed L/C) • 미확인신용장(Unconfirmed L/C)
매입은행 지정 여부	• 자유매입(일반)신용장(Freely Negotiation L/C) • 제한(특정)신용장(Restricted L/C)

비즈니스 성격	신용장 종류
상환청구가능 여부	• 상환가능신용장(With Recourse L/C) • 상환불능신용장(Without Recourse L/C)
양도가능 여부	• 양도가능신용장(Transferable L/C) • 양도불능신용장(Transferable이란 말이 없는 대부분 신용장)
발행지 기준	• 원신용장(Master L/C) • 내국신용장(Local L/C)

* 상기 이외에도 회전신용장(Revolving L/C), 동시개설신용장(Back to Back L/C), 기탁신용장(Escrow L/C), 스탠바이신용장(Stand-by L/C), 선대신용장(Red Clause L/C) 등이 있다.

신용장이란

신용장은 무역거래에서 결제수단의 한 방법이다. 수입자 의뢰에 따라 수입자를 개설의뢰인으로 하고 수출자를 수익자로 하여 수입자의 거래은행이 개설은행이 되어 개설한다. 신용장 개설은행은 수입자로부터 개설의뢰를 받으면 담보 등을 확보한 후 신용장을 개설하고 주채무자로 수입자를 대신하여 수출자에게 대금 지급을 확약한다.

신용장은 당사자 간 매매계약에 근거하여 개설되지만 일단 신용장이 개설되면 신용장 개설은행은 신용장 조건에 따라서만 구속된다. 또한 은행은 오로지 신용장의 문면상 조건에 따라 제시되는 서류만 검토하고 대금지급 여부를 결정하는 특성이 있다. 따라서 신용장 개설은행은 수출자가 신용장 조건을 충족하는 서류를 제시하기만 하면 대금지급을 거절할 수 없고 수입자는 수입대금을 결제한 후 수입물품을 확인할 수 있다는 제약조건 때문에 사기와 같은 위험을 당할 소지가 있다.

신용장 당사자와 업무 흐름

신용장거래 시 관여하는 당사자를 확인하고 그 흐름을 파악할 필요가 있다.

1) 신용장 당사자

- 개설의뢰인(Applicant): 거래은행에 신용장 개설을 의뢰하는 회사를 말한다. 통상은 수입자를 말하며 신용장발행신청서를 작성해서 은행에 개설을 의뢰한다.
- 수익자(Beneficiary): 신용장을 수령하는 수출자를 가리킨다.
- 개설은행(Opening Bank): 수입자 의뢰에 따라 신용장을 개설하는 은행을 말한다. Issuing Bank 또는 Establishing Bank라고도 한다.
- 통지은행(Advising Bank): 개설은행으로부터 신용장을 받아서 수익자인 수출자에게 통지해주는 은행을 말한다. Notifying Bank라고도 한다.

2) 신용장의 업무 흐름

① 신용장의 수익자(Beneficiary)인 수출자와 개설의뢰인(Applicant)인 수입자가 매매계약을 체결한다.

② 수입자는 수입신용장 발행신청서를 작성해서 필요서류와 함께 거래은행에 제출하고 수출자 앞으로 신용장 개설을 의뢰한다.

③ 거래은행은 신용장 개설은행(Opening Bank)이 되어 신용장을 개설하고 수출자가 지정한 수출국의 은행 앞으로 신용장을 송부한다. 신용장을 수령한 수출국의 은행은 신용장 통지은행(Advising Bank)이 된다. 개설은행은 이때 수출자가 지정한 은행이 거래계약이 있는 은행이 아니면 은행 변경을 요청하든가 거래계약이 있는 은행을 경유하기도 한다.

신용장거래 업무의 흐름

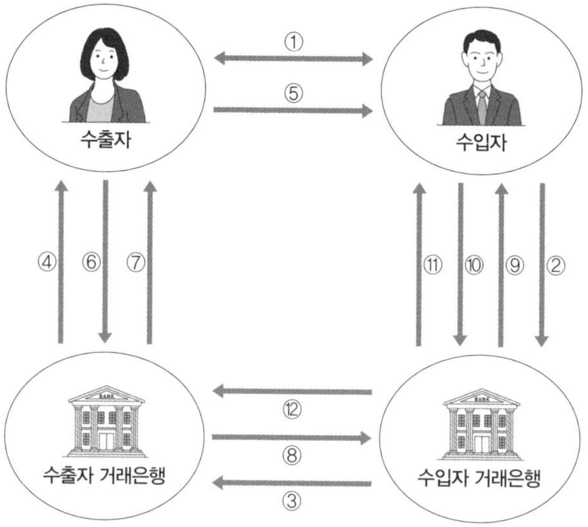

〈번호 설명〉
① 수출계약
② 신용장개설 의뢰
③ 신용장개설
④ 신용장도착 통보
⑤ 선적
⑥ 선적서류 매입의뢰
⑦ 수출대금 수령
⑧ 선적서류 송부
⑨ 선적서류 도착 통보
⑩ 수입대금 결제
⑪ 선적서류 수령
⑫ 물품대금 송금

〈각 명칭에 대한 용어〉
수출자 → 신용장의 수익자(Beneficiary)
수출자 거래은행 → 통지은행(Advising Bank)
수입자 → 신용장 개설의뢰인(Applicant)
수입자 거래은행 → 개설은행(Opening Bank)

④ 통지은행(Advising Bank)은 개설은행으로부터 받은 신용장이 도착했음을 수출자에게 통지한다.

신용장의 기본용어

신용장 조건의 거래에서는 신용장을 이해하는 것이 대단히 중요하다. 따라서 신용장에서 사용되는 기본적 용어를 이해할 필요가 있다.

용 어	한국어 설명
Irrevocable Letter of Credit	취소불능신용장
Opening Bank(Issuing Bank)	개설은행(발행은행)
Advising Bank(Notifying Bank)	통지은행
Beneficiary	수익자(통상은 수출자)
Applicant	신용장 개설의뢰인(통상은 수입상)
Amount	신용장 금액
Date of Issue	신용장 개설일
Shipment	선적
Partial Shipment	분할선적
Transshipment	환적
Date of Expiry	신용장의 유효기간
Latest Shipment	선적기한
Credit No.	신용장 번호
Allowed(Permitted)	승인
Not Allowed(Prohibited)	금지

신용장의 종류

무역거래에서 일반적으로 사용되는 신용장을 몇 종류 알아본다.

취소불능신용장(Irrevocable L/C)

한번 개설되면 유효기간 중에는 신용장 당사자들의 합의가 없는 한 취소할 수 없는 신용장이다.

화환신용장(Documentary L/C)

신용장 개설은행이 화환어음의 지불을 확약하는 신용장이다. 화환어음이란 환어음에 선적서류를 첨부한 것을 말한다. 일반 무역거래에서는 대부분이 신용장을 사용한다.

일람불신용장(at sight L/C)

신용장의 조건을 충족하는 화환어음을 제시하면 바로 신용장 대금을 지급하는 신용장이다.

매입신용장(Negotiation L/C)

수출지에 있는 은행에 신용장에 의해 발행되는 환어음의 매입이 수권된 신용장이다. 매입은행이 특정은행으로 제한되는 매입제한신용장(Restricted L/C)과 어느 은행에서든 자유롭게 매입 가능한 자유매입신용장(Freely Negotiation L/C)이 있으며 대부분 자유매입신용장이다.

상환청구불가능신용장(Without Recourse L/C)

매입은행이 신용장 개설은행에서 대금지급을 거부할 경우 수출자에게 이미 지급한 대금을 돌려달라고 요구할 수 없는 신용장이다.

확인신용장(Confirmed L/C)

신용장 개설은행 이외의 제3의 은행이 지불을 확약하는 신용장이다. 신용장의 신뢰도는 높아지지만 수수료가 들어간다.

양도가능신용장(Transferable L/C)

수익자가 받은 신용장을 제3자에게 신용장 금액의 전부 또는 일부를 양도 가능한 신용장을 말한다. 신용장상에 'Transferable'이라는 용어가 반드시 있어야 한다. 없으면 양도불능신용장이다.

내국신용장(Local L/C)

수출용 원자재 또는 물품을 국내에서 구매하고자 하는 회사의 의뢰에 따라 외국환은행이 완제품 또는 원자재 공급업체를 수혜자로 하여 개설하는 신용장을 말한다. 수입자로부터 받은 신용장을 원신용장(Master L/C)이라 하며 내국신용장은 원신용장을 근거로 해서 개설된다.

회전신용장(Revolving L/C)

일정한 기간 일정한 범위 내에서 신용장 금액을 자동으로 갱신하여 사용할 수 있는 신용장이다. 수출자와 수입자 간에 동일 종류의 물품을 계속 거래할 경우 매번 신용장을 개설해야 하는 번거로움을 피하고 개설 수수료를 절감할 수 있다.

※ 하나의 신용장이 신용장의 여러 종류를 동시에 충족하는 신용장이 개설될 수 있다는 점에 유의가 필요하다.

예) irrevocable documentary negotiation with recourse confirmed at sight L/C

신용장 이용의 장점과 단점

신용장은 신뢰를 바탕으로 하는 무역거래에서 가장 신뢰할 수 있는 지불조건으로 단순히 은행이 발행하는 지불보증서가 아니라 각국의 외국환 관리제도에 바탕을 둔 지불보증서이므로 좀 더 믿을 수 있다.

신뢰를 바탕으로 하는 신용장이지만 무역하는 사람이라면 신용장 이용의 장점과 단점을 알아둘 필요가 있다.

구 분	수출자	수입자
장점	• 신용장은 은행이 대금지불을 보증하는 보증서이므로 대금회수 확률이 대단히 높다. • 신용장이 개설되면 계약의 일방적 취소나 변경이 불가능하므로 수출거래가 확정된다. • 선적 후에 수출지의 은행에서 선적서류와 신용장 원본을 제출하고 즉시 대금을 지불받을 수 있다. • 신용장을 활용하여 수출을 위한 필요자금을 융자받을 수 있다.	• 신용장이 은행이 대금지불을 보증하는 보증서이므로 수출자에게 자신의 신용을 보이는 것이 된다. • 신용장에 기재된 선적기일을 근거로 계약한 물품이 제때 선적될 것이라는 확신을 가질 수 있다. • 신용장 개설은행으로부터 선적서류를 인도받으면서 아울러 신용을 공여받으면 물품이 수입 통관하여 판매되는 기간에 대금결제를 연기하는 혜택을 받을 수도 있다.
단점	• 신용장상에 명시된 조건대로 하지 않으면 안 되기 때문에 서류작성이나 취급이 번거롭다. • 환어음 매입은 매입은행의 매입행위이므로 매입은행의 판단이 수출자의 의도에 따르지 않고 매입이 거부될 경우도 있을 수 있다. • 신용장개설은행이 파산하거나 신용이 실추되는 위험을 감수하고 대금지급을 거절하는 경우 해결방안이 없다. 대금회수에 대한 위험은 전적으로 수출자가 부담한다.	• 수출자가 선적한 제품이 계약한 제품이 아닐지라도 신용장 조건을 충족하는 선적서류를 은행을 경유해 제시했을 경우 신용장개설은행에 대금을 지불해야 한다. • 수출자가 신용장을 받고서 일방적으로 선적하지 않아도 이에 대한 대비책이 없다.

그밖에 신용장통일규칙(UCP) 문구 등 해석 차이에 따른 당사자 간 분쟁이 따를 수 있으며, UCP에도 불구하고 수입국이나 수출국의 법률적 제한에 신용거래가 먼저 통제받는 경우도 있을 수 있다.

한편 신용장 조건에서는 신용장상의 표현과 선적서류의 표현이 엄밀하게 일치해야 하는 것이 기본 원칙이지만 통상 관계자들이 현실적으로 경미하다고 판단되는 약간의 불일치도 받아주는 결과 신용장개설은행은 그 같은 경우에는 지불에 응해야 한다고 판단하는 세계적 경향이 나타나고 있다.

신용장의 조건변경

수출자는 신용장을 받으면 내용을 확인하고 계약내용과 불일치 등으로 신용장 조건을 변경할 필요가 있는 경우에는 수입자에게 내용의 수정(Amendment)을 의뢰한다. 취소불능신용장의 조건변경은 원칙적으로 신용장 당사자 전원이 합의해야만 유효하게 성립된다.

〈조건변경의 흐름〉

① 수익자가 개설의뢰인에게 신용장 조건변경을 요청한다.

② 이에 개설의뢰인이 동의하면 개설은행에 조건변경신청을 한다.

③ 개설은행은 변경내용을 통지은행을 통하여 수익자에게 통지한다.

신용장 조건변경을 수입자, 즉 개설의뢰인도 수익자 동의를 얻어 할 수 있지만 수입자의 일방적 조건변경에 대해서는 수익자가 그 승낙 여부의 선택권을 보유하게 되며 그 의사를 선적서류 제시일까지 유보할 수 있다.

개설의뢰인은 수익자에게 불리하다고 판단되는 항목의 변경이나 개설의뢰인이 조건변경을 요구할 경우에는 수익자의 서면동의를 받아두는 것이 필요하다.

신용장의 양도

신용장의 양도는 수익자가 자신의 권리 중 일부 또는 전부를 제3자에게 이양하는 것을 말하며, 원신용장에 양도가능 문언으로 반드시 'Transferable'이라는 단어가 있어야만 가능하다.

〈신용장양도의 사유〉

- 수익자가 무역업자가 아닌 경우
- 수익자가 공급능력이 없으나 양도차익을 목적으로 신용장을 수령한 경우
- 수익자가 해당 물품에 대한 쿼터를 보유하고 있지 않은 경우

이외에 수익자가 수입상의 지사 또는 대리인으로서 시간 여유를 가지고 수입자에게 가장 유리한 공급처를 찾고자 하는 경우 또는 수출조합이나 동업자조합명의로 신용장을 받고 수출이행을 각 조합원에게 할당하고자 할 경우에도 활용되고 있다.

〈신용장양도 수순〉

① 양도인(제1수익자)과 양수인(제2수익자) 간에 신용장양수도계약을 체결하고 양도은행에 신용장양도신청을 한다. 이때 양도은행은 신용장 종류

에 따라 다르다. 원신용장에 지급, 연지급, 인수 또는 매입을 요청받은 은행이 있으면 그 은행이, 자유매입신용장인 경우에는 개설은행으로부터 신용장양도은행으로 별도 수권받은 은행이 된다.

② 양도은행은 신용장양도신청을 받으면 양도자에게 양도에 따른 제반 비용을 받는다.

③ 양도은행은 원신용장의 뒷면에 양도 사실을 기재한 후 양도인에게 되돌려주고 양수인에게는 자기은행 명의로 된 양도신용장을 발행한다.

신용장양도는 하나의 원신용장을 여러 명에게 분할하여 양도할 수 있으나 단 1회 허용하므로 양수인이 또다시 제3자에게 양도할 수는 없다. 양도의 종류로는 전부양도(Total Transfer), 일부양도(Partial Transfer), 해외양도(Overseas Transfer)가 있다.

신용장양도 시 양도인은 송장대치(Substitution of Invoice) 및 추가어음발행권리 그리고 양도지에서 지급 또는 매입을 요구할 권리 등을 갖는다.

신용장거래의 규칙

신용장 통일규칙은 국제상업회의소(ICC)가 1933년에 제정한 후 여러 번에 걸쳐 개정되고 현재는 2007년에 개정된 것이 사용되는데, 정식명칭은 "The Uniform Customs and Practice for Documentary Credit, 2007 Revision, ICC Publication No. 600"(UCP600, 국제상업회의소 소책자 번호 600, 2007년 개정 상업화환 신용장에 관한 통일규칙 및 관례)이다. 일반적으로 'UCP600' 또는 「신용장통일규칙 2007년판」이라고 말한다.

신용장을 받으면 그 신용장에 신용장통일규칙 채택문언이 있는지 확인할 필요가 있다. 대부분 UCP600을 채택하지만 채택문언이 몇 년에 개정된 것인지도 확인해야 한다. 또한 UCP를 이용하는 경우에도 해당국 은행연합회 등이 일괄해서 채택하는 경우와 각 은행이 개별로 채택하는 경우가 있는데 일괄채택국이 아닌 국가로부터 받은 신용장은 특히 주의해야 한다. 일괄채택국 여부는 은행에 확인하면 알 수 있다.

신용장통일규칙이 법적 구속력을 가지려면 거래당사자가 이 규칙을 신용장 해석의 기준으로 삼겠다는 합의를 신용장에 명시해야 한다. 그 문언의 예를 보면 다음과 같다.

Except so far as otherwise expressly stated, this documentary credit is subject to UCP 600(또는 Uniform Customs and Practice for Documentary Credit 2007. Revision, International Chamber of Commerce Publication No. 600).

"신용장상에 별도로 명시하지 않는 한 이 화환신용장은 신용장규칙(UCP600)의 적용을 받는다."

이 같은 준거 문언이 신용장상에 기재되면 이 규칙은 은행 간 규칙이 되는 동시에 무역당사자까지 구속하는 법적 효력을 갖는다.

UCP600은 전부 39조로 구성되어 있으며 신용장거래 규칙이므로 무역실무자라면 입수하여 공부해두면 도움이 된다.

06

통관에 관해서

POINT

통관은 관세법에서 정한 절차로 화물을 수출 또는 수입하려는 업자가 세관에 화물의 품명, 종류, 수량, 가격 등에 대한 사항을 신고하고 필요한 심사와 검사를 거친 후 수출입신고필증을 교부받아 물품을 해외로 선적하든가 국내에 반입하는 과정을 말한다.

통관의 종류	
구 분	내 용
수출통관	수출물품을 세관에 신고하여 필요한 검사와 심사를 거쳐 세관장 허가를 받은 후 세관을 통과하는 과정. 간이수출통관절차는 적하목록 또는 송품장 제출로 수출신고를 갈음하는 통관절차를 말한다.
수입통관	수입하고자 하는 물품을 세관에 신고하고 세관장은 관세법 및 기타 법령에 따라 적법하고 정당하게 이루어진 경우 이를 신고수리하고 신고인에게 수입신고필증을 교부하여 수입물품이 반출되도록 하는 일련의 과정
목록통관	개인이 자기가 사용할 목적으로 해외에서 반입하는 특정품목에 대해 통관절차를 생략하는 제도다. 일반통관과 달리 별도 수입신고 절차가 없어 일정 금액 이하의 물품을 사면 관세를 내지 않는다.
개인통관	본인 사용 목적으로 소량 수입되는 화물로, 관세청에서 발급받은 화물 수령인의 개인통관고유부호가 필요하다.
사업자통관	개인 자가사용 목적이 아닌 판매를 목적으로 수입하는 '사업자'일 경우 사업자통관으로 관세청에서 발급받은 사업자통관고유부호가 필요하다.

구 분	내 용
간이통관	본인이 사용하기 위해 구입한 휴대품으로 반입하거나 외국의 친지 등으로부터 송부받는 물품 등은 정식 수입신고절차와 달리 절차를 간소화한 통관을 하고 간이세율을 적용받는 것을 말한다.
일반통관	2,000달러를 초과하거나 목록통관 또는 간이 수입신고 대상에서 제외되는 물품을 수입하는 경우 진행되는 통관으로 물품의 국내 판매가 가능하다.

통관이란

관세법 규정에 따라 수출 또는 수입하려는 사람(회사)이 세관장에게 화물의 품명, 종류, 수량, 가격 등의 필요한 사항을 신고하고, 필요한 심사와 검사를 받은 후 수출 또는 수입신고필증을 교부받아 화물을 해외로 선적하든가 국내로 반입하는 과정을 말한다.

우리나라의 수출입에 관련한 통관은 관세청의 통합 서비스시스템인 「UNI-PASS」라는 전자통관시스템으로 모든 세관신고 업무를 통합하여 원스톱으로 하고 있다. 관세청 통관망과 무역업체, 관세사, 운송업체 및 관련 기관 등이 연계되어 신고인은 세관에 '서류 제출 없이' 수출입신고하고 수리결과를 확인해볼 수 있는 시스템이다.

수출 또는 수입신고인

수출신고는 '수출통관 사무처리에 관한 고시'에 따라, 수입신고는 '수입통관 사무처리에 관한 고시'에 따라 다음에 기재된 자의 명의로 해야 한다.

- 관세사
- 관세청장에게 등록한 관세법인(관세사법 제17조 및 제17조의2)
- 통관업을 하고자 관세청장에게 등록한 통관취급법인(규제 관세사법 제19조)
- 수출 화물주 또는 수입 화물주

우리나라에서는 수출입통관을 관세사에 의뢰하는 것이 일반화되어 있으며 대부분 중소기업은 그렇게 한다. 따라서 수출입통관을 위해 UNI-PASS를 직접 이용하는 경우는 거의 없을 테지만 무역실무자는 알아두면 도움이 되므로 UNI-PASS를 간략히 소개한다.

관세청 전자통관시스템 유니패스

유니패스를 이용하려면 유니패스에 회원가입을 해야 하는데 사업자는 은행에서 발급받은 공동인증서가 필요하다. 회원가입은 유니패스 사이트에 방문해서 직접 할 수도 있지만 관세사에게 의뢰하면 대신해준다.

관세사에게 의뢰하지 않고 직접 수출입통관을 하려면 UNI-PASS 서비스 이용신청을 해야 한다. 통관포털에 접속해 통관포털 서비스 이용 신청내역을 입력하고, 관련 구비서류를 첨부하여 사업장 관할세관에 제출해야 한다.

한편 수출통관 및 수입통관시스템에 관해서는 PART 5 수출실무, PART 6 수입실무에서 각각 설명한다.

통관의 종류

〈수출통관〉

물품을 수출하려면 관할 세관장에게 수출신고를 해서 승인을 받아야 한다. 수출신고를 하면 세관에서 서류와 화물에 대해 심사 및 검사를 하고 문제가 없으면 승인하게 된다. 이 일련의 수출신고에서 승인하고 수출신고필증을 교부하기까지 전 과정을 총칭해서 수출통관이라 한다.

한편 간이수출통관은 무역통계에 계상되지 않거나 관세환급대상이 아닌 200만 원 이하의 정식 통관절차가 필요하지 않은 물품에 대해 기존의 정식 절차보다 더욱 간편하게 수출통관을 진행할 수 있는 것을 말한다. 적하목록 또는 송품장 제출로 통관을 갈음한다. 간이수출신고 대상에 해당하는 품목일 경우에는 송품장만 있다면 수출신고가 가능하다. 세관에 신고한 후 간이수출신고수리서 등의 서류를 받는데 세관 인장이 있으면 정상으로 진행됐음을 뜻한다.

간이수출통관 대상은

- 유해 및 유골
- 환급대상이 아니면서 물품가격이 FOB 200만 원 이하인 경우
- 외국인이 산 물품
- 외교부로부터 재외공관으로 발송된 자료
- 외교행낭으로 반출되는 물건 등이 해당된다.

다만 관세법 제226조 규정에 따라 허가, 승인, 표시 또는 이외의 조건을 갖춰야 하는 물건이나 위약수출, 재수출조건부로 수출하는 물건은 일반수출신

고 대상이기 때문에 정식 수출신고를 해야 하므로 잘 알아둘 필요가 있다.

〈수입통관〉

해외에서 물품을 수입하려면 그 화물이 자국 항구에 도착하기 전후로 관할 세관장에게 해당 화물의 품명, 수량, 가격, 기타 필요한 사항을 수입신고서에 기재해서 제출하면 세관에서 심사 및 검사를 거쳐 문제가 없으면 수입 승인을 하게 된다. 관세와 부가가치세 등을 납부한 후 세관에서 수입신고필증을 교부받고 화물을 국내로 반입하게 되는데 이 일련의 전 과정을 총칭해서 수입통관이라 한다.

〈반송통관〉

수입할 목적으로 국내에 반입한 물품을 수입통관을 거치지 아니하고 다시 국외로 반출할 때 사용하는 통관을 의미한다. 주로 중계무역을 진행하거나 물건을 반품할 때 사용되는 방식이다.

〈목록통관〉

개인이 자기가 사용할 목적으로 해외에서 반입하는 특정품목에 대해 통관 절차를 생략하는 제도다. 일반통관과 달리 별도 수입신고 절차가 없어 일정 금액 이하 물품을 사면 관세를 내지 않는다. 물품가격이 미화 150달러 이하(미국발 물품은 200달러 이하)인 경우 특송업체의 통관목록 제출만으로 수입신고가 생략되어 관세 및 부가세가 부과되지 않는 통관제도이다.

〈일반통관〉

자가사용 목적으로 목록통관 대상에서 제외되는 물품을 수입하는 경우 진행되는 통관이다. 일반적 절차에 따라 수입신고 후 통관서류를 검사하는 방법이다. 물품가격이 발송국 기준 150달러 이하일 경우 관세, 부가세가 면제된다. 수입신고 시 개인통관고유부호가 필요하다.

목록통관 대상에서 제외되는 대표적 물품으로는 의약품, 애완동물용품, 화장품, 지적재산권 위반 의심 물품 등이 있다.

다음 3가지 항목 중 1개라도 해당하면 일반통관으로 진행해야 한다.

- 금액이 150달러(미국발은 200달러)가 초과되는 경우
- 목록통관 배제대상 물품이 존재하는 경우
- 구매물품이 자가사용 인정기준 수량 또는 무게를 초과하는 경우

일반통관으로 관세, 부가세를 납부하고 수입한 물품은 관세법상으로는 판매가 가능하지만 소득세법과 관련이 있음에 유의할 필요가 있다.

〈간이통관〉

기본적으로 일반통관의 범주하에 있는 통관방식이다. 본인이 사용하기 위해 구입해서 휴대품으로 반입하거나 외국의 친지 등으로부터 송부받는 물품 등은 정식수입신고절차와 달리 절차를 간소화한 통관을 하고 간이세율을 적용받는다. 물품가격이 150달러 초과 2,000달러 이하 화물의 경우 진행하는 통관과정으로 관세와 부가가치세를 납부해야 한다,

〈개인통관〉

개인이 직접 사용하는 용도로 해외에서 상품을 구매하는 경우에 해당한다. 수입통관 시에는 관세청에서 부여하는 개인통관고유부호가 필요하다. 개인통관으로 관세, 부가세를 면제받은 상품을 국내에서 판매하는 행위는 불법이다.

〈사업자통관〉

정식 수입해서 국내에서 영업하여 판매하고자 하는 경우에 해당한다. 수입통관 시 사업자등록번호, 사업자통관고유부호를 사용해 통관한다. 관세, 부가세를 납부해야 한다.

수입요건 대상품목일 경우 수입 요건을 갖추어야 하고, 원산지표시 대상물품일 경우에는 현품에 적정한 방법으로 원산지표시를 해야 한다. 수입통관은 관세사에게 의뢰하는 것이 일반적이고 FTA를 활용해서 관세 혜택을 보려면 FTA 원산지증명서가 필요하다.

개인통관과 사업자통관 비교

기관명	개인통관	사업자통관
목적	개인사용 용도	판매, 영업, 판촉 등 이윤 창출
세금	150달러 초과 시 관세, 부가세 납부	금액에 상관없이 관세, 부가세 납부
수입요건	수입금지 품목이 아니면 별도 요건 없이 수입	상품에 따라 요건을 갖추어야 수입이 가능
재판매	불가	가능
통관 시 필요한 정보	개인통관고유부호	사업자등록번호, 사업자통관고유부호

납부한 관세는 종합소득세 신고 시 비용처리가 가능하며 납부한 부가세는 매입 자료로 처리가 가능하다.

통관고유부호와 해외거래처부호

수출입통관업체 또는 개인 식별을 위하여 「통관고유부호 및 해외거래처부호 등록·관리에 관한 고시」상 통관고유부호 체계에 따라 관세청 부호관리시스템에서 부여한 부호를 말한다. 2018년 7월부터 목록통관도 실명확인제가 시행되어 개인통관고유부호 제출이 의무화되었다.

개인통관고유부호는 관세청에서 개인정보유출을 방지하기 위하여 개인 물품 수입신고 시 주민등록번호 대신 활용할 수 있게 만든 부호로 영어로는 PCCC(Personal Customs Clearance Code) 혹은 PCC(Personal Clearance Code), Customs ID Number 등으로 부른다. 이 통관부호는 외국으로부터 물품을 구입할 때 배송료를 제외한 물건 가격이 미국발 제품은 200달러, 그 외에는 150달러 미만이면 신고가 면제되지만 그 이상이면 관부가세(관세+부가세)를 납부해야 한다. 이때 수령인을 식별하기 위해 쓰는 것이 통관부호다.

사업자통관고유부호도 수출입업체를 식별하고 통관업무의 적정성을 기하기 위해 통관고유부호체계에 따라 부호관리시스템에서 부여하는 부호이다. 사업자통관을 위해 필요하며 관세청에 신청하여 발급받아야 한다.

해외거래처부호는 외국으로부터 우리나라에 물품을 공급하거나 외국에서 우리나라 물품을 구매하는 업체 또는 개인 식별을 위하여 부여된 해외거래처의 고유부호이다.

보세구역

보세구역(Bonded Area)이란 관세법상 관세가 유보되는 지역이다. 효율적 화물관리와 관세행정의 필요에 따라 세관장이 지정·특허한 장소를 말한다. 모든 수출입화물은 기본적으로 보세구역에만 장치할 수 있다.

한편 보세구역에서는 보세화물 유통을 원활히 하고 화주가 신속히 통관해 가도록 장치기간을 설정하여 운영하고 있다. 관세채권의 확보 또는 보세구역 내 질서유지 등을 위해 지정보세구역은 화물관리인이, 특허보세구역은 운영인이 각각 화물에 대한 보관 책임을 지며, 화물관리인과 운영인이 보세구역에 물품 반출입 시 반출입신고를 하거나 보세작업을 하고자 할 때 세관장 허가를 받는 등 소정의 세관 절차를 이행해야 한다.

보세구역의 종류

지정보세구역 (Designated Bonded Area)	지정장치장: 통관하고자 하는 물품을 일시 장치하기 위한 장소
	세관검사장: 통관하고자 하는 물품을 검사하기 위한 장소
특허보세구역 (Licensed Bonded Area)	보세창고(Bonded Warehouse): 외국물품을 장치하기 위한 장소
	보세공장(Bonded Factory): 외국물품 또는 외국물품과 내국물품을 원료 또는 재료로 사용해 제조·가공하는 장소
	보세전시장(Bonded Exhibition Ground): 박람회, 전시회 등의 운영을 위해 외국물품을 장치, 전시할 수 있는 장소
	보세건설장: 외국물품인 기계류 설비품이나 공사용 장비를 장치, 사용하는 건설장
	보세판매장: 외국인들을 위한 면세판매장
종합보세구역(IBA, Integrated Bonded Area)	특허보세구역의 기능 중 2가지 이상 복합적으로 수행할 수 있는 장소

또한 물품 관리와 세관 감시에 지장이 없다고 인정된 보세구역에 대하여 화물관리를 운영인 또는 화물관리인에게 위임하여 자율적으로 운영하도록 하는 자율관리보세구역 제도를 두어 세관의 직접적 규제를 완화하고 관세행정의 능률적 수행과 질서유지가 가능하게 하고 있다.

자율관리보세구역에는 보세구역에 장치된 물품을 관리하는 전문 화물관리인인 관세청장 명의의 자격증을 가진 보세사를 반드시 채용해야 한다. 보세사는 보세화물 및 내국물품의 반입·반출에 대한 입회·확인 등의 업무를 수행하며, 보세사 자격증에 관련된 사항은 한국관세물류협회에 문의하면 된다.

검역제도

수출입 화물의 이동에 따른 감염병이나 병충해 확산을 방지하려는 제도이다. 수출입 검역은 공항과 항구 또는 지정된 검역시행장과 검사장소에서 하는 검사 등을 말한다. 동물검역, 식물검역, 수산물검역, 축산물검사, 식품검사 등으로 나누어 각각 「가축전염병 예방법」, 「식물방역법」, 「수산생물질병관리법」, 「수입식품안전관리특별법」에 따라 실시되고 있다.

수출입 검역대상 동물과 식물을 수출입할 경우 농림축산검역본부에, 수산생물을 수출입할 경우 국립수산물품질관리원에 검역을 신청하여 각각 동물검역관, 식물검역관, 수산생물검역관의 검역을 받아야 한다.

또한 판매를 목적으로 하거나 영업에 사용할 목적으로 축산물을 수입하려는 경우 농림축산검역본부에, 식품 등을 수입하려는 경우에는 식품의약품안전처에 신고하고 검사를 받아야 한다.

수출입 동물검역과 축산물검사, 식물검역과 목재포장재검역의 대상 및 검역절차 등 구체적인 사항은 농림축산검역본부 홈페이지(www.qia.go.kr/)를 방문하면 관련 정보를 얻을 수 있다.

수출입 수산물검역의 대상 및 검역절차는 국립수산물품질관리원 홈페이지(www.nfqs.go.kr/)를, 식품검사는 식품의약품안전처 홈페이지(www.mfds.go.kr/)를 방문하거나 문의하면 관련 정보를 입수할 수 있다.

검역의 종류

구 분	검역 관련법	검역기관
동물검역	가축전염병예방법	농림축산검역본부 동물검역관
식물검역	식물방역법	농림축산검역본부 식물검역관
수산물검역	수산생물질병관리법	국립수산물품질관리원 수산생물검역관
축산물검사	축산물위생관리법 수입식품안전관리특별법	농림축산검역본부 식품의약품안전처(수입신고기관)
식품검사	식품위생법 수입식품안전관리특별법	식품의약품안전처
목재포장재 검역	식물방역법 수출입화물목재포장재 검역요령(농림축산검역 본부 고시 2014-12호)	농림축산검역본부

병행수입

병행수입은 외국에서 적법하게 상표가 부착되어 정상적으로 유통되는 진정상품을 국내의 독점수입업자(국내 상표권자 또는 전용사용권자) 허락 없이 국내의 제3자가 다른 유통경로로 동일한 상품을 수입하는 것을 말한다.

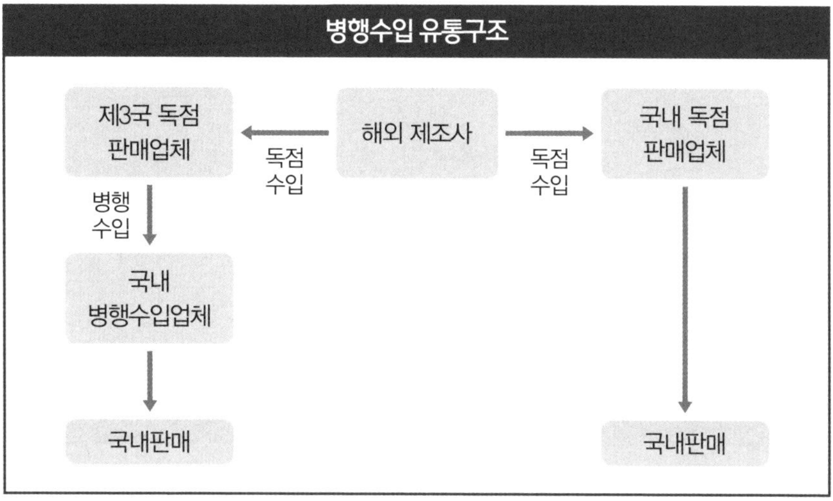

병행수입은 모든 상표에 허용되는 것이 아니라 일정한 기준에 따라 제한적으로 허용되므로 사전에 수입하고자 하는 물품의 상표가 병행수입이 허용되는지 확인해야 한다.

〈병행수입 가능 여부 판단기준〉

- 외국상표권자와 국내상표권자가 동일인이거나 동일인 관계인 경우
  제3자 병행수입이 가능하다.(수출입사실 통보대상 아님)
  예외적으로 국내 전용사용권자가 외국상표권자와 동일인 관계가 아니고 제조·판매만 하는 경우에는 제3자 병행수입이 제한된다.(수출입사실 통보대상)
- 외국상표권자와 국내상표권자가 동일인 관계가 아닌 경우
  제3자 병행수입이 제한된다.(수출입사실 통보대상)
  예외적으로 국내상표권자 또는 전용사용권자가 외국상표권자가 생산한

진정상품을 수입·판매하는 경우에는 제3자 병행수입이 가능하다.(수출입사실 통보대상 아님)

〈병행수입 제한 해제〉

국내상표권자 또는 전용사용권자가 제3자의 수입을 허락하거나 통관에 동

병행수입이 가능한 경우

외국상품권자와 국내상표권자가 동일인 관계인 경우

- 외국상품권자와 국내상표권자(전용사용권을 설정한 경우 전용사용권자)가 동일인 관계인 경우

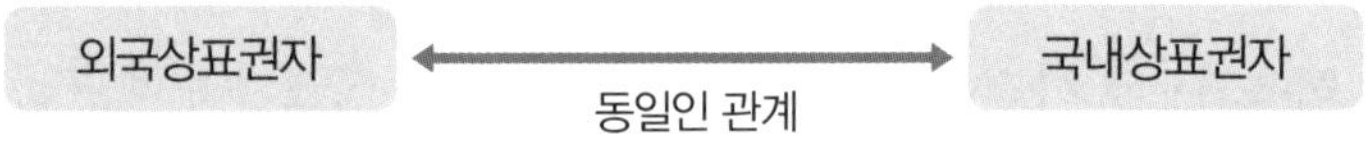

※ 동일인 관계란 국내외 상표권자가 동일인이거나 계열회사 관계(주식의 30% 이상을 소유하면서 최다출자자인 경우), 수입대리점 관계 등 동일인으로 볼 수 있는 관계를 말함

- 외국상품권자와 국내상표권자(전용사용권을 설정한 경우 전용사용권자)가 동일인 관계는 아니지만 외국상표권자가 생산한 진정상품을 수입 판매하는 경우

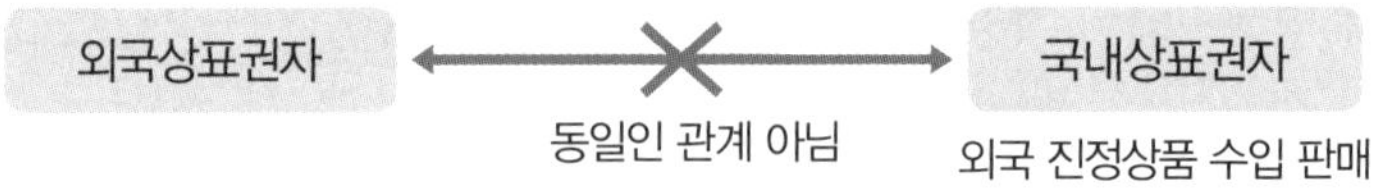

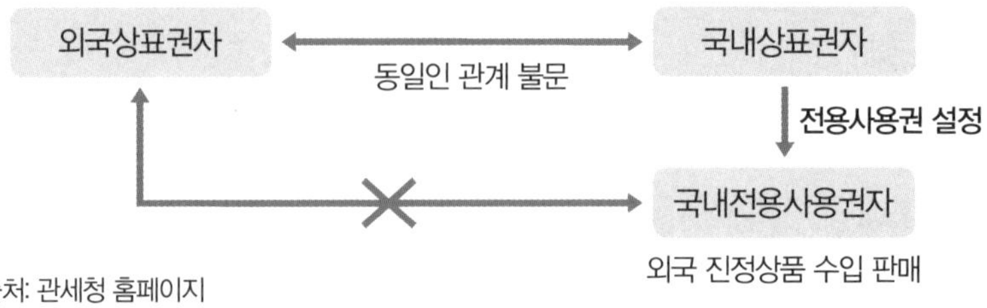

출처: 관세청 홈페이지

의한 경우, 침해우려물품 수출입사실 통보대상에서 해제되어 차후 수입되는 동일 지정상품에 대해서는 수출입사실을 통보하지 않는다.

〈병행수입 시 주의할 점〉

병행수입 가능 여부는 관세청 홈페이지(www.customs.go.kr)를 참고하여 문의하면 확인할 수 있다. 또한 관세청의 '지적재산권 보호를 위한 수출입통관 사무처리에 관한 고시'를 참고하면 도움이 된다.

병행수입이 허용되는 상표라 하더라도 상품 진위가 의심스러운 경우에는 세관장 또는 상표권자의 요청에 따라 통관이 보류될 수 있으니 이 점에 주의할 필요가 있다.

07

관세에 관한 지식

POINT

상품을 해외로부터 수입할 때는 관세 등의 세금이 부과된다. 수입자는 상품에 따라 부과되는 관세 등을 납부해야 한다. 관세율에는 기본관세율, 잠정관세율, 탄력관세율, 협정관세율이 있다.

관세의 종류(이론상)

분류기준	관세 종류	내 용
과세 기회	수출관세	외국으로 수출되는 물품에 부과
		수출물품 가격률 인상, 독과점 품목 – 브라질 커피, 쿠바 사탕수수 등
	수입관세	수입되는 물품에 부과, 일반적으로 관세라 하면 수입세를 말한다.
		수입물품 가격을 올려 국내생산품 가격경쟁력 강화, 재정수입 확보 및 국내산업보호
	통과관세	물품이 특정의 제3국을 통과할 때 부과
		1921년 바로셀로나협정에서 폐지, GATT 규정에 따라 금지
과세 방법	종가세	물품의 가격을 근거로 과세표준 산정
	종량세	물품의 수량을 근거로 과세표준 산정
	선택세	종가세율과 종량세율 중 세액이 높거나 낮은 것 가운데 하나를 선택하여 과세
	복합세	종가세와 종량세로 산출된 세액을 합산하여 과세하는 관세

분류기준	관세 종류	내 용
과세 목적	재정관세	국가의 재정수입 목적
	보호관세	국내 유치산업 보호 목적–쌀, 농산물 등
부과 근거	국정관세	법령에 따라 자율적으로 부과–기본세율, 잠정세율, 탄력세율
	협정관세	외국과 통상조약이나 관세조약에 따라 책정된 세율 부과
		WTO 양허세율, FTA 협정세율 등

관세의 종류

관세는 세관을 통과하는 화물에 부과하는 세금으로 수출물품에 부과하는 수출관세, 외국으로부터 화물을 수입할 때 부과하는 수입관세 그리고 국경을 통과하기만 하는 통과관세로 나눈다. 일반적으로 관세라 함은 수입관세를 말한다.

관세의 경제적 효과로는 국내산업 보호, 재정수입 증가, 해당 상품의 소비 억제, 교역조건의 개선 등과 같은 여러 가지가 있을 수 있다. 또한 국제수지와 소득분배에도 적지 않은 효과가 있다고 한다.

실무상 관세의 종류

구 분	관세의 종류	성 격
국정 관세	기본관세	수입물품에 부과되는 관세로 국회에서 법률 형식으로 제정되고, 개정은 국회 의결이 필요함(관세법 별표의 관세율표 참조)
	잠정관세	특정품목에 대해 기본세율의 틀에서 벗어난 세율을 잠정적으로 적용하는 관세로 국회 의결을 거쳐 법률로 정해짐(관세법 별표의 관세율표 참조)

구 분	관세의 종류		성 격
국정관세	탄력관세	덤핑방지관세	덤핑수입이 되는 경우 부과하는 관세
		상계관세	교역상대국에서 보조금 등을 지급받은 물품의 저가 수입에 부과하는 관세
		보복관세	교역상대국의 부당한 조치에 대항해 부과하는 관세
		긴급관세	특정물품의 수입증가로 국내산업에 피해가 우려될 때 부과하는 관세
		특정국물품 긴급관세	특정국 물품수입이 증가 또는 가격이 급락할 때 부과하는 관세
		농림축산물에 대한 특별긴급관세	농림축산물의 수입증가 또는 가격이 급락할 때 부과하는 관세
		조정관세	수입을 억제할 필요가 있거나 현저히 낮은 가격으로 수입되어 국내산업에 피해가 갈 우려가 있는 경우 부과하는 관세
		할당관세	물자수급을 위한 수입의 촉진 및 특정물품 수입의 억제
		계절관세	계절에 따른 가격변동이 큰 물품의 수입량 조절
		편익관세	조약 미체결국가 물품수입에 대해 조약체결국에 적용하는 세율 내에서 편익을 주는 것
협정관세	양허관세	WTO협정 일반양허관세	WTO 회원국에 대하여 적용한 일반양허관세
		WTO협정개도국 간 양허관세(TNDC)	세계무역기구협정 개발도상국 간 무역협상에 관한 의정서에 따라 같은 의정서에 서명·가입한 국가에 대해 적용할 양허관세
		아·태무역협정 양허관세(APTA)	아시아·태평양무역협정에 따라 같은 협정에 서명·가입한 국가에 대해 적용할 일반양허관세
	협정관세	개발도상국 간 협정관세(GSTP)	유엔무역개발회의 개발도상국 간 특혜무역제도에 관한 협정에 서명·가입한 국가에 대해 적용할 일반양허관세

구 분	관세의 종류		성 격
협정 관세	협정관세	국제협력관세	특정국가와의 관세협정에 따른 국제협력관세규정 대외무역증진을 위하여 필요하다고 인정될 때
		FTA협정관세	FTA협정에 따라 체약상대국을 원산지로 하는 수입물품에 대해 관세를 철폐하거나 세율을 연차적으로 인하하여 부과해야 하는 관세
	일반특혜관세(GSP)		선진국이 개발도상국 경제성장을 지원하기 위해 개발도상국에서 수입하는 품목에 무관세 또는 낮은 관세율을 적용하는 제도로 UN무역개발계획회의 총회의 결의로 1971년 7월 1일부터 실시됨

* 탄력관세: 급격하게 변동하는 국내외 경제상황에 신축성 있게 대응하는 관세로 관세율은 행정부가 위임받아 결정한다.
* 협정관세: 협정관세(conventional duty)는 외국과의 통상조약 또는 관세조약에 의하여 책정된 세율로 부과하는 관세로 통상 국정관세보다 저율이다.
* 양허관세: 양허세율은 우리나라의 통상과 대외무역 증진을 위하여 특정국가 또는 국제기구와 관세에 관한 조약·협정을 통해 상호 양허한 세율이다.
* 상기 관세의 종류는 실무상, 즉 실제로 수출입 시 세율이 규정되어 있는 관세법을 설명한 것이며, 좀 더 자세한 내용은 관세법(제50조~제76조) 참조
* WTO협정일반양허관세, TNDC, APTA, GSTP에 대한 내용은 '세계무역기구협정 등에 의한 양허관세 규정' 별표 참조

관세율

수입물품에 대해 적용되는 세율을 말하며, 과세표준은 종가세인 경우 물품의 과세가격, 관세율은 백분율(%)이 되고, 종량세인 경우 물품의 과세수량(중량, 용적, 길이 등), 관세율은 1단위 수량당 금액으로 나타낸다.

관세는 관세법을 근거로 하여 정해진 관세율에 따라 산정한다. 관세율은 크게 나누면 기본관세율, 탄력관세율, 양허관세율이 있다. 기본관세율은 우리나라 국회에서 법률 형식으로 제정한 세율을 말하며, 관세법별표 관세율

표에 품목별 세율이 기재되어 있다.

탄력관세율은 탄력관세제도(Flexible Tariff System)에 따라 대통령령으로 정하고 기본 관세율에 우선한다. 탄력관세제도는 법률에 따라 일정한 범위 안에서 관세율 변경권을 행정부에 위임해 관세율을 탄력적으로 변경할 수 있도록 함으로써 급격하게 변동하는 국내외적 경제여건 변화에 신축성 있게 대응하고 관세정책을 좀 더 효과적으로 수행하게 하는 제도이다. 탄력관세율의 종류로는 덤핑방지관세, 상계관세, 보복관세, 긴급관세, 농림축산물에 대한 특별긴급관세, 조정관세, 할당관세, 계절관세, 편익관세 등이 있다.

양허관세율은 우리나라의 통상과 대외무역증진을 위하여 WTO협정세율 등과 같이 특정국가 또는 WTO 등과 같은 국제기구와 조약 또는 행정협정 등으로 정한 세율이다. 협정세율이라고도 한다. 양허관세율에는 협정주체별 편익관세와 협정종류별 편익관세가 있다. 협정세율은 협정의 종류에 따라 해당 협정에 가입한 국가에서 생산된 물품에 한하여 적용이 가능하므로 원산지증명서에 의거 원산지를 확인하고 양허세율을 적용한다.

국회 승인을 받아 확정되는 기본세율은 관세율표에 HS10단위 기준품목분류를 기준으로 표시되어 있다. 그런데 품목별로 보아 동일한 품목에 기본세율 또는 탄력세율 이외에 여러 가지 관세율이 표시되어 있는 경우에는 관세율 적용순서에 따라 어떠한 세율을 적용하여야 하는지를 결정한다.

〈관세율 적용순서〉

어떤 수입물품에는 둘 이상의 관세율이 적용되도록 되어 있는 경우가 있는데 이 경우 관세율 우선순위 적용순서에 따라 적용하게 된다.

순 위	관세율의 종류	비 고
1	덤핑방지관세, 상계관세, 보복관세, 긴급관세, 특정국물품긴급관세, 농림축산물특별긴급관세	가장 우선적용
2	FTA협정관세	3, 4, 5, 6, 7보다 낮은 경우 우선적용
3	국제협력관세, 편익관세, WTO양허관세	4, 5, 6, 7보다 낮은 경우 우선적용
	농림축산물 양허관세	세율이 높은 경우에도 6, 7보다 우선적용
4	조정관세, 계절관세	5, 6, 7보다 우선적용
	할당관세	6, 7보다 우선적용 5보다 낮은 경우 우선적용
5	일반특혜관세(GSP)	6, 7보다 우선적용
6	잠정관세	7보다 우선적용
7	기본관세	

* 관세율 적용순서에 관한 상세한 내용은 관세법 제50조, 제76조(GSP) 및 FTA특별법(제5조)을 참조 바람

관세 및 부가가치세 산정방법

관세액을 산정하기 위해서 기준이 되는 가격이나 수량을 과세표준이라 한다. 이것에 관세율을 곱해서 나온 것을 관세액이라 한다.

관세율은 수입하려는 해당 제품의 카탈로그나 기타 자료를 바탕으로 하여 HS Code(HS품목별 분류)집에서 HS번호를 확인하고 그 번호로 관세율표에서 찾으면 알 수 있다. 그리고 관세율을 참고로 하여 관세 및 부가가치세를 산출한다. 수입상품에 대한 관세, 부가가치세의 산정방법을 보면 다음과 같다.

• 수입관세 = (CIF가격×수입신고일의 과세환율)×관세율(%)

• 부가가치세 = (CIF가격 + 수입관세)×부가가치세율(10%)

• 수입자가 지불하는 금액 = 수입관세 + 부가가치세

위의 내용은 일반제품의 경우이며, 수입 제품에 따라서는 지방소비세, 담배소비세, 지방교육세, 개별소비세, 교통 · 에너지 · 환경세, 주세, 교육세, 농어촌특별세 등의 내국세가 관세, 부가가치세액과 별도로 부과되는 경우가 있다. 이 경우 부가가치세액 산정은 (관세의 과세가격 + 수입관세)에다 해당되는 세액을 포함한 금액을 기준으로 해야 한다. 한편 부가가치세액은 부가가치세 신고 시 환급대상이다.

〈관세 납부시기 및 방법〉

관세 등은 원칙적으로 수입신고가 수리된 날부터 15일 이내에 국고수납은행 또는 우체국에 납부하도록 하는 사후납부방법을 채택하고 있다. 관세를 관세감면제도에 따라 감면받을 수 있으며, 징수기간 연장 또는 분할납부제도도 있다.

관세 납부시기와 방법에 대한 구체적인 내용은 관세청 홈페이지 또는 관세법을 참조하면 알 수 있다.

〈간이세율〉

관세율을 유사물품에 대한 평균세율로 함으로써 세액산출을 신속하게 하려고 마련된 제도이다. 간이세율은 관세, 임시수입부가세, 내국세 등을 통합한 단일세율이다. 과세가격은 대상 물품의 인보이스 금액 또는 국내도매가격이며, 다만 선박의 수리 · 개체품은 지급한 외화가격으로 한다. 대상물품은 다음과 같다.

- 여행자 또는 외국에 왕래하는 운수기관의 승무원이 휴대하여 수입하는 물품
- 우편물품, 탁송품과 별송품. 다만 관세법 제137조 규정에 의하여 수입면허를 받아야 하는 것은 제외한다.
- 외국에서 선박 또는 항공기 일부를 수리 또는 개선하기 위하여 사용된 물품

현재 우리나라에서 대부분 물품에 적용하는 중심 간이세율은 20%이고, 최고세율은 투전기, 오락용품, 골프용품 등에 적용하는 55%이다.

HS Code에 관해서

HS는 전 세계에서 공통으로 사용하는 품목분류체계로 Harmonized System(The Harmonized Commodity Descriptions and Coding System)이며, 우리나라에서도 관세율 및 수출입품목의 규제 여부를 이 품목분류체계에 따라 정해두고 있다.

품목분류는 전 세계에서 거래되는 각종 물품을 세계관세기구(WCO)가 정한 국제통일상품분류체계(HS)에 의거 하나의 품목번호(Heading)에 분류하는 것으로 국제통상상품분류체계에 관한 국제협약(The International Convention on the Harmonized Commodity Description and Coding System: HS협약)에 따라 체약국은 HS체계에서 정한 원칙에 따라 품목분류업무를 수행하고 있다.

〈관세와 품목분류의 관계〉

수입물품에 대한 관세는 해당 품목번호(HS번호)마다 적용되는 관세율이 미리 정해져 있으므로, 정확한 품목분류가 선행되어야 납부할 관세액이 결정된다. 특히 품목번호는 기능은 유사하지만 형태가 다르거나, 형태는 유사하나 기능이 다른 경우 또는 범용성 부분품인지 아니면 전용부분품인지에 따라 달라진다. 따라서 정확한 관세를 납부하기 위해서는 수입신고 시 올바른 품목분류가 중요하다.

〈HS Code의 구조〉

HS(Harmonized System) 부호란 수출입 물품에 대해 HS협약에 따라 부여되는 상품분류 코드이다. 10자리 중 6자리까지는 국제적으로 공통으로 사용하며, 7자리부터는 각 나라에서 6단위 소호 범위 내에서 이를 세분하여 10자리까지 사용할 수 있다. 우리나라에서는 10자리까지 사용하며, 이를 HSK(HS of Korea)라 한다(EU는 8자리, 일본은 9자리 사용).

그러면 10단위 HS번호(10단위 HSK) 0102.90-1000을 예로 들어 설명한다.

① 류(Chapter) → HS번호 앞 2자리를 말한다. 01

② 호(Heading) → 류의 2자리를 합친 앞 4자리를 말한다. 0102

③ 소호(Subheading) → 앞 5, 6자리를 말한다. 90

④ 7단위 이하(10.00)는 6단위(0102.90)에서 정하는 범위 내에서 각국이 이를 세분하여 사용할 수 있다. 우리나라는 마지막 4자리를 세분하여 10단위로 사용하고 있다.

〈HS코드 찾는 요령〉

서류절단기의 HS번호를 찾아보자. 서류절단기는 사무기기이고 크게 분류하면 기계류임을 알 수 있다. 이를 참고로 HS Code의 구조 순서에 따라 찾아본다.

① 먼저 기계류의 류(Chapter) 번호를 'HS류(類)별 번호 찾기'에서 찾으면 84이다.

② 다음으로 기계류(84류) 분류표에서 사무기기를 찾으면 72이므로 호(Heading) 번호는 8472가 된다.

③ 사무기기의 분류(8472)에서 찾아보니 서류절단기가 없으므로 기타로 분류되고 소호(Subheading)는 8472.90이 된다.

④ 소호 8472.90에서 서류절단기를 찾아보니 나와 있으므로 번호는 8472.90.50.00이 된다. 이것이 서류절단기의 HS번호이다(만약 소호 8472.90에서 서류절단기가 없었다면 기타로 분류되어 8472.90.90.00으로 분류된다).

〈HS번호 확인 방법〉

- 관세청의 품목분류 사전심사 제도를 통한 확인 방법
- 관세청 일반 민원질의를 통한 확인 방법
- 관세사 등의 전문가, 관세종합상담센터, 각 세관에 상담을 통한 확인 방법
- 법규집/인터넷을 통한 확인 방법 → 법규집으로는 '관세율표, 관세율표 해설서'(한국관세무역연구원 발행), 'HS품목별 수출입통관편람'(한국관세무역연구원 등 발행) 등이 있으며, 관세청 홈페이지 '품목분류'에서도 확인할 수 있다.

08

수출입 운송에 관해서

POINT

운송수단에는 배를 이용하는 해상운송, 비행기를 이용하는 항공운송, 배와 비행기 그리고 철도나 트럭 등과 같은 육로 운송수단을 조합한 복합운송수단이 있다. 무역실무 담당자라면 각 운송수단에 관해 간략하게라도 알아둘 필요가 있다.

운송수단의 종류	
구 분	내 용
해상운송	컨테이너선, 재래선에 의한 운송
	정기선에 의한 운송, 부정기선에 의한 운송
항공운송	항공기에 의한 운송
	직접화물운송, Charter 운송, 혼재화물운송
육상운송	트럭, 철도 등에 의한 운송
국제복합운송	두 가지 이상의 다른 운송수단을 이용하는 운송
	Sea & Air 방식, Land Bridge 방식

해상운송

해상운송은 항공운송과 비교하면 운임은 저렴하지만 시간이 많이 걸린다. 현재 해상운송은 화물을 컨테이너에 실은 컨테이너선을 이용하는 것이 일반적이다.

운항방식에 따른 분류	정기선: 특정항로를 정기적으로 운항하는 선박
	부정기선: 화물이 있을 경우 부정기적으로 운항하는 선박
선박 종류에 따른 분류	컨테이너선(Container Ship)에 의한 운송
	재래선(Conventional Vessel, 일반화물선)에 의한 운송

컨테이너선(Container Ship)에 의한 운송에는 FCL과 LCL이 있다. 그리고 재래선은 컨테이너선에 선적할 수 없는 대형화물이나 벌크 원료 등을 운송하는 화물선을 말한다. 컨테이너선에 비해 옛날부터 있었다는 의미로 재래선이라고 한다. 재래선에 의한 운송화물을 루스 카고(Loose Cargo)라고 한다.

- FCL: Full Container Load, 하나의 컨테이너 단위로 하는 운송 방법
- LCL: Less than Container Load, 한 컨테이너에 여러 하주의 소량화물을 같이 실어 운송하는 방법

한편 해상운송의 특징으로는 대량수송, 원거리운송, 저렴한 운송비, 느린 속력 등을 들 수 있다.

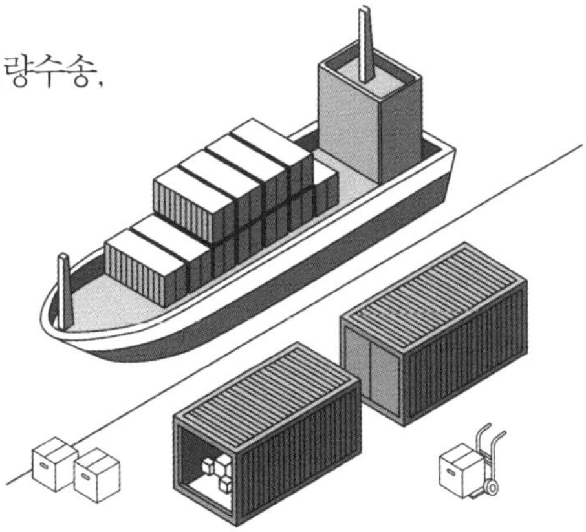

〈해상운송계약〉

해상운송계약의 종류에는 다음과 같은 것이 있다.

구 분	내 용
개품운송계약	다수의 화주로부터 위탁된 개개화물의 운송을 인수하는 계약으로 주로 정기선으로 운송하는 계약을 말한다.
용선운송계약	하주가 선박의 전부 또는 일부의 선복을 빌려서 화물을 운송할 것을 약정하고 이에 대해 보수를 지급하기로 약속하는 해상운송방법을 말한다. • 정기(기간)용선계약(Time Charter): 선복에 화물을 적재할 수 있는 설비와 용구를 갖추고 선원을 승선시켜 장기간 해상을 운항할 수 있는 선박을 용선주가 선주로부터 일정 기간 용선하는 계약을 말한다. • 항해(항로)용선계약(Voyage Charter = Trip Charter): 선적항에서 도착항까지 화물 운송을 하주가 빌리는 계약을 말하며, 선복용선계약(lump-sum charter)과 일부(日附)용선계약(daily charter)이 있다.
나용선계약	(Bare Boat Charter = Demise Charter) 선박임대차(demise charter) 계약의 일종으로 선주가 선박 자체만 일정 기간 용선자에게 대여하고 임차인인 용선자가 선장 이하 전 선원의 임면·지휘·감독을 담당함으로써 선박을 점유하는 계약을 말한다.

해상운송의 장단점

장 점	단 점
• 대량 운송에 용이 • 장거리 운송에 적합 • 타 운송수단에 비해 저렴한 운송비 • 부피/중량이 큰 화물 운송 가능	• 운송시간이 오래 걸린다. • 기후에 민감하다. • 타 운송수단에 비해 높은 위험도 존재

〈해상운임〉

해상운임은 해당 화물의 중량톤과 용적톤을 비교하여 많이 산출되는 톤수를 운임의 기준으로 삼으며, 기본요금과 부대요금(할증료, 추가요금)으로 구

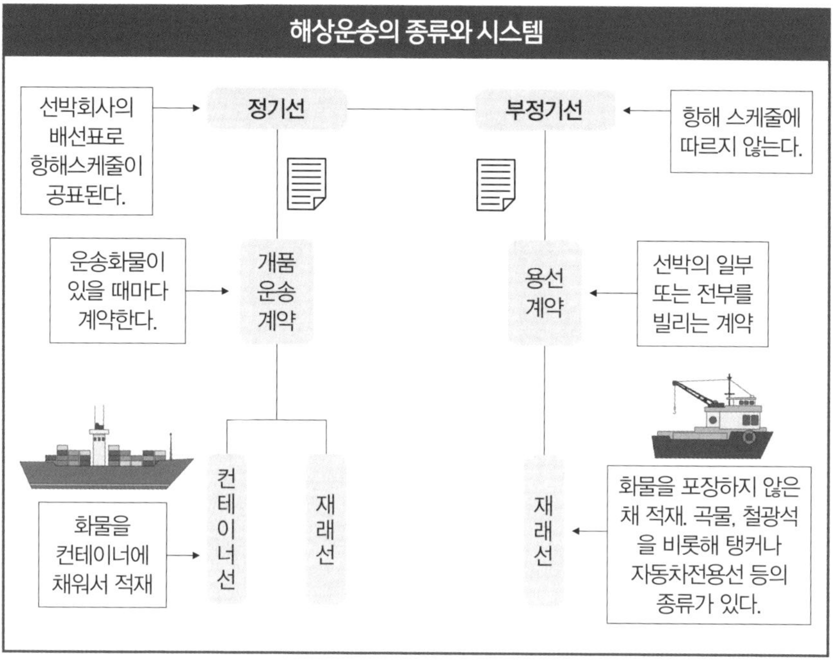

해상운송의 종류와 시스템

성된다.

해상운임에는 부정기선의 운임과 정기선의 운임이 있다. 부정기선의 운임은 해운 시황에 따라 등락하기 때문에 정기선 운임과 달리 안정되어 있지 않다. 정기선 운임은 항로별로 해운동맹이 결성되어 있어 운임률표(Tariff)를 보유하고 있으나 맹외선사(Outsiders)와 경쟁으로 실제 선사가 징수하는 시장운임(Market Rate)은 Tariff Rate보다 낮은 경우가 대부분이며 시황에 따라 변동폭도 크다고 한다.

정기선 운임의 종류를 보면, 지급시기에 따라 선불운임(Freight prepaid)과 후불운임(Freight to collect)이 있다. 기본요금은 운임을 부과하는 방법에 따라 다음과 같이 분류된다.

- 박스 레이트(Box Rate): 컨테이너 1대당 운임이 설정된 기본요금
- 품목별 기본요금: 품목에 따라 요금이 설정되어 있는 운임
- 포장단위요금: 기계 등 1대 단위로 설정하는 운임
- 종가운임(AdValorem Freight): 귀금속 등 고가품 운송에서 화물 가격을 기초로 이의 일정률을 운임으로 징수하는 운임
- 최저운임(Minimum Rate or Minimum Charge): 운임이 일정 수준이 안 될 경우 적용하는 운임
- 차별운임(Discrimination Rate): 화물, 화주, 장소에 따라 차별적으로 부과하는 운임
- 무차별운임(FAK, Freight All Kinds Rate): 운송거리를 기준으로 일률적으로 책정하는 운임

상기 기본운임 외에 부대요금으로 유류할증료(BAF, Bunker Adjustment Factor), 통화할증료(CAF, Currency Adjustment Factor) 등과 같은 할증료(Surcharge)와 터미널화물처리비(THC, Terminal Handling Charge), CFS작업료(CFS Charge) 등과 같은 추가운임(Additional Charges) 그리고 기타요금이 있다.

해상운임의 조건

조 건	내 용
Berth Term	운임에 선적항에서 선적비와 도착항에서 하역비가 포함
FO(Free Out)	운임에 선적항에서 선적비만 포함
FI(Free In)	운임에 도착항에서 하역비만 포함
FIO(Free In & Out)	운임에 선적항에서 선적비와 도착항에서 하역비가 불포함

컨테이너의 종류

종 류	용 도
Dry Container	가장 많이 보급된 컨테이너. 일반잡화나 공업제품 등을 운송하는 컨테이너. 컨테이너라 하면 일반적으로 드라이 컨테이너를 말한다.
냉동컨테이너 (Reefer Container)	컨테이너 내부를 일정 온도로 설정해서 신선식품(채소나 과일 등)이나 저온 운송이 필요한 화학제품, 의약품 등을 운송하는 컨테이너. 이와 달리 냉장컨테이너도 있다.
Open Top Container	통상 드라이 컨테이너에 들어가지 않는 대형화물을 운송하는 컨테이너. 컨테이너 천장을 오픈해서 사용하도록 설계되어 있다.
Tank Container	말 그대로 탱크가 갖추어진 컨테이너. 원유나 의약품 등 액체, 기름 등을 운송할 때 사용된다.
Flat Rack Container	드라이 컨테이너의 천장과 측변의 벽을 제거하도록 된 컨테이너. 기계류나 목재, 자동차 등과 같이 무겁고 큰 화물을 운송한다. 또한 이 컨테이너를 옆으로 붙여 플랜트류를 선적하는 것도 가능하다.

항공운송

항공운송은 기업 활동의 글로벌화, 무역구조의 변화 등으로 항공운송에 적합하다고 인식되는 품목뿐만 아니라 최근 들어서는 다양한 상품이 항공으로 운송되는 등 그 수요가 점점 증가하고 있다.

항공운송은 해상운송에 비해 운송시간을 대폭 단축할 수 있고, 화물의 손상 위험도 적으며, 내륙도시에도 정확한 시간에 도착하는 등 장점이 많지만 운송요금이 꽤 비싸다. 항공운송은 일반적으로 항공화물운

송대리업자, 항공화물운송주선업자 등과 같은 항공화물대리점이 중간매체로 업무를 대행한다.

〈항공화물운송대리업자〉

항공화물운송대리업자는 항공회사의 업무를 대행하는 곳으로 항공회사 운송약관, 운임률표(Tariff), 스케줄 등에 따라 항공운송 업무를 행하고 항공회사로부터 소정의 수수료를 받는다.

〈항공화물운송주선업자〉

항공화물운송주선업자는 항공사와 다른 독자적 운송약관, 운임률표를 가지고 각각의 화물주와 운송계약을 체결하는 일을 하는 회사이다. 항공기를 소유하지 않고 복수의 화주로부터 작은 화물의 운송을 의뢰받아서 큰 화물로 만들어 자신이 화주가 되어 항공사에 운송을 의뢰한다. 혼재업자라고도 하며 일반적으로 '포워더'라 부른다.

〈항공운임〉

항공사 운임은 한 건으로 운송되는 화물이 중량이 커짐에 따라 Kg(또는 파운드)당 적용요율(Rate)이 더 낮은 것을 적용받도록 되어 있으므로 적은 화물을 폭넓게 모은다. 포워더는 스스로 화물의 송하인(화물발송인)이 되고, 많은 화물로 만들어 싼 운임을 제공받음으로써 이익을 얻는 시스템을 이용하고 있다. 포워더가 집하한 화물을 운송하려면 항공사가 발행하는 화물운송장(Master AWB)에 따라 송하인이 되고 항공사의 운송약관에 따라 운송계약을 체결해야 한다.

항공운송계약의 종류

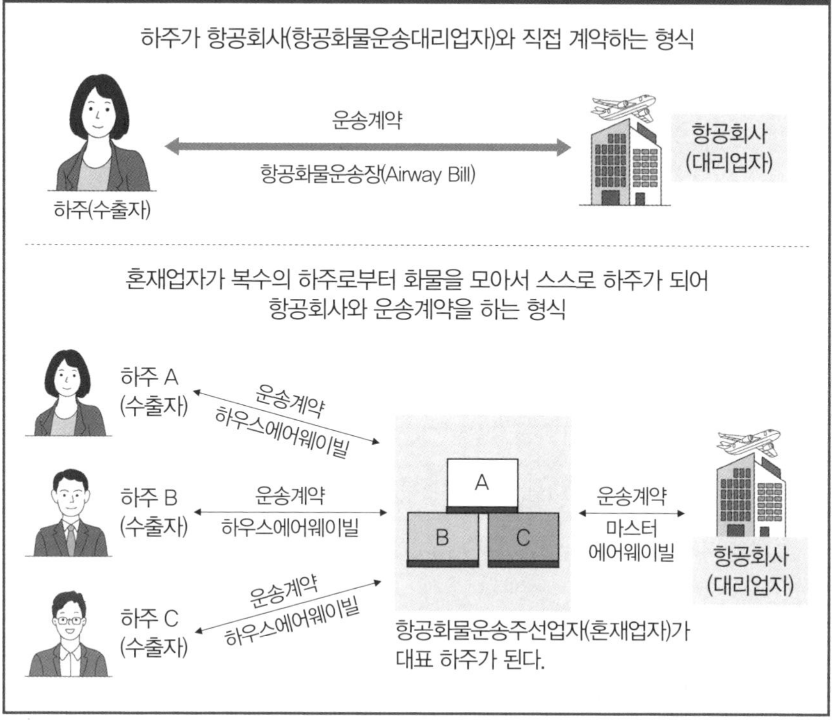

항공운임에는 일반화물용 운임과 혼재화물용 운임 2종류가 있다.

- 일반화물용 운임은 IATA(International Air Transportation Association, 국제항공운송협회) 운임조정회의의 결정에 따라 관계 각국 정부가 허가한 운임이다.
- 혼재화물용 운임은 포워더(혼재업자)가 설정한 운임이다. 따라서 이 운임은 포워더에 따라서 다르다.

항공운임은 일반적으로 요율(Rate)과 부대요금(Charge), 기타 수수료에 따라 결정한다.

- 요율은 화물운송의 대가로 징수하는 운임을 중량단위당 또는 단위용기당 금액으로 나타내는 것으로 대개 노선별로 요율표(Tariff)로 정해져 있다. 요율표의 중량단위는 미국이 파운드(Lbs)를, IATA를 비롯하여 대부분 국가는 Kg을 사용한다.
- 부대요금은 운송에 관련한 부수적 업무에 따른 대가와 설비사용 대가를 의미하며 취급수수료, 위험물품취급수수료, 결제수수료 등이 이에 해당한다.

한편 요율구조는 일반화물요율(GCR, General Cargo Rates), 특정품목할인요율(SCR, Specific Commodity Rate), 품목분류요율(Class Rate, Commodity Classification Rates), 단위탑재용기운임(BUC, Bulk Unitization Charges), 종가요금(Valuation Charges) 그리고 기타요금 등이 있다.

항공운송의 장단점

장 점	단 점
• 운송시간이 짧다. • 긴급화물, 소형화물 운송에 적합하다. • 농수산물 등 신선품 운송에 적합하다. • 해상운송에 비해 안전도가 높다.	• 운송비용이 비싸다. • 대량 운송이 불가능하다. • 고중량 화물 운송이 어렵다. • 위험물에 대한 제한이 많다. • 공항 숫자가 적다.

국제복합운송

해상운송에 육상운송(트레일러나 철도)이나 항공운송을 조합하는 것과 같이 2가지 이상의 운송수단을 이용하는 운송방법을 복합운송이라 한다. 다양한 복합운송방법 중 선박과 비행기를 베이스로 하는 운송방법을 'Sea & Air'라 한다. 이 운송방법의 이점은 해상운송에 비해 소요일수를 대폭 줄이며 항공운송보다 소요운임을 절감할 수 있다는 것이다. 국제복합운송을 이용하려면 복합운송주선업자와 협의하고 선적을 의뢰하면 가능하다.

〈국제복합운송인(MTO, Multimodal Transport Operator)〉

① 실제운송인(Actual Carrier)

UNCTAD/ICC 복합운송규칙에서 자신이 직접 운송수단(선박, 트럭, 항공기 등)을 보유하면서 복합운송인 역할을 수행하는 운송인을 말한다. 선사, 항공사, 철도회사, 트럭 운수회사 등이다. Carrier형 복합운송인이라고도 한다.

② 계약운송인(Contractual Carrier, Contracting Carrier)

선박, 항공기, 트럭 등을 직접 보유하지는 않으나 실제운송인처럼 운송주체자로 기능과 책임을 다하는 운송인을 말한다. 복합운송주선업자가 여기에 해당한다. Freight Forwarder형 복합운송인이라고도 한다.

〈복합운송주선업자〉

선박이나 항공기 등 운송수단을 가지지 않고(무선박운송인: NVOCC, Non-Vessel Operating Common Carrier) 운송수단을 가지고 있는 선박회사나 항공회사 등 운송회사와 운송계약을 하여 수출입품 선적을 위한 선복예약 및 기타 운송에 대한 서류 작성과 운송에 수반되는 서비스를 제공하는 운송서비스 업체로 일반적으로 '포워더'라 한다.

〈복합운송의 기본요건〉

• 운송책임의 단일성(Through Liability): 복합운송인은 자기 명의로 복합운송 계약을 체결한 계약당사자이면서 전체 운송을 계획하고, 여러 운송구간을 적절히 연결-통괄하여 운송이 원활하도록 조정 · 감독하는 지위에 있으므로 전 구간에 걸쳐 화주에 대해 단일책임을 진다.

• 복합운송증권(Combined Transport B/L) 발행: 복합운송이 되려면 복합운송인이 화주에 대하여 전 운송구간에 대한 유가증권으로서 복합운송증권을 발행해야 한다.

• 일괄운임(Through Rate): 복합운송인은 서비스 대가로 운송구간마다 분할된 것이 아닌 전 구간에 대한 일괄운임을 설정하여 화주에게 제시해야 한다.

〈복합운송의 방식〉

• Sea & Air 방식: 선박 · 항공기 베이스에 의한 복합운송방식이다. 그 이점은 다음과 같다.

- 해상운송에 비해 소요일수를 대폭 줄일 수 있다.
- 항공운송에 비해 소요운임을 절감할 수 있다.
- 전 구간 해상운송에 비해 재고투자와 창고료 절감, 포장비 절감이라는 종합물류비용의 절감을 기할 수 있다.

• Land Bridge 방식: 해륙(海陸)일관운송방식이다. 대륙을 횡단하는 철도를 가교(Bridge)로 한 Sea-Land-Sea 형태의 복합운송방식이다.

운송구간 중 대륙횡단이 필요한 육상운송구간에서 화물 이적 없이 선적된 화물 그대로 최종목적지까지 일관되게 운송주체에 의해 운송되는 방식이다. 육지의 철도 등이 해상과 해상을 잇는 교량 역할을 한다고 해서 붙여진 이름이다.

Land Bridge의 목적은 운송비용의 절감과 전체 소요시간 감소를 위한 것이다.

복합운송의 방식

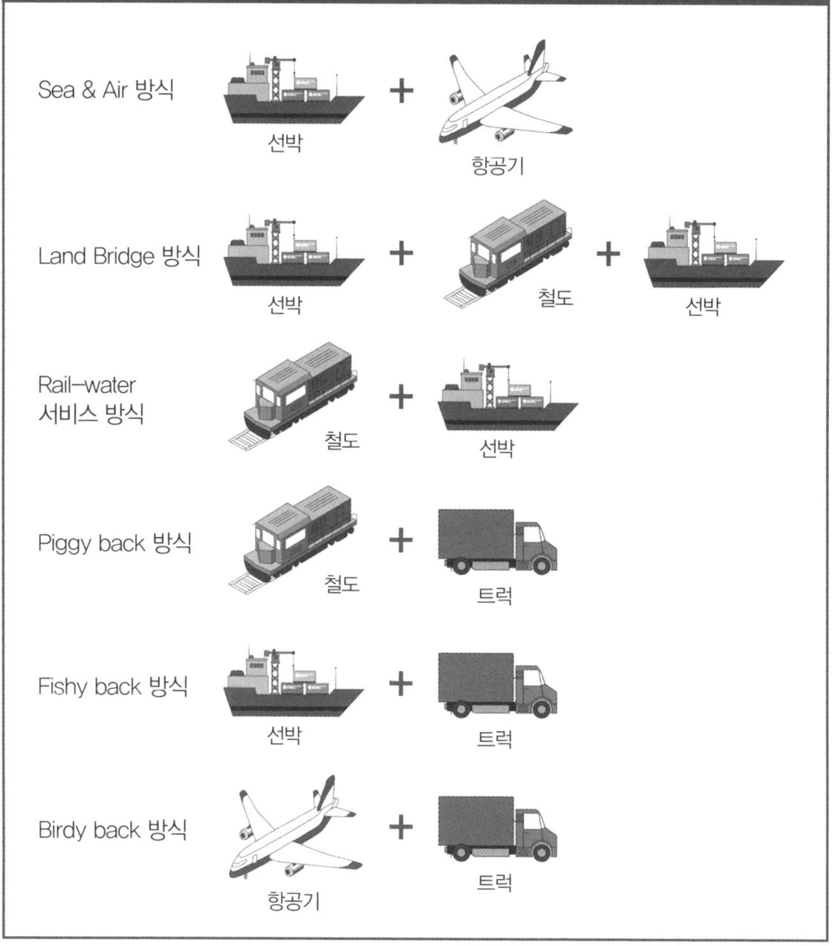

〈복합운송 루트의 종류〉

• Sea & Air 방식

종 류	설 명
북미서안 경유 Sea & Air	부산에서 북미서안의 주요 항구(혹은 캐나다 밴쿠버항)까지 해상운송. 그곳에서 항공기로 북미동안 경유 유럽 공항까지 운송하는 방법이다.
러시아 경유 Sea & Air	부산에서 러시아의 보스토치니 또는 블라디보스토크까지 해상운송, 그곳에서 모스크바, 룩셈부르크, 베를린까지 항공운송한 후 다시 항공기 또는 트럭으로 유럽지역, 중동지역, 아프리카 등지로 운송하는 방법이다.
동남아 경유 Sea & Air	부산항에서 배로 중계지인 홍콩, 방콕, 싱가포르까지 운송되고 거기서 항공기에 실려 유럽 공항까지 운송된 후 그곳에서 트럭으로 최종목적지까지 운송하는 방법이다.
중국에서 인천항 경유 Sea & Air	북중국 10여 개 항만에서 페리 등을 이용하여 인천항까지 해상운송, 인천공항을 통해 북미 또는 유럽지역 목적지까지 항공운송하는 형태이다.

• Land Bridge 방식

종 류	설 명
미니 랜드 브리지 (MLB, Mini Land Bridge)	한국에서 북미서해안까지 해상운송, 그곳에서 철도에 환적, 북미의 동해안(또는 멕시코만)까지 일괄 운송되는 방식
Micro Land Bridge (IPI, INTERIOR POINT INTERMODAL)	한국에서 미국의 서해안까지 해상운송. 그곳에서 철도로 내륙지점(도시)까지 운송하는 방식. 일반적으로 IPI라고 한다.
시베리아 랜드 브리지 (SLB, Siberia Land Bridge)	부산항에서 러시아 나호트카(Nakhodka)항 또는 보스토치니(Vostochny)항까지 해상운송, 그곳에서 시베리아횡단철도로 육상운송하여 유럽 각 지역과 중동지역 등으로 연결되는 방법. 시베리아횡단철도를 이용하므로 일명 Trans-Siberian Railroad (TSR)라고도 한다.

종 류	설 명
차이나 랜드 브리지 (China Land Bridge)	인천 또는 부산에서 중국 렌윈까지 해상운송, 그곳에서 중국횡단 철도(TCR, Trans-Chinese Railroad)에 환적되어 북유럽과 중동 지역으로 해륙복합운송방법
American Land Bridge	미국의 동해안까지는 미니 랜드브리지를 이용한 후 다시 제2의 선박으로 유럽의 각 항구까지 운송하는 방법이다.

이밖에 Canadian Land Bridge(CLB), Reserved Interior Point Intermodal (RIPI) 등과 같은 복합운송방법이 있다.

국제복합운송의 장단점

장 점	단 점
• 운송기관의 접점에서 코스트 절감 가능: 환적작업 검사, 사무수속 등 운송기관의 접점에서 발생하는 작업 코스트를 절감함과 동시에 작업 흐름의 원활화 및 하역생산성 향상 가능 • 서류의 단순화: 컨테이너화에 따른 운송 수속의 간소화로 화물과 서류의 체크, 서류의 단순화가 가능 • 운송책임의 일원화: 복합운송업자에 의한 일괄 운송업무 수행으로 운송책임의 일원화가 가능케 됨으로써 그에 따라 클레임 처리도 일원화 가능 • 화물추적 용이: 단일의 운송인이 취급하므로 화물의 추적 시스템화 (Cargo Tracing System) 용이	• 환적을 여러 번 하므로 그만큼 화물이 손상을 입을 리스크가 크다.

09

수출입보험에 관해서

POINT

다양한 리스크가 예상되는 수출입거래에서는 보험이 대단히 중요하다. 수출입거래에 이용되는 보험에는 적하보험, 무역보험, PL보험이 있다. 그 내용을 파악하고 만일의 사태에 대비하는 만전의 대책을 세워야 한다.

수출입거래에 관련되는 보험

리스크 종류	보험 종류	내 용
운송 리스크	적하보험 (해상보험)	화물이 운송 중 발생할 사고에 대비한 보험 • 보험가입자는 인코텀즈 2020 각 규칙에 따라 달라진다. • 화물 피해 상황에 따라 전손(全損) 또는 분손(分損)으로 분류된다. • 운송구간에서 무보험 존(구간)이 생기지 않도록 주의해야 한다.
신용 리스크	무역보험	수출입, 해외투자 등과 같은 대외거래에서 위험에 동반하는 금전적 손해를 커버하는 보험 • 한국무역보험공사에서 취급 • 거래 상대회사의 경영난으로 대금 회수가 어려울 경우
제조물책임 리스크	PL보험	PL법에 따라 손해배상책임을 부담해야 하는 경우에 대비한 보험 • 수출회사, 수입회사, 유통회사, 도소매 판매업체, 수출입중개회사, 제조회사가 가입대상이다. • 국내에 유통되는 제품은 국문약관을, 수출되는 제품은 영문약관(PL약관)을 사용한다.

적하보험(해상보험)

수출입거래에서 화물이 해상운송되어 수입자에게 인도되기까지는 여러 가지 위험이 있다. 운송 도중에 선박의 침몰이나 좌초, 화물의 손실이나 멸실, 도난당할 위험은 항상 도사리고 있다. 이러한 위험에 대비하려는 것이 해상보험이다. 해상보험에는 선박의 침몰이나 좌초 등에 대비하는 선박보험과 화물의 손실이나 멸실에 대비하는 적하보험 등이 있으나 일반적으로 해상보험이라 하면 적하보험을 말한다.

운송 중 사고를 당한다든가, 화물이 파손된다든가, 품질이 변하면 그 책임을 수입자 또는 수출자 어느 쪽이 지지 않으면 안 된다. 이러한 때에 대비해 그 책임을 정확하게 해두지 않으면 트러블의 원인이 된다. 그래서 수출입거래에서는 화물에 보험을 들고 만일의 사태에 대비해두는 것이 대단히 중요하다.

보험은 무역조건(인코텀즈)의 규칙에 따라 수출자 또는 수입자가 가입하게 된다. 이에 관해서는 'PART 2, 03 인코텀즈 2020에 관해서' 및 'PART 7, 08 보험조건'에서 설명하고 있으므로 참조하였으면 한다.

〈해상보험의 당사자와 당사자 간의 관계〉

해상보험에 가입할 때 당사자와 당사자 간 관계는 아래와 같다.

① 당사자

- 보험을 계약하는 보험계약자(Applicant)
- 손실을 보상하는 보험자(보험회사, Insurer/Assurer)
- 보험의 보상을 받는 피보험자(Insured)

② 당사자 간의 관계

- 보험계약자와 피보험자 관계 → 매매계약
- 보험계약자와 보험회사 관계 → 보험계약(보험계약자가 보험회사에 보험료 지불)
- 보험회사와 피보험자 관계 → 보험회사가 피보험자에게 손실액 보상

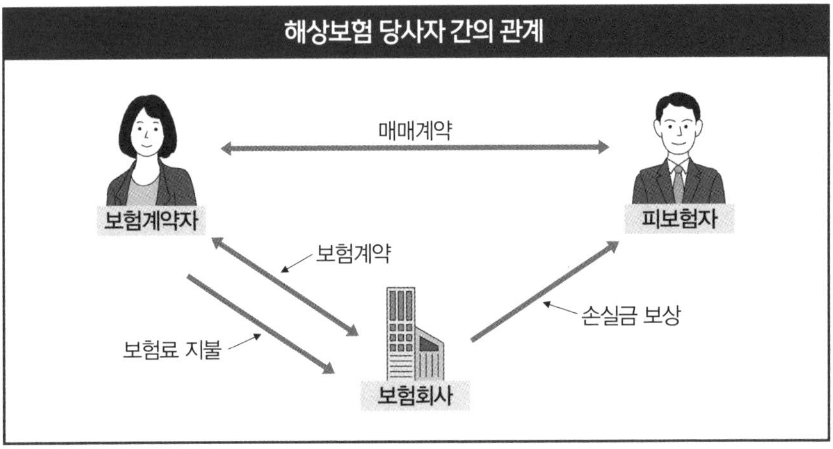

〈해상보험 신청 방법〉

화물해상보험은 선적 직전까지는 체결할 필요가 있다. 해상보험의 신청절차는 다음과 같다.

① 보험계약자가 보험회사(화재보험회사)가 요구하는 신청서, 인보이스, 신용장(신용장조건 거래일 경우) 등의 사본을 보험회사에 제출한다.

② 보험회사가 보험증권을 발행해준다. 신용장거래의 경우 보험증권의 보험금액이나 보험조건이 신용장과 일치하는지 확인해야 한다.

해상보험 들기

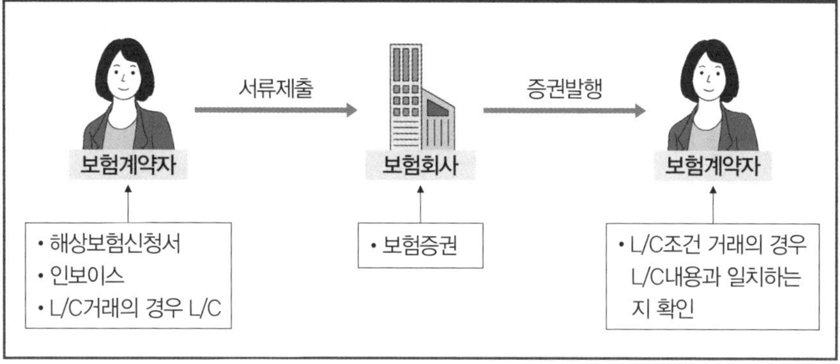

〈해상보험료율 산정을 위해 필요한 사항〉

해상보험은 인코텀즈의 무역정형거래조건에 따라 수출자나 수입자가 보험수속을 하게 된다. 예를 들면 수출에서 인도조건이 CIF일 경우에는 수출자가 보험에 가입해야 한다. 수출자는 보험회사가 화물의 보험료율을 산정하는 데 필요한 다음과 같은 사항을 보험회사에 통지하고 보험수속을 한 후 보험증권(Insurance Policy)을 발급해 받는다.

- 화물의 명칭, 성질, 화물량
- 운송수단(선박, 비행기 등)
- 운송경로, 출발지 및 도착지
- 보험조건(All Risk, A-약관 등) 및 부가위험
- 보험금액(인보이스 금액이나 희망이익)
- 과거의 손해율

〈보험금액은 어느 정도 들어야 하나 - 최저부보금액〉

보험 대상이 되는 금액을 보험금액(Amount Insured)이라 한다. 통상 CIF, CIP 가격에 희망이익(Expected Profit, 화물이 목적지에 도착해서 매각할 경우에 생기는 이익)으로 10%를 더한 금액을 보험금액으로 한다.

〈손해의 종류〉

① 전손(全損)

화물 전부 손해를 받은 것을 전손이라 한다. 전손은 절대전손과 추정전손으로 구분된다.

- 절대전손(Absolute Total Loss): 보험에 든 화물 전부가 멸실(없어지는 것)되는 것을 말한다.
- 추정전손(Constructive Total Loss): 보험에 든 화물이 전손되었을 가능성이 큰 경우 화물의 회수, 회복이 가능하더라도 비용이 발생해서 채산이 맞지 않는 손해이다.

② 분손(分損)

화물 일부가 손해를 받은 것을 분손(Partial Loss)이라 한다. 해손(Average)이라고도 한다. 해손은 공동해손(General Average)과 단독해손(Particular Average)으로 구분된다.

- 공동해손: 선박의 좌초나 침몰, 화재 등으로 선박과 적재화물이 위험하게 되었을 경우 공동의 위험을 회피할 목적으로 일부 화물을 바다에 버

리는 등 희생시킨다. 그 경우 선박회사와 모든 하주가 희생된 화물의 비용이나 응급처치 비용을 정해진 비율에 따라 부담하는 경우의 손해이다.

- 단독해손: 개개의 화물에 단독으로 발생한 손해이다. 손해를 받은 자가 단독으로 부담하는 손해로 전손과 분손이 있다.

③ 비용손해

위험발생 결과로 피보험자에 의하여 또는 그를 위하여 지출되는 경비손해를 말하며 간접손해라고도 한다. 구조비용, 손해방지비용, 손해조사비용, 감정비용, 특별비용 등

④ 부가위험

공동해손이나 단독해손에 포함되지 않은 위험. 예를 들면 비, 담수에 의한 누손, 도난과 같은 위험에 추가 부보하는 경우가 있다. 이같이 기본조건에 추가하는 위험을 부가위험이라 한다.

〈보험약관에 관해서〉

보험약관이란 보험의 보전 범위를 정해놓은 것이다. 현재 많은 국가에서 사용하는 보험약관은 런던보험업자협회가 제정한 약관을 바탕으로 한다. '협회화물약관'은 구약관(구 ICC = Institute Cargo Clauses)과 이를 개정한 신약관(신ICC)이 있다.

약관에는 기본적 보험 조건으로 다음과 같은 것이 있다.

- 신약관 A = 구약관 전위험담보(A/R, All Risk)

• 신약관 B = 구약관 단독해손담보(WA, With Average)

• 신약관 C = 구약관 단독해손부담보(FPA, Free From Particular Average)

이에 관해서는 'PART 7, 08 보험조건'에서 설명하고 있으므로 참조하였으면 한다.

신약관에서 담보위험

보상하는 손해	(A)	(B)	(C)
• 화재 또는 폭발	O	O	O
• 선박 또는 부선의 좌초, 좌주, 침몰 또는 전복	O	O	O
• 육상운송 용구의 전복 또는 탈선	O	O	O
• 선박, 부선 또는 운송용구와 물 이외 타 물체와 충돌 또는 접촉	O	O	O
• 조난항에서 화물 양하	O	O	O
• 진진, 분화 또는 낙뢰	O	O	X
• 공동해손희생	O	O	O
• 투하	O	O	O
• 파도에 의한 갑판상 유실	O	O	X
• 선박, 부선, 선창, 운송용구, 컨테이너, 리프트 밴 또는 보관소에 해수, 호수 또는 하천수의 유입	O	O	X
• 선박 또는 부선에 선적 또는 양하작업 중 해수면으로 낙하하여 멸실되거나 추락하여 발생된 포장단위당 전손	O	O	X
• 상기 이외의 멸실, 손상	O	X	X
• 공동해손, 구조료(면책위험에 의한 것은 제외)	O	O	O
• 쌍방과실 충돌	O	O	O

신약관에서 면책위험

보상하는 손해	(A)	(B)	(C)
• 피보험자의 고의의 위법행위	O	O	O
• 통상의 누손, 통상 중량, 용적 감소 및 자연소모	O	O	O

보상하는 손해	(A)	(B)	(C)
• 포장 또는 준비의 불완전	O	O	O
• 보험 목적의 고유 하자	O	O	O
• (항해)지연	O	O	O
• 선주, 관리자, 용선자 · 운항자 파산, 재정상 채무불이행	O	O	O
• 여하한 자의 불법행위에 의한 고의적 손상, 파괴	X	O	O
• 원자핵분열/융합 또는 동종의 반응 또는 방사력 또는 방사성 물질을 이용한 병기의 사용에 의한 멸실 손상 비용	O	O	O
• 선박, 부선의 불감항성, 선박, 부선, 선박용구 컨테이너 등의 부적합	O	O	O

〈부가약관〉

구약관의 전위험담보조건이나 신약관의 (A)조건으로 보험에 가입할 경우 보험요율상에 특별히 제외하는 위험 이외에는 부가조건을 부보할 필요가 없으나 구약관의 WA나 FPA조건(신약관의 (B)나 (C)조건)인 경우에는 부가조건을 선택하여 보험에 가입할 수 있다.

이 경우 부가조건으로 보험에 가입한 특정위험에 대해서는 손해가 발생하면 증권상 열거된 면책위험에 기인하지 않는 한 보험 보상을 받을 수 있다. 부가약관은 다음과 같다.

- 도난, 발하, 불착위험(T.P.N.D, Theft Pilferage and Non-delivery)
- 해수 이외의 빗물 또는 담수에 의한 위험(R.F.W.D, Rain &/or Freshwater Damage)
- 갈쿠리에 의한 손해(H.H, Hook & Hole)
- 타 화물과의 접촉위험(C.O.O.C, Contact with Oil & Other Cargo)

- 곡손(Banding &/or Denting) 위험
- 누손, 중량부족(Leakage &/or Shortage) 위험
- 한습손, 열손(Sweat &/or Heating) 위험
- 혼합위험(Contamination)
- 서식, 충식(Rate &/or Vermin) 위험
- 곰팡이손(Mildew and Mould) 위험
- 녹손(Rust) 위험

부가약관 이외에 전쟁위험약관(Institute War Clauses), 동맹파업 등의 위험약관(S.R.C.C, Institute Strikes, Riots and Civil Commotions Clauses), 특수화물에 대한 기본약관, 기타 특별약관 등이 있다.

따라서 전위험담보(A/R, ICC(A))조건으로 보험에 가입할 때도 부가약관을 비롯한 여러 특별약관을 검토해서 필요한 경우 특정위험에 대해서도 추가해야 특정위험이 발생하면 보상을 받을 수 있다.

무역보험

무역거래에서 수반되는 위험으로부터 국가가 국내 수출입계약의 당사자를 보호하려는 제도로 크게는 수출보험과 수입보험 그리고 환변동보험이 있다. 무역보험은 한국무역보험공사에서 취급하며, 보험별 구체적인 내용 등은 한국무역보험공사에 직접 문의하든가 홈페이지(www.ksure.or.kr)를 방문하면 관련 정보를 입수할 수 있으므로 여기서는 간략히 소개한다.

1) 수출보험

수출거래에 수반되는 여러 가지 위험에 대비하는 보험제도로 수출자, 생산자 또는 수출자금을 대출해준 금융기관이 입게 되는 불의의 손실을 보상하는 보험이다.

수입자의 계약파기, 파산, 대금지급지연 또는 거절 등의 신용위험과 수입국의 전쟁, 내란 또는 환거래 제한 등 비상위험 등으로 수출자 또는 수출금융을 제공한 금융기관이 입게 되는 손실을 보상한다.

2) 수입보험

선급금 지급조건 수입거래에서 수입업체가 선급금을 회수할 수 없게 되는 경우 발생하는 손실을 보상하는 제도이다.

원유, 철, 시설재 등 국민경제에 중요한 자원이나 물품을 수입하는 경우 국내기업이 부담하는 선급금 미회수 위험을 담보하거나 국내기업에 대한 수입자금 대출지원이 원활하도록 지원하는 보험이다.

3) 환변동보험

환변동보험은 수출 또는 수입으로 외화를 획득 또는 지급하는 과정에서 발생할 수 있는 환차손익을 제거, 사전에 외화금액을 원화로 확정함으로써 환율변동에 따른 위험을 헤지(Hedge)하는 상품이다.

- 환변동보험은 환위험 관리여건이 취약한 중소·중견기업이 환위험을 손쉽게 해지하도록 제도 비용면에서 도움을 줌으로써 적극적인 무역활동을 하도록 지원하는 제도이다.
- K-SURE는 보험인수 시 시중은행을 통해 전액 해지하므로 환변동보험

운영에 따른 K-SURE의 이익은 없다고 한다.

무역보험의 종류, 종류별 구체적 내용 그리고 이용절차는 한국무역보험공사에 문의하든가 홈페이지(www.ksure.or.kr)를 방문하면 관련 정보를 입수할 수 있다.

PL보험

PL보험은 피보험자가 제조, 판매, 공급 또는 시공한 생산물이 타인에게 양도된 후 그 생산물의 결함으로 발생한 우연한 사고로 타인의 신체나 재물에 손해를 입힘으로써 법률상 손해배상책임(제조물책임)을 부담해야 하는 경우 이에 따른 손해를 보상하는 보험이다. 생산물배상책임보험이라고도 하며 영어로는 Product Liability Insurance이다.

PL보험 가입대상 업계	• 완성품 제조업체, OEM 업체 • 재료, 부품 제조 및 공급업체 • 수출업체, 수입업체, 수출입중개업체 • 유통업체, 도소매 판매업체 • 부품, 완성품 조립업체 • 각종 시설물 설치·수리업체 등 용역제공업체
PL보험 가입대상 품목	〈제조 또는 가공된 모든 물품〉 자동차 부품, 가전제품, 산업기계, 의료기기, 화장품, 의약품, 섬유, 잡화, 건축자재, 생활용품, 전기, 전자, 화학제품, 반도체 부품 〈서비스 용역〉 완성작업 추가 및 도급업자 특약 → 정수기, 승강기, 주차시설, 광고판, 전기시설 등의 설치 및 유지보수작업

생산물의 결함은 해당 제품의 제조·판매에 관련된 모든 사람에 의해 발생할 수 있으므로 보험가입 대상은 제조업체, 유통업체, 도소매 판매업체, 수출업체, 수입업체 등이 된다.

〈가입 필요성〉

PL보험 가입 필요성은 다음과 같다.

- 소비자우선주의 대두: 소비자 의식수준 향상
- 제조자 책임 강화
- 기업의 안정된 경영 유지 및 이미지 개선
- 상품의 선전효과 및 기업의 국제경쟁력 강화
- 손해배상책임 청구와 관련한 소송업무 대행

미국, 유럽 등 주요 국가에서는 자국 소비자를 보호하려고 수출조건 계약사항으로 PL보험 가입을 의무화하는 실정이므로 수출을 준비하는 중소기업에 꼭 필요하다고 할 수 있다. 가입할 경우 주요 보상하는 손해와 보상하지 않는 손해의 범주 및 주요 특약에 관해서도 알아두어야 한다.

〈해외PL보험의 특징〉

수출되는 제품의 경우 PL보험 가입이 수출계약조건사항으로 의무화되는 경향이므로 해외PL보험은 수출하는 업체들은 필수로 가입해야 하는 보험으로 자리 잡고 있다. 그 특징은 다음과 같다.

- 지역적 특성: 사고 발생 지역이 해외이므로 관리 · 통제의 어려움
- 재판관할: 대한민국의 법적용을 받지 않는 외국이 재판관할권 행사
- 언어적 제약: 법조문, 소송 진행 등이 외국어로 되어 있고 해외PL보험증권도 영문증권으로 되어 있음
- 국제변호사 소송비용: 보험사고 합의금보다 국제변호사 비용이 고액

해외PL보험은 국내요율을 적용하는 것이 아니고 건별로 필요시마다 구득이란 절차로 보험요율이 산출된다. 보상하는 국가, 제품매출액, 보상한도액 등에 따라 보험료를 산출한다.

우리나라 중소기업들은 PL보험에 대한 대책이 대체로 미흡한 것 같다. PL보험과 관련해서는 손해보험사에 문의해도 되지만 중소기업중앙회에서 운영하는 중소기업단체PL보험을 이용하는 것도 좋다.

일반적으로 국내에서 제조 · 판매 · 유통되는 제품은 국문약관을, 해외로 수출되는 제품의 경우는 영문약관(PL약관 또는 CGL)을 사용한다.

| 유용한 정보 |

실제로 무역운송에서 손해 사고가 있을 경우

화물해상보험증권(Marine Insurance Policy)은 수출자가 든 경우(CIP 또는 CIF 규칙) 수출자는 해당 보험증권에 이서(배서)를 해서 수입자에게 보낸다. 신용장에 기재되어 있는 경우는 환어음 매입서류로서 은행 경유 수입자에게 보낸다. 이서에 의해 보험청구권은 보험을 든 수출자로부터 수입자에게 전이된다. 만약 화물에 사고가 발생할 경우 수입자는 보험회사에 연락하고 보험청구 수속을 밟는다. 그때에 보험증권 외에 인보이스나 선하증권 등도 필요하게 된다.

주요 보상 또는 보상하지 않는 손해

구 분	내 용
주요 보상하는 손해	피보험자가 제조, 판매, 공급 또는 시공한 재물이 타인에게 양도된 후 그 생산물로 인한 우연한 사고로 제3자에게 아래와 같은 이유로 대인배상과 대물배상 손해배상책임을 부담하는 경우, 피보험자가 입은 손해를 보상한다. • 결함 또는 하자 있는 제품으로 인한 화재 또는 폭발에 따른 손해 • 결함으로 인해 발생한 사고 (대인, 대물) • 제품 사용수칙의 미비로 인한 손해 • 제품사용에 따른 경고, 주의의무 위반에 따른 사고로 인한 손해 • 피해자에게 지급해야 하는 법률(민사)상 손해 배상 • 소송비용, 변호사비용, 중재, 화해, 또는 조정에 관한 비용, 피보험자의 협력비용
주요 보상하지 않는 손해	• 생산물이나 완료된 작업물 자체의 손해에 대한 배상 • 생산물의 성질 또는 하자에 의한 생산물 자체의 손해에 대한 배상 • 결함 있는 생산물의 회수, 검사, 수리 또는 대체하는 데 소모되는 비용 및 사용손실에 대한 배상 • 생산물로 생긴 수질오염, 토지오염, 대기오염 등 일체의 환경오염에 대한 배상책임 • 벌과금 및 징벌적 손해에 대한 배상 • 기타 약관에서 정한 보상하지 않는 손해

※ PL보험에 가입할 경우에는 주요 특약에 관해서도 신중히 검토할 필요가 있음에 유의해야 한다.

10

외국환에 대해서

POINT

외국환의 개념을 이해하고, 외국환을 분류할 수 있도록 외국환의 종류를 알아야 한다. 또한 환율의 종류와 환리스크 관리, 외국환관리에 대해 알아야 한다.

외국환의 분류

분 류	설 명
송금환 remittance exchange	수입자(채무자)가 수입대금을 수출자(채권자)에게 외국환은행을 통해 송금해줄 때 사용되는 환을 말한다.
추심환 collection exchange	수출자가 수출대금을 받기 위해 지불요청서를 보내고 대금을 회수하는데 이때 사용되는 환을 말한다.
내국환 domestic exchange	현금 이동 없이 대차관계의 결제가 동일 국가 내에서 동일한 통화로 이루어지는 것
외국환 foreign exchange	금융기관이 국제간에서 자금의 지불이나 징수의 중개역할을 하는 것
당발환 outward collection	외국환은행 입장에서 송금환을 직접 취결하거나 추심하는 경우를 말함
타발환 inward collection	송금환이나 추심을 다른 외국환은행으로부터 받는 것을 말함
매도환 selling exchange	외국환은행이 고객에게 원화를 받고 외국환을 매각할 경우

분 류	설 명
매입환 buying exchange	외국환은행이 고객이 가지고 있는 외국환을 원화를 주고 매입할 경우
우편환(M/T) mail transfer	송금을 할 때 우편을 사용하는 지급지시서(환)를 말한다.
전신환(T/T) telegraphic transfer	외화의 송금을 전신으로 위탁하는 방식
현물환 spot exchange	매매계약 후 2영업일 이내에 결제가 이루어지는 거래
선물환 forward exchange	2영업일 이후 특정 만기일에 이루어지는 거래

* 수출환(export exchange)과 수입환(import exchange)도 있다. 수출환은 외국 수입상을 지불인으로 하여 발행한 환어음을 말하며 수입환은 수출어음을 수입하는 쪽에서 이르는 말이다.

외국환이란

환(換, Exchange)이란 멀리 떨어져 있는 사람 또는 경제주체 사이에 채권 · 채무관계가 있을 경우에 직접적인 현금 이동에 의하지 않고 금융기관을 통하여 계정 간 이체방식으로 자금을 이동하는 수단을 의미한다. 이러한 환거래가 한 국가 안에서 이루어지는 경우를 내국환이라 하고, 외국과의 사이에 이루어지는 경우를 외국환이라 한다.

다시 말하면 외국환은 국제간의 채권이나 채무의 결제(수출대금 수령, 수입대금 지불 등)를 현금을 직접 수송하지 않고 금융기관 등을 통해 하는 방법 또는 수단을 말한다. 다른 국가 간에서 자금을 정산하기 위해 다음 3가지 점에서 내국환과는 크게 다르다.

• 통화(通貨)가 다르다.

• 한국은행에 해당하는 중앙은행이 없다(코레스 계약 체결).

• 화환어음을 사용한 대금결제

우리나라 외국환거래법에서 외국환은 대외지급수단, 외화증권, 외화채권을 말한다.

외국환의 특징

외국환의 특징은 다음과 같다.

① **환율문제가 발생한다:** 외국환의 가장 중요한 특색이라 할 수 있다. 국가 간 대차결제는 서로 다른 통화의 교환이 필요하게 되고 이 이종통화의 교환비율이 중요한 문제로 대두된다.

② **대금결제방법이 내국환과 다르다:** 내국환의 경우 중앙은행이 은행 간 환거래에 따르는 자금결제를 최종적으로 담당하지만 외국환은 각 은행이 독자적으로 외국의 환거래은행을 경유하면서 복잡한 절차를 거친다.

③ **외국환의 관리:** 국제수지와 국가산업 경제발전의 밑바탕이 되므로 관리가 중요하며 외환의 무제한적 국외유출이나 반대로 투기적 외화의 일시적 유입을 방지하기 위해 정도의 차이는 있지만 대부분 국가에서 외국환을 관리한다. 우리나라에서는 외국환거래법에 의하여 외국환거래를 관리한다.

외국환거래에 대한 관리체제

외국환거래법규	외국환거래법, 외국환거래법 시행령, 외국환거래 규정
외국환관리기구	기획재정부, 한국은행, 관세청(세관)

환율이란

환율은 서로 다른 통화의 교환 비율을 말한다. 우리나라 원화를 미국의 달러화나 유럽의 유로화, 중국의 위안화 그리고 일본의 엔화 등과 같은 외국통화와 바꿀 때 적용되는 교환비율로 대상 통화의 공급과 수요 상황에 따라 시시각각으로 변한다. 은행 간 시장 환율은 외환시장에서 은행들 간 실제거래에서 결정되며, 대고객환율은 은행 간 외환시장에서 형성된 환율을 참조로 하여 각 외국환은행이 자율적으로 결정한다.

〈환율의 종류와 대고객매매율〉

① 환율의 종류

- 기준환율: 자국통화와 여러 외국통화 간 환율결정에서 다른 외국통화환율결정의 기준이 되는 환율을 말한다. 우리나라의 경우 원/달러 환율이 바로 기준환율이다. 시장평균환율로 매매기준율이라 하며 정부에서 고시한다.
- 재정환율: 기준환율과 크로스레이트(기축통화와 다른 외국통화 간 환율)에 의하여 간접적으로 산정된 환율로 정부에서 기준환율과 같이 고시한다. 원화와 대부분 외국통화 간 환율은 재정환율이다.
- 교차환율: 자국통화를 포함하지 않은 외국통화 간의 환율을 말한다.

- 고정환율: 수시로 변동하지 않도록 정부가 인위적으로 정한 환율
- 굴신환율: 국간 간에 협약하여 상한선과 하한선을 미리 정하고 그 범위 안에서 신축성 있게 변동할 수 있게 하는 환율
- 변동환율: 외환시장의 수요와 공급에 맡겨 자유롭게 변동하게 하는 환율
- 대고객매매율: 외국환은행이 개인, 기업, 정부 등 고객과 외환거래 시 적용하는 환율

② 대고객매매율의 종류

우리나라 외국환은행에서 고시하는 대고객매매율의 종류는 다음과 같다.

<table>
<tr><th colspan="2">구분</th><th>설명</th></tr>
<tr><td rowspan="2">현찰 매매율</td><td>매입률</td><td>cash buying, 은행이 고객으로부터 현찰을 구입할 경우 적용하는 환율</td></tr>
<tr><td>매도율</td><td>cash selling, 은행이 고객에게 현찰을 팔 경우 적용하는 환율</td></tr>
<tr><td rowspan="2">전신환 매매율</td><td>매입률</td><td>TT Buying, 해외에서 송금되어온 외화를 원화로 찾고자 할 경우 적용하는 환율</td></tr>
<tr><td>매도율</td><td>TT Selling, 해외로 외화를 송금할 경우 적용하는 환율</td></tr>
<tr><td rowspan="2">여행자 수표 매매율</td><td>매입률</td><td>T/C buying, 은행이 고객에게서 여행자수표를 구입할 경우 적용하는 환율</td></tr>
<tr><td>매도율</td><td>T/C selling, 은행이 고객에게 여행자수표를 팔 경우 적용하는 환율</td></tr>
<tr><td>매매 기준율</td><td colspan="2">basic rate of exchange
• 전날 거래된 거래량과 환율을 가중평균한 것으로 다음 날 거래의 기준이 되는 환율(기준환율)이다. 정부에서 매일 재정환율과 같이 고시한다.
• 이와는 별도로 외국환은행이 대고객매매율을 정하는 기준으로 삼을 은행 자체 매매기준율을 정한다.</td></tr>
</table>

환리스크

1) 환리스크란

환리스크는 환율변동에 의한 리스크를 말한다. 우리나라 통화인 '원'화와 외국통화인 '외화'의 교환시세인 환율은 여러 가지 요인으로 변동되므로 외화자산을 보유하면 환율변동에 따라 손실이 발생할 수 있다. 이를 환리스크(환위험)라 한다.

2) 환리스크의 종류

거래 시점이나 환리스크가 불러오는 상황에 따라 환리스크의 종류를 다음과 같이 나눠볼 수 있다.

종 류	내 용
거래적 환위험	Transaction Exchange Risk 기업이 외화로 표시된 거래에서 환율변동 이전에 발생한 계약을 환율변동 이후 실행함으로써 최종적으로 지급하거나 수취할 금액이 불리하게 실현될 가능성을 말한다. 좁은 의미의 환위험이다.
환산 환위험	Translation Exchange Risk 환율변동 시점 이전에 타 통화로 표시된 자산, 부채를 자국통화의 연결재무제표로 작성할 때 발생하는 환위험이며, 외화표시거래의 계약완료 후 결제시점 직전까지 단지 회계장부상 노출된 환위험(회계적 환위험)이다.
경제적 환위험	Economic Exchange Risk 예측할 수 없는 환율변동으로 발생하는 환위험을 말한다. 환율이 변동하면 수입원가와 수출단가에 직접 영향을 주기 때문에 미래에 기업의 해외 영업활동이 불리해질 위험이 있다. 영업환위험이라고도 한다.

3) 환리스크 관리

수출입거래에서 예상치 못한 환율변동으로 초래되는 환리스크를 최소화하고 환차익을 극대화하려면 환리스크를 관리할 필요가 있다. 환리스크 관리방법에는 기업 내부적 방법과 외부적 방법이 있다.

기업 내부적 관리 방법

구분	내용
네팅 (Netting)	다국적기업과 같은 회사의 본·지점 또는 지사 간에 일정 기간 발생한 채권과 채무를 상쇄하고 그 결과 남은 채권과 채무의 차액만 자금을 주고받는 결제방법이다.
리딩 앤드 래깅 (leading and lagging)	수출자·수입자 자신이 외환 장세의 움직임을 보고 외화의 결제시기를 앞당기든가 늦추든가 함으로써 환시세의 변동에 대응하는 방법이다. 단 외화의 시세 예측은 어렵기 때문에 확실한 리스크 대책이라고는 할 수 없다. 또한 거래상대방과 협조가 필요하므로 상호 신뢰관계가 없으면 이행하기 어려운 방법이다.
매칭 (matching)	외화자금의 흐름, 즉 자금의 유입과 유출을 통화별·만기별로 일치(matching)시킴으로써 자금흐름의 불일치에서 발생할 수 있는 환차손 위험을 원천적으로 제거하는 방법이다.

이외에도 가격정책(price policy), 자산/부채관리(ALM, asset-liability management), 환매리(exchange marry) 방법 등이 있다.

금융상품을 이용한 기업 외부적 관리 방법

구분	내용
선물환거래 (forward transaction)	미래의 일정 시점에 특정가격으로 외화를 사고팔겠다는 약정을 맺는 기법이다. 약정된 결제일까지는 매매 쌍방의 결제가 보류된다는 점에서 현물환거래와 다르다. 결제기간이 1년 미만의 단기 수출입거래에 수반된 환리스크는 단기선물환 거래를 이용하여 헤징할 수 있다.

구분	내용
환율변동보험 (Exchange Risk Insurance)	수출입거래에서는 환율예측의 불확실성이 있고 이에 수반하여 초래되는 환차손을 보상하는 보험제도이다. 결제기간이 1년 이상으로 단기선물환거래를 이용하기 어려운 중장기수출에 주로 이용된다. 한국무역보험공사에서 운영하는 환리스크 헤지 수단이다.
외환스왑 (FX Swap)	거래 방향이 서로 반대되는 현물환과 현물환, 현물환과 선물환 또는 선물환과 선물환 거래를 동시에 행하는 일종의 환포지션 커버거래를 말한다. 일반적으로 일정 외환을 현물환시장에서 매입(또는 매도)하고 동시에 선물환시장에서 매도(또는 매입)하는 거래형태로 이루어진다.
통화옵션 (Currency Options)	특정 시점에 특정 통화를 미리 약정한 가격(행사가격)으로 사거나 팔 수 있는 권리가 부여된 파생상품이다. 권리만 가질 뿐 계약이행의 의무가 없으므로 유리할 경우에만 권리를 행사하는 선택권부 청구권을 갖게 된다.

이외에도 통화스왑(Currency Swap), 통화선물(Currency Futures), 단기금융시장 헤징, 할인(Discounting), 팩토링(Factoring) 등과 같은 기법도 있다.

환리스크를 관리하는 방법은 위 표에서와 같이 여러 가지가 있지만 대부분 중소기업에서는 직접 회사에 맞게 리스크 관리를 하기 어려운 실정이고 필요할 경우 거래은행이나 한국무역보험공사의 환리스크 관리제도를 활용하는 것이 중요하다.

| 유용한 정보 |

소자본 무역업창업과 세금

무역업에 관련한 세금으로는 일반적으로 소득에 대해 과세하는 소득세와 재화나 용역이 생산, 유통되는 모든 단계에서 창출되는 부가가치에 대하여 과세하는 부가가치세가 있다.

소득세

소득세에는 법인(주식회사)사업자에게는 법인(소득)세, 개인사업자에게는 (개인)소득세가 있다. 각각의 세율에 관해서는 세무서, 세무사 (또는 회계사) 사무실에 문의하거나 인터넷 검색으로 알 수 있다. 신고 및 납부는 다음과 같다.

- 법인세: 확정신고 및 납부는 12월 말 결산법인인 경우 이듬해 3월 말까지이며 중간예납은 당해 연도 8월 말까지이다. 법인의 경우 결산기일을 최초에 1월부터 12월 중 임의로 선택이 가능하다. 주민세(법인세액의 10%)는 별도이다.
- 소득세: 개인사업자는 소득세의 귀속기간을 임의로 선택할 수 없으며 확정신고 기한은 이듬해 5월 말까지, 중간예납기한은 당해 연도 11월 말까지이다. 주민세(소득세액의 10%)는 별도이다.

부가가치세

부가가치세는 세부담자와 세납부자가 동일한 소득세와는 달리 세부담자와 세납부자가 서로 다르므로 간접세라고 하며 세율은 10%이다. 기업이 최종적으로 납부할 부가가치세는 매출세액에서 매입세액을 차감공제한 부분만 납부하면 된다.

- 신고기한: 부가가치세의 1과세기간은 각 6개월이나, 신고 및 납부방식은 매 분기로 예정과 확정으로 나누어 한 과세기간에 두 번 신고하도록 다음과 같이 규정되어 있다.
  - 1월 ~ 3월 까지는 1기 예정신고기간이며 신고기한은 4월 25일
  - 4월 ~ 6월 까지는 1기 확정신고기간이며 신고기한은 7월 25일
  - 7월 ~ 9월 까지는 2기 예정신고기간이며 신고기한은 10월 25일
  - 10월 ~ 12월까지는 2기 확정신고기간이며 신고기한은 다음 해 1월 25일

다만, 개인사업자의 경우 예정 신고기간에는 별도의 신고가 필요 없으며 전기 납부액의 50% 금액이 고지된다. 예정고지로 납부된 금액은 확정신고 시점에 최종 정산된다. 단, 예정신고기간의 공급가액 또는 납부세액이 직전 과세기간의 공급가액 또는 납부세액의 1/3에 미달하는 자와 조기환급을 받고자 하는 자는 예정신고를 할 수 있다.

PART
3

수출입실무와 서류

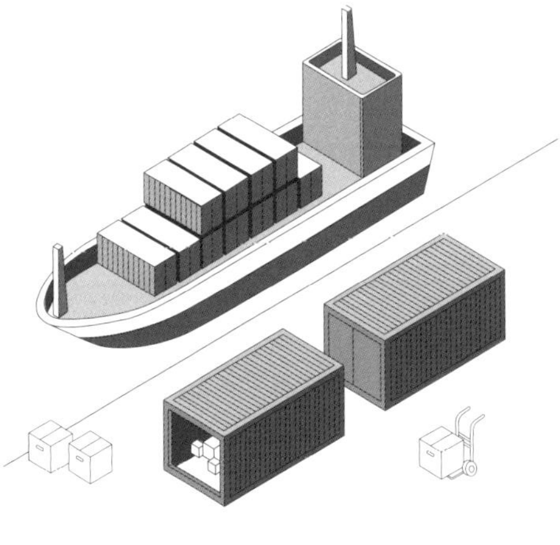

01
오퍼

역할

무역비즈니스에서 수입자가 보내온 인콰이어리 내용에 대해 수출자가 자사의 거래조건을 명확하게 해서 수입자에게 전달하는 것을 오퍼(Offer)라 한다.

오퍼의 종류

구 분	오퍼의 종류
발행자에 따라	셀링오퍼(Selling Offer): 수출회사(판매자)가 발행하는 오퍼
	바잉오퍼(Buying Offer): 구매자(바이어)가 발행하는 오퍼
회답기한 명기 여부에 따라	확정오퍼(Firm Offer): 구매자의 회답기한을 명기한 오퍼
	프리오퍼(Free Offer): 구매자의 회답기한이 없이 발행하는 오퍼
발행지에 따라	국내오퍼: 국내회사가 외국의 본사를 대리하여 발행하는 오퍼
	국외오퍼: 외국의 수출상이 국내회사 앞으로 발행하는 오퍼
조건부 오퍼	확인조건부 오퍼(Offer subject to Our Confirmation): 판매자의 오퍼를 구매자가 승인해도 그것에 대해 최종적으로 판매자의 확인이 필요한 오퍼
	선착순판매조건부 오퍼(Offer subject to Prior Sale): 상품의 완전 매진과 동시에 오퍼의 효력이 상실되는 조건부 오퍼
	가격불확정 오퍼(Offer subject to Market Fluctuations): 시황이 변할 경우 가격의 변경을 요구할 수 있는 조건부 오퍼

구 분	오퍼의 종류
조건부 오퍼	재고잔류조건부 오퍼(Offer subject to Being Unsold): 재고가 있는 경우에 한하여 유효한 오퍼
	반품허용조건부 오퍼(Offer on Sale or Return): 일정 기간 판매하고 잔품을 오퍼발행자에게 반품하는 조건부 오퍼
	점검 후 매매조건부 오퍼(Offer on Approval): 물품수령 후 구매의사가 없으면 반품할 수 있는 오퍼
카운터 오퍼	Counter Offer: 오퍼 내용의 일부 또는 전부에 대해 거절하고 새롭게 자사가 희망하는 조건을 상대에게 제시하는 오퍼

오퍼란

오퍼란 수출자(판매자)가 수입자(구매자)에게 일정 조건을 제시하며 매매계약을 체결하겠다고 하는 청약의 의사표시를 말한다. 상행위에서 매매계약은 쌍방 간의 의사교환으로 성립되는데, 의사표시는 오퍼(offer)와 승낙(acceptance)의 형태로 나타난다. 오퍼에는 셀링오퍼(Selling Offer)와 바잉오퍼(Buying Offer)가 있는데 무역용어에서는 셀링오퍼를 가리키는 것이 통례이다.

오퍼에서 두 가지 주의점

오퍼를 제출할 때는 다음 두 가지 점을 주의해야 한다.

① 확정오퍼에 의해 구속된다.

어떤 사안에 대해 간단하게 취소 결정을 할 수 있다면 무역거래를 할 때 큰 영향을 미치게 된다. 따라서 확정오퍼에는 오퍼를 내는 사람에게 구속력이 따르게 된다. 즉 한번 제출한 오퍼는 간단히 취소할 수 없으며, 만약 상대방이 자사 오퍼를 받아들이면 상대방도 오퍼 내용에 구속된다. 오퍼는 확약이라는 의미가 포함되어 있으므로 제시한 내용에 구속되게 된다.

② 오퍼에는 유효기한이 있다.

오퍼에는 구속력이 있고 유효기한도 있다. 오퍼를 제출할 때는 반드시 유효기한을 명기하고 그 기한 내에 상대방으로부터 아무런 반응이 없으면 오퍼가 무효가 되도록 해두어야 한다.

이를 다른 관점에서 보면 확정오퍼의 유효기한 일수를 조정함으로써 상대 반응을 촉구할 수 있다. 오퍼의 유효기한을 길게 하면 상대의 반응이 늦어질 수 있고 다양한 변동에 영향(환변동 등)을 받을 가능성이 커진다. 그런가 하면 너무 짧게 해도 상대의 의사결정에 시간이 부족하게 될 수 있다. 이러한 것들을 포함해서 적절한 기한을 설정해야 한다.

오퍼에 적어야 할 정보

오퍼를 제출할 때는 인콰이어리에 나와 있는 정보에 관해 전부 회답할 필요가 있다. 가능한 것, 가능하지 않은 것을 반드시 인콰이어리 내용에 따라 전부 회답하고 자사의 유리한 조건을 제시하면 된다. 다음은 오퍼에 기입해야 하는 항목이다.

① **유효기한:** 오퍼는 유효기한 안에만 유효하고 기한이 지나면 무효가 된다.

② **판매자와 구매자의 정보:** 국명, 회사명(수입자명), 주소 등 수출자와 수입자 각각의 정보를 기재한다. 이에 따라서 오퍼 당사자가 누구인가 명확하게 할 수 있다.

③ **상품 정보를 적는다:** 상품명, 품질, 수량, 중량, 포장방법, 가격 등을 기재한다. 상품명은 종류별로 수량 등을 표시한다. 거래가격은 적용할 인코텀즈(무역거래조건)를 선택해서 확실하게 기재한다.

④ **운송 정보:** 어떻게 운송할까(컨테이너 단위로 할까 등), 선박으로 할까 비행기로 할까, 수출항이나 수입항은 어디로 할까, 선적은 언제 할까(시기) 등의 정보를 기재한다. 따라서 오퍼를 내기 전에 수출에 드는 제 비용 등을 계산해둘 필요가 있다. 특히 CIF 등에서는 선박의 운송비용과 해상보험 대금을 수출자가 부담한다. 이를 위해 이런 비용을 계산해두지 않으면 생각지도 않은 비용이 들어갈 수도 있다.

⑤ **대금결제와 보험 정보:** 대금을 어떻게 받을 것인지에 대한 정보는 물론 해상보험 가입에 관한 것도 기재한다.

⑥ **기타 정보:** 분쟁 해결방법이나 클레임 처리방법을 명기한다. 무역거래에서 문제가 발생했을 때 그것을 어떻게 해결할지 기재한다. 또한 출하하는 상품을 어떻게 검사할지도 기재해둔다.

〈오퍼에 기재할 사항〉

- 상품명(commodity name)
- 규격(grade or specification)
- 수량(quantity)
- 가격(price)
- 발행일자(offer date)
- 유효기한(validity)
- 선적일(shipping date)
- 포장방법(packing method)

- 대금결제조건(payment terms)
- 검사방법(inspection)
- 운송방법(Transportation)
- 해상보험(Insurance)
- 인도조건(delivery terms)
- 원산지(origin)
- Special Conditions
- Remarks

오퍼 기재사항은 거래 특성에 따라 다양하지만 일반적으로 여기에 명기한 항목들을 기재한다. 주요 계약조건에 해당하는 필요사항은 반드시 포함되어야 한다.

오퍼는 어떻게 제출하면 좋을까

오퍼는 특별히 정해진 형식이나 양식이 있는 것이 아니다. 거래대상물품, 거래방식 등에 따라 다양한 형태가 있으며 각 회사에서는 나름대로 사용하는 자사 양식을 가지고 있다. 오퍼를 제출할 때는 반드시 기록으로 남겨야 한다. 긴급하면 전화로 할 수도 있지만 이때도 즉시 이메일을 보내 확인하도록 해야 한다.

오퍼 제출 방법은 다음과 같은 두 가지가 있다.

① 인콰이어리에 대한 회답 서신 내용에 포함하는 방법

② 별도로 오퍼 시트를 발행하여 인콰이어리에 대한 회답 서신에 첨부하는 방법

한편 오퍼는 직접 만나서 제출할 수도 있고 우편으로 보낼 수도 있지만 이메일을 이용해서 보내는 것이 일반적이다.

SEINE INC

89, UNAM-RO, OSAN-SI, GYEONGGI-DO, KOREA
Tel : +81-31-3xx-5199 Fax : +81-31-3xx-4218 e-mail:seine@seineinc.co.kr

OFFER

Messrs.
EASYTEC TRADING CORPORATION
NEW YORK 10010 USA

Date : March 3, 2021
Ref. No. : SE-210303

We are pleased to offer the under-mentioning article(s) as per conditions and details described as follows;

Payment : By an irrevocable Letter of Credit at sight in favor of SEINE INC.
Shipment : Within Three(3) months after Seller's receipt of L/C.
Packing : Export standard packing.
Validity : Until March 31, 2021
Remarks : Manufacturer's inspection to be final.

Item No.	Commodity & Description	Q'ty	Unit Price	Amount
				CIF New York port in U.S.Dollars
	S-1211 PROFESSIONAL CIRCULAR SAW	186pcs	US $ 110.00	US $ 20,460.00
	S-1218 HEAVY-DUTY CIRCULAR SAW	198pcs	US $ 75.00	US $ 14,850.00
Total :	CIF New York port, USA			US $ 35,310.00

Very true yours,

SEINE INC

Young K. Kwon
President

02

인보이스

역할

인보이스(Invoice, 송장)는 수출자가 수입자 앞으로 보내는 출하안내서로 수출화물의 명세서, 수출대금의 청구서, 때에 따라서는 포장명세서의 기능을 하는 서류이다. 또한 수출화물의 납품서로 선적서류 중에서도 아주 중요한 서류의 하나이다.

인보이스의 종류

구 분	내 용
Proforma Invoice	견적서 역할을 하는 인보이스로 상품의 매매성립 전에 구매자에게 제공한다. 어디까지나 견적서이기에 기본적으로는 정식 인보이스로 사용되지 않는다.
Commercial Invoice	청구서, 명세서, 수출입신고의 역할을 하는 인보이스로 수출입통관 시에 사용된다. 수출입 시에 가장 많이 사용되므로 일반적으로 인보이스라 하면 커머셜 인보이스를 가리킨다.
Shipping Invoice	납품서 역할을 하는 인보이스로 출하안내, 배송 수배 시에 사용된다. 중요도가 낮고 사용 빈도가 낮아 단지 납품서로 취급되는 경우가 많다.
Customs Invoice	수출자가 수출품이 적정한 과세가격으로 결정된 것을 수입지의 세관에 증명하려고 작성하는 인보이스이다.
Consular Invoice	수출국에 주재하는 수입국 영사가 인보이스에 기재한 금액이나 수량 등의 내용이 정확하다는 것을 사증한 인보이스이다.

인보이스란

인보이스는 수출자가 수출하는 화물에 관한 정보나 무역의 조건 등을 상세하게 기입한 서류로 송장(送狀)이라고 한다. 수출자는 상품을 선적하기 전에 선적서류를 작성해야 하는데 인보이스는 선적서류의 하나이다. 인보이스는 수출통관 시에는 물론이고 선적 후 은행에 환어음 매입을 의뢰할 때도 필요하다.

지불조건이 신용장(L/C)조건인 경우는 신용장에서 요구하는 내용에 따라 인보이스를 정확히 작성해야 한다.

〈인보이스 작성 시 주의점〉

- 상품 명세는 신용장에 기재되어 있는 대로 일치시켜야 한다.
- 단가와 합계금액을 체크하고, 인보이스 금액이 신용장 금액을 넘지 않는지 확인한다.
- 결제조건과 통화를 확인하고 신용장 번호 기재를 요구하면 반드시 명기한다.
- 신용장에서 지시한 내용에 따라 신용장에 기재된 글자 한 자라도 틀리지 않도록 정확히 작성해야 한다.
- 하인(shipping mark), 선박명, 선적지, 도착지 등 기재되어야 할 사항이 다른 선적서류와 일치하는지 확인한다.

인보이스에 기재하는 항목

수출할 때 필요한 인보이스는 수출자, 수입자 정보 외에 화물에 관한 자세한 정보를 기입할 필요가 있다. 인보이스는 정해진 양식은 없지만 작성할 때는 기본적으로 다음과 같은 정보가 필요하다.

- 수출자명, 주소(전화번호, 이메일)
- 수입자명, 주소(전화번호, 이메일)
- 인보이스 작성 연월일, 작성지
- 인보이스 번호
- 신용장조건의 경우 신용장 번호
- 지불조건, 거래조건 등
- 상품의 명세(구체적인 품명, 수량, 단가, 총액)
- 선명(항공기 편명), 선적항, 출항일, 도착항, 인도장소 등
- Shipping Mark

한편 인보이스 종류 중 영사송장 등과 같이 국가에 따라서 포맷이 준비되어 있는 것도 있으므로 상품을 수출입할 때는 사전에 필요한 서류를 확인해야 한다.

COMMERCIAL INVOICE

Shipper/Exporter SEINE INC 89, UNAM-RO, OSAN-SI, GYEONGGI-DO, KOREA	**Invoice No. & Date** SE-220615 June 15, 2022 **L/C No. & Date** 8327902/LK March 15, 2022
Consignee To Order of Bank	**Buyer (if other than consignee)** EASYTEC TRADING CORPORATION 2312 BROADWAY, NEW YORK, NEW YORK 10010 USA TEL:(048)000-5678 FAX:(048)000-1234
Departure date June 15, 2022	**Other references**
Vessel/Flight **From** Sea-Hope (Voyage No. 313) Busan port, Korea	
To (Destination) New York port, USA	**Terms of delivery and payment** CIF New York port, USA irrevocable Letter of Credit at sight

Marks & Numbers of PKGS	**Description of Goods**	**Quantity**	**Unit price**	**Amount**
EASYTEC NEW YORK C/NO.1-64	S-1211 PROFESSIONAL CIRCULAR SAW	186pcs	US $ 110.00	US $ 20,460.00
	S-1218 HEAVY-DUTY CIRCULAR SAW	198pcs	US $ 75.00	US $ 14,850.00
	Total : CIF New York port, USA			US $ 35,310.00

SEINE INC.

Young K. Kwon
President

03
패킹리스트

역할

수출입거래에서 인보이스와 같이 수출자가 작성하는 필수 선적서류의 하나로 수출입 통관 시 사용되는 증명서류이며, 상거래에서 납품서 역할을 한다. 수출자는 수출하는 상품을 포장한 후 중량 등을 참고해 패킹리스트(Packing List, 포장명세서)를 작성한다.

패킹리스트에 기재되는 세 가지 정보	
정 보	내 용
수출입자 정보	회사명, 주소, 연락처 등
상품운송에 관한 정보	선적항, 도착항, 운송편, 선적일 등
상품에 관한 정보	상품명과 품번, Shipping Mark, 중량, 박스 개수, 용적, 포장 형태 등

패킹리스트란

패킹리스트도 수출자가 상품을 선적하기 전에 작성하는 선적서류의 하나이다. 수출입거래에서 인보이스와 같이 필수서류의 하나로 수출통관 시에는 물론 선적 후 은행에 환어음 매입을 의뢰할 때도 필요하다.

이 서류를 보면 박스가 몇 개이고 각각의 박스에 무엇이 몇 개씩 들어 있는지 식별하도록 작성해야 한다. Shipping Mark(또는 Case Mark, 荷印)를 기재하고 물품의 포장단위별 내용명세, 순중량(Net Weight), 총중량(Gross Weight), 용적(Measurement) 등을 기재하는 서류로 포장명세서라 한다. 주의할 점은 Case나 Crate로 포장할 경우에는 각각의 내역과 포장 속 수량을 정확하게 표시해야 한다는 것이다.

패킹리스트에 기재하는 항목

패킹리스트에 기재해야 하는 사항은 다음과 같다.

- 인보이스 번호와 날짜
- 수출자명과 주소/수입자명과 주소
- Remarks: 비고, 지불방법 등의 특기사항, 원산지 기재
- 선명과 항해번호, 선적일, 선적항, 수입항(목적지항)
- Shipping Mark(하인)
- No. of Cotton(카톤 박스 번호)과 박스당 수량
- 화물의 상세정보(상품명, 수량)
- Net Weight 및 Gross Weight
- Measurement(용적)

인보이스와 패킹리스트는 세트로 작성되므로 인보이스 번호만 기재하고 별도 패킹리스트 번호는 기재하지 않는다.

하인(Shipping Mark)

하인(荷引)은 화물 식별을 용이하게 하기 위해서나 화물 취급을 정확하고 용이하게 하기 위해 외장에 특정의 기호나 문자 등을 표시하는 것으로, 인보이스 등의 선적서류에도 이를 기재한다. 기본적으로는 구매자가 정한다. 화

인(貨引)이라고도 하며 기입항목은 다음과 같다.

- 주하인(Main Mark): 다른 화물과 식별이 용이하도록 외장에 특정의 기호를 표시하고 그 안에 상호 등의 약자를 삽입한다.(통상 바이어명 일부를 표시한다.)
- 부하인(Counter Marks): 주하인의 보조로 생산자 또는 공급자의 약자를 표시한다.
- 포장번호(C/N, Case Number)
- 항구표시(Port Mark): 도착항 표시
- 중량표시(Weight Mark): net weight, gross weight를 표시한다.
- 품질표시(Quality Mark)
- 원산지표시(Origin Mark)
- 주의표시와 지시표시(Care or Caution Mark and Attention Mark): 화물취급 시 주의할 점을 표시하는 것으로 외장의 측면에 도안이나 문자로 표시한다.

상기의 항목 중 주하인(Main Mark)과 항구 표시(Port Mark) 그리고 박스 번호(Case Number)는 반드시 표시해야 하는 필수적인 것들이다.

Shipping Mark 기입 예시

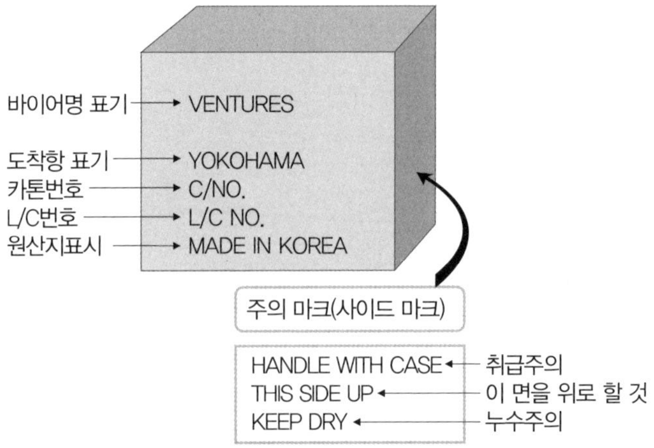

PACKING LIST

Shipper/Exporter SEINE INC 89, UNAM-RO, OSAN-SI, GYEONGGI-DO, KOREA	**Invoice No. & Date** SE-220615 June 15, 2022 **L/C No. & Date** 8327902/LK March 15, 2022
Consignee To Order of Bank	**Buyer (if other than consignee)** EASYTEC TRADING CORPORATION 2312 BROADWAY, NEW YORK, NEW YORK 10010 USA TEL:(048)000-5678 FAX:(048)000-1234
Departure date June 15, 2022	**Other references**
Vessel/Flight / **From** Sea-Hope (Voyage No. 313) Busan port, Korea	
To (Destination) New York port, USA	**Terms of delivery and payment** CIF New York port, USA irrevocable Letter of Credit at sight

Marks & Numbers of PKGS	Description of Goods	Quantity	Net weight	Gross weight	Measurement
EASYTEC NEW YORK C/No.1-64	S-1211 PROFESSIONAL CIRCULAR SAW (C/No.1-31)	186pcs	756kgs	1,133kgs	7.13CBM
	S-1218 HEAVY-DUTY CIRCULAR SAW (C/No.32-64)	198pcs	775kgs	1,152kgs	7.59CBM
	Total :			2,285kgs	14.72CBM

SEINE INC.

Young K. Kwon
President

04

선하증권

역할

화물이 본선에 적재되면 선박회사는 선하증권(B/L, Bill of Lading)을 발행한다. 선하증권은 '화물수취서, 운송계약서, 권리증권, 유가증권'이다.

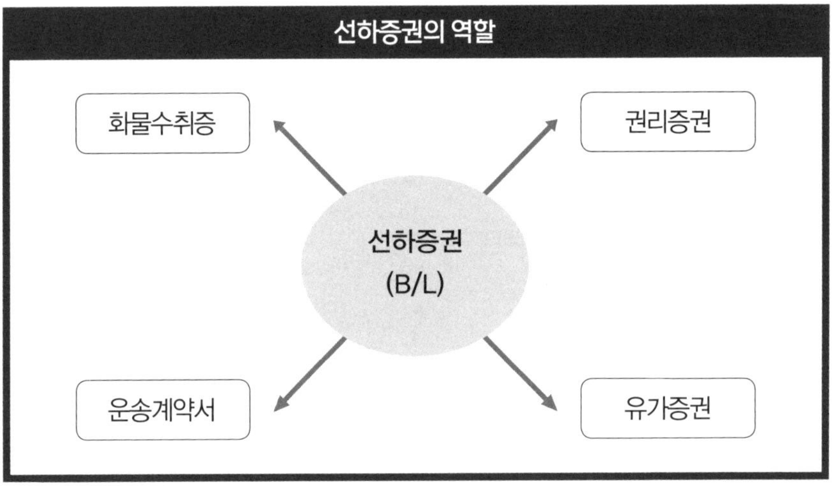

선하증권이란

선하증권은 선적서류의 하나이다. 선박회사는 선적을 완료하면 선하증권을 발행하여 수출자에게 교부한다. 수출자는 선하증권을 수령하면 기재내용을 확인하고 수출대금 회수에 착수한다.

선하증권의 주요 특징은 다음과 같다.

- 선박회사가 화주로부터 화물을 받은 것을 증명하는 화물수취서
- 선하증권을 발행한 선박회사가 운송한다는 것을 증명하는 운송계약서
- 선하증권 소지인이 화물의 인도를 요구할 수 있는 권리증권
- 선하증권의 이서(裏書, Endorsement)에 의해 다른 사람(회사)에게 전매할 수 있는 유가증권

선하증권은 선적서류 중 가장 중요한 서류의 하나이므로 기재사항에 잘못이 있으면 곧바로 선박회사에 수정을 의뢰해야 한다. 신용장조건의 거래인 경우에는 신용장에서 요구하는 조건과 일치해야 하므로 이 점에 주의를 기울일 필요가 있다.

〈선하증권에 기재되는 사항〉

- 선하증권의 표시
- 선박명, 톤수와 선박의 국적
- 수출자명, 수하인(受荷人)명
- 선적항, 양륙항(揚陸港)
- 화물의 종류, 중량과 용적, 포장의 종류, 개수와 기호
- 선하증권의 작성지, 작성일자, 발행부수와 발행자 기명날인
- 운임
- 운송물 외관의 상태
- 선장의 성명
- 항해번호(항차, Voyage No.)
- 통지처(Nortify Party)
- 운임지불지
- 선하증권 번호(B/L No.)
- 컨테이너 번호, 봉인(Sealing) 번호
- Shipping Mark
- 운송인의 면책조항(General Clause or Exception)

선하증권

Shipper SEINE INC., 89, UNAM-RO, OSAN-SI, GYEONGGI-DO, KOREA	**B/L No.** **ABC Shipping Co., LTD.** **BILL OF LADING** RECEIVED in apparent order and condition SEE TERMS ON REVERSE
Consignee TO ORDER OF BANK	
Notify Party EASYTEC TRADING CORPORATION, USA TEL:(048)000-5678 FAX:(048)000-1234	
Pre-carriage by / **Place of Receipt** New York port, USA	
Vessel/Voyage No. SEA-HOPE/313	

Port of Loading	**Port of Discharge**	**Place of Delivery**	**Final Destination**
Busan port, Korea	New York port, USA	New York port, USA	

PARTICULARS FURNISHED BY CONSIGNOR/SHIPPER

Container No.	**Seal No.**	**No. of Package**	**Kinds packages description of Goods**	**Gross weight**	**measurement**
DCNB 2000886	13547 9	64CTNS	S-1211 PROFESSIONAL 186pcs CIRCULAR SAW (C/No.1-31)	1,133kgs	7.13CBM
			S-1218 HEAVY-DUTY 198pcs CIRCULAR SAW (C/No.32-64)	1,152kgs	7.59CBM
			SAY : SIXTY FOUR(64) CARTONS ONLY		

Freight and charges	**Revenue tons**	**Rate**	**Per**	**Prepaid**	**Collect**

Ex Rate	**Prepaid at**	**Payable at**	**Place and date of issue**
		Busan, Korea	Seoul, Korea June 15, 2022
	Total prepaid	**No. of original B/L**	ABC SHIPPING CO. LTD.

Date June 15, 2022 **ON BOARD THE VESSEL**	By__________	By__________

선하증권의 용어와 기재요령

용 어	기재요령
Shipper	수출자(송하인)의 상호(성명)와 주소 명기
Consignee	화물수령인으로 신용장에 명기된 대로 기재
Notify Party	화물도착 통지처로, 신용장에 기재된 대로 명기
Ocean Vessel	화물을 수송할 선박명 기재
Port of Loading	선적항 및 국명을 기재 (예) Busan port, Korea
Place of Receipt	수출자로부터 운송인이 화물을 수령하는 장소 명기
Voyage No.(항차)	선박의 운송횟수로 선박회사가 임의로 정한 번호
Port of Discharge	화물의 도착항과 국명 기재
Port of Delivery	운송인이 책임지고 운송하여 수하인에게 화물을 인도하는 장소
Final Destination	화물의 최종목적지
B/L No.	선사가 임의로 규정한 번호
Flag	선박의 등록국적
Container No.	화물이 적재되는 Container No.
Seal No.	컨테이너에 적재된 화물에 봉인한 Seal No. 명기
No. of Containers of Packages, Description of Goods	Packing List와 인보이스에 기재된 상품 내용 기재
Gross Weight, Measurement	Packing List와 일치하지 않으면 통관되지 않기 때문에 주의
Total Number of Container or Packages(In Words)	상품의 수량 또는 Full Container의 개수를 영문으로 표시하여 명백히 나타내며, In Words의 의미는 선하증권 발행자가 직접 상품을 확인하지 못하고 발행하므로 수량이 틀림없을 것이라는 추측의 의미로 삽입된 단어
Freight and Charge	운임 및 운송에 따르는 제반 비용 표기

용 어	기재요령
Revenue Tons	중량과 용적 중 운임이 높게 계산되는 것을 표시
Rate	Revenue ton당의 운임단가 및 제반 비용 각각의 퍼센트 등이 표시
Per	용적당 또는 중량당, Full Container의 경우는 Van당이 표시된다.
Prepaid, Collect	운임의 지불조건이 CIF, CFR일 경우는 선불이므로 Freight Prepaid로 명기되고, FOB일 때는 착불이므로 Freight Collect로 명기된다.
Freight Prepaid At	선불의 경우 운임이 지불되는 장소가 표기
Freight Payable At	착불의 경우 운임 부담자인 수하인의 운임 지불 장소가 표기된다. 운임이 지불되지 않으면 화물인도지시서를 발행해주지 않는다.
No. of Original B/L	B/L 원본의 발행부수가 명기된다. 통상 B/L 원본은 3부가 한 세트로 발행되는데 이를 Full set라고 한다.
Place of Issue	B/L 발행 장소가 기재된다.
On Board Date and Date of Issue	B/L의 On Board Date(선적일)와 Date of Issue(발행일)는 보통 일치하며 B/L 발행일이 선적일보다 늦을 수는 있으나 빠른 경우는 거의 없다. 선적일 하단에 B/L 발행자의 이름과 사인이 표기된다.

선하증권의 종류

선하증권은 그 성격이나 용도에 따라 여러 가지로 구분한다.

- **선적선하증권(Shipped or On Board B/L), 수취선하증권(Received B/L):** 선적선하증권은 실제로 화물이 선적된 후 발행되는 것으로 앞면에 'Shipped' 또는 'On Board' 등의 문구가 기재되어 있다. 수취선하증권은 화주가 화물을 지정된 장소에 입고시키고 요구할 경우 선적 전에 발행되는 증권이다. 선적이 완료되면 앞면에 'On board notation'이라 기재하

고 선적선하증권과 동일하게 취급한다.

- **무사고선하증권(Clean B/L), 사고부선하증권(Foul or Dirty B/L):** 무사고선하증권은 선적된 화물의 포장상태와 수량에 이상이 없다는 것을 별도로 표기하지 않고 발행되는 증권이다. 반면에 사고부선하증권은 선적된 화물의 포장상태와 수량에 이상이 있을 경우 그 내용을 명기해서 발행되는 증권이다.
- **지시식선하증권(Order B/L), 기명식선하증권(Straight B/L):** 지시식선하증권은 선하증권의 Consignee난에 'To Order'나 'To Order of Shipper', 'To Order of Bank' 등의 지시 문언이 명기된 선하증권을 말한다. 화물의 권리자가 이서(Endorsement)함으로써 화물의 인도청구권을 양도할 수 있는 B/L로 유동성이 있다. 신용장거래에서 환어음 매입의뢰에 첨부하는 선하증권은 은행이 화물을 담보로 하기 위해 유동성이 필요하여 지시식선하증권이 이용된다. 기명식선하증권이란 선하증권의 Consignee난에 수입자 또는 특정인을 기재한 선하증권으로 유동성이 없으므로 이서에 의한 양도를 할 수 없다.

선하증권의 종류는 이외에 통과선하증권(Through B/L), 환적선하증권(Transshipment B/L), 복합운송선하증권(Combined Transport B/L), 약식선하증권(Short Form B/L), Red B/L, Stale B/L, Ocean B/L, Hitchment B/L, 선B/L(Back date B/L), Third Party B/L, Destination B/L 등이 있다.

신용장조건 거래 시 요구되는 B/L의 요건

일반적으로 신용장조건 거래 시에 신용장에서 요구하는 선하증권의 요건을 신용장상의 선하증권에 관한 다음 문언을 바탕으로 살펴본다.

〈신용장상 선하증권에 관련한 문언〉

Full set of clean on board ocean Bill of Lading made out to order and blank endorsed freight prepaid and notify applicant evidencing shipment from Korea to Yokohama, Japan not later than June 30, 2022.

- **Full set B/L을 요구한다.** 선하증권의 Full set는 원본 3부를 말한다. 통상 원본 발행부수는 3부이다.
- **Clean B/L이어야 한다.** 선박회사가 불가피하게 Foul B/L을 발행해야 하는 경우 선적화주는 선박회사에 사고화물에 대해 책임을 진다는 Letter of Indemnity(L/I)를 제출하고 Clean B/L을 발급받는 것이 관행이다.
- **On board B/L이어야 한다.** 화물을 본선에 선적한 후 발행한 선적선하증권일 것을 요구한다.
- **Ocean B/L이어야 한다.** 내국선하증권(Local B/L)에 상대하는 것으로 해양선하증권을 말한다. Marine B/L이라고도 한다. 한 국가의 영해를 벗어나는 해상운송 시 발행하는 증권으로 우리나라에서 사용되는 대부분 선하증권은 해양선하증권이라 할 수 있다.
- **백지이서(blank endorsed) 조건의 Order B/L이어야 한다.** 화물 권리자가 이서(Endorsement)함으로써 화물의 인도청구권을 양도할 수 있는 B/L로 유동성이 있으므로 은행이 화물을 담보로 하려면 유동성이 필요하여 지

시식선하증권을 요구한다. 이서에는 기명식 이서와 백지식 이서가 있다.

- **운임지불시기와 통지처 표기방법을 지시하고 있다.** 운임지불을 선적 시에 하고 선하증권상에 'Freight Prepaid'라 명기하며 notify party로 신용장 개설의뢰인(applicant)의 상호, 주소가 명기된 선하증권을 요구한다. 한편 화물 도착지에서 수입자가 운임을 지불하는 FOB의 경우에는 'Freight Collect'로 명기한다.

선하증권의 체크포인트

선하증권은 선적서류 중 가장 중요한 서류이므로 선적완료 후 선박회사로부터 수령하면 잘못 기재된 사항은 없는지 확인해야 한다. 확인 시 체크포인트를 알아본다.

- 선하증권 발행일자(B/L Date)를 확인한다. 특히 월말이나 연말일 때는 희망하는 일자로 기재되었는지 확인한다. 발행일자는 본선 입항일 또는 출항일 어느 쪽이든 희망하는 일자를 기재할 수 있다.
- 신용장조건 거래일 경우에는 신용장의 내용과 선하증권에 기재된 문언이 일치하는지 확인한다.
- 선적선하증권으로 되어 있는지 확인한다. 수취선하증권일 경우에는 'On Board Notation'이 기재되어 있어야 선적선하증권으로 취급한다.
- 선박회사의 서명날인(Sign)이 되어 있는지, 선하증권 번호가 기재되어 있는지 확인한다.
- 신용장조건의 거래일 경우 특별조건으로 스페인어나 프랑스어로 표시

가 지시되는 것이 있으므로 확인한다.

• 선하증권은 수출자의 별도 요청이 없으면 통상 원본 3부를 발행하므로 이를 확인한다.

한편 선하증권을 선박회사로부터 수령하여 확인한 결과 잘못 기재된 부분이 발견되면 즉시 선박회사에 연락하여 정정을 요청한다. 특히 신용장조건 거래일 경우 선하증권의 기재사항이 신용장 문언과 반드시 일치해야 하니 확인 시 주의가 필요하다.

선하증권 수령이 늦어질 때 대응요령

신용장조건 거래의 경우 선박이 고속화되고 가까운 지역인 일본, 중국, 동남아에서 들여오는 수입품은 이미 항구에 도착했는데 선하증권은 은행을 경유해서 오므로 선하증권 수령이 늦어지게 된다. 이 경우 긴급을 요하는 화물이라도 선하증권이 없어 화물이 항구에 도착한 즉시 선박회사로부터 화물을 수령할 수 없다. 따라서 수입자는 화물을 최대한 빨리 수령하기 위해 신속하게 소정의 절차를 취하는 것이 중요하다.

〈소정의 절차〉

① 수입자는 선하증권을 수령하지 못했을 경우 수입화물인수보증서(L/G, Letter of Guarantee)를 작성해서 거래은행에 연대보증을 의뢰한다.

② 은행은 제출된 L/G를 확인하고 은행 내 서명권한자가 서명하여 수입자에게 되돌려준다.

③ 수입자는 수입화물을 수령하기 위해 은행이 연대보증한 L/G를 선하증권 대신 선박회사에 제출한다.

④ 선박회사는 L/G를 확인하고 화물 인도를 지시하는 인도지시서(D/O, Delivery Order)를 수입자에게 발행한다.

⑤ 수입자는 이 D/O를 이용하여 화물을 인수하고 후일 선하증권을 수령하면 선박회사에 제출한다.

⑥ 수입자는 선박회사에 선하증권을 제출하고 L/G를 돌려받아 은행에 돌려주는 것으로 이 일련의 절차는 종료된다.

선하증권 수령이 늦어져 화물을 항구 도착 즉시 수령할 수 없는 사태를 피하기 위한 방안으로 Surrendered B/L 또는 WayBill(화물운송장) 등이 많이 이용되고 있다.

선하증권 수령이 늦어지게 될 경우의 대응요령

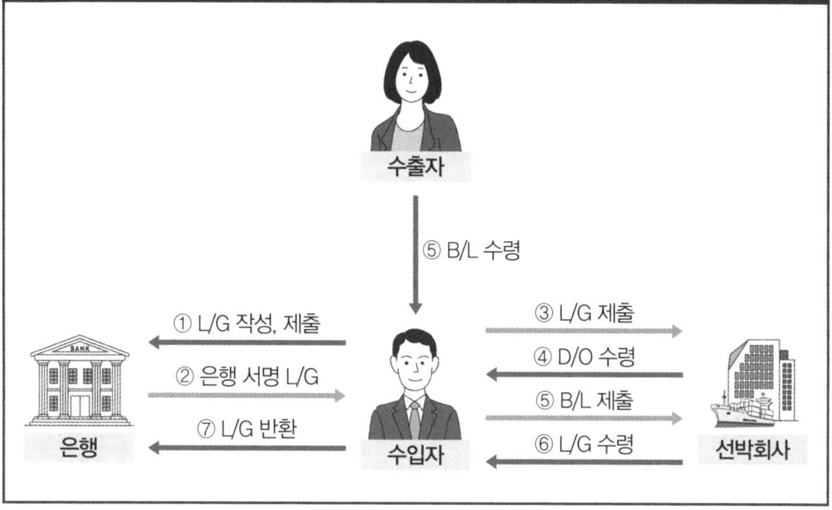

05
항공화물운송장

역할

항공운송에서는 선(기)적이 완료되면 항공화물운송장(AWB, Air Waybill)이 발행된다. 항공화물운송장은 '화물 운송계약을 맺은 증거서류, 운송화물을 수령한 영수증, 운임 청구서, 세관신고 시 참고서류, 보험계약증서, 화물운송 지침서'이다.

항공화물운송장과 선하증권의 차이점	
항공화물운송장(AWB)	**선하증권(B/L)**
화물운송 계약에 대한 증거서류이고 유가증권이 아니며 비유통성이다.	유가증권이며 유통성(negotiable)을 지닌다.
화물을 수령하고 발행하는 수취식이다.	화물을 본선 선적 후 발행하는 선적식이다.
비유통성이기 때문에 기명식으로 발행	지시식(무기명식)으로 발행
법률적으로 송하인이 작성하여 항공회사에 교부하도록 되어 있다. 현실적으로는 항공화물운송장도 항공회사가 자사 양식을 사용하여 발행해서 송하인에게 교부한다.	선박회사가 작성해 송하인에게 교부한다.

항공화물운송장이란

항공화물운송장은 화물을 항공으로 운송하는 경우에 항공회사가 발행하는 서류로 해상운송에서의 선하증권에 해당하지만 선하증권과 달리 유가증권이 아니며 양도성, 유통성이 없다.

항공화물운송장은 항공회사 대리점(Forwarder)에서도 발행한다. 따라서 항공회사가 발행하는 운송장을 'Master Air Waybill'이라 하고, 포워더가 발행하는 운송장을 'House Air Waybill'이라고 한다.

항공화물운송장의 구성

항공화물운송장은 1세트가 원본(Original) 3부와 최저 6부의 부본(Copy)으로 되어 있으며, 원본 3부 이면에는 국제운송약관의 핵심이 되는 계약조항이 기재되어 있다. 항공화물운송장 각각은 용도가 정해져 있으며 세계 공통의 분류 색깔이 정해져 있다. 원본 3부 중 제1원본(녹색)은 운송인용, 제2원본(적색)은 수하인용(수입자), 제3원본(청색)은 송하인용이다.

항공화물운송장의 주의점

항공화물운송장은 유통성이 없고 수하인용 원본이 화물과 함께 수하인에게 전달되기 때문에 언제나 기명식으로 발행된다. 따라서 신용장조건의 거래에서는 수하인(Consignee)을 신용장 개설의뢰인이 아닌 개설은행으로 하여 담보의 안전을 도모할 필요가 있다.

수입상이 개설은행에 대금결제 없이 AWB를 수령한 후 잠적하면 개설은행이 대금지급을 거부할 수 있으므로 혹시라도 신용장상에 'AWB consigned to the applicant'와 같이 개설의뢰인을 수하인으로 하도록 되어 있다면 'AWB consigned to the issuing bank'와 같이 반드시 개설은행이 수하인이 되도록 신용장 조건변경을 하고서 선적해야 한다는 것을 명심해야 한다.

이때 수입자는 화물을 인수하려면 신용장발행은행에서 '항공화물인도지시서(Release Order)'를 교부받아야 한다. 이를 항공회사에 제출하고 항공회사 또는 항공대리점이 발행하는 Delivery Order(D/O)를 받아서 소정의 장소에서 화물을 인수할 수 있다.

항공화물운송장의 기재사항

항공화물운송장에 기재해야 할 사항은 다음과 같다.

- 송하인/수하인의 성명(상호), 주소
- 출발지와 도착지, 운송경로
- 화물품목, 중량, 개수, 포장의 종류, 신고가격
- 사용(운송)항공편, 출발일시
- 운임, 운임지불방법, 보험 유무
- 발행지와 발행연월일, 운송인의 성명 등

항공화물운송장

<table>
<tr><td colspan="2">Shipper's Name Address</td><td colspan="2">Shipper's Account Number</td><td colspan="3">Air Waybill</td></tr>
<tr><td colspan="4">SEINE INC., 89, UNAM-RO,
OSAN-SI, GYEONGGI-DO, KOREA</td><td colspan="3">issued by
XYZ AIRWAY EXPRESS LTD.</td></tr>
<tr><td colspan="2">Consignee's Name and Address</td><td colspan="2">Consignee's Account Number</td><td colspan="3">Copies 1. 2 and 3 of this Air Waybill are originals and have the same Validity</td></tr>
<tr><td colspan="4">To Order of Bank</td><td colspan="3">M.A.W..B NO :
180 - 68927843</td></tr>
<tr><td colspan="4">Issuing Carrier's Name and City
XYZ AIRWAY EXPRESS LTD.</td><td colspan="3" rowspan="2">Accounting Information

(NOTIFY NAME AND ADDRESS)
EASYTEC TRADING CORPORATION
2312 BROADWAY, NEW YORK, NEW YORK 10010 USA</td></tr>
<tr><td colspan="4">Airport of Departure
SEOUL, KOREA (INCHEON AIRPORT)</td></tr>
<tr><td>To
BKK</td><td colspan="2">By First
KE</td><td></td><td>Currency
USD</td><td></td><td></td></tr>
<tr><td colspan="2">Airport of Destination</td><td colspan="2">Requested Flight Date
KE335 / 19 NOV</td><td>Amount of Insurance</td><td colspan="2">NIL</td></tr>
<tr><td colspan="7">Handling Information
ATTACHED : INVOICE</td></tr>
<tr><td>No. of Pieces</td><td>Gross Weight</td><td>Rate Class</td><td>Chargeable Weight</td><td>Rate/Charge</td><td>Total</td><td>Nature and Quantity of Goods
(Dimensions or Volume)</td></tr>
<tr><td>1

MARKS:</td><td>1.0K</td><td>M</td><td>1.5K</td><td></td><td>AS
ARRANGED</td><td></td></tr>
<tr><td>Prepaid</td><td colspan="2">Weight Charge</td><td colspan="2">Collect</td><td colspan="2" rowspan="6">Other Charges
H/C : 17.00
A/P : 21.00
AWB FEE : 3.00</td></tr>
<tr><td colspan="5">AS ARRANGED</td></tr>
<tr><td colspan="5">Valuation Charge</td></tr>
<tr><td colspan="5"></td></tr>
<tr><td colspan="5">Tax</td></tr>
<tr><td colspan="5"></td></tr>
<tr><td colspan="5">Total other Charges Due agent</td><td colspan="2" rowspan="3">Shipper certifies that the particulars on the face hereof are collect And agrees THE CONDITIONS ON THE REVERSE HEREOF

Signature of Shipper or this agent</td></tr>
<tr><td colspan="5">38.00</td></tr>
<tr><td colspan="5">Total other Charges Due Carrier</td></tr>
<tr><td colspan="2">Total Prepaid</td><td colspan="3">Total Collect</td><td colspan="2" rowspan="3">XYZ AIRWAY EXPRESS LTD.
AS AGENT FOR CARRIER KOREAN AIRLINES
19 NOV 2005 SEL M. I. SUL/LEE</td></tr>
<tr><td colspan="2"></td><td colspan="3"></td></tr>
<tr><td colspan="2"></td><td colspan="3"></td></tr>
<tr><td colspan="5"></td><td colspan="2" rowspan="2">H.A.W..B NO :
AEL -A 910208</td></tr>
<tr><td colspan="5"></td></tr>
<tr><td colspan="7">ORIGINAL 2-(FOR CONSIGNEE)</td></tr>
</table>

06
웨이빌

역할

최근 들어 무역실무에서 선하증권을 대신하여 웨이빌(WayBill, 화물운송장)이나 해상화물운송장(SWB, Sea Waybill)이 자주 사용되고 있다. 웨이빌의 특징은 화물의 수취증이고 화물운송계약을 나타내는 증거서류이며 비유통증권으로 유가증권은 아니라는 것이다.

웨이빌의 종류와 장점

구분		내용
종류	Air WayBill	항공화물운송장. 항공운송을 이용할 경우 발행되는 운송장
	Sea WayBill	해상화물운송장. 해상운송을 이용할 경우 발행되는 운송장
	Waterway B/L	내수로화물운송장. 내수로운송의 경우 발행되는 운송장
장점	• 수입지에서 화물을 수취할 때 웨이빌 원본을 제출하지 않아도 화물을 인도할 수 있다. • 화물 도착 후 수입자가 즉시 화물을 수취할 수 있으므로 보관료 등의 경비를 절약할 수 있다.	

웨이빌이란

송하인이 운송인의 청구에 따라 운송품의 명세, 운송경로, 도착지, 수하인, 작성지와 작성기일 등을 기재하고 서명한 후 운송인에게 제출하는 증서이다. 이것은 운송품과 함께 도착지에 보내져 운송계약, 운송품 및 그 인도에 관한 증거의 하나로 취급되지만 선하증권처럼 유가증권은 아니다.

사고가 났을 경우 화물에 대한 운송인의 책임이 상당히 축소되고 하주의 책임과 의무가 더욱 확장되어 무역실무에서는 사용하지 않으려는 경향이 있지만, EDI가 발달하고 전자무역이 이루어지면서 점차 많이 사용하고 있다.

웨이빌은 원본(Original)과 부본(Copy)이 따로 없다.

웨이빌은 위 표에서 언급한 장점이 있기 때문에 모(母)회사와 해외 자(子)회사 간 거래나 오랜 기간에 걸쳐 거래해 신뢰할 수 있는 회사 간 거래에 이용된다.

해상화물운송장

해상화물운송장은 선하증권의 기능 중에서 유가증권의 특징을 제외한 '운송화물의 수취서', '운송계약을 증빙하는 계약서' 기능을 하는 운송서류이다. 항공화물운송장의 해상판이라 할 수 있다.

해상화물운송장을 이용하면 B/L의 미착(未着) 또는 분실 때문에 수출입지에서 발생하는 불필요한 비용이나 수고, 법적 트러블 등이 해결된다. 이 같은 문제는 전자식 B/L로도 해결이 가능하지만 전자식 B/L은 아직 실무적으로 일반화되지 않은 실정이다.

일본, 대만, 중국, 동남아지역 등과 같이 가까운 지역 간 무역거래에서 화물은 도착했으나 선적서류의 지연도착으로 화급을 요하는 화물을 도착 즉시 수취할 수 없게 된다. 해상화물운송장은 이같이 주로 선하증권 도착이 지연되어 화물 인도가 지연되는 것을 방지하려고 사용되는 운송서류이다.

따라서 수입지에서 원본을 제시해야 하는 복잡한 절차 없이 해상화물운송장만 제시하고 화물을 바로 인수할 수 있다. 해상화물운송장은 surrendered

B/L과는 엄연히 구분되지만 화물을 찾는 데 original B/L이 필요 없다는 점에서는 같은 의미로 통용된다.

〈신용장거래와 해상화물운송장〉

해상화물운송장에는 담보성이 없어 여신행위를 동반하는 신용장거래에는 맞지 않는다는 의견도 있지만 UCP에서는 선하증권이나 항공화물운송장과 같이 해상화물운송장도 인정한다. 해상화물운송장과 같은 운송서류는 항공화물운송장과 같이 수하인을 수입지 은행으로 함으로써 담보성 문제를 해결하고 있다.

따라서 수출입 실무자들이 해상화물운송장의 편리성을 더욱더 이해하게 되면 앞으로 선하증권을 대신하는 운송서류로 이용량이 증가할 것이다. 전자무역형태(e-Trade)에서 사용될 운송서류의 한 형태로 볼 수 있으며, 최근 유럽권에서는 많은 거래에서 이용되고 있다.

해상화물운송장의 장점과 단점

장 점	단 점
• 해상화물운송장의 원본 제출 없이도 물품을 인도받을 수 있다. • L/G 인도에 따른 번거로움과 L/G 위조와 같은 문제를 피하고 화물인도를 신속히 할 수 있다. • 해상화물운송장을 분실한 경우에도 복잡한 절차가 필요 없다. • 화물도착 후 수입자가 즉시 화물을 수취하는 것이 가능하므로 보관료 등의 경비를 절약할 수 있다.	• 해상화물운송장은 권리증권이 아니므로 항해 중 증권을 이전함으로써 물품을 전매하는 것이 불가능하다. • 담보력이 없으며 송하인이 목적지에 물품이 도착하여 수하인의 인도를 청구할 때까지 자유로이 수하인을 변경할 수 있다. • 신용장거래에서와 같이 화환어음을 매도하려면 은행을 수하인으로 해야 한다.

해상화물운송장

Shipper	(Forwarding Agents) WAYBILL NO. : XYZ SHIPPING COMPANY SEA WAYBILL NON-NEGOTIABLE
Consignee	
Notify party	Received by the Carrier from the Shipper in apparent good order and condition unless otherwise indicated herein, the goods, or the container(s) or package(s) said to contain the cargo herein mentioned, to be carried subject to the terms and conditions on the face and back hereof by the vessel named herein or any substitute at the Carrier's option and/or other means of transport from the place of receipt or the port of loading to the port of discharge or the place of delivery shown herein and there to be delivered unto the Consignee named herein, or his authorized agents, on production of proof of identity.
Pre-Carriage by / Place of Receipt	IN WITNESS WHEREOF, the undersigned, on behalf of XYZ Shipping Company as carriers, has signed the number of Waybill(s) stated under, all of this tenor and date. (Terms of SEA Waybill Continued on back Hereof)
Ocean Vessel / Voy. No. / Port of Loading	

Port of Discharge	Place of Delivery	Final Destination (for the Merchant's reference)

PARTICULARS FURNISHED BY SHIPPER

Container No.	Seal No. Marks and Number	No. of Containers or pkgs	Kind of Packages description of goods	Gross Weight	Measurement

Total No. of Containers or Packages (in words)

Freight and Charges	Revenue Tons	Rate	per	Prepaid	Collect

Ex. Rate	Prepaid at	Payable at	Place and date of issue
	Total Prepaid in Local Currency	No. of original WAYBILL(S)	XYZ Shipping Company as Carrier
Date	Laden on Board Vessel By ______		______ by as Agents and Carrier

07

복합운송증권

역할

복합운송증권(CTD, Combined Transport Document)은 복합운송계약을 증명하는 증권이다. 선하증권과 똑같은 기능을 하며 지시식 또는 무기명식으로 발행해야 하는 유통증권이다.

복합운송증권과 통선하증권 비교

구 분	복합운송증권	통선하증권
운송수단의 조합	이종운송수단과 조합만 가능	동종운송수단 또는 이종운송수단과 조합
운송계약 형태	복합운송계약(하청형태)	형태 불문, 최종목적지까지 일괄운송만으로 가능
운송인의 책임 형태	전 구간 단일책임	각 운송인 분할책임
1차운송인과 2차운송인의 관계	1차운송인: 원청운송인 2차운송인: 하청운송인	2차운송인에 대한 1차운송인의 지위는 화주의 단순한 운송대리인에 불과
증권 발행인	발행인의 특별한 제한이 없어 운송주선업자도 가능(FIATA B/L에 한함)	선박회사와 그 대리인
증권 형식	B/L 이외 형식도 존재	B/L 형식
On board notation	Taking in Charge란 증명	선적선하증권(Shipped B/L)으로 특정 선박에의 적재 증명

복합운송증권이란

복합운송증권(CTD)은 복합운송으로 물품이 인수된 사실과 계약상 조항에 따라 물품을 인도할 것을 약속한 복합운송계약을 증명하는 증권이다. 복합운송증권 중에서 국제복합운송주선인협회연맹(FIATA, International Federation of Freight Forwarders Association)이 도입한 복합운송선하증권(FIATA FBL, FIATA Combined Transport Bill of Lading)은 복합운송선하증권 양식을 이용한다. 이는 유통성을 지닌 유가증권으로 은행이 수리한다.

그러나 FIATA 운송주선인 화물운송증권(FIATA FCT, FIATA Forwarding Agents Certificate of Transport)과 FIATA 운송주선인화물수령증(FIATA FCR, FIATA Forwarding Certificate of Receipt)은 비유통성 서류로 신용장에 별도 허용이 있어야만 수리가 가능하다.

복합운송증권의 특징

- 단일 운송인이 전 구간을 커버하므로 화물의 멸실, 손상에 일괄 책임
- 선하증권과 달리 운송인뿐만 아니라 운송주선인도 발행
- 화물 본선적재 전에 복합운송인이 수탁 또는 수취한 상태에서 발행

복합운송증권의 형태

- 선하증권 형식의 복합운송증권: Multimodal Transport B/L, Combined Transport B/L, Intermodal Transport B/L 등과 같은 형태의 복합운송증권을 말한다. 실무에서 많이 사용되는 선하증권 형식의 복합운송증권은

FIATA가 제정한 FIATA B/L이 보편적이다.

- CTD(Combined Transport Document)는 ICC에서 1975년에 제정한 '복합운송증권에 관한 통일규칙(Uniform Rules for a Combined Transport Document)'에서 규정하는 복합운송증권이다. CTD는 모든 복합운송구간을 포괄하므로 각 운송구간에 대한 별도 운송서류가 필요 없으며, 유통가능한(negotiable) 형태와 유통불가능한(non-negotiable) 형태로도 발행된다.
- 기타 복합운송증권: 발행인에 따라 해상운송인, 항공운송인, 육상운송인 등 실제 운송인이 발행하는 증권이 있고, 운송주선인(포워더)이 복합운송인으로서 발행하는 증권도 있다.

| 유용한 정보 |

패킹리스트와 인보이스의 다른 점

패킹리스트와 인보이스의 다른 점을 간단하게 정리하면 다음과 같다.

인보이스	수출입하는 화물의 청구서
패킹리스트	수출입하는 화물의 포장명세서

인보이스는 금액이나 지불방법 등 결제에 필요한 서류, 패킹리스트는 포장 형태나 중량 등 포장 상태를 알려주는 서류이다
한편 패킹리스트와 인보이스의 겸용도 가능하지만 이 경우 기재해야 할 내용이 전부 기재되는 조건에서 가능하다. 하나라도 빠지면 패킹리스트를 수정해야 하니 주의가 필요하다. 무역거래 아이템의 종류가 많거나 동일 아이템에서도 FCL화물은 실무상 겸용을 권하지 않으며 각각 작성하는 것이 좋다.

[서식 9 - 2 : 복합운송증권 (Combined Transport Document)]

Shipper	B/L No. BURD2009
Consignee	**K.S. LINE** Korea Shipping Corporation **COMBINED TRANSPORT BILL OF LADING** BETWEEN EUROPE AND FAR EAST
Notify party	
Pre-carriage by / Place of receipt	RECEIVED in apparent good order and condition accept otherwise noted the total number of Containers of Packages or units enumerated below for transportation from the place of receipt to the place of delivery subject to the terms hereof. One of the international Bill of Lading must be surrendered duly endorsed in charges for the goods. On presentation of this document (duly endorsed).
Ocean vessel / Place of delivery	
Port of discharge / Final destination	IN WITNESS whereof the number of Bill of Lading stated below have been signed one of which being accomplished the other(s) to be void.

Container No.	No. of Container	Charges and Descriptions of Goods	Gross Weight (KGS)	Measurement (CBM)
KACU2115018/30167	2 CNTRS	SAID TO CONTAIN: 2PCS, OF SOUND MIXER MODEL: MX-1630 CHECK NO : AF830243 "LCL SERV, CHARGES ARE DUE AT THE DESTINATION"	51	0.488

Total number of Containers
or Packages(in words) TWO(2) CONTAINERS ONLY

Freight and Charges	Reverse Tons	Rate	Prepaid	Collect
U.S. 7600	0.488	100.00/MC		83.15
INTERIM BAF		-0.20 %		-0.17
CAF SURCHARGE		-14.50 %		-12.06
LCL SERVICE CHARGE(L)		TOTAL		70.92
WHARFAGE		$ 4.50	4.50	
		$ 0.22	0.22	

Freight amount	Freight payable at	Place and date of issue
	Number of Original FBL	Stamp and Signature **K.S. LINE** Korea Shipping Corporation

08

해상보험증권

역할

해상보험증권(Insurance Policy)은 화물이 해상운송 중 발생할지도 모르는 화물의 손실이나 멸실 등과 같은 위험에 대비해서 보험가입자에게 보험회사가 발행하는 증권으로 '보험계약 성립의 증거서류, 선적서류의 구성요소, 보험클레임 발생 시 제출서류'이다.

보험증권에 반드시 기재되어야 할 사항	
• 보험의 목적	• 보험자가 부담하는 위험
• 보험금액	• 보험료와 지급방법
• 보험계약자의 상호(성명)와 주소	• 보험계약일자
• 보험증권의 작성자와 작성일자	

해상보험증권이란

해상보험증권은 화물의 해상운송에서 발생할 위험에 대비해서 가입한 보험계약의 성립 및 내용을 보증하는 증거(證據)증권이다. 해상보험은 인코텀즈의 무역정형거래조건에 따라 수출자나 수입자가 보험 수속을 하게 된다. 예를 들면 수출에서 인도조건이 CIF일 경우 수출자가 보험에 가입해야 한다.

수출자는 보험회사가 화물의 보험료율을 산정하기 위해 필요한 사항을 보험회사에 통지하고 보험수속을 한 후 보험증권(Insurance Policy)을 발급받는다. 이 증서는 선하증권, 커머셜 인보이스 등과 함께 주요 선적서류 중 하나이다.

보험증권은 선하증권 발행에 앞서 발행되어야 하며 통상 2부가 발행된다. 개별보험계약을 체결한 경우에는 보험계약 건별로 보험증권을 발행해 받는다. 그러나 포괄보험계약을 체결하면 보험자는 보험계약 시 계약기간, 총부보금액 등을 포괄적으로 명시한 보험증권(Insurance Policy)을 발급받으며, 매 선적 시에는 보험계약이 이미 체결되었다는 보험인증서(Insurance Certificate)를 발급해 받는다.

보험증권은 CIF의 경우 보험계약자인 수출자를 피보험자로 하여 발행되지만 실제로는 바이어가 피보험자가 되므로 수출자는 백지이서방식으로 이서하여 바이어에게 보험증권을 양도한다. 신용장조건 거래일 경우 신용장에서 요구하는 대로 보험증권이 발행되었는지 확인하고 잘못이 있을 때는 즉시 보험회사에 정정을 요구한다.

해상보험 관련 용어

- 보험자(Insurer, Assurer, Underwriter): 보험계약 당사자로서 보험료를 받고 사고가 발생할 경우 보험금을 지급할 약속을 한 보험회사를 말한다.
- 보험계약자(Policy holder): 보험자와 보험계약을 체결하고 보험료(Insurance premium)를 지급하기로 약속한 자를 말한다.
- 피보험자(Insured, Assured): 피보험이익을 갖는 자로, 사고발생으로 손해를 입었을 때 보험자로부터 보험금을 지급받는 권리를 갖는 자를 말한다. 인코텀즈의 규칙이 FOB일 경우 보험계약자와 피보험자는 모두 수

입자로 동일하지만, CIF일 경우에도 피보험자는 수입자가 되어야 하므로 보험계약자인 수출자는 보험증권에 백지이서를 추가하여 수입자에게 양도한다.

- 보험목적물: 적화(Cargo), 선박(Hull) 등과 같이 해상보험의 직접 대상이 되는 실물적 객체를 말한다. 운임, 기대이익 등과 같이 장래 발생하게 될 피보험이익까지 보험의 목적물이 된다.
- 피보험이익(Insurable Interest): 보험목적물에 대하여 특정인이 갖는 이해관계를 말한다. 이 이해관계가 보험계약의 목적이다. 다시 말해 보험목적물에 대하여 특정인이 보험계약을 체결할 수 있고, 이로써 불확실한 미래의 사고로부터 재산상 손실을 보상받을 수 있는 이익을 말한다. 따라서 만일 보험목적물에 어떤 손해가 발생하더라도 그것이 피보험자의 재산상 불이익과 전혀 관계가 없다면 손해보상 대상이 아니다.
- 보험가액(Insurable Value): 피보험이익을 금전으로 평가한 금액으로서 사고가 발생하였을 때 피보험자가 입게 될 경제적 손실의 최고한도액을 말한다.
- 보험금액(Insured Amount): 손해발생 시 보험자가 부담하는 보상책임의 최고한도액으로 실제 보험계약금액을 말한다. 보험금이 보험가액과 동일한 경우를 전액보험(Full Insurance), 보험가액보다 적은 경우를 일부보험(Under Insurance), 보험가액을 초과하는 경우를 초과보험(Over Insurance)이라고 한다.
- 보험금(Claim Amount): 피보험자가 사고로 인한 재산상 손해에 대하여 실질적으로 보험자로부터 수령하는 보상액을 말한다.
- 보험료(Insurance Premium): 보험계약 체결 시 보험계약자가 보험자에게

지급하는 대금이다. 보험료는 순보험료와 부가보험료로 구성되며 보험료율은 보험금액에 대한 백분비로 표시된다.

- 보험기간(Duration of Risk or Period of Insurance): 보험자가 피보험목적물에 대하여 부담하는 위험부담책임이 존속하는 기간을 말한다. 비록 화물이 선적되고 난 뒤 보험계약이 체결되었더라도 소급약관(Lost or Unlost Clause)에 의하여 위험이 노출되는 때부터 보험자의 위험 부담책임은 시작된다.
- 위험(Risk)과 손해(Loss or Damage): 위험은 손해를 초래하는 사고발생 가능성으로 손실에 대한 불확실성을 의미한다. 손해란 위험의 결과로 피보험목적물의 일부 또는 전부가 소멸되거나 손상을 입어 경제적 손실을 가져오는 것을 말한다.
- 담보(Cover)와 보상(Pay): 담보란 보험자가 피보험자에게 보험목적물의 손해에 대하여 보상하기로 약속한 경제적 가치를 말하며, 이 약속이 현실적으로 이루어지는 것을 보상이라고 한다.
- 보험증권(Insurance Policy)과 보험약관(Clause): 보험증권은 보험계약을 체결한 증빙으로서 보험자가 보험계약자에게 발급하는 증서이며, 보험약관은 이 증서에 기재된 보험계약의 내용을 말한다.

MARINE CARGO INSURANCE POLICY

Assured(s), etc. SEINE INC	
Policy No. KW58790026021	**Ref. No.** INVOICE NO. SE-220615 L/C NO. 8327902/LK
Claim, if any, payable at : EASYTEC TRADING CORPORATION 2312 BROADWAY, NEW YORK, NEW YORK 10010 USA TEL:(048)000-5678 FAX:(048)000-1234 **Claim are payable in the** USD CURRENCY	**Amount insured** USD ********** 38,841.- INVOICE USD ************* 35,310.- x 110.0000%
Survey should be approved by : ASPECT CO., LTD 1-14, HIGASHI-NAGAMURA, INAGI, TOKYO, JAPAN TEL:(042)XXX-3456 FAX:(042)XXX-9780	**Conditions Subject to the following Clauses as per back hereof or as attached** Institute Cargo Clauses A/R Institute War Clauses Institute SRCC Clauses (Institute Strike Clauses for use only with New Marine Policy Form) Special Replacement Clause (applying to machinery) On Deck Clause Institute Radioactive Contamination Exclusion Clause INSTITUTE WAR CLAUSES (CARGO) INSTITUTE STRIKES, RIOTS & CIVIL COMMOTIONS CLAUSES COMPUTER MILLENIUM CLAUSE -WITH NAMED PERIL EXTENTION CLAIMS TO BE PAYABLE IN JAPAN IN THE CURRENCY OF THE DRAFT(S).
Local Vessel or Conveyance / **From(interior port or place of loading**	
Ship or Vessel called the SEA-HOPE/313 / **Sailing on or about** June 15, 2022	
at and from KOREA (BUSAN) / **Transhipped at**	
arrived at NEW YORK, USA / **thence to**	
Goods and Merchandises ATTACHED : INVOICE S-1211 PROFESSIONAL CIRCULAR SAW 186pcs (C/No. 1-31) S-1218 HEAVY-DUTY CIRCULAR SAW 198pcs (C/No. 32-64)	
June 15, 2022 **NO. OF POLICES ISSUED TWO**	

| 유용한 정보 |

수출과 영세율제도

정책적으로 수출 및 외화획득을 지원할 목적과 국제적 이중과세를 방지하기 위하여 수출하는 재화나 용역에 대하여는 영세율이 적용된다. 영세율이란 매출세율을 '0'으로 하기 때문에 자기가 부담한 매입세액을 전액 환급받게 되므로 수출을 주로 하는 사업자에게는 대단히 중요한 제도이다.

대상 재화와 용역

- 수출하는 재화(구매확인서나 내국신용장에 의하여 공급하는 재화를 포함함)
- 국외에서 제공하는 용역
  - 선박 또는 항공기의 외국항행용역
  - 기타 외화획득사업

영세율 첨부서류

수출하는 재화에 대해서는 '수출실적명세서'만 제출하면 된다. 그러나 내국신용장, 구매확인서에 의한 국내공급, 중계무역수출, 외국인도수출, 위탁가공무역방식수출 등 기타 형태의 수출거래에 대해서는 수출 사실을 확인할 수 있는 수출계약서 사본이나, 수출대금의 획득 사실을 입증할 수 있는 외화입금증명서 등을 첨부해야 한다.

영세율 조기환급제도

수출업을 하는 사업자는 예정신고기간 중 또는 과세기간 최종 3월 중 매월 또는 매 2월에 조기환급기간 종료일로부터 25일 이내에 조기환급기간에 대한 과세표준과 환급세액을 관할 세무서장에게 신고하는 경우에는 조기환급기간에 대한 환급세액을 각 조기환급기간별로 당해 조기환급신고기한 경과 후 15일 이내에 환급받을 수 있다.
따라서 1, 2월, 4, 5월, 7, 8월 및 10, 11월이 조기환급기간이 될 수 있으며, 3월과 9월에 대한 조기환급은 예정신고이며, 6월과 12월에 대한 조기환급은 확정신고이므로 참조했으면 한다.

09

환어음

역할

수출자는 수출대금을 회수하고자 환어음(B/E, Bill of Exchange)을 발행하며 화물의 선적서류(인보이스, 선하증권, 보험증권, 패킹리스트)를 첨부해서 은행에 제시하고 매입을 의뢰한다. 환어음에 선적서류가 첨부된 것을 화환어음이라 한다.

환어음의 종류		
선적서류 첨부 여부에 따른 분류	화환어음	선적서류가 첨부된 환어음
	무화환어음	선적서류가 첨부되지 않은 어음
어음 만기일에 따른 분류	일람불 어음	일람불이란 어음의 지불인이 어음을 일람할 때(at sight) 어음대금을 지불하는 것이다.
	기한부 어음	어음 지불인이 어음을 일람 후 지불 기일까지 일정 기간이 유예된 어음을 말한다. 예를 들면 30일간 지불유예일 경우 at 30days after sight와 같이 표시한다.

환어음이란

환어음이란 수출자가 수출대금을 회수하기 위해 작성하는 은행매입서류의 하나이다. 수출자는 선적을 완료하면 환어음을 작성해 선적서류와 함께 은행에 제시하고 매입을 의뢰한다. 이를 일반적으로 네고(nego)라 한다.

신용장조건의 거래에서는 환어음을 신용장상 내용에 따라 작성해야 하며,

동일한 내용의 환어음을 반드시 2통(제1권과 제2권)을 작성한다. 환어음 제1권에는 선적서류의 원본(Original)을 첨부하고, 제2권에는 부본(Duplicate)을 첨부하며 각각 다른 항공편으로 수입지 지급은행 앞으로 송부한다.

환어음의 이중지급을 방지하기 위하여 제1권에는 'second of the same tenor and date being unpaid(동일어음기간 및 발행일의 제2권의 환어음이 미지급된 경우에 한함)'라 인쇄되어 있고, 제2권에도 'first of the same tenor and date being unpaid'라 인쇄되어 있어 둘 중 어느 것이든 먼저 지급되면 결제가 완료된다.

한편 신용장조건 거래에서 환어음상 3대 당사자는 발행인(drawer)인 수출자, 지급인(drawee)인 신용장 개설은행, 수취인(payee)인 환어음 매입은행을 말한다. 추심방식에서는 은행이 지급 확약을 하지 않으므로 지급인이 수입자가 되고 수취인도 수출자가 된다.(수출대금을 선적서류 제출 시 즉시 지급할 경우에는 매입은행이 수취인이 된다.)

〈환어음에 기재해야 할 사항〉

- 환어음 번호
- 환어음 발행일과 발행지
- 지불기일
- 수입자명
- 신용장 발행일
- 발행인 기명날인
- 환어음 금액
- 수취인
- 신용장개설은행명
- 신용장번호
- 지급인

환어음 발행 시 유의사항

- 발행일과 발행지: 실제로 어음이 발행된 일자와 동일할 필요 없음
- 발행인의 기명날인: 없으면 무효. 환어음은 반드시 수출상이 은행에 제출한 서명과 일치하는 기명날인을 해야 함

환어음의 배서

증권상 권리자가 그 증권에 서명하여 상대방에게 교부, 어음을 양도하는 자를 배서인, 받는 자를 피배서인이라 한다.

- 기명식 배서: 어음 뒷면에 피배서인의 성명이나 상호를 기재해 배서인이 서명하는 방식
- 백지식 배서: 피배서인을 명시하지 않고 약식으로 백지 배서하는 방식

| 유용한 정보 |

송금환과 역환

외국환에 의한 자금의 흐름은 크게 송금환과 역환으로 나뉜다.
송금환은 자금의 이동지시와 실제 자금의 흐름이 같은 것으로, 수입자로부터 수출자에게로 송금에 의한 결제방식이다.
반면 역환은 자금의 이동지시와 실제 자금의 흐름이 반대로 되는 상태인바, 화환어음에 의한 결제방식이다. 자금의 이동지시는 수출자에 의해서 행해지고 실제 자금의 흐름은 수입자로부터 수출자에게로 이동한다.

환어음

BILL OF EXCHANGE

NO.________________ **BILL OF EXCHANGE** 발행일자, 발행지역, Korea

FOR 금액명기

AT____________SIGHT OF THIS FIRST BILL OF EXCHANGE(SECOND OF THE SAME TENOR AND DATE BEING UNPAID) PAY TO 매입은행명 기재, OR ORDER THE SUM OF 금액 영문 기재

VALUE RECEIVED AND CHARGE THE SAME TO ACCOUNT OF 신용장 개설의뢰인명 및 주소 기재

DRAWN UNDER 신용장 개설은행명 및 주소

L/C NO. ________________________________ DATE ________________________

TO 지급인 및 지급지(신용장
개설은행명 및 주소) 기재
____
____

SEINE INC

발행인 서명

10

원산지증명서

역할 원산지증명서(Certificate of Origin)는 수출입거래에서 대상이 되는 상품의 국적을 증명하는 서류를 말하며, 그 역할은 수입관세율의 확정, 상품의 원산지표시, 통상수단의 적용(덤핑방지, 상쇄관세, 세이프 가드 등) 등이다.

원산지증명서 종류	
특혜원산지증명서	**비특혜원산지증명서**
• 자유무역협정(FTA)에 의한 관세양허 수출품의 원산지증명 • 아시아태평양무역협정(APTA)에 의한 관세양허 대상 수출물품의 원산지증명 • 일반특혜관세(GSP) 원산지증명 • 개발도상국 간 특혜무역제도(GSTP)에 의한 관세양허 수출품의 원산지증명 • GATT개발도상국 간 관세양허 수출품의 원산지증명	• 관세양허 대상이 아닌 유상 또는 무상으로 수출하는 물품에 대하여 발급 • 해외 바이어의 자국 내 원산지표시 문제 및 불공정 무역행위(덤핑) 조사 등을 이유로 필요
발급기관: 세관, 상공회의소, 자율발급	발급기관: 상공회의소

원산지증명서란

수출물품이 수출국에서 생산 또는 제조된 사실을 증명하는 서류이다. 이는 관세상 목적이나 수입국에서 수입지역을 제한할 경우 원산지를 확인하고 통관을 허용하려는 목적에서 요구된다.

원산지증명서는 수입국 법규에서 정하는 바에 따라 화물의 생산지, 집하지 또는 선적지에 있는 수입자의 영사관이나 이에 준하는 재외공관 또는 이들 지역의 세관, 기타 관공서나 상공회의소에서 발급한다.

원산지제도의 구분

원산지제도를 구분해보면 크게는 원산지 판정, 원산지 확인, 원산지표시 세 가지로 나뉜다.

1) 원산지 판정

어떤 상품이 해당 국가나 여러 나라를 거쳐 제조·가공된 경우 어느 국가를 원산지로 할지 결정하는 기준과 판정 절차 등을 규정하는 것을 말한다.

수출입거래에서 원산지증명을 위해 해당 물품이 어느 나라에서 생산되었는지 국적을 판명하게 되는데 국제적인 거래가 활발하므로 생산이나 제조 또는 가공을 원재료 산지와 다른 제3국에서 하는 경우도 빈번해 원산지 판정이 어려운 경우가 많다.

원산지 판정은 FTA 특혜관세를 적용하기 위해 필수적으로 요구되는 사항이기 때문에 이에 대한 정확한 기준이 필요하며, 우리나라에서는 대외무역법 시행령에서 원산지 판정 기준을 제공한다.

원산지 판정 기준은 국제적으로 통일된 규정을 활용하는 것이 아니라 각 국가가 독자적으로 또는 무역 상대국과 협의해 정하므로 수출하는 경우에는 상대국의 원산지 판정 기준을 수입자와 면밀히 검토해서 진행해야 한다.

원산지증명서

1. Seller	ORIGINAL CERTIFICATE OF ORIGIN issued by THE KOREA CHAMBER OF COMMERCE &INDUSTRY Seoul, Republic of Korea 원 산 지 증 명 서 대한상공회의소
2. Consignee	
	4. Buyer (if other than consignee)
3. Particulars of Transport (where required)	5. Country of Origin
	6. Invoice Number and Date

7. Shipping Marks	8. Number and kind of Packages	Description of Goods	9. Gross weight or Other Quantity

10. Other Information	The Korea Chamber of Commerce &Industry hereby certifies, on the basis of relevant invoice and other documents, that the above mentioned goods originate in the country shown in column 5. THE KOREA CHAMBER OF COMMERCE &INDUSTRY

〈원산지 판정의 기준-우리나라에서 수입할 때 적용되는 내용〉

- 동일한 국가에서 수입물품이 채취되거나 생산된 것은 그 해당국을 원산지로 판정한다.
- 수입물품을 생산하거나 제조, 가공하는 과정에서 두 개 이상 국가가 관련되어 있다면 최종적으로 해당 물품에 충분한 변형을 가해 본질적 특성을 부여하는 생산, 제조, 가공 등의 활동을 한 국가를 원산지로 판정한다.
  ※ 여기에서 충분한 변형이란 원재료의 HS Code와 비교하여 다른 HS Code를 가진 제품을 생산하는 것을 의미한다.
  ※ 단순 가공일 경우에는 그 국가를 원산지로 규정할 수 없다.
- 원산지 판정의 특례
  - 기계나 차량에 이용되는 부속품은 기계와 함께 수입되어 세트로 판매되거나 예비 부속품이라고 인정되면 기계 및 차량의 원산지와 동일한 원산지로 판정한다.
  - 포장용품은 수입물품의 원산지와 동일한 원산지로 판정한다.

  ※ 원산지 판정 기준은 국내에서는 대외무역법에 규정되어 있고, FTA협정별로 규정되어 있으므로 세부 사항은 협정별 검토가 필요하다.

2) 원산지 확인

수입물품 제한, 원산지표시 위반물품 등을 단속하기 위하여 원산지 판정에 필요한 관계 자료를 확인 제출받는 절차를 규정하는 것을 말한다. 수출하는 경우에는 상대국 원산지 확인 규정에 관해 수입자와 면밀히 검토해야 한다.

3) 원산지표시

판정된 원산지를 최종소비자에게 알리기 위한 것으로 해당 물품을 알기 쉽고 견고하게 표시하도록 방법을 규정하는 것을 말한다. 수출하는 경우에는 상대국 원산지표시 규정에 대해 수입자와 면밀히 검토해야 한다.

FTA 원산지증명서

수출입을 할 때 FTA 협정세율을 적용받으려면 FTA 원산지증명서가 필요하다. 그 필요성은 다음과 같다.

〈수출의 경우〉

- 특혜목적: 수입국의 FTA 협정세율을 적용받기 위해 바이어가 요청하는 경우
- 비특혜목적: 해당 수입국에서 여러 가지 이유로 어느 국가 물품인지 확인하기 위하여 요구되는 경우
- 수출경쟁력: 수입국에서 Made in Korea가 시장경쟁력이 있다고 판단되는 경우 해당 제품이 한국에서 제조되었다는 점을 강조해 경쟁력을 강화하려는 목적에서 필요

〈수입의 경우〉

- 특혜관세 적용: 우리나라와 FTA 협정이 발효된 국가의 물품은 일반적으로 FTA 협정세율의 적용이 가능하기 때문에 원산지증명서를 구비한다.
- 비특혜목적: 수출과 마찬가지로 특혜관세 목적은 아니지만 다른 여러 가

지 이유로 수입물품의 원산지 확인이 필요할 때 요구된다.

FTA 원산지증명서의 발급방식

FTA 원산지증명서 발급방식은 FTA 협정내용에 따라 기관발급과 자율발급이 있다.

- 기관발급: 협정이 정하는 방법과 절차에 따라 원산지 국가의 관세당국 기타 발급 권한이 있는 기관이 해당 물품에 대하여 원산지를 확인하여 발급하는 방식이다.
- 자율발급: 협정이 정하는 방법과 절차에 따라 수출자가 해당 물품에 대하여 원산지를 확인 작성한 후 서명해 사용하는 방식이다. 주의해야 할 점은 해당국 측 사후검증이 따르기 때문에 증빙자료를 5년간 반드시 관리해야 한다는 것이다.

한편 기관발급과 자율발급의 대상 협정과 특이사항은 'FTA 무역종합지원센터(www.okfta.or.kr)'에 문의하면 확인할 수 있다. 또한 FTA 원산지증명서 종류로 원산지증명서(C/O, Certificate of Origin), 원산지신고서(Origin Declaration), 연결 원산지증명서(Back to Back C/O)가 있으며, 협정별로 명시되어 있는 서식에 맞춰 원산지증명서를 작성·발급해야 하는 점에 유의해야 한다.

원산지증명서 사후검증

원산지 사후검증은 특혜 세율을 적용받은 수입물품의 원산지가 기준 요건을 충족하는지를 수입국 관세청이 사후에 조사해 잘못된 것을 바로잡거나 위반자에게 제재조치를 취하는 일련의 행정절차를 말한다.

FTA교역의 확대에 따라 사후검증은 상시적으로 대비해야 하는 과제가 되었으며 수출자, 수입자, 생산자는 원산지 판정과 관련된 서류를 반드시 5년간 보관해야 한다. FTA 사후검증과 관련해서는 FTA 무역종합지원센터에서 개설한 'FTA 사후검증지원센터'를 활용하면 많은 도움이 된다. 아래 각 항에 해당하는 기업은 꼭 신청해서 지원받도록 안내하고 있다.

- 상대국 세관이나 우리나라 세관으로부터 수출물품에 대한 서면질의서를 수령한 기업
- 원산지증명서 사후제출 등 사후검증 가능성이 높은 기업
- 특혜관세 적용 수출에 따른 회사의 대응체계 진단 희망 기업

원산지증명 관리를 위해 지켜야 할 사항

① HS Code 확인을 철저히 할 것	② 원산지증명서 확보
③ 해당 FTA 원산지 기준 검토	④ 5년간 원산지증빙 서류 보관, 사후관리
⑤ 기초 증빙서류 준비할 것	⑥ 원산지 사후검증 대비
⑦ FTA 원산지 판정	

※ 수출자, 수입자, 생산자의 보관서류 종류는 508페이지의 '당사자별 보관서류'표 참조 바람

■ 자유무역협정의 이행을 위한 관세법의 특례에 관한 법률 시행규칙 [별지 제17호서식]

미합중국과의 협정에 따른 원산지증명서의 서식

Certificate of Origin
Korea-US Free Trade Agreement

1.Exporter (수출자)		2. Blanket Period (원산지포괄증명기간)
	Name (성명)	YYYY MM DD (년) (월) (일) YYYY MM DD (년) (월) (일)
	Address(주소)	From ___/__/__ To ___/__/__
	Telephone (전화)	(부터) (까지)
	Fax (팩스)	
	E-mail (전자주소)	

3.Producer (생산자)			4.Importer (수입자)		
	Name (성명)			Name (성명)	
	Address(주소)			Address(주소)	
	Telephone (전화)			Telephone (전화)	
	Fax (팩스)			Fax (팩스)	
	E-mail (전자주소)			E-mail (전자주소)	

5. 원 산 지 증 명 대 상 물 품 내 역

Serial No. (연번)	Description of Good(s) (품명·규격)	Quantity & Unit (수량 및 단위)	HS No. (품목번호 HS 6단위)	Preference Criterion[1] (원산지결정기준)	Country of Origin (원산지 국가)

6. Observations:
(특이사항)

I certify that:
본인은 다음 사항을 확인합니다.
- The information in this document is true and accurate and I assume the responsibility for proving such representations. I understand that I am liable for any false statements or material omissions made on or in connection with this document.
  상기 서식에 기재된 내용은 사실이고 정확하며, 기재된 사항에 대한 책임은 본인에게 있습니다. 이 증명서 또는 이와 관련한 허위 진술 또는 중대한 사실 누락에 대해서는 본인에게 책임이 있음을 확인합니다.
- I agree to maintain, and present upon request, documentation necessary to support this Certificate, and to inform, in writing, all persons to whom the Certificate was given of any changes that would affect the accuracy or validity of this Certificate.
  본인은 이 증명서를 입증하는데 필요한 문서를 보관하며, 요청이 있을 경우 이를 제출할 뿐 아니라, 이 증명서의 정확성이나 유효기간에 영향을 미치는 여타 변동사항에 대해서 이 증명서를 받은 관계자들에게 서면으로 통보할 것에 동의합니다.
- The goods originate in the territory of one or both Parties and comply with the origin requirements specified for those goods in the Korea -United State of America Free Trade Agreement.
  해당 물품은 대한민국과 미합중국간의 자유무역협정에 따른 원산지결정기준을 충족하고 있음을 확인합니다.
  This Certificate consists of ______ pages, including all attachments.
  이 증명서는 첨부서류를 포함하여 총___장으로 구성되어 있습니다.

7. Authorized Signature (서명권자의 서명)	Company (회사명)	
Name: (작성자 성명)	Title (직위)	
YYYY MM DD (년) (월) (일) ___/__/__/	Telephone : (전화번호)	Fax: (팩스번호)

1) Originating goods in accordance with Article 6.1(a) of the Agreement(미합중국과의 협정 제6.1조 가호에 따른 원산지물품): WO
Originating goods in accordance with Article 6.1(b) of the Agreement(미합중국과의 협정 제6.1조 나호에 따른 원산지물품): PSR
Originating goods in accordance with Article 6.1(c) of the Agreement(미합중국과의 협정 제6.1조 다호에 따른 원산지물품): PE
• 수입자, 생산자 란은 기재 생략 가능하며, 한글본과 영문을 선택하여 사용할 수 있습니다.

210mm×297mm[백상지 80g/㎡(재활용품)]

| 유용한 정보 |

특수무역거래

- **위탁판매수출(Consignment Sale Export):** 수출자가 소유권을 이전하지 않고 자기 책임하에 물품을 수입자에게 수출한 후 판매된 것만 대금을 받는 수출형태이다.

- **위탁가공무역(Processing Trade):** 해외의 수탁자에게 가공임을 지급하는 조건으로 원자재나 부품 등의 전부 또는 일부를 무상으로 보내 그것을 가공시켜, 완성된 상품을 수입하든가 제3국으로 수출하는 형태를 말한다.

- **중개무역(仲介貿易, Merchandising Trade):** 중개자가 해외의 수출자와 해외의 수입자 간에 직접 거래할 수 있도록 중개하고 그 대가로 중개수수료를 받는 무역의 형태이다. 물품은 최초 수출자로부터 최종 수입자에게 직접 인도된다.

- **중계무역(中繼貿易, Intermediary Trade):** 수출을 목적으로 제품을 수입하여 원상태 그대로 제3국으로 수출하는 무역거래방식을 말한다. 수출상은 수입가격(CIF)과 수출가격(FOB)의 차익을 취하게 된다.

- **스위치 무역(Switch Trade):** 수출자와 수입자가 직접 거래계약을 체결하고 약정된 물품도 직접 수출지에서 수입지로 직송되지만, 대금결제에 제3국의 중개자가 개입하고 그에 따른 수수료를 취하는 무역형태를 말한다.

- **통과무역(Transit Trade):** 물품이 수출국에서 제3국을 거쳐서 수입국으로 전해지는 형태의 무역을 말한다. 이때 제3국은 이에 따른 노임과 통과수수료 등을 획득할 수 있다. 통과무역은 선적서류가 수출자로부터 수입자에게 직접 전달되므로 중계무역과 구별된다.

- **연계무역(Counter Trade):** 동일한 거래대상자와 수출물품과 수입물품을 교환하는 방식으로 수출과 수입을 연계하는 무역거래형태이다. 수출자가 상품, 기계, 기술, 노하우 등을 수출하고 이와 관련하여 수입자로부터 수출가액의 일정비율의 대응제품을 구입하는 무역으로, 상품과 기술의 수출입가액의 전부 또는 일부를 현금결제 이외의 형태로 연계하는 무역이라 할 수 있다. 연계무역에는 바터무역, 구상무역, 대응구매 등이 있다.

PART 4

바이어 발굴전략

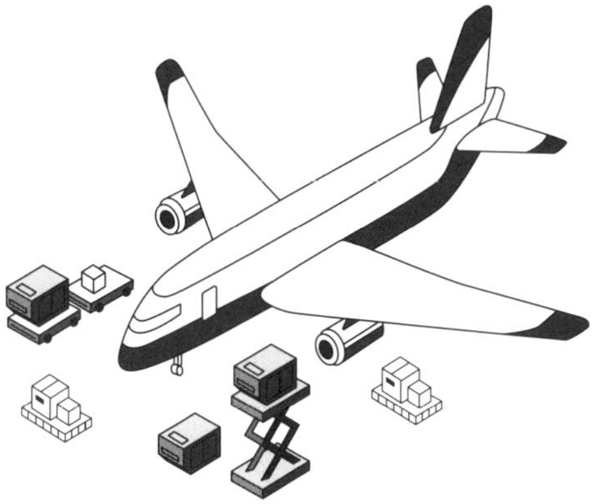

01

바이어 발굴에는 바이어 리스트 입수가 선결

POINT

바이어 발굴은 다양한 방법으로 할 수 있으며, 이를 위해서는 먼저 바이어 리스트를 입수할 필요가 있다. 바이어를 소개받을 수 있는 기관이나 바이어 리스트를 입수할 수 있는 기관 또는 인터넷 사이트를 파악하고 수시로 접촉하는 것이 중요하다.

바이어 발굴 준비사항
• 카탈로그 등 홍보물 제작 – 동영상 제작, 유튜브, 페이스북 등과 같은 사회관계서비스망 구축 등
• 거래제의서신(Circular Letter) 샘플 준비
• 회사소개서 준비: 카탈로그와 별도로 간략하게 준비
• 영어홈페이지 개설(또는 수출하는 국가 언어 홈페이지)
• Offer(견적서) 준비: 가격과 판매조건은 다양하게 준비
• 샘플 준비: 샘플 준비가 어려운 분야는 사진 또는 동영상 준비

수출거래를 성공으로 이끄는 좋은 방법은 신뢰할 수 있는 바이어, 안정된 비즈니스를 계속할 수 있는 바이어를 발굴하는 것이다. 세계에는 한국의 기업과 거래하기를 희망하는 회사가 많다. 해외시장조사에서 얻은 정보를 바탕으로 목표시장을 정하고 그 목표시장에서 유능한 바이어를 찾으면 된다.

그런데 그것이 생각만큼 쉽지만은 않다.

처음부터 목표시장에 지사를 설치하는 것도 생각할 수 있으나 거래상 위험이 따를 수 있고 많은 자금이 소요되기 때문에 그 시장을 어느 정도 파악할 때까지는 피하는 것이 좋다. 처음에는 거래를 희망하는 회사들 중 2~3개 회사를 선정하여 거래를 시작해보는 것이 바람직하다.

바이어 리스트 입수 방법

유능한 바이어를 발굴하려면 먼저 바이어 리스트를 입수해야 한다. 바이어 리스트를 입수하는 방법은 인터넷상 수출입 관련 거래알선 사이트, 무역 관련 지원기관 홈페이지(거래알선)에 접속하여 입수하는 방법과 무역 관련 지원기관을 직접 방문하든가 이메일로 협조 요청을 구하고 입수하는 방법이 있다.

바이어 리스트를 입수할 수 있는 기관과 대표적 거래알선 사이트를 소개한다.

〈바이어 리스트 입수할 수 있는 기관〉

☆ **국내에서**

- 한국무역협회 www.kita.net
- KOTRA www.kotra.or.kr
- 중소벤처기업부 중소기업수출지원센터 www.exportcenter.go.kr
- 중소벤처기업진흥공단 www.kosmes.or.kr
- 대한상공회의소 www.korcham.net

- 한국농수산식품유통공사 www.at.or.kr
- 한국수입업협회 www.koima.or.kr
- 한국외국기업협회 www.forca.org
- 중소기업지원센터 등과 같은 지방자치단체의 중소기업지원기관
- 해당 상품 분야 관련 단체나 협회 또는 조합
- 한국주재 외국 대사관의 상무관실 또는 자료실
- 한국주재 외국의 상공회의소 또는 경제·무역 관련 단체 사무소
- 각종 국제전시회 또는 박람회

☆ **국외에서**

- 해당국 주재 한국무역협회 현지사무소
- KOTRA 해당 지역 무역관
- 경제·무역 관련 지원단체의 해당 지역 사무소
- 해당국의 무역 관련 지원기관
- 해당국의 상공회의소
- 해당국의 해당 상품 분야 관련 단체나 협회 또는 조합
- 해당국의 상인연합회
- 해외에서 개최되는 각종 전시회

〈거래알선 사이트〉

☆ **전자무역전문업체**

- www.ec21.com
- www.ecplaza.net
- www.tpage.com
- www.surplusglobal.com

☆ **해외사이트**

- www.globalsources.com
- www.kompass.com
- www.wtcaonline.com
- www.chinabusinessworld.com
- www.accessasia.com
- www.alibaba.com
- www.ibf.com
- www.bizeurope.com
- www.etradeasia.com
- www.europages.com

※ 거래알선 사이트는 이들 사이트 외에도 많으며, 사이트 주소는 인터넷 검색 또는 무역 실무 관련 책이나 자료 등에서 입수할 수 있다.

| 유용한 정보 |

일반통관의 장점과 단점

장 점	단 점
• 물품을 수량에 제한 없이 수입할 수 있다. • 물품가격이 발송국 기준 150달러 이하일 경우에 관세, 부가세가 면제된다. • 부가가치세, 종합소득세 신고 시 매입이 인정되어 공제가 가능하다.	• 물품가격이 발송국 기준 150달러 이상이면 관세, 부가세를 납부해야 한다. • 모든 수입물품에 원산지표시가 있어야 한다. • 관세청이 필요한 인증을 요구할 수 있다.

02

거래제의서신과 인콰이어리

POINT

거래제의서신(Circular Letter)은 최일선에서 뛰는 회사의 세일즈 퍼슨이라 할 수 있다. 잠재바이어의 관심을 끌려면 서신 내용구성이 대단히 중요하다. 그리고 인콰이어리(Inquiry)를 받으면 최대한 빨리 검토한 후 회신하는 것이 중요하다. 인콰이어리 내용 검토 및 회신 작성 시 주의사항을 알아두자.

거래제의서신 작성요령	
내용 구성	• 상대방을 알게 된 경위를 밝힌다. • 자기 회사를 소개한다. 취급 품목, 거래지역, 거래실적 등과 같은 회사 안내 • 서신을 보내게 된 목적을 분명히 언급한다. 거래제의 희망 표시, 상품을 소개하고 거래조건 명시 • 자국 내에서 자사의 지위, 경험, 생산규모도 언급하면 좋다. • 신용조회처를 명시한다. 주로 자사 거래은행을 소개한다. • 정중한 마지막 인사말
작성 시 유의사항	• 문장은 간단명료하게 쓴다. 각 문장은 되도록 30단어 이내로 하고 문장 단락은 5~6 패러그래프(Paragraph) 정도면 좋다. • 해당 시장은 처음이므로 상대방을 통해 시장을 개척했으면 한다는 점을 강조한다. • 회사 또는 상품을 소개할 때 지나치게 과장된 표현은 하지 않는다. • 회사 규모를 알리고자 한다면 연간 매출액이나 생산량 등으로 표시한다. • 품질의 우수성을 언급하고, 경쟁력 있는 가격을 제시할 수 있다는 점을 강조한다. • 관심이 있을 경우 오퍼나 샘플을 즉시 보내겠다는 의사를 명시한다.

작성 시 유의사항	• 거래관계가 이루어지면 상호이익을 바탕으로 하고자 한다는 점도 명기한다. • 미국이나 일본 등 선진국 수출 경험이 있으면 언급하는 편이 좋다.

바이어를 발굴하기 위해 잠재 바이어를 찾으면 먼저 거래제의를 해야 한다. 거래제의는 직접 만나서 하기도 하지만 거래 상대가 외국에 있다는 특성상 거래제의서신(Circular Letter)으로 하는 것이 일반적이다.

거래제의서신 송부 방법

서신으로 보내는 것이 일반적이지만 경우에 따라 팩스나 이메일 등을 이용해서 보낼 수도 있다. 최근 들어서는 이메일을 이용하는 경우가 많은 추세이기도 하다. 거래제의서신은 한 지역에 시차를 두고 2~3개 회사로 국한해 보내는 것이 좋다. 거래제의서신을 수신자 이외 사람에게도 보냈다는 사실이 다른 수입상에게 알려지면 회신을 받지 못할 수도 있다는 점을 유의할 필요가 있다.

(Circular Letter Sample)

SEINE INC

89, UNAM-RO, OSAN-SI, GYEONGGI-DO, KOREA
Tel : +81-31-3xx-5199 Fax : +81-31-3xx-4218 e-mail : seine@seineinc.co.kr

---

Messrs. **Date :** March 15, 2023 (Seoul)

Schuten Electronics, Inc.
851, Racquet Club Drive
Addison, IL. 60100
U.S.A.

Gentleman :

Your name has been given by Chamber of Commerce of your city as one of the leading importers of electronic parts in your country.

We are well-established exporters in Korea providing all kinds of electronic parts including ceramic trimmer capacity and trimmer potentiometer.

Our products are highly accepted by a certain Buyers of Japan, Germany, U.K. and France, etc.

In order to diversify our existing market, we are interested in supplying our quality products to you on favorable terms. Upon receipt of your inquiry with specification and/or related samples, we could submit our samples with competitive prices to you.

As to our credit standing, we refer you to Korea Exchange Bank or any of the commercial banks in Korea.

Thanking you in advance for your kind attention to the above matter and awaiting your favorable reply as soon as possible, we are,

Yours very truly,

SEINE INC

Young K. Kwon
President

인콰이어리 대응요령	
내용 검토	통상 다음과 같은 사항에 대해 구체적 조건의 제시를 요청하며 경우에 따라서는 카탈로그나 샘플 등을 원하기도 하므로 인콰이어리를 받으면 바이어가 무엇을 요구하는지 꼼꼼히 검토해야 한다. • 수입 희망 품목의 품질조건 • 수입 희망 품목의 희망가격과 수량조건 • 선적희망 시기 등 선적조건 • 대금결제조건 • 카탈로그나 샘플 요구 여부 • 기타 무역거래조건 확인
회신 작성 시 유의사항	• 인콰이어리에 대한 감사 표시를 하고, 그 내용의 요점을 기술해 상대방 기억을 새롭게 한다. • 자사 상품의 특징을 설명할 때는 지나친 과장은 피하고 간결하게 표현하는 것이 좋다. • 인콰이어리에서 요청한 사항에 대한 현황과 조치 여부를 기술한다. • 카탈로그나 가격표를 보낼 때 별도의 설명이 필요하면 서신으로 보충한다. • 샘플 수배가 즉시 안 되면 언제까지 송부한다고 언급한다. • 조속한 주문이 유리하다면 그 점을 강조하는 것도 좋다. • 조속한 시일 내에 주문이 되기를 바란다는 점을 언급하고, 가능하다면 가까운 시일 내에 직접 만나서 상담하기를 희망한다는 점도 언급한다.

바이어로부터 인콰이어리를 받으면 내용을 검토하고 최대한 빨리 회신해야 한다. 즉시 회신할 수 있는 사항은 지체 없이 행하고, 시간을 요하는 사항은 언제까지 조치해주겠다는 의사를 전달해야 한다. 신속한 회신은 거래 성공의 지름길이라 할 수 있다. 모든 문의사항에 하나도 빠짐없이 최대한 성의를 다해 언급하는 것이 중요하다.

인콰이어리에 대한 오퍼 제시 방법

- 회신 내용에 포함하는 방법: 인콰이어리에 대한 회신을 작성할 때 그 내용에 오퍼 내용도 포함해서 제출하는 방법이 있다.
- 별도의 오퍼 시트를 작성하는 방법: 별도 오퍼 시트를 작성하여 회신 Letter에 첨부하는 방법이 있다.

인콰이어리에 대한 회신 송부 방법

바이어의 인콰이어리 방법에 따라 같은 방법으로 회신하는 것도 좋지만 상황에 따라서는 이메일이나 팩스를 이용하여 회신하는 경우도 많다. 일반적으로 가격표나 카탈로그 또는 샘플을 보고서 구매를 결정하므로 서신을 이용해도 무방하지만, 어떠한 경우에라도 인콰이어리 수령 사실과 회신을 준비하고 있다는 현황은 즉시 바이어에게 알려주는 것이 중요하다.

또한 카탈로그나 샘플 등을 송부할 경우 이와 관련하여 바이어에게 보낸 이메일이나 팩스 내용을 복사하여 동봉하는 것도 잊지 말아야 한다. 미리 보낸 관련 이메일이나 팩스가 없으면 인사편지를 동봉한다.

| 유용한 정보 |

수출실적증명서 발급에 관해서

• 소프트웨어 등과 같은 전자적 무체물에 대한 수출의 경우

① 바이어에게 온라인상으로 소프트웨어를 전송하고 대금을 외화계좌로 수령한 경우에는 필요한 서류를 구비하여 한국무역협회에서 수출확인서를 받는다. 구비서류는 한국무역협회에 문의하면 알 수 있다.

② 수출실적증명서는 수출확인서를 발급받아 대금을 송금받은 외국환은행에서 발급받으면 된다. 구비서류는 외국환은행에 문의하면 알 수 있다.

• 앱스토어를 통한 수출의 경우

인터넷상 거래 사실을 확인할 수 있는 자료를 출력해 사업자등록증, 외화 입금 영수증 사본, 수출입확인신청서를 한국무역협회에 제출하면 신청자가 접속한 오픈마켓 화면 확인 등을 통해 제출 서류의 사실 여부를 확인한 후 수출확인서류를 발급해준다.

• 유체물(일반상품) 직수출의 경우

세관에 수출신고를 하면 자동으로 전산처리 되므로 무역협회 또는 수출대금을 수령한 거래은행에서 받을 수 있다.

• 아래와 같은 기타 수출의 경우

수출실적의 확인 및 증명발급은 그 대금을 결제한 외국환은행에 신청해 발급받는다. (구매확인서 공급분의 경우 당사자 간 대금을 결제했다면 그 구매확인서를 개설한 외국환은행에서 발급받으면 된다.)

- 중계무역수출(수출가격에서 수입가격을 뺀 금액)
- 외국인도수출(은행입금액)
- 위탁가공수출(은행으로 입금된 판매액에서 원자재 통관금액과 가공금액을 뺀 금액)
- 해외박람회 등을 위한 무상반출한 물품의 현지매각(은행입금액)
- Local L/C 또는 구매확인서에 의한 외화획득용 원료나 물품의 공급(은행결제액 또는 확인액) 등

03
바이어에 관해 알자

POINT

자사 정보가 바이어들 눈에 띄게 하고 관심을 두게 하려면 바이어들이 수출자를 찾는 장소, 찾는 방법, 조사할 것으로 예상되는 정보를 미리 파악해서 적절한 장소에 필요한 정보를 배치해두는 것이 중요하다.

바이어들의 행동	
항 목	내 용
바이어가 찾는 회사(사람)는?	• 자국에서 팔릴 것 같은 상품을 갖춘 안전한 회사(사람) • 상품에 독자성이 있고 화제성이 있다고 판단되는 상품을 가진 수출자
바이어들이 생각하는 것은?	• 그 상품으로 높은 이익을 얻을 수 있는가? • 자국에 대리점은 없는가, 그밖에 자국으로 상품이 유입되는 경로가 존재하는가?
바이어들이 확인하고 싶어 하는 것은?	• 이것저것 생각할 필요가 없는 상품인가? • 품질이 좋은 상품인가? • 안전한 회사인가?
바이어들은 어디에서 무엇을 하는가?	• 검색엔진을 활용해서 수출자를 찾는다. • 전문분야 포털사이트에서 수출자를 찾는다. • SNS를 활용해서 수출자를 찾는다. • 업계 전문지를 들여다본다. • 그밖에 수출자를 만날 수 있는 정보를 찾는다.

항 목	내 용
바이어가 수출자에게 어프로치하는 방법은?	• 직접 연락한다. • 국제박람회나 전시회를 방문한다. • 국내 지인을 통해 연락한다.
수출자가 준비해야 할 것들은?	• 영어판 홈페이지 • 포털사이트에 자사 정보를 등록한다. • 쉽게 소통할 수 있는 시스템을 구축한다. • 국제전시회에 참가한다. • 국내외 무역 관련 지원기관에 자사 정보를 제공한다.

바이어들은 어떤 회사(사람)를 찾을까

바이어들은 말할 필요도 없이 '자국에서 팔릴 만한 상품을 가진 사람'을 찾는다. 자국에서 팔릴 것 같은 상품은 '수요'가 있는 상품이다. 또한 바이어는 해당 상품이 독자성이 있고 화제성이 있다고 판단되면 그 상품을 가진 수출자에게 어김없이 접근한다. 바이어는 자국에서 팔릴 것 같은 상품을 가진 안전한 회사를 찾는 사람이다.

바이어들은 무슨 생각을 할까

- **그 상품으로 높은 이익을 얻을 수 있는가** → 높은 이익을 얻을 수 있는 상품이란, 즉 '가격 경쟁력'이 있는 상품 여부이다. 수입에 익숙한 바이어라면 수입에 들어가는 대략적인 운송비, 세금, 환위험 기준을 알기 때문에 수출자로부터 상품의 FOB 가격을 들어보면 자국의 시장가격을 산출할 수

있다. 그 매입비용과 시장에서 파는 가격 차이에서 높은 이익을 확보할 수 있는지 판단하는 것이다.

- **바이어가 가격을 들은 직후 갖게 되는 불안감** → 자국에 다른 대리점이 없는지, 자국에 상품이 유입되는 경로가 존재하는지. 다른 회사도 같은 상품을 취급한다면 자국에서 가격 컨트롤에 큰 영향을 받게 된다. 상품에 매력을 느낄수록 바이어들은 독점수입대리점(exclusive agency)의 권리를 주장하며 협상에 임하는 경우가 많다.

바이어들은 각각의 전문 분야에 맞는 또는 자사가 신규로 취급할 수 있는 상품, 팔릴 수 있는 상품, 높은 이익을 얻을 수 있는 상품(가격 컨트롤이 가능한 상품)을 찾는다. 그 시선은 항상 '자기 나라에서 장사가 되는 상품인가 아닌가'에 맞춰져 있다. 바이어가 매입비용, 이익 그리고 다른 수입자를 확인한 뒤 '이 상품은 잘만 하면 비즈니스가 되겠다'고 판단하면 그다음으로는 이윤 극대화에 맞춰 협상하려고 한다.

바이어들이 확인하고 싶어 하는 점은 무엇인가

- **이것저것 생각할 필요가 없는 상품인가** → 자국에서 사용할 수 없는 규격으로 만들어진 상품은 현지화해야 한다. 혹은 자국의 법규제나 안전규격에 대한 적합 등 '법규제의 저촉 여부'나 '적합성'을 판단한다.
- **품질이 좋은 상품인가** → 품질이 나쁜 상품은 결과적으로 고비용을 초래한다. 모처럼 마진을 벌 수 있어도 품질 트러블을 반복할 우려가 있는 상품은 결코 수입하지 않는다.

- **안전한 회사인가** → 많은 경우 바이어는 귀사가 친절하게 대해주는 회사인지, 당신이 성실한 담당자인지 그리고 장기적으로 안정적인 거래가 가능한 회사인지를 본다.

바이어들은 어디서 무엇을 하는가

- **검색엔진을 이용해 수출자를 찾는다(Google.com, Yahoo.com 등)** → 키워드를 검색창에 입력하여 수출자 정보를 찾는다. 따라서 수출자는 최소한 영문 홈페이지가 있어야 하고 적절한 키워드가 포함되어 있어야 한다. 바이어들이 영어로 외국 상품을 찾을 때 과연 어떤 검색키워드를 사용할지 알아두면 많은 도움이 된다.
- **전문분야 포털사이트에서 수출자를 찾는다(알리바바, CNET 등)** → 팔고 싶은 사람, 사고 싶은 사람이 모이는 비즈니스 매칭 사이트에서 파트너를 검색하거나 업계에서 가장 유명한 사이트(영어판, 미국의 사이트가 검색되는 경우가 많다)를 들여다보며 어떠한 상품이 지금 팔릴지, 지금부터 무엇이 유행할지를 바이어들은 신중하게 조사한다.
- **SNS로 수출자를 찾는다(LinkedIn 등)** → 링크드인(LinkedIn)은 인터넷 커뮤니티에서 유명한 facebook, mixi와 같은 것이다. 인터내셔널 비즈니스판으로 바이어, 셀러를 불문하고 전 세계 비즈니스맨이 이용한다. 여기에서도 검색해서 어렵지만 수출자 정보를 입수할 가능성도 있다.
- **업계 전문지 수집** → 바이어들은 한국 내 전문지를 수집해서 보기도 한다. 국내시장용으로 전문지 등에 광고할 때 작게라도 구석에 영어 표기를 병기하면 비즈니스 기회가 생기는 경우도 있다. 전문지 조사는 수출자 정

보 자체를 수집하려는 목적이 아니라 비슷한 상품을 만드는 업계 최대 기업은 어디인지, 규모가 작은 회사가 있는지 등도 조사한다.

- **한국대사관 상무국(Business Promotion Division) 이용** → 바이어들은 미국에서 말하는 'BUYUSA.GOV'와 같은 공적 기관에서 발신하는 정보를 조사하거나 한국대사관에 자신들이 찾는 회사에 관해 또는 상품이나 업계에 관한 정보 제공을 요청하기도 한다.

바이어가 수출자에게 어프로치하는 방법

- **직접 연락** → 인터넷 검색이나 다른 경로로 수출자 정보를 입수하고, 상품에 관심이 있다는 취지나 각종 질문사항을 수출자에게 이메일로 보낸다. 수출자가 국제비즈니스에 대응 가능한 기업인지, 어떠한 역질문이 돌아오는지, 담당자 대응, 수출자 캐릭터 등을 종합적으로 체크한다.
- **국제박람회나 국제전시회, 견본시 방문** → 가장 일반적인 방법으로 업계 전시회를 직접 찾아간다. 관심 있는 제품이 있는 부스가 있으면 방문해서 수출 여부에 관해 상담한다. 국제전시회 정보는 전 세계에 전달된다. 전시회에서 세미나를 진행하면 많은 바이어와 동시에 만나는 것이 가능하다.
- **국내 지인을 통해 연락** → 한국의 회사 또는 사람들과 비즈니스한 경험이 있는 회사는 그 회사(사람)에 연락하여 소개와 연결을 의뢰하는 경우가 있다. 앞에서 말한 국내 잡지의 발송 등도 협력자가 하는 경우가 있다. 소개자, 대리인이라고 자칭하는 내국인에게서 전화가 오는 경우도 있다.

바이어를 만나기 위해 준비해야 할 것

앞서 언급한 것처럼 수출자를 찾는 사람은 온라인, 오프라인 등 다양한 루트로 수출자 정보에 접하고 연락을 해온다. "기회는 준비된 사람에게만 주어진다." 모든 파이프라인, 커넥션, 루트에 정기적으로 최신 정보를 제공하는 기업(영업 퍼슨)에는 많은 바이어가 연락하고 자연스럽게 모이게 된다. 그렇다면 그 정보는 어떤 구체적 방식으로 제공하면 될까?

- **영문 홈페이지 개설** → 홈페이지는 수출자에 대한 빼놓을 수 없는 정보 게이트웨이가 된다. 자신이 적극적으로 공격하는 영업이라 해도 상대는 반드시 귀사 정보를 얻고자 홈페이지를 방문할 것이다. 따라서 홈페이지가 없거나 한국어로만 작성되어 있다면 수출자의 국제비즈니스 대응능력에 의문을 가지게 된다. 영문 홈페이지는 바이어들의 관심을 끌기 위해서 콘텐츠를 국제비즈니스 감각으로 구성하는 것이 중요하다.
- **포털사이트에 자사 정보 등록** → 자사 정보를 각 전문분야의 포털사이트에 등록할 수 있다면, 거기서부터 자사의 이상적인 고객상(像)에 가까운 바이어들의 검색과 어프로치를 기대할 수 있다. 포털사이트에는 수출자 정보를 등록할 수 있는 사이트 외에 게시판에도 올릴 수 있고, 인콰이어리를 수령할 창구도 등록할 수 있고, 광고를 게재할 수 있는 등 다양한 활용 방법이 있다. 적극적인 바이어는 메일 뉴스(메일 매거진)를 정기구독하고 RSS피드(각 사이트의 최신 갱신 정보)를 이용하여 최신 정보를 수집한다.
- **바이어와 쉽게 의사소통할 수 있는 체제 구축** → 일부러 전화하기에는 조금 작은 것 같은 그런 일이나 메일을 쓰는 것이 귀찮을 것 같은 일도 내용만 쉽게 순간적으로 그리고 간편하게 의사소통할 수 있는 시스템 구축

이 필요하다. 서로 신뢰도가 높아질 뿐만 아니라 신속한 의견교환 등 큰 장점을 누릴 수 있다. IP전화의 일종인 스카이프나 해외에서 지역적 한계는 있지만 '라인' 또는 '카카오톡' 가입 · 설치도 한 방법이다. 스카이프끼리는 전 세계 어디서나 통화료가 무료이고 채팅기능도 있어 편리하다.

- **국제전시회 출품** → 전 세계에는 전시회용 포털사이트가 있어 바이어들은 자신의 업계, 관심 있는 업계의 전시회 정보를 조사하고 직접 방문한다. 출품하는 데는 비용이 많이 들지만 수출자에게는 바이어와 직접 만나는 좋은 기회가 된다. 전시회 스케줄을 확인하면 신상품이나 홍보해야 할 상품이 그 시기에 맞을지 확인 가능하다. 유명한 전시회나 규모가 큰 전시회는 바로 예약이 끝나므로 참가하기 어려워지는 경우도 있다. 결정을 내리면 가능한 한 빨리 연락하는 것이 좋다. 단, 인기상품이 없는 전시회는 최악이므로 확실하게 준비할 필요가 있다.

  또한 국내 전시회에도 해외 기업이 참가한다. 물론 그러한 기업은 국내 시장에 팔러 오는 것이며 수출자의 상품을 사고 싶은 사람은 아니지만 부스를 방문해서 명함을 교환하고 관계를 만들어두는 것도 유효한 활동의 하나이다.

- **국내외 무역 관련 지원기관에 자사 정보 제공** → 국내외 무역 관련 지원기관에 정보를 제공하는 것도 유효한 수단이다. 바이어가 한국대사관에 한국기업 소개를 요청하는 일도 있으므로 각국 한국대사관이나 총영사관의 '한국기업 지원창구'에 정보를 제공해두는 것도 하나의 방법이다. 또한 한국무역협회나 코트라의 해외사무소 등도 바이어와 관련한 유익한 정보를 제공하는 등 여러 가지 상담 등의 서비스를 제공하니 적극적으로 교류하면 도움이 될 것이다.

| 유용한 정보 |

무역금융에 관해서

무역금융이란 물품의 수출 및 용역의 제공을 통한 외화획득을 촉진하기 위해 수출업체에 수출물품의 생산, 원자재 및 완제품 구매에 필요한 자금을 지원하는 원화대출 및 관련 지급보증제도를 말한다. 무역금융은 선적 전 금융과 선적 후 금융으로 구분된다.

선적 전 금융

선적 전 금융은 수출상이 수출이행에 소요되는 자금을 필요한 시점에서 지원받는 금융이며 사전금융 또는 무역금융이라고 한다.

- 무역업 자격이 있는 업체가 수출하는 경우, 외국환은행으로부터 무역금융의 혜택을 받을 수 있다.
- 선적 전 금융(무역금융)은 수출단계별로 생산자금, 원자재자금, 완제품구매자금, 포괄금융을 지원한다.

선적 후 금융

- 환어음매입: 결제기간 2년 미만의 신용장 또는 무신용장방식 수출거래를 근거로 발행된 수출환어음을 매입해 자금을 지원하는 방식이다.
- 수출팩토링
  - 사후송금방식(Open Account 방식)에 의해 발생한 외상수출채권을 상환청구권 없이 매입해 자금을 지원하는 방식이다.
  - 수출팩토링은 상환청구권 없이(무소구조건) 자금을 지원하는데, 이는 해외수입업자가 만기일에 수출대금을 상환하지 못하더라도 수출입은행이 수출기업에게 수출대금을 청구하지 않는 조건을 말한다.
- 포페이팅(Forfaiting)
  - 결제기간 2년 미만의 기한부 신용장 방식 또는 국외은행의 보증이 수반 되는 무신용장 방식에 의해 발행한 수출환어음을 상환청구권 없이 매입해 자금을 지원하는 방식이다.
  - 포페이팅은 상환청구권 없이(무소구조건) 자금을 지원하는데, 이는 수입국은행(해외수입업자)이 환어음의 만기일에 수출대금을 상환하지 못하더라도 수출입은행이 수출기업에 수출대금을 청구하지 않는 조건을 말한다.

한편 융자기관으로는 한국수출입은행, 외국환은행, 기업은행, 한국무역협회가 무역금융의 일환으로 수출업체에게 융자를 해주고 있다. 무역금융의 융자대상 및 융자방법 등의 구체적인 정보는 각 융자기관의 홈페이지를 방문하면 입수할 수 있다.

04
바이어 발굴 방법

POINT

해외 진출에 성공하려면 좋은 바이어를 만나야 하는 것은 두말할 필요도 없다. 중요한 것은 신뢰할 수 있고 비즈니스를 지속할 수 있는 바이어를 어떻게 만나느냐이다. 바이어 발굴 방법을 연구하고 좋은 바이어를 만나는 방법을 찾자.

바이어 발굴 방법
• 인터넷을 활용
• SNS를 활용하는 방법
• 홍보물 이용
• 해외광고를 통한 방법
• 무역 관련 지원기관을 이용하는 방법
• 해외 공공기관을 이용하는 방법
• 전시회를 활용하는 방법
• 무역사절단 및 수출상담회에 참가하는 방법
• 국내외 무역전문상사와 협력하는 방법
• 직접 방문하는 방법

바이어 발굴을 위한 준비사항이 갖춰지면 목적시장에서 잠재력 있는 유능한 바이어를 발굴해야 하는데 어떻게 우수한 거래상대를 발굴할지가 가장 중요한 포인트이다. 좀 더 신중하고 효과적인 방법을 동원해야 하는데, 그 대표적인 방법은 다음과 같다.

인터넷 활용

인터넷을 이용하는 방법이 보편화되고 있다. 앞서 소개한 무역 관련 지원기관의 홈페이지나 거래알선 사이트를 활용하는 방법이다. 이런 홈페이지나 사이트에 자사 상품 또는 카탈로그를 등록해 소개함으로써 관심 있는 바이어가 찾아오도록 하고, 수시로 그 같은 홈페이지나 사이트를 방문하여 바이어 검색을 하는 것이 중요하다. 글로벌 온라인 쇼핑몰에 입점하는 것도 한 방법이다.

홍보물 이용

① 홍보물 제작 요령

카탈로그를 비롯한 해외배포용 홍보물은 세심한 계획 아래 영문 또는 대상 지역 언어로 제작해야 한다. 홍보물 내용은 상품의 정확한 규격, 용도, 재질 등 구매자가 흥미를 가지는 상품 구성에 관한 설명에 주안점을 두고, 인사말이나 회사 전경 등 불필요하다고 생각되는 항목은 제외하거나 최대한 축소한다.

한편 해외홍보용 e-Catalogue 제작은 한국무역협회 등에서 인터넷을 통한 우리나라 수출상품 해외 홍보활동의 일환으로 지원하니 이를 활용하는 것도 좋은 방법이다.

② 홍보물 배포

제작한 홍보물을 어떤 경로로 손쉽고 효과적으로 구매 가능한 바이어에게 전달하느냐가 중요한 관건이다. 홍보물 배포는 입수된 바이어 리스트를 참고하여 거래제의서신과 함께 우편으로 송부하는 방법을 생각할 수 있다. 그리고 어렵겠지만 해외 발행 전문잡지사로부터 배포 리스트(Distribution List 또는 Subscribe List)를 입수하여 활용하는 방법도 있다. 전문잡지 구독자는 특정 상품에 관련된 전문상들이라 할 수 있으므로 잠재 수요자로 일단 판단할 수 있다. 따라서 배포 리스트를 입수할 수만 있다면 상당히 효과적인 방법이다.

이외에도 국내외 전시회나 국제박람회, 시장조사단 등에 참가해 배포하는 것도 좋은 방법이다. 직접 바이어를 방문하여 상품설명을 하면서 배포하는 것 또한 효과적인 방법이다.

한편 해외바이어에 대한 홍보용 e-Catalogue는 인터넷이나 이메일로 바이어에게 전달하는 방법과 거래알선사이트에 등록해 잠재 바이어가 보게 하는 방법이 있다.

해외광고를 통한 방법

국내외에서 발간되는 해외 배포용 매체를 활용하여 광고하는 방법이다. 국내 발간 해외홍보매체는 대부분 수출 유관기관에서 제작·배포하는 유료 또는 무료 홍보지이다. 유료매체도 저렴하므로 중소수출기업의 광고 대상으로 적당하다고 할 수 있다. 국내 발행 해외배포용 광고 접수매체는 한국무역협회나 KOTRA 등 수출 유관기관 또는 관련 분야 산업의 협회나 조합 등에 문의하면 알 수 있다.

한편 해외에서 발간되는 매체는 너무 많아 그중에서 어느 매체를 선택하여 광고하느냐가 상당히 중요하다. 따라서 더 효과적으로 광고하려면 해외광고 전문가의 조언을 받아서 하는 것이 바람직하다. 해외매체 정보는 한국무역협회나 KOTRA 관련 부서에 자문하면 많은 도움이 될 수 있다.

무역 관련 지원기관을 이용하는 방법

주한외국대사관 또는 영사관, 외국주재한국대사관 또는 영사관, 한국무역협회나 KOTRA 등과 같은 무역 관련 지원기관, 해외주재 무역 관련 지원기관의 사무소, 한국주재 외국의 무역 관련 지원기관의 사무소 등에서 바이어를 소개받는 방법이다.

한국무역협회나 KOTRA 등 자료실에 비치되어 있는 디렉토리나 CD롬, 옐로페이지 등에 수록된 정보를 활용하는 방법도 있다. 이는 바이어 발굴에 어느 정도 한계가 있지만 비용도 거의 들지 않고 대상을 손쉽게 찾을 수 있다는 점에서 활용해볼 만하다.

해외 공공기관을 이용하는 방법

각국 상공회의소, WTCA(World Trade Centers Association), 각국 WTC(World Trade Center) 또는 수출입 관련 기관에 거래알선을 의뢰하는 Letter를 발송

하는 방법이다. 이 경우 그 기관에서 발행하는 기관지에 회사 홍보도 의뢰할 수 있다.

전시회를 활용하는 방법

국내외에서 개최되는 각종 전시회는 바이어를 발굴하는 좋은 기회를 제공한다. 잠재적 바이어와 직접 만나 상담하므로 그만큼 거래 성사 가능성이 크다고 할 수 있다. 그러나 해외전시회는 비용이 많이 든다는 점에서 다소 부담이 될 수 있으므로 그 성과를 높이기 위해서는 철저한 사전준비와 구체적인 상담전략을 세울 필요가 있다.

전시회에 관해서는 다음 장에서 따로 설명한다.

무역사절단 및 수출상담회에 참가하는 방법

한국무역협회나 대부분 지방자치단체에서는 무역사절단을 해외에 파견하며, KOTRA에서도 바이어를 초청한 수출상담회는 물론 해외시장개척단을 모집해 파견하므로 이를 활용하는 방법이다. 무역사절단이나 해외시장개척단은 그 주관기관이 외국에서 한번에 많은 바이어를 초청해 상담회를 개최하므로 한곳에서 많은 바이어와 상담한다는 장점이 있다.

또한 한국무역협회나 KOTRA 등에서 한국 상품 수입을 희망하는 외국의 바이어들을 한국상품구매사절단 등의 이름으로 모집해 국내에서 수출상담회를 개최하는데 이를 활용하는 방법도 있다. 적은 비용으로 큰 효과를 낸다는 장점이 있으므로 치밀한 준비가 필요하다. 수출상담회에 관해서는 중소벤처기업부, 한국무역협회, KOTRA 등에 문의하면 알 수 있다.

국내외 무역전문상사와 협력하는 방법

해외시장개척이나 바이어 발굴은 직접 하는 게 가장 바람직하지만 여러 여건상 직접 할 수 없을 때 종합무역상사나 국내외 무역전문상사에 수출을 의뢰하는 방법이다. 이 경우 무역전문회사와 자사의 역할이나 업무 범위 등을 명확히 해둘 필요가 있다.

직접 방문하는 방법

수출하고자 하는 해당국의 시장에 출장 가서 유력한 바이어를 직접 만나 상담하는 방법이다. 경비가 많이 들어 부담스럽지만 바이어를 발굴하고 거래를 성사시키는 가장 좋은 방법이라 할 수 있다. 성공 확률을 높이려면 팩스나 이메일 등으로 미리 접촉하여 상대방 의향을 타진할 필요가 있으며, 현지에 출장 가서도 다시 한번 전화로 시간약속을 하고 방문하는 것이 좋다.

사전에 접촉하기 어려울 때는 해당국에 출장 가서 그 나라 해당 상품 관련 협회 또는 조합이나 상인연합회의 협조를 받아 입수한 유력 바이어 명단을 바탕으로 직접 방문해 얼굴을 맞대고 상담하는 방법도 있다.

직접 방문해서 상담할 때는 소량이지만 오더를 받을 수도 있으니 샘플을 충분히 준비하는 등 치밀한 준비가 중요하며, 가벼운 선물을 준비하는 것도 필요하다.

05

전시회에 관해서

POINT

대부분 기업은 전시회 참가를 검토한다. 불특정 다수의 신규 고객과 직접 연결될 수 있는 전시회 참가는 매우 유효한 마케팅 수법이지만 제대로 된 성과를 올리려면 참가할 전시회 선정을 비롯해서 사전 준비나 애프터 팔로우가 대단히 중요하다.

전시회 참가를 효과적으로 만드는 중요 항목

구 분	내 용
참가할 전시회 선정이 중요	전시회 참가 목적을 분명히 하고 거기에 맞는 전시회를 선정해야 한다. 전시회 선정을 위해서 검토해야 할 사항들 중에 방문객 유형, 전시품목 유형 그리고 참가비용을 우선 고려할 필요가 있다.
전시회 안내장(초대장)이 중요	안내장은 성공적인 전시회에 꼭 필요한 요소이다. 전시회의 집객·동원은 주최 측 문제이지만 주최자는 어디까지나 '전시회장'에 오도록 안내하는 것이며, '자사 부스'까지 오게 하려면 참가자 측인 자사에서 어프로치할 필요가 있다. 사전에 안내장을 보내는 것은 내장객의 '방문 예정부스'에 리스트 업되기 때문이다. 안내장은 언제나 하는 방법이지만 확실히 고객유치로 이어지는 접근 방식이 되는 것이다.
전시회 부스 장식이 중요	스탠더드 사이즈 부스에서도 주목도를 높일 수 있다. 부스 장식의 포인트는 타깃 유저(비즈니스하고 싶은 상대)에게 자사 특징을 확실히 전하는 것이다. '유저의 눈으로 보아' 찾기 쉬운 부스로 장식하는 것이 포인트이다.

구 분	내 용
전시회는 끝나고 나서가 중요	전시회는 '전시가 목적'이 아니다. 개최 마지막 날은 끝이 아니고 전시장에서 받은 유망고객에게 어프로치를 개시하는 스타트 지점이다. 전시회 기간 중 명함을 교환한 상대는 가능하면 그날 안에 고객 명단을 만들고, 후방 지원자로부터 감사 메일을 보내는 것이 이상적이다. 전시회를 성과로 연결하려면 애프터 팔로우야말로 실전이라는 것을 인식하고 행동해야 한다.
계속 참가하는 것이 중요	한번 참가해서 성과가 나오지 않더라도 '전시회에 나와도 효과가 없다'고 단정하는 것은 성급하다. 전시회에 여러 번 참가함으로써 업계에서 인지도가 올라간다. 계속 참가함으로써 업계 연결도 증가하고 그러한 연결에서 비즈니스가 만들어지는 사례도 적지 않다. 비즈니스를 확대하고 싶은 기업에서 전시회 참가는 큰 기회이다. 처음이라 모르는 것이 있다 해도 목적을 명확하게 하고 철저히 준비해서 다음으로 연결되게 하는 것이 중요하다.

전시회는 각종 정보가 생산되는 곳이라고 할 수 있다. 국내의 많은 기업이 전시회를 해외시장 개척 수단으로 활용한다. 우리의 정부나 지방자치단체 또는 무역 관련 지원기관에서 기업 수출지원의 일환으로 예산을 비롯해 다양한 지원을 한다. 특히 독자적인 해외마케팅에 어려움이 있는 중소기업들에 전시회 참가는 해외거래처를 발굴하는 절호의 기회라 할 수 있다.

그러나 전시회에 참가하는 모든 기업이 좋은 성과를 거두는 것은 아니기에 성과를 거두려면 참가할 전시회 선정을 비롯해 철두철미한 준비가 필요하다. 국내외 전시회 일정에 대한 정보 수집은 한국무역협회나 KOTRA 등과 같은 무역 관련 지원기관에 문의하면 가능하다.

전시회마케팅

내장객이 수천 명, 수만 명이 방문하는 전시회는 잘 활용하면 뛰어난 마케팅 효과를 거둘 수 있다. 하지만 상당한 비용을 들여 전시회마케팅을 해도 성과가 오르지 않는 기업도 드물지 않다. 전시회마케팅은 과연 효과적인지 아닌지를 포함해서 전시회마케팅의 장단점을 알아본다.

〈전시회마케팅이란〉

전시회는 일정한 테마에 따라 참가기업을 모으고 테마가 상정하는 타깃을 집객하는 이벤트이다. 다시 말해 전시장에는 완전히 불특정 다수가 아니라 어느 정도 스크린된 사람들이 모여든다. 그 때문에 한번에 다수 유망고객과 명함을 교환하고 타깃층에 앙케트를 부탁하는 마케팅전략으로 신규 고객을 만나는 것이 가능해진다.

〈전시회마케팅의 주요 기법〉

- 명함 수령(부스 방문객에게서 명함을 받는다): 유망고객, 장래 잠재적 고객으로 분류 등록하고 애프터 팔로우(Afterfollow)를 해서 상담으로 연결한다.
- 설문조사(노벨티 등을 제공하면서 설문조사에 답하게 한다): 구매의욕이 높은 응답자를 팔로우 업하고 그 내방객의 의향을 상품개발에 반영하는 것을 검토한다.
- 세미나, 워크숍: 자사제품과 기술의 인지 소구(B to B), 팬층 형성(B to C) 등

〈전시회마케팅의 장점〉

참가자가 소자본 기업이나 중소기업이라도 전시회라면 대기업 또는 유명

기업 담당자에게 자사제품을 홍보하고 평가를 들을 수 있다. 'B to B' 상담형 전시회는 방문객들도 비즈니스를 목적으로 오기 때문에 유효한 유망고객과 직접 이야기 나눌 수 있다는 것은 큰 장점이다. 대규모 전시회나 테마가 명확한 전시회에서는 자사 마케팅으로는 접근할 수 없는 질 높은 유망고객을 만날 가능성도 있다. 브랜드력이 높은 상품 전시회나 박람회에 참가할 경우 등 참가 자체가 브랜딩(상표 설정)에 도움이 되는 경우도 있다.

〈전시회마케팅의 단점〉

전시회 참가비나 부스 설치비, 광고·선전비, 앙케트 실시를 위한 프로모션비 등 전시회 참가에는 상당한 비용이 든다. 그 비용에 걸맞은 효과(유망고객 획득이나 수주 수)를 제대로 얻는 기업은 그다지 많지 않다. 전시회마케팅에서는 많은 예상고객을 관심 정도별로 분류해 리스트화하는 등 적절하게 팔로우하지 않으면 성과로 이어지지 않는다. 또한 경쟁사에 정보가 누설될 가능성도 없다고는 할 수 없다.

〈전시회마케팅의 포인트〉

전시회마케팅의 단점으로 든 항목에는 참가기업이 전시회마케팅을 유효하게 하지 못하는 케이스가 많이 보인다. 전시회마케팅은 목적을 가지고 하는 것이 중요하다. 염두에 두어야 할 포인트를 알아본다.

- 수령한 명함 수량에 연연하지 말자: 명함을 모으는 것이 목적이 아니라 비즈니스로 연결하는 것이 목적이다. 몇 개 이상의 상담으로 이어질 가능성이 있는 명함을 모으는 것을 목표로 한다.

- 명함을 분류해 그룹핑: 내방객에게 받은 명함은 귀중한 재산이다. 유망고객과 잠재고객을 구분해 각각 데이터화하여 지속적으로 팔로우한다.
- 유망고객 중심 마케팅전략과 애프터 팔로우: 불필요한 비용을 들이지 않기 위해 노벨티(Novelty) 제공이나 설문조사도 유망고객을 타깃으로 하여 계획한다. 전시회 후 유망고객 명단은 담당자를 정해 애프터 팔로우해간다.

비용이 많이 들지만 단지 비용으로만 측정할 수 없는 효과를 얻는 것이 전시회마케팅이다. 전시회마케팅을 효과적으로 활용하려면 계획단계부터 확실하게 목표를 정하고 계획을 세우는 것이 중요하다.

전시회 선정

기업의 올바른 전시회 참가는 성장에 도움이 된다. 설립한 지 얼마 되지 않은 회사는 더 빨리 알릴 기회이며, 오래된 회사는 최소 비용으로 시장을 효율적으로 확장하거나 신제품을 테스트할 수 있다. 기업의 마케팅 목표에 일치하는 전시회를 선정하려면 우선 전시회와 관계된 업종별 단체, 전시전문기관을 접촉하는 것이 바람직하다. 전시회 선정을 하려면 먼저 전시회 참가 목적을 분명히 한 후 다음 사항을 검토해야 한다.

〈전시회 선정을 위한 검토사항〉

- 전시회 규모와 내용 검토
  - 참가업체 규모와 참관객 수는 어느 정도이며 참관객은 누구인지?

- 자사 제품이나 서비스에 맞는 성격의 전시회인지 등

- 정부·지자체 등이 지원하는지와 지원범위 확인
- 참가 형태 결정-독립관 또는 공동관(한국관 등)
  - 참가 경험이 없거나 신시장 진출의 경우 공동관 참가가 좋음
  - 기존 시장 진출은 자체 예산이 가능할 경우 독자 참가도 고려해볼 만함
- 물품을 전시할지 아니면 카탈로그 등 홍보물만 전시할지 결정
- 전시물품 운송 검토
- 전시회 준비 물품 점검
- 전시회 참가비용과 재원조달 가능성 확인

전시회 참가와 참관의 기대효과

전시회는 각종 정보가 생성되는 곳이라 할 수 있는바, 그 필요성은 정보 입수 기회가 된다는 것 이외에 다음과 같은 효과를 기대할 수 있다.

〈전시회 참가〉

- 적절한 파트너를 찾는 데 시간 절약
- 자기 상품홍보에 비용 절감
- 잠재적 바이어인 관심 업체의 관람과 정보 입수
- 내방객과 상담하여 소비자 취향과 선호 제품 파악
- 세미나 등에서 인맥 형성, 신기술 흐름, 제품 발전모델 등에 관한 정보 입수

〈전시회 참관〉

- 제품의 변화추이 파악
- 신기술 적용 제품 파악
- 스타일과 색상의 변화 파악
- 제품의 문제해결 방안 강구에 필요한 정보 입수
- 구매결정, 업무 효율화 등에 대한 정보 입수

※ 전시회 참관 시 기대효과는 당연히 전시회 참가 시 기대효과에도 포함된다.

전시회 내방객 유치전략

전시회 주최자 측이 광고, 우편, 초청장 발송 등으로 전시회를 홍보하지만 그것은 많은 내방객 유치가 목적이다. 이들 내방객 중 특정 바이어들을 자사 부스에 유치하는 것은 개별기업의 능력이다. 따라서 내방객 유치전략은 전시회 참가 성공 여부를 결정한다고 할 수 있으므로 사전마케팅은 물론 전시회 현장마케팅 전략을 세워야 한다.

〈사전마케팅〉

- 잠재고객과 기존고객에게 개별 초청장 보내기
- 전화로 상담약속 잡기
- 해외전문지 광고
- 보도자료 또는 홍보자료 배포
- 세미나 주제발표
- 내방객 유치를 위한 창조적인 발상

〈현장마케팅〉

- 내방객이 자사 부스를 방문하도록 다양한 유인책 구사
- 효과적인 기념품, 행사 컨테스트
- 내방객에게 먼저 말하고 반응을 보이면 상담 권하기
- 전시장 방문객이 지나갈 때 말을 걸어봄
- 내방객이 싫어하는 행동 금물
- 내방객 상담 시 알아야 할 것과 알려주어야 할 사항

내방객에게 알려주어야 할 사항	부스직원이 알아야 할 사항
① 상담 직원의 이름과 명함 ② 회사와 제품의 장점(구매해야 할 이유 등) ③ 향후 활동(Follow-up) – 상세정보 발송 – 견적서 발송 – 방문	① 내방객의 신상정보(이름, 회사, 전화, 이메일 등) ② 필요로 하는 정보와 제공요청 시기 ③ 부스에서 상담내용 메모 ④ 내방객의 영양가 평가(Qualification)

전시회 사후관리

전시회는 사후관리가 대단히 중요한데, 이를 사후마케팅이라 한다. 이를 소홀히 하여 전시회 참가 효과를 극대화하지 못하는 경우가 많다. 따라서 전시회 기간에 만난 내방객들의 명함이나 주소를 정리한 후 시기적으로 너무 늦지 않도록 답장이나 감사편지를 보내야 한다. 또 수시로 제품정보를 제공하는 등 계속 접촉하도록 세심한 배려를 해야 한다.

전시회 기간 중 진행한 상담들을 분석하여 어떻게, 얼마나 신속하게, 구체화해 나갈지 세부 계획을 세우고 향후 마케팅활동에 적극 활용해야 한다.

〈전시회 후속조치〉

- 중요 고객들에게 감사편지 발송
- 내방객들에게서 요청받은 사항(샘플, 안내서, 가격 등)에 관해 신속한 조치
- 전시회 참가 결과에 대한 사내 평가토론
- 전화, 이메일 문의 건들에 대한 빠른 후속 작업
- 적극적인 자세로 상담 계속 진행

전시회 지원기관과 해외전시회 검색사이트

〈지원기관〉

- 한국무역협회
- KOTRA
- 한국전시산업진흥회(www.kei.or.kr)

〈대행기관 및 해외전시회 검색사이트〉

☆ 국내외 전시대행업체: KOTRA 홈페이지에서 〈전시정보(전시관련정보)〉 메뉴를 클릭하면 많은 국내외 전시대행업체 정보가 있으므로 참고

☆ 해외전시회 검색사이트

- www.tsnn.com
- www.exhibitions-world.com
- www.auma-fairs.com
- www.ufinet.org

PART
5

수출실무

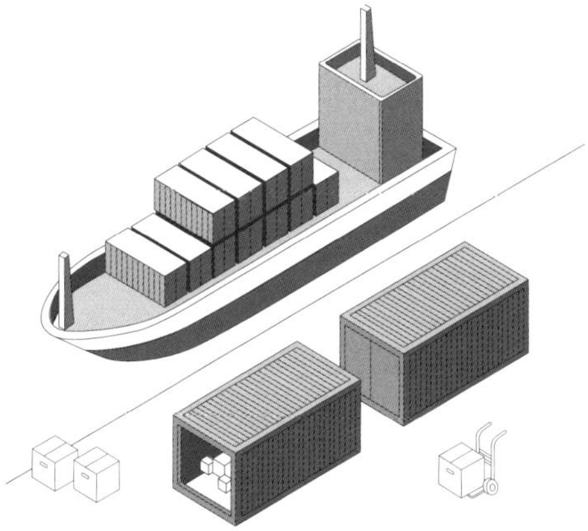

01

해외시장조사에서 계약체결까지

포인트

수출을 할 때는 먼저 수출의 전체 흐름을 이해해야 한다. 해외시장조사를 시작으로 해서 바이어 발굴과 협상 그리고 계약체결에 이르기까지, 거기다 상품이 수입자에게 무사히 도착하도록 세관이나 선박회사 등 다양한 관련 업자들과 협력을 해야 한다.

해외시장조사에서 계약체결까지 과정의 흐름

항 목	내 용
① 해외시장조사	해외시장 진출을 검토할 때는 크게 시장, 소비자, 경쟁사, 파트너, 법규제라는 5가지를 중심으로 조사·분석할 필요가 있다.
② 바이어 발굴	거래상대를 발굴하는 방법을 연구하자.
③ 거래제의(Proposal, 권유)	수출자는 잠재 바이어들에게 거래제의서신을 보내는 등 영업활동을 한다.
④ 인콰이어리 수령(조회)	권유를 받은 잠재 바이어는 상품의 상세를 문의하는데 이를 인콰이어리라 한다. 견적 샘플 의뢰 등
⑤ 오퍼 제시	바이어 조회를 바탕으로 상품의 품질이나 수량, 가격 등을 명시한 오퍼를 제출한다. 이를 셀링오퍼(Selling Offer)라 한다.
⑥ 거래협상	바이어는 수령한 오퍼에서 내용을 일부 변경하거나 새로운 조건으로 회답한다. 이를 카운터 오퍼(Counter Offer)라 한다. 이 과정이 한 번에 끝날 수도 있으나 대개 여러 번 협상 과정을 거치게 된다.

항 목	내 용
⑦ 승낙(Acceptance)	수출자나 바이어 어느 일방이 제시한 오퍼를 상대방이 승낙해야 계약으로 이어질 수 있다.
⑧ 계약체결	거래조건에 대해 수출자, 수입자 양쪽의 의사가 완전히 일치하면 계약은 성립된다. 계약을 체결할 때는 수출계약의 조건을 명확히 해둘 필요가 있다.

① 해외시장조사

해외시장조사를 검토할 때 먼저 생각해야 할 포인트가 크게는 다음 세 가지가 있으며, 이 세 포인트를 명확하게 할 필요가 있다.

- WHY: 왜 조사를 하는가? = 조사 목적
- WHAT: 무엇을 조사할 것인가? = 조사 항목
- HOW: 어떻게 조사할 것인가? = 조사 방법

해외시장조사 절차

① 잠재시장 파악	무역, 경제, 인구통계 등의 조사로 진출할 국가를 파악한다.
② 유망시장 선정	수출희망상품을 기준으로 해서 빠르게 성장하는 국가 3~5개를 선정한다. 수입실적, 시장성장률, 경제성장률, 물가상승률 등을 조사
③ 유망시장 평가	각 유망국가에서 수출에 영향을 주는 모든 요인을 평가한다. 소비자 특성, 관세·비관세 장벽, 경제상황, 유통 및 물류비용, 수입비중 등
④ 타깃시장 선정	평가를 바탕으로 타깃시장을 가장 매력 있는 시장부터 순위를 매긴다.

해외시장조사에 관해서는 PART 2에서 설명하였지만, 특별히 검토해야 할 5가지 포인트로 시장규모, 소비자 수요, 경쟁사 현황, 파트너 기업, 인증제도와 법규제에 대해 파악 및 확인할 필요가 있다.

② 바이어 발굴

해외시장조사를 바탕으로 바이어 발굴을 한다. 그 방법은 크게 온라인 방법과 오프라인 방법으로 나눌 수 있다.

온라인 방법	오프라인 방법
• 인터넷 검색 • 홈페이지 개설과 온라인 광고 • 국내와 해외 거래알선사이트 활용 • SNS 활용(링크드인, 페이스북, 인스타그램 등)	• 국내외 무역 관계기관 또는 해외 지인의 소개 • 국내외 전시회 참가 • 무역사절단과 수출상담회 참가 • 해외 출장 • 인쇄매체 홍보물을 이용한 해외광고

안정된 수출비즈니스를 하려면 신뢰할 수 있는 거래상대를 만나는 것이 대단히 중요하다. 해외에는 한국의 기업과 거래하기를 희망하는 기업이 많다. 그중에서 좋은 바이어를 만나려면 부지런하게 다양한 방법을 입체적으로 활용할 필요가 있다.

③ 거래제의(Proposal, 권유)에서 ⑦ 승낙(Acceptance)까지

거래제의에서 승낙까지의 과정

Proposal (권유)

- 수출자는 잠재 바이어들에게 영업활동을 한다.

  웹사이트, DM이나 카탈로그의 송부로 어필

↓

Inquiry (조회)

- 권유받은 수입자는 상세 사항에 대해 문의한다.

  견적, 샘플 의뢰 등

↓

Offer (청약)

- 상품의 품질이나 수량, 가격 등 제반 조건을 명시한다.

  수출자가 제시하는 경우는 Selling Offer

↓

Counter Offer

- 제시된 내용에 수입자가 변경이나 수정을 해서 회답한다.

  수출자가 승낙하든지 아니면 다시 수정오퍼를 제시하는 등 협상의 과정이 여러 번에 걸쳐서 행해지기도 한다.

↓

Acceptance (승낙)

- 카운터 오퍼에 대해 수출자가 승인(Acknowledgement)하거나 수출자의 수정 오퍼에 대해 수입자가 승낙(Acceptance)을 하면 계약이 성립된다.

⑧ 계약체결

무역계약은 청약과 승낙으로 성립되고 계약서 작성이 꼭 필요한 것은 아니지만 구두계약은 분쟁의 원인이 될 수 있으니 반드시 서면계약을 해야 한다. 계약을 체결할 때는 수출입계약의 조건을 명확히 해둘 필요가 있다.

수출계약서 작성

수출계약서의 타이틀은 수출자와 수입자의 입장에 따라 다르지만 'SALES CONTRACT'로 하는 것이 일반적이다.

계약서는 별도로 작성하여 쌍방이 서명하는 것이지만 경우에 따라서는 수출자가 발행한 최종 오퍼 하단에 수입자가 승낙(Acceptance) 서명을 하거나 아니면 수입자가 발행한 주문서(Oder Sheet)에 수출자가 확인(Acknowledgement) 서명을 하는 것으로 계약서를 대신하기도 한다.

계약서는 수출자나 수입자의 어느 한쪽이 상대방의 양해하에 작성하면 되지만 상대방이 작성한 계약서는 최종 서명하기 전에 꼼꼼히 검토해서 사전에 쌍방 합의한 내용과 다름이 없는지 확인하는 것이 중요하다.

〈계약서 양식과 기재항목〉

계약서는 특별히 정해진 양식은 없으나 무역계약이 간소화하는 경향이 있어 정형화된 계약서 양식을 많이 사용한다. 기재항목도 반드시 기재해야 하는 항목이 있으나 그 외에는 수출자와 수입자 쌍방이 합의해서 필요한 내용과 조건을 포함시키기도 한다.

정형화된 수출계약서의 기재항목은 일반적으로 다음과 같다.

(앞면)

계약서 표제

- Buyer(수입자)명 및 주소
- Seller(수출자)명 및 주소
- Time of Shipment(선적시기)
- Place of Shipment(선적장소 = 선적항)
- Destination(목적지 = 도착항)
- Contract Date(계약체결일)
- Contract No.(계약서 번호)
- Reference No./Remarks(필요할 경우)
- Trade Terms(거래조건)
- Payment Terms(지불조건)
- Description of Goods(상품의 상세 = 품명, 품질 또는 사양 등)
- Quantity(수량)
- Unit Price(단가와 사용통화)
- Amount(총금액)
- Packing(포장) 및 Shipping Mark(荷印)
- Inspection(검사)
- Insurance(보험)
- Special Terms & Conditions(특별조건)

(뒷면 또는 첨부 페이지 = General Terms and Conditions 기재항목)

- Increased Cost(증가비용)
- Payment(결제)
- Shipment(선적)
- Insurance(보험)
- Warranty(보증)
- Patent & Trade Mark etc(특허, 상표권 등)
- Force Majeure(불가항력)
- Default(채무불이행)
- No Assignment(양도금지)
- No Waiver(권리불방기)
- Arbitration(중재)
- Claim(클레임)
- Tax(세금)
- Trade Terms & Governing Law(무역조건 및 준거법)

SALES CONTRACT

Seller SEINE INC 89, UNAM-RO, OSAN-SI, GYEONGGI-DO, KOREA Tel. : +82-10-3XXX-5XXX, e-mail : seine@seineinc.co.kr	**Contract No.** **Date** SEEA-0216 Feb. 16, 2022 **Reference No. or**
Buyer **M/S** EASYTEC TRADING CORPORATION 2312 BROADWAY, NEW YORK, NEW YORK 10010 USA Tel : (123)331-5678 e-mail : pic@easytec.com	**(Remarks)** L/C No. : 8327902/LK **Trade Terms(Shipping Terms)** CIF New York port, USA
Time of Shipment within three(3) months after receipt of L/C	**Payment Terms** irrevocable L/C at sight
Place of Shipment Busan port, Korea	
Destination New York port, USA	

DESCRIPTION OF GOODS	QUANTITY	UNIT PRICE	AMOUNT
S-1211 PROFESSIONAL CIRCULAR SAW	186pcs	US $ 110.00	US $ 20,460.00
S-1218 HEAVY-DUTY CIRCULAR SAW	198pcs	US $ 75.00	US $ 14,850.00
Total : CIF New York port, USA			US $ 35,310.00

Insurance	Insurance shall be borne by Seller.
Packing	Export standard packing
Inspection	Manufacturer's inspection shall be final.
Special Terms & Conditions	

We as Seller are pleased to confirm this day our sale to you, subject to all of the TERMS AND CONDITIONS ON THE FACE AND REVERSE SIDE HEREOF. If you find herein anything not in order, please let us know immediately. Otherwise, these terms and conditions shall be considered as expressly accepted by you, and constitute the ENTIRE AGREEMENT between the parties hereto.

(Buyer) EASYTEC TRADING CORPORATION

by____________________
Name
Title

(Seller) SEINE INC

by____________________
Name
Title

| 유용한 정보 |

해외시장진출 검토 시 5가지 포인트

- **시장규모 파악:** 현지 시장규모를 파악해 자사가 들어갈 여지가 있는지 확인하고 경쟁사는 어떻게 되는지 본다. 시장 자체 규모가 작으면 전망이 없을 수도 있다. 해외진출 비용이나 시간, 노력을 고려하면 리스크를 피하기 위해서도 사전 시장조사가 중요하다.

- **소비자 수요 파악:** 자사 제품을 해외에서 전개하는 경우 현지 유저들의 수요가 있는지, 또 수용하도록 하려면 어떠한 상품개발이나 마케팅을 실시하면 좋은지를 조사할 필요가 있다. 문화나 습관이 달라서 국내에서 히트한 상품이 해외에서도 같은 결과가 된다고는 할 수 없다. 또한 제품의 사양뿐만 아니라 판매전략도 효과적인 방법은 나라마다 다르다. 시장조사를 실시하는 것으로 현지에 수요가 있는지 그리고 니즈에 응하려면 어떠한 제품이나 마케팅이 효과적인지를 파악할 수 있다.

- **경쟁사:** 해외에 진출해서 현지 경쟁사를 분석하는 것은 시장 파악에서도, 소비자의 수요 파악에서도 중요하다. 시장에서 우위에 있는 회사를 조사함으로써 현지 소비자의 니즈나 효과적인 마케팅 방법을 분석할 수 있다.

- **파트너 기업:** 해외진출을 실현하려면 현지 영업에 대해 신뢰할 수 있는 기업을 발굴하는 것도 중요하다. 현지 법규제나 유통 등 시장 사정에 밝은 파트너를 찾는 것은 사업 성공으로 가는 지름길이 된다.

- **법규제:** 해외에서 제품을 판매할 때 인증제도와 상품에 포함되는 원재료나 성분이 현지 법률이나 규제에 준하는지 확인할 필요가 있다. 해외 진출에 성공하려면 먼저 진출 지역과 그 주변 상문화를 꼼꼼히 조사해야 한다. 특히 화장품이나 식품 등을 판매하는 경우에는 사전 조사가 필수이다.

02
수출신용장 수령

포인트

수출입거래에서 대금지불조건이 송금조건이나 추심조건인 경우 계약조건에 따라 업무를 진행하면 되지만 신용장조건인 경우는 먼저 수입자가 개설한 신용장을 수령해야 한다. 신용장의 내용에 계약내용과 다른 것은 없는지 확인하는 것을 잊지 말아야 한다.

신용장 내용 확인 체크포인트	
취소불능신용장인지 여부 확인	신용장은 취소불능신용장(irrevocable L/C)인 것이 중요하다.
신용장의 기재내용이 계약내용과 일치하는지 확인	내용이 서로 다르거나 그 조건을 변경할 필요가 있을 경우는 바이어에게 변경을 요청한다.
신용장통일규칙 준거문언이 있는지 확인	신용장이 법적 구속력을 가지려면 이 규칙을 신용장상에 명시해야 한다. 몇 년도 개정판인지도 확인이 필요하다.
매입은행을 지정한 신용장인지 확인	매입은행지정신용장(Restricted L/C)을 이용할 경우에는 매입은행이 지정되기 때문에 주의가 필요하다.
신용장의 유효기한 및 선적기한 확인	신용장의 유효기한과 반드시 지켜야 할 선적기한을 확실하게 체크한다.
신용장에서 요구되는 서류 등의 사항에 대해 확인	요구되는 서류 등의 종류와 그 요건이 타당한지 확인한다. 또한 환어음 사항도 검토한다.
특수조건의 확인	신용장 효력에 대한 특별한 유보조건을 기재하였는지와 신용장 내용 중 신용장의 조건이행이 불가능한 문언 유무를 확인해야 한다.

개설은행의 신용상태 확인	신용장은 개설은행이 수출대금 지급을 보증하는 증서이므로 개설은행의 신용상태를 확인하는 것이 중요하다.

신용장 수령 후 실무

수출자는 바이어로부터 신용장을 수령하면 '신용장 내용 확인 체크포인트'의 사항에 대해 반드시 확인해야 한다. 만약 신용장 내용 중 계약내용과 일치하지 않는 부분이나 수용하기 어려운 요구조건이 있으면 신용장 조건변경(Amendment)을 요구하여 변경해야 한다. 신용장 내용에 문제가 없으면 그것을 바탕으로 수출물품 확보에 들어간다.

수출신용장 예시와 포인트 해설

다음 예시의 신용장은 SWIFT(세계은행 간 금융데이터 통신협회)시스템을 이용한 방식으로 개설된 일반적인 것으로 본문만 소개한다. 포인트 해설을 참조하여 이 L/C의 전문을 읽고 이해하도록 노력하자.

〈수출신용장 예시〉

27 : Sequence of Total : 1/1

40A : Form of Documentary Credit : ① irrevocable

20 : Documentary Credit Number : 8327902/LK

31C : Date of Issue : 220315

40E : Applicable Rules : ② UCPURR LATEST VERSION

31D : Date and Place of Expiry : 220630 Republic of Korea

50 : Applicant : EASYTEC TRADING CORPORATION

2312 BROADWAY, NEW YORK, NEW YORK 10010 USA

59 : Beneficiary : SEINE INC

89, UNAM-RO, OSAN-SI, GYEONGGI-DO, KOREA

32B : Currency Code, Amount : USD35,310.00

41D : Available With ... By ... : ③ ANY BANK IN REPUBLIC OF KOREA BY NEGOTIATION

42C : Drafts at ... : ④ SIGHT

42D : Drawee : ⑤ NEW YORK BANK, NEW YORK, USA

43P : Partial Shipment : ALLOWED

43T : Transshipment : NOT ALLOWED

44E : Port of Loading/Airport of Departure : BUSAN PORT, KOREA

44F : Port of Discharge/Airport of Destination : NEW YORK PORT, USA

44C : Latest Date of Shipment : 220620

45A : Description of Goods and/or Services :

S-1211 PROFESSIONAL CIRCULAR SAW 186pcs

S-1218 HEAVY-DUTY CIRCULAR SAW 198pcs

DETAILS ARE AS PER SELLER'S SALES CONTRACT NO. SEEA-0216 DATED FEBRUARY 16, 2022.

46A : Documents Required :

⑥ +SIGNED COMMERCIAL INVOICE IN ⑦ QUINTUPLICATE

⑧ +FULL SET OF CLEAN ON BOARD OCEAN BILL OF LADING ⑨ MADE OUT TO THE ORDER OF BANK AND ⑩ BLANK ENDORSED ⑪ FREIGHT PREPAID AND ⑫ NOTIFY APPLICANT

⑬ +MARINE INSURANCE POLICY COVERING 110 PERCENT INVOICE VALUE

IN THE CURRENCY OF DRAFT ⑭ IN DUPLICATE ⑩ ENDORSED IN BLANK WITH CLAIMS PAYABLE IN USA, ⑮ COVERING THE INSTITUTE CARGO CLAUSES(ALL RISKS) ⑯ INCLUDING WAR RISK AND SRCC.

⑰ +PACKING LIST IN ⑱ TRIPLICATE

⑲ +CERTIFICATE OF ORIGIN

47A : Additional Conditions

+ALL DOCUMENTS MUST BEAR OUR CREDIT NUMBER.

+ALL DOCUMENTS REQUIRED UNDER THIS L/C MUST BE ISSUED IN ENGLISH LANGUAGE.

+ALL DRAFTS IN DUPLICATE MUST INDICATE THE L/C NUMBER, DATE OF ISSUE AND NAME :

+THIS CREDIT ⑳ IS SUBJECT TO ㉑ THE UNIFORM CUSTOMS AND PRACTICE FOR DOCUMENTARY CREDITS, 2007REVISION, ICC PUBLICATION NO. 600.

71B : Charges : ALL BANK CHARGES OUTSIDE USA INCLUDING REIMBURSING CHARGES ARE ㉒ FOR ACCOUNT OF BENEFICIARY

49 : Confirmation Instruction : WITHOUT

48 : PRESENTATION PERIOD : TRANSPORT DOCUMENTS MUST ㉓ BE PRESENTED WITHIN 14 DAYS AFTER THE DATE OF SHIPMENT BUT WITHIN ㉔ THE EXPIRY DATE OF THE CREDIT.

53A : Reimbursing Bank :

78 : Instruction to the Paying/Accepting/Negotiating Bank :

DOCUMENTS TO ㉕ BE FORWARDED TO US IN ONE LOT BY COURIER.

57D : 'Advise Through' Bank :

72 : Sender to Receiver Information : ㉖ PLEASE ADVISE BENEFICIARY URGENTLY.

〈신용장 포인트 해설〉

27 : Sequence of Total: 전체 쪽수

40A : Form of Documentary Credit : 화환신용장 종류 ① irrevocable : 취소불능

20 : Documentary Credit Number : 신용장 번호

31C : Date of Issue : 발행일

40E : Applicable Rules : 준거규정 ② UCPURR LATEST VERSION : 신용장통일규칙 최신 버전

31D : Date and Place of Expiry : 유효기한 및 장소

50 : Applicant : 신용장 개설신청인(수입자)

59 : Beneficiary : 수익자(수출자)

32B : Currency Code, Amount : 통화단위, 신용장 금액

41D : Available With ... By ... : ③ ANY BANK IN REPUBLIC OF KOREA BY NEGOTIATION : 대한민국 어느 은행에서나 매입 가능(NEGOTIATION은 협상 또는 교섭의 의미가 일반적이지만 무역에서는 매입을 의미함)

42C : Drafts : 환어음 ④ (AT) SIGHT : 일람불

42D : Drawee : 지급인 ⑤ ISSUING BANK : 신용장 발행은행명

43P : Partial Shipment : 분할선적(허용의 경우는 ALLOWED, 금지의 경우는 NOT ALLOWED (PROHIBITED))

43T : Transshipment : 환적(허용의 경우는 ALLOWED, 금지의 경우는 NOT ALLOWED (PROHIBITED))

44E : Port of Loading/Airport of Departure : 선적항(출발 공항)

44F : Port of Discharge/Airport of Destination : 도착(하역)항(목적지 공항)

44C : Latest Date of Shipment : 최종선적일

45A : Description of Goods and/or Services : 상품 또는 서비스의 명세

46A : Documents Required : 요구서류

⑥ +SIGNED COMMERCIAL INVOICE : 서명된 상업송장 ⑦ QUINTUPLICATE : 5부

⑧ +FULL SET OF CLEAN ON BOARD OCEAN BILL OF LADING : 무고장 본선적재 해상 선하증권 전통(3부)

⑨ MADE OUT TO THE ORDER OF BANK : 은행의 지시식으로 작성(선하증권의 경우 하수인(Consignee)을 TO ORDER로 함으로써 이서에 의한 양도가 가능함)

⑩ BLANK ENDORSED(ENDORSED IN BLANK) : 무기명 이서(백지배서라고도 함)

⑪ FREIGHT PREPAID : 운임 선불

⑫ NOTIFY APPLICANT : 통지처는 신용장개설 신청인

⑬ +INSURANCE POLICY COVERING 110PCT OF THE INVOICE VALUES~~ : 인보이스 금액의 110%를 커버하는 금액의 선박보험증권

⑭ IN DUPLICATE : 2부

⑮ COVERING : THE INSTITUTE CARGO CLAUSES(ALL RISKS) : 전위험담보를 커버하는(신약관에서의 I.C.C.(A)에 해당함)

⑯ INCLUDING WAR RISKS AND SRCC. : 전쟁위험과 동맹파업위험을 포함하는(동맹파업은 스트라이크를 말함, S.R.C.C.는 Strike, Riots and Civil Commotions(스트라이크, 폭동, 소요)의 약어임)

⑰ +PACKING LIST : 포장명세서 ⑱ TRIPLICATE : 3부

⑲ +CERTIFICATE OF ORIGIN : 원산지 증명

47A : Additional Conditions : 추가조건

⑳ BE SUBJECT TO : ~ 를 준거로 하다

㉑ THE UNIFORM CUSTOMS AND PRACTICE FOR DOCUMENTARY CREDITS, 2007REVISION, ICC PUBLICATION NO. 600. : 신용장통일규칙

71B : Charges : 수수료

㉒ FOR ACCOUNT OF BENEFICIARY : 수익자(수출자) 부담으로

49 : Confirmation Instruction : 확인지시사항

48 : PRESENTATION PERIOD : 선적서류 제출기한

㉓ BE PRESENTED : 제출되다

㉔ THE EXPIRY DATE OF THE CREDIT. : 신용장의 유효기일

53A : Reimbursing Bank : 상환은행

78 : Instruction to the Paying/Accepting/Negotiating Bank : 지급/인수/매입은행에 대한 지시사항

㉕ BE FORWARDED TO : ~에게로 보내진다.

57D : 'Advise Through' Bank : 신용장 도착을 수익자에게 통지하는 은행(통지은행)

72 : Sender to Receiver Information : 발신은행이 수신은행에 주는 정보

㉖ PLEASE ADVISE BENEFICIARY URGENTLY. : 신속하게 수익자에게 통지해주십시오.

| 유용한 정보 |

신용장조건과 화환어음, 선적서류의 공통 점검사항

항 목	체크 포인트
☐ 서류의 발행일	신용장의 유효기한 내, 또는 선적기한 내일 것
☐ 상품명	신용장과 인보이스의 상품명이 완전히 일치할 것
☐ 수량	모든 서류에 공통의 단위를 사용하고 일치할 것
☐ 부수(통수)	모든 서류의 부수(통수)는 신용장에 기재되어 있는 대로 할 것
☐ 하인(荷印)	인보이스와 선하증권의 하인(Shipping Mark)이 일치할 것
☐ 포장	인보이스와 패킹리스트상 포장에 관한 기재가 일치할 것

| 유용한 정보 |

관세 환급에 관해서

관세 환급제도라고 하면 여러 경우가 있지만 그중 일반적으로 「수출용 원재료에 대한 관세 등 환급에 관한 특례법」에 의한 환급을 말하고, 환급특례법에 규정된 요건을 충족하면 수입 시 납부한 관세 등을 되돌려주는 제도이다.

- 수입 원재료를 수출 또는 외화획득용 원재료로 사용한 경우에는 신청에 의해 수입하는 때 납부한 관세를 수출자 또는 생산자에게 되돌려 준다.
- 신청기한 및 대상은 물품이 수출 등에 제공된 날로부터 5년 이내, 또는 수출 등에 제공된 날의 말일로부터 소급하여 2년 이내(수출이행기간)에 수입된 해당 물품의 수출용 원재료

환급방법은 납부세액을 증명하는 개별환급과 납부세액을 증명하지 않는 간이정액환급으로 구분된다.

개별환급	간이정액환급
• 수출물품에 소요된 원재료의 양에 대한 납부 관세 등을 환급 • 제출서류: 수출사실확인서류, 납부세액 증명서류, 소요량계산서, 조견표, 자재명세서추가	• 수출금액 1만 원당 일정금액을 정한 간이정액환급률표에 따라 환급 • 제출서류: 수출사실확인서류, 중소기업확인서, 공장등록증

- 간이정액환급은 「중소기업기본법」 제2조의 규정에 의한 중소기업자로서의 요건을 모두 갖추어야 한다.
- 간이정액환급은 원재료 수입단계의 납부 관세 등 증명과 소요량 산정을 하지 않고 환급 신청할 수 있다.
- 개별환급은 수출물품의 제조에 소요된 원재료의 수입 시 납부세액을 산출하여 환급금을 지급하는 것이고, 수출물품 제조에 소요된 원재료의 종류별 양("소요량"이라 함)을 계산하여 동 원재료의 수입 시 납부한 세액을 개별적으로 산출하게 되므로 환급금이 정확하다는 장점이 있으나 소요량 계산이 간이정액환급에 비해 복잡하다는 단점이 있다.

관세 환급 대상 및 방법 등 구체적인 정보에 관해서는 관세청 홈페이지(https://www.customs.go.kr/kcs/main.do, 관세행정 → 기업부담완화제도)를 방문하면 입수할 수 있다. 또는 관세사의 도움을 받거나 관세청 세원심사과에 문의하면 도움을 받을 수 있다.

03
수출물품 확보

포인트

계약서에 명기된 선적 일정에 차질이 없도록 수출물품을 확보하는 것이 대단히 중요하다. 수출물품이 자사 제품이면 생산발주를 해야 하고 그렇지 않으면 외부에 발주해야 한다.

대금지불조건에 따른 수출물품 발주 시기	
대금지불조건	수출물품 발주 시기
신용장조건	거래은행으로부터 신용장 원본을 수령하고서
선(先)송금조건	은행계좌에 대금이 입금된 것을 확인하고서
후(後)송금조건	통상 수출계약이 체결되면 선적 일정에 맞춰서 수출물품 확보에 들어간다.
D/A, D/P조건	

수출계약을 체결하고 나면 수출자는 수출물품을 확보해야 한다. 수출물품 발주 시기는 지불조건이나 거래형태에 따라 다르다. 대금 회수에 특별한 문제가 없을 때는 사전에 발주하기도 한다.

수출자가 제조업체인 경우 수출물품을 생산하기 위해 원자재를 조달하고 수출일정에 맞춰 공장에서 생산하도록 하면 된다. 수출물품이 자사 물품이 아닐 경우에는 외부에서 조달해야 하는데, 대금결제와 상품 인도시기가 다를 때에는 추후 발생할지도 모를 트러블을 방지하기 위해서 수출계약조건을 바탕으로 하여 매매계약서를 작성해둘 필요가 있다.

수출물품 확보 시 대금결제 방법은 다음과 같은 것이 있다.

- 현금결제(선불 또는 후불)
- 내국신용장(Local L/C)
- 구매승인서

수출물품 매매의 경우에도 세금계산서를 주고받는 것이 원칙이며, 내국신용장과 구매승인서 조건 거래에서는 부가가치세가 영세율이 적용된다.

내국신용장과 구매승인서

내국신용장(Local L/C)은 무역업체가 국내에서 수출용 완제품을 구매하여 직수출하거나 수출물품 제조에 필요한 수출용 원자재를 구매하여 제조 가공 후 직수출하거나 국내에 공급하고자 하는 경우 그 업체 의뢰에 따라 외국환은행이 국내의 완제품 또는 원자재 공급업체를 수혜자로 하여 개설한 지급보증서이다.

내국신용장은 개설은행이 물품대금 지급을 보증할 뿐만 아니라 무역금융 융자대상 증빙으로 인정하여 제조 및 가공에 소요되는 생산자금과 수출용 원자재 구입 자금을 무역금융으로 융자받을 수 있다.

구매승인서는 국내에서 생산된 물품을 외화획득용 원료로 구매하는 것을 승인하는 서류이다. 외화획득용 원료 구매를 원활하게 하려는 것으로, 외화획득용 원료 구매승인서라고도 한다. 무역금융 한도가 부족하거나 비금융 대상 수출신용장 등으로 내국신용장을 개설하기 어려울 때 외국환은행이 내국신용장 취급규정에 준하여 발급한다.

구매승인서는 내국신용장과 마찬가지로 수출용 원자재를 공급하는 업체에 수출실적을 인정해주며, 부가가치세도 영세율을 적용하고, 수출용 원자재 수입을 허용하는 등의 용도로 사용된다. 그러나 내국신용장이 개설은행의 대금 지급보증을 받는 데 비해 지급보증을 받을 수 없으므로 대금 지급은 거래당사자 간 계약에 따른다. 수입상들은 은행수수료를 절감하고 업무가 편리하여 선호하나 공급자 입장에서는 상대방 신용이 확실하지 않으면 사용하기 어렵다는 단점이 있다.

| 유용한 정보 |

간이통관의 장점 및 단점

장 점	단 점
• 목록통관에 비해 수량 인정 폭이 넓다. • 목록통관에 비해 가격이 높은 물품을 구입할 수 있다. • 일반통관에 비해 통관소요 시간이 간편하다.	• 관세, 부가가치세가 발생한다. • 외부 판매 시에는 법적 처벌을 받게 된다. • 목록통관에 비해 통관소요시간이 길다.

내국신용장과 구매승인서 비교

구 분	내국신용장	구매승인서
관련 법규	무역금융 관련 규정	대외무역관리규정
개설(발급)기관	외국환은행	외국환은행
거래대상물품	수출용 원자재와 완제품	수출용 원자재와 완제품
개설(발급)비용	일정 개설수수료(은행자율결정)	수수료 없음
개설(발급)조건	신용장 기준, 실적기준, 융자한도 내	업체가 거래증명서류를 구비하여 신청하면 제한 없이 발급(발급근거 확인)
수출실적 인정	무역금융규정 및 대외무역상의 수출실적으로 인정	대외무역관리규정상 수출실적만으로 인정
부가가치세	영세율 적용	영세율 적용
무역금융융자	융자대상	융자대상 아님
지급보증	개설은행이 지급보증	당사자 간 계약으로 지급보증이 없음
개설(발급)근거	• 수출신용장 • 수출계약서(D/P, D/A 등) • 외화표시물품공급계약서 • 외화표시건설, 용역공급계약서 • 내국신용장 • 해당 업체의 과거 수출실적	• 수출신용장 • 수출계약서(D/P, D/A 등) • 외화표시물품공급계약서 • 외화표시건설, 용역공급계약서 • 내국신용장 • 외화입금(매입)증명서 • 구매승인서
개설(발급)제한	2차까지 개설 가능, 단 1차 내국신용장이 완제품 내국신용장인 경우에 한하여 3차까지 개설 가능	차수 제한 없이 순차적으로 발급 가능

04
선적 전 준비사항

포인트

발주한 수출물품의 납기관리를 하면서 수출일정에 맞춰 선적 준비를 한다. 선적에 필요한 서류들을 작성하는 등 선적 전에 해야 하는 사항들을 파악해서 선적일정에 차질이 발생하지 않도록 여유를 두고 준비해야 한다.

선적 전 준비사항

항 목	내 용
선적서류 작성	인보이스, 패킹리스트 등 선적 시 필요한 서류 작성
운송계약	수출자가 운송계약을 하는 인코텀즈 C그룹 규칙과 D그룹 규칙으로 계약한 경우
운송계약 의뢰	수입자가 운송계약을 하는 인코텀즈 EXW, F그룹 규칙으로 계약한 경우 수출자는 수입자에게 의뢰한다.
수출자 운송보험 가입	다음의 경우 수출자가 운송보험에 가입 • 인코텀즈 CIP, CIF로 계약한 경우 • 수출자가 위험부담을 지는 D그룹 규칙으로 계약한 경우
수입자 운송보험 가입	다음의 경우 수입자가 보험에 가입 • 인코텀즈 CPT, CFR로 계약한 경우 • 위험부담을 수입자가 지는 EXW, F그룹 규칙으로 계약한 경우
수출보험 들기	수입자의 신용위험, 수입국의 정치상황 등으로 수출대금 회수에 위험이 따를 것으로 판단하는 경우 가입
선적 전 검사	수출계약에서 선적 전 검사 조항이 있을 경우 국가에 따라 의무적으로 선적 전 검사를 해야 하는 경우

선적서류 작성하기

물품이 확보되고 계약조건에 따라 포장을 완료하면 인보이스, 패킹리스트 등의 선적서류를 작성한다. 신용장조건 거래인 경우 이들 서류는 신용장 내용에 따라 정확하게 작성하고 준비해야 한다.

운송계약

수출계약조건이 수출자가 운송수단을 수배하는 것으로 되어 있다면 직접 또는 포워더를 통해 선적일정에 차질이 없도록 다음과 같이 운송수단을 수배해서 계약해야 한다.

- 수출국내 육상운송: 공장 또는 창고에서 선적항까지
- 해상(항공)운송: 선적항에서 도착항까지
- 계약조건에 따라서는 수입국 내 도착항에서 지정목적지까지 육상운송
- 국제복합운송: 수출국 공장 또는 창고에서 수입국의 지정목적지까지

직접 화물회사, 선박회사나 항공화물운송대리점 또는 국제복합운송의 경우에는 복합운송주선업자와 각각 만나 운송계약을 하기도 하지만 포워더와 접촉하여 구체적인 선적협의를 한 후 의뢰하는 것이 일반적이다. 그리고 수출화물을 운송할 육상운송수단을 예약하고 수출화물을 적재할 본선을 정해서 선복예약(Booking of Ship's Space)을 한다.

수입자에게 선박 지정 요청

계약조건 또는 신용장상에서 수입자가 운송수단을 수배하여 선적하는 것으로 되어 있다면(인코텀즈 규칙 EXW, FCA, FAS, FOB인 경우) 수입자에게 운송수단 지정(Vessel Nomination)을 요청해야 한다. 예정 선적가능일이 정해지면 계약에서 정해진 기간이 있을 경우 그 기간에 맞춰 요청하고 없을 때는 최대한 여유를 두고 요청할 필요가 있다. 요청할 때는 다음 사항을 통지해야 한다.

- 선적예정일(Expected Shipping Date) 및 선적항
- 화물의 순중량(Net Weight)과 총중량(Gross Weight), 용적(Measurement)

운송보험 들기

계약을 인코텀즈 규칙 CIP, CIF, DAP, DPU, DDP로 한 경우에는 운송보험을 수출자가 가입해야 하므로 화재보험회사에 연락하여 협의한 후 보험에 가입하고 보험증서를 수령한다. 신용장조건 거래일 경우에는 신용장에서 지시하는 내용에 따라야 한다.

한편 계약조건이 인코텀즈 규칙 EXW, CPT, CFR, FCA, FAS, FOB인 경우에는 수입자가 보험을 들어야 하므로 보험가입에 필요한 정보를 수입자에게 통지한다.

수출보험 들기

수입자의 신용위험이나 수입국의 정치상황 등으로 수출대금을 회수하지

못할 위험이 있다고 판단될 때에는 수출보험에 가입하면 만약의 경우 도움이 된다. 수출대금 회수에 대비한 수출보험은 선적 전에 가입신청을 해야 하므로 시간 여유를 두고 한국무역보험공사에 문의하고 상담하면 된다.

선적 전 검사의뢰

선적 전 검사(PSI, Pre-Shipment Inspection)는 수출상품을 선적하기 전에 선적할 물품이 약정된 계약물품과 동일 또는 적합한지를 선적지에서 확인·검사하는 것을 말한다.

선적 전 검사는 수입국 또는 수출국 정부의 통상정책에 따라 행해지는 공적 검사와 수입상이 자신을 위하여 행하는 사적 검사가 있다. 공적 검사는 수입국 정부가 지정한 검사기관이 물품을 선적하기 전에 수출국 현지에서 품질, 수량, 수입 거래가격의 적정성 여부 따위를 검사하고 결과에 따라 수입국 도착 후 통관 처분 및 관세를 부과하는 제도이다. 사적 검사는 수출입계약조건에 선적 전 검사항목이 있을 경우 계약내용에 따라 선적지에서 행하는 검사이다.

따라서 선적 전 검사를 요구하는 국가로 수출하는 경우 또는 계약조건에 선적 전 검사가 있는 경우에는 최종선적일을 감안해서 시간 여유를 두고 선적 전 검사를 의뢰해야 한다.

05
수출통관 및 선적

포인트

수출화물은 원칙적으로 수출신고 후 보세지역으로 반입된다. 세관으로부터 수출신고필증을 받으면 선박회사에서 선적을 한다. 선적은 수출신고필증을 받고서 30일 내에 해야 한다.

수출통관 절차	
흐 름	내 용
수출신고	관세사(수출자) → 세관 수출물품을 세관검사를 받고자 하는 장소에 장치한 후 하는 것이 원칙이다. 선적지 세관 또는 수출품 생산지에 있는 내륙지 관할세관에서 하면 된다.
→ C/S시스템	우범물품선별시스템, 검사대상 여부 판단
→ (신고지 수출검사)	검사대상일 경우, 아니면 바로 수출신고심사
→ 수출신고심사	서류심사
→ 수출신고수리	수출신고서의 수리방법: 자동수리, 즉시수리, 검사 후 수리
→ 수출신고수리 통보	세관 → 관세사(수출자), 수출신고필증 교부
→ 운송	신고지에서 적재지로 수출화물 운송
→ (적재지 수출검사)	적재지 검사로 지정된 물품의 경우 CY에 반입된 상태에서
선적	수출신고 수리일로부터 30일 이내 선적

출처: 관세청 홈페이지

수출통관

수출통관절차는 수출하고자 하는 물품을 세관에 신고하고 신고수리를 받아 운송수단에 적재하기까지 과정을 말한다. 수출통관은 모든 세관신고 업무를 통합하여 원스톱 처리가 가능한 관세청의 전자통관시스템인 UNI-PASS로 이루어진다.

수출통관시스템은 수출에 필요한 수출승인신청서, 인보이스, 포장명세서 등 수출신고 첨부서류 작성을 위해 기존에 입력된 자료를 다시 입력하지 않고 추가항목만 입력하도록 함으로써 동일한 내용을 입력하는 데 드는 시간과 비용을 절약할 수 있다.

수출통관시스템은 수출업무시스템, 수출통관정보제공시스템, 통계정보시스템 등으로 구성되어 있다. 특히 수출업무시스템은 신고서 접수 및 심사, 심사 및 검사기준 관리, 통관현황 조회 등으로 구성되어 있으며, 수입통관시스템, 화물시스템 및 환급시스템과 연계 운영된다.

신속통관을 요하는 물품은 세관장의 사전승인을 받아 선적한 후 신고할 수 있으며, 그 외에 특정 수출통관으로 무환수출품에 대한 수출통관, 샘플이나 소액 수출물품에 대한 간이수출통관 등이 있다.

수출통관과 관련해 중소기업은 관세사와 협의하고 의뢰하는 것이 일반적이다. 관세사사무실에서 요청하는 선적서류를 비롯해 통관에 필요한 서류, 통관에 따르는 제반 비용을 함께 관세사사무실에 제출하면 수출통관을 완료한 후 통보해준다.

수출신고서 수리방법

자동수리	• 서류제출 대상에 해당되지 아니한 경우 • 수출신고금액이 미화 10,000달러 이내에서 세관장이 정하는 금액 이하인 경우 • 통관시스템에 의한 우범물품으로 선별되지 아니한 물품
즉시수리	자동수리 대상이 아닌 물품에 대해 검사가 생략되는 물품으로 세관직원이 신고내용을 심사하고 수리를 하는 방법. 대부분 수출신고가 이 방법으로 처리된다.
검사 후 수리	현품 확인이 필요한 경우와 우범화물로 선별된 물품 중 세관장이 검사가 필요하다고 판단한 물품에 실제 검사 후 수리

선적

수출자는 통관시점에 맞추어 운송회사에 확정선복예약(Firm Booking)을 하는 등 선적(Shipment) 절차를 밟는다. 해상운송의 경우에는 선박회사에 직접 연락하든가 포워더에게 연락해서 선적을 의뢰하면 되고, 항공운송이나 복합운송은 별도 대리점 또는 전문운송주선업자에게 연락해서 선적을 의뢰해야 한다.

그러나 실제로는 대부분의 포워더가 모든 운송수단에 대한 선적을 대행하므로 선적에 관해서는 포워더와 구체적으로 상의한 후 의뢰하면 신속하게 대행해준다. 따라서 포워더가 요구하는 선적 수속에 필요한 서류를 제출하면 된다. 이때 신용장 내용에서 선적에 관해 다음과 같은 특별한 조건이 있을 때는 협의한다.

- 웨이빌 발행을 요청한다.
- Surrendered B/L을 희망한다.

시점확인필
GTSA1740
0004에 의해
UNI-PASS

USD 1,120.01
EUR 1,336.47

수출신고필증(수출이행, 갑지)

※ 처리기간 : 즉시

① 신고자 관세법인	⑤ 신고번호	⑥ 세관.과 040-15	⑦ 신고일자	⑧ 신고구분 H 일반P/L신고	⑨ C/S구분 A

② 수출대행자 케이티씨
(통관고유부호) 케이티씨-5-05-1-01-3 수출자구분 C
수 출 화 주 케이티씨
(통관고유부호) 케이티씨-5-05-1-01-3
(주소)
(대표자) 김진호 (소재지) 18284
(사업자등록번호)

⑩ 거래구분 83 수리용물품	⑪ 종류 A 일반수출	⑫ 결제방법 GN 무상거래
⑬ 목적국 DE GERMANY	⑭ 적재항 ICN 서울/인천	⑮ 선박회사 (항공사)
⑯ 선박명(항공편명)	⑰ 출항예정일자	⑱ 적재예정보세구역 04099999
⑲ 운송형태 40 ETC		⑳ 검사희망일 2021/03/26

㉑ 물품소재지 22363 인천광역시중구 운서동 국제물류센터
04077012 /

③ 제 조 자 미상
(통관고유부호) 제조미상-9-99-9-00-0
제조장소 22317 산업단지부호 999

㉒ L/C번호	㉓ 물품상태 O
㉔ 사전임시개청통보여부 N	㉕ 반송 사유

④ 구 매 자
(구매자부호) DEVOXELJ0002F

㉖ 환급신청인 (1:수출대행자/수출화주, 2:제조자)
자동간이정액환급 NO

●품명 · 규격 (란번호/총란수 : 001/001)

㉗ 품 명 USED INDUSTRIAL PC
㉘ 거래품명 USED INDUSTRIAL PC
㉙ 상표명

㉚ 모델 · 규격	㉛ 성분	㉜ 수량(단위)	㉝ 단가(EUR)	㉞ 금액(EUR)
(NO.01)		1 (EA)		

㉟ 세번부호	8471.49-9000	㊱ 순중량	15.0 (KG)	㊲ 수량	1 (U)	㊳ 신고가격(FOB)	
㊴ 송품장부호	KTC20210324-1	㊵ 수입신고번호		㊶ 원산지	TW---N	㊷ 포장갯수(종류)	1(CT)
㊸ 수출요건확인 (발급서류명)							

㊹ 총중량	21.0 (KG)	㊺ 총포장갯수	1(CT)	㊻ 총신고가격 (FOB)	$1,575 ₩ 1,763,859
㊼ 운임(₩)	0	㊽ 보험료(₩)	0	㊾ 결제금액	FOB-EUR-1,319.79
㊿ 수입화물 관리번호				⑤ 컨테이너번호	N

※신고인기재란
선적기간 :

⑤ 세관기재란
귀사는 관세환급대상 수출실적이 있음에도 관세환급을 신청하지 않은 업체로 추정됩니다. 통관세관 또는 관세사에게 관세환급 가능여부를 구체적으로 확인하여 보시기 바랍니다. 통관대행 관세사는 해당 수출업체가 관세환급제도를 이용할 수 있도록 이 정보를 안내해 주시기 바랍니다.
'20.7.1일부터 중소기업의 컨테이너 수출입화물에 대해 세관검사비용을 지원하고 있으니, 지원 대상여부를 확인하시어 신청하시기 바랍니다.
(unipass.customs.go.kr)

세관 THE REPUBLIC OF KOREA

⑤ 운송(신고)인 ⑤ 기간 부터 까지	⑤ 적재의무기한	2021/04/26	⑤ 담당자	⑤ 신고수리일자	2021/03/26

발 행 번 호 : Page : 1/1

(1) 수출신고수리일로부터 30일내에 적재하지 아니한 때에는 수출신고수리가 취소됨과 아울러 과태료가 부과될 수 있으므로 적재사실을 확인하시기 바랍니다
(관세법 제251조, 제277조) 또한 휴대탁송 반출시에는 반드시 출국심사(부두,초소,공항) 세관공무원에게 제시하여 확인을 받으시기 바랍니다.
(2) 수출신고필증의 진위여부는 수출입통관정보시스템에 조회하여 확인하시기 바랍니다(http://unipass.customs.go.kr)

* 본 신고필증은 전자문서(PDF파일)로 발급된 신고필증입니다.
* 출력된 신고필증의 진본여부 확인은 전자문서의 '시점확인필' 스탬프로 클릭하여 확인할 수 있습니다

포워더는 선적수속을 밟고 정해진 본선에 선적을 완료한 후 선하증권을 건네준다. 선적과 관련하여 주의할 사항은 신용장조건 거래인 경우에는 반드시 신용장에 명기된 내용에 따라 선적기한을 맞추는 것은 물론이고 서류작성을 하고 선적통지를 해야 한다는 것이다. 사전 선적통지 내용으로는 본선명, 항해번호(일반적으로 항차라 함), 상품명세, 출항예정일, 도착예정일 등이 명기되는 것이 일반적이다.

〈컨테이너선 선적〉

화물이 컨테이너 하나를 채울 수 있는 다량화물인 FCL(Full Container Load) Cargo이냐, 컨테이너 하나를 채울 수 없는 소량화물인 LCL(Less than Container Load) Cargo이냐에 따라 선적절차가 조금 다르다.

• FCL Cargo의 경우

① 수출자는 선박회사로부터 수출용 화물을 실을 빈 컨테이너를 제공받고 기기수도증(EIR, Equipment Interchange Receipt)에 서명한다.

② 생산공장 또는 보세창고에서 수출용 화물을 컨테이너에 싣는다. 이를 Vanning 또는 Stuffing이라 한다.

③ 제3자의 검수인 또는 책임자가 컨테이너별로 화물의 수량이나 상태를 확인하고 봉인한(seal) 후 컨테이너 명세서(CLP, Container Load Plan)를 작성한다.

④ CLP, 부두수령증(D/R, Dock Receipt), 수출신고필증과 함께 컨테이너화물을 CY(Container Yard) Operator에 제출하고, CY Operator가 서명한 부두수령증을 돌려받는다. 수출자는 선박회사에서 부두수령증을 선하증

FCL Cargo 선적의 흐름

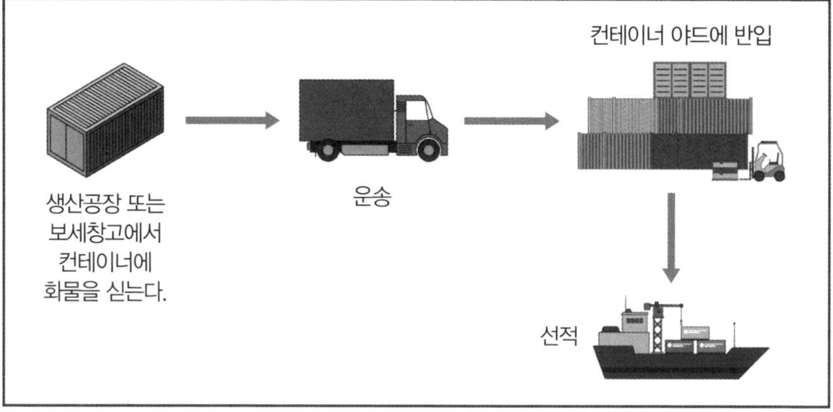

권과 교환한다.

⑤ 수출용 컨테이너는 정해진 본선에 실린다.

• **LCL Cargo의 경우**

① 수출자는 자신의 책임하에 수출화물을 선박회사가 지정한 CFS(Container Freight Station, 화물집하지)로 운송한다(대개 포워더가 대신해준다).

② CFS에 반입되면 CFS담당자(Operator)가 화물수령을 증명하는 화물인수도증(FCR, Forwarder's Cargo Receipt)을 발행한다.

③ CFS에서 목적지 및 적입의 적합성 등을 고려하여 다른 화물과 혼재(consolidate)된다. 내륙 CFS에서 적하된 화물은 컨테이너 전용열차 또는 트럭으로 컨테이너 터미널로 수송된다.

이상의 과정을 수출자는 운임상 혜택과 동일지역행 화물 혼재를 용이하게 하고자 대부분 포워더에게 의뢰한다.

④ CFS Operator는 작성한 CLP와 함께 혼재컨테이너를 CY Operator에

LCL Cargo 선적의 흐름

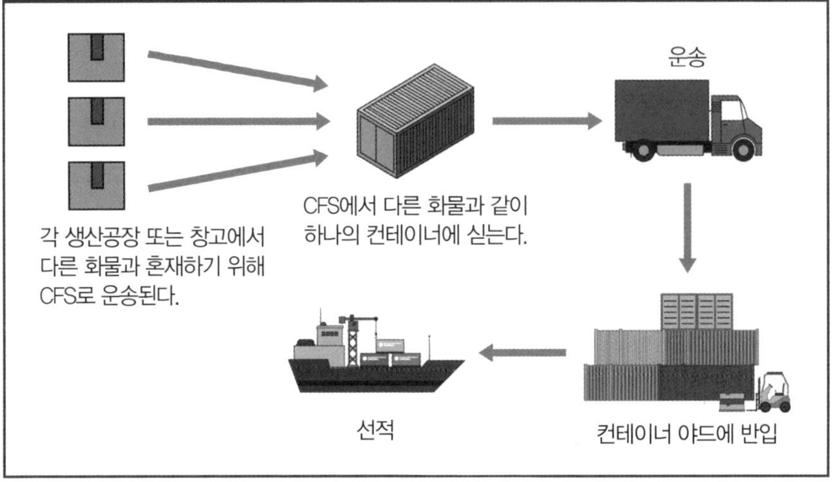

게 인도한다.

⑤ CY Operator는 정해진 본선에 싣는다.

〈재래선에 선적〉

① 선박회사에 선복을 신청(S/R, Shipping Request)하고, 이를 선박회사가 승낙하면 인수확약서(Booking Note)를 교부한다. 이로써 운송계약은 성립된다.

② 선박회사는 계약된 화물을 목적지까지 운송할 것을 선장에게 지시한다. 이 지시서를 선적지시서(S/O, Shipping Order)라 하며, 화주 요구로 발급된다. 직접선적의 경우에는 화주에게 교부되고, 장치장 집화인 경우에는 화주 또는 선박대리업자(포워더)에게 교부되면 이것을 본선에 제출하여 일등항해사(chief mate)의 서명을 받은 후 선적을 실행한다.

③ 본선 적재 시 본선 측과 화주 측은 선적지시서대로 선적되었는지 검수

인(tally mate)의 입회하에 확인하고 그 결과를 검수표(tally sheet)로 작성하여 일등항해사에게 보고한다.

④ 일등항해사는 이것을 선적지시서와 대조한 후 화물을 창내에 적부하고 화물수령의 증거로 본선수취증(M/R, mate's receipt)을 발급한다. M/R은 특별한 요청이 없는 한 선박회사 내부에서 왕래된다.

⑤ 하주(또는 포워더)는 선박회사에 본선수취증을 제시하고 선하증권(B/L)을 발급받는다.

그런데 선적지시서 내용과 화물이 불일치하거나 화물이나 포장에 이상이 있는 경우 M/R상에 'Remarks'가 기재된다. 이 M/R을 고장부수취증(foul receipt)이라 하며, 이를 그대로 기재하여 발행된 선하증권을 foul B/L이라 한다. 이 경우 수출자는 선박회사와 협의하여 파손화물보상장(L/I, Letter of

재래선 선적의 흐름

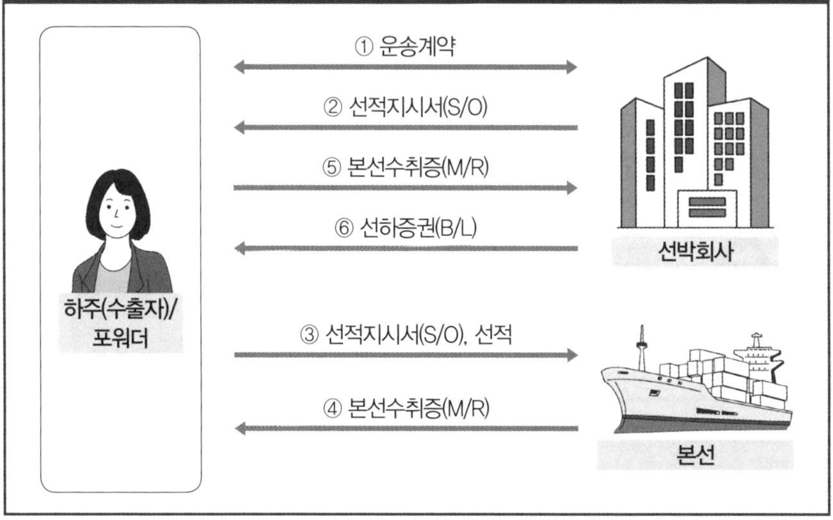

Indemnity) 및 선박회사에 책임을 전가하지 않는다는 각서를 제출하고 무고장 선하증권(clean B/L)을 교부받는다.

※ 개품운송계약에서 주의해야 할 항목은 운송화물, 선적수량, 적재선박, 선적일, 선적항 및 목적지항, 운임, 선내인부임부담조건, 하역조건 등이다.

〈항공운송 선적〉

수출화물의 선(기)적 준비가 완료되면 항공화물운송대리업자나 포워더에게 연락하여 선적을 의뢰한다. 운송대리업자나 포워더는 화물의 픽업에서부터 선적에 필요한 모든 절차를 완료하고 항공화물운송장(AWB)을 건네준다. 항공화물운송장은 항공회사가 발행하는 운송장을 'Master Air Waybill'이라 하고, 포워더가 발행하는 운송장을 'House Air Waybill'이라 하여 구분한다.

항공기 운송도 컨테이너 운송과 마찬가지로 유니트화되어 실린다. 항공운

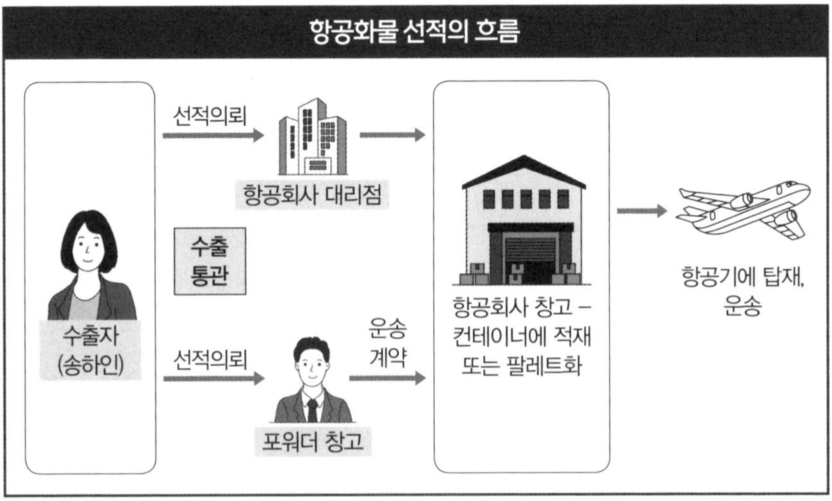

송에서는 UNIT LOAD DEVICES(ULD)라고 불리는데 컨테이너와 팔레트 두 형태로 운송된다. 사이즈는 국제기준이 있는데, 표준사이즈가 컨테이너와 팔레트 모두 길이 125인치(3.17m) × 폭 96인치(2.43m)이다(컨테이너는 높이가 큰 것이 96인치(2.43m)이다).

항공운송에서는 신용장조건 거래의 경우 신용장조건으로서 항공운송장의 하수인(荷受人, Consignee)을 신용장발행은행으로 하는 것이 일반적이다. 그 이유는 수입자가 대금을 결제하지 않고 화물을 인수하는 것을 방지하기 위해서이다.

이 경우 수입자는 화물을 인수하려면 신용장발행은행에서 '항공화물인도지시서(Release Order)'를 교부받아야 한다. 이를 항공회사에 제출하고 항공회사 또는 항공대리점이 발행하는 Delivery Order(D/O)를 받아 소정의 장소에서 화물을 인수할 수 있다.

〈국제복합운송 선적〉

수출화물의 선적 준비가 완료되면 국제복합운송업자나 포워더에게 연락하여 선적을 의뢰한다. 복합운송업자나 포워더는 화물을 수취하면 복합운송증권을 발행해준다. 그런데 복합운송증권의 경우 신용장조건 거래 실무에서는 다음과 같은 점에 주의할 필요가 있다.

① 복합운송주선인(Forwarder)이 발행하는 경우가 많으므로 on board가 되지 않고 수취한 상태에서 발행되는 경우가 있어 주의를 요한다. 신용장 거래에서는 아직 많은 바이어가 관습적으로 "Full set of clean on board ocean bill of lading made out to order blank endorsed..."와 같은 표

현을 쓰기 때문이다.

비록 UCP600 19조 (a) ii 에 발행일자를 선적일로 본다고 하는 규정이 있지만 실제 매입은행에서 본선적재부기가 없으면 하자로 잡는 경우가 종종 있다. 이런 경우에는 선적부기 표시(선적항, 선적일자와 서명권자의 서명)를 해서 분쟁 소지를 없애는 것이 좋다.

② 운송인 명칭을 표시한다(명칭과 Carrier나 As agent of carrier라고 표시).

③ 운송인, 선장 또는 기명대리인이 서명한 것이어야 한다. 대리인이 서명한 경우 누구를 위해 서명했는지 명확히 해야 한다.

④ 신용장에 명시된 발송지, 수탁지, 선적지, 최종목적지가 기재되었는지 반드시 확인한다.

⑤ 용선계약이 적용된다는 표시가 있어서는 안 된다.

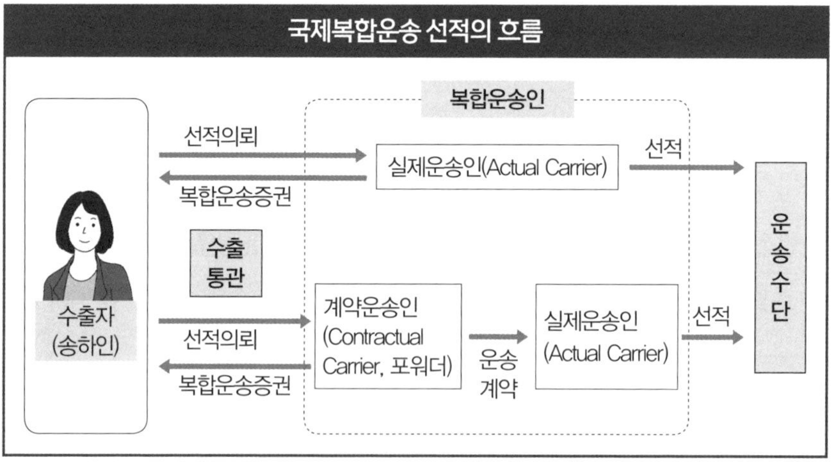

| 유용한 정보 |

중국횡단철도(TCR, Trans Chinese Rail)

China Land Bridge인 TCR은 러시아의 보스토치니를 통하여 북유럽으로 가는 TSR보다 2,000km, 해상운송로보다는 9,000km가량 거리가 짧아지고 운송기간도 1주일 정도 줄일 수 있다. 이 TCR을 이용하여 유럽행 화물을 운송하는 경우 운송비를 15~20% 정도 절감할 수 있다.

RFS(Road Feeder Service, 한중간 트럭복합일관수송체계)란?

RFS서비스는 타 지역 항공화물을 트럭으로 공항까지 운반, 항공기로 환적한 후 최종목적지까지 수송하는 트럭-항공기 연계 복합운송서비스로, 중국 항공화물을 인천공항에 유치하려고 도입된 제도이다. 운송경로의 예는 '중국화물 → 칭다오공항 → 中트럭 → 칭다오항 → (페리) → 인천항 → 인천공항 → 항공기 → 미주행'이다.

| 유용한 정보 |

선복예약 시 주의점

선복(Ship's space)예약 시에 가능하면 다음 사항에 주의할 필요가 있다.

- 계약 또는 신용장 지정의 선적기한 내에 선적할 수 있는 배일 것
- 신용이 있는 선박회사를 선택할 것
- 기항지가 적고 목적지 도착이 빠른 배를 선정할 것
- 속도가 빠르고 설비가 좋은 신조선을 선정할 것
- 수출할 화물을 사고 없이 하역, 보관, 운반할 수 있는 배를 선정할 것

06

수출대금의 수령 및 사후관리

포인트

선적을 완료하면 수출대금회수를 위해 신용장거래의 경우 환어음을 작성한다. 환어음에 선적서류를 첨부한 화환어음을 은행에 제시하고 매입을 의뢰한다.

환어음 당사자

구 분	내 용	신용장거래	추심거래
발행인 (drawer)	환어음을 발행하고 서명하는 사람	수출자	수출자
지급인 (drawee)	환어음상에 금액을 지급하도록 지정되어 있는 사람	개설은행, 상환은행	수입자
수취인 (payee)	환어음 대금을 지급받는 사람	매입은행	수출자 (추심 전 매입: 매입은행)

수출대금의 수령

수출품의 선적이 완료되면 수출자는 계약조건 또는 신용장 조건에 따라 환어음을 발행하고 선적서류를 비롯하여 수출대금 회수에 필요한 제반 서류를 갖추어 거래 외국환은행에 환어음의 매입 또는 추심을 의뢰한다. 이때 외국환은행과 거래가 처음일 경우에는 화환어음거래약정을 체결해야 한다.

일람불신용장(at sight L/C) 거래의 경우에는 매입서류가 신용장조건과 일치하는지 등을 검토하고서 문제가 없으면 매입을 결정하고, 제반 수수료와 무역금융대출 등을 공제한 후 수출대금을 지급해준다.

D/P, D/A거래의 경우 신용장거래와 달리 매입은행이 서류를 검사할 의무는 없으며, 수출자가 추심을 의뢰하면 수입지 은행에 추심한 후 자행(自行)에 수출대금 입금이 확인되면 수출자에게 대금을 지급한다. 그런데 경우에 따라서는 추심 전에 매입하고 바로 수출자에게 대금을 지급하는 사례도 많다.

사후관리

바이어 한 사람을 만나 수출을 성사시키기까지는 많은 노력을 기울인다. 물론 어려움은 말할 것도 없다. 어렵게 만난 바이어를 수출 한 번으로 관계가 끝나면 아쉬움이 많을 것이다. 반복적 오더를 받기 위해 관계를 계속 유지하면서 관리해야 한다. 한 번 거래한 거래처와 계속 거래관계를 유지하는 일이 처음 거래처를 발굴하는 것보다 더 중요하다.

세계시장은 정보통신기술의 발달로 무한경쟁시대라 할 수 있으므로 해외 바이어들에게는 선택의 폭이 넓어져 기존 수출시장 확보를 위해 바이어 관리가 더욱 중요하다. 바이어 관리요령을 다음과 같이 기술한다.

- 수출하고 나면 바이어에게 수시로 제품에 대한 반응은 물론 시장 현황을 문의하고 지원할 사항이 있으면 지원한다. 바이어의 현지 판매활동을 적극 지원하는 것도 한 방법이다.
- 바이어와 상호 신뢰와 이해를 바탕으로 공생할 수 있게 수익을 최적화하는 방법을 모색한다. 바이어가 적정 이익을 추구하게 하는 것이 중요

하다.

- 과잉 바이어 접대가 되지 않도록 주의한다. 바이어는 항상 가격인하를 염두에 두므로 접대가 지나치다고 느끼게 해서는 안 된다. 되도록 몸으로 때우는 접대를 선택하고 현금이 들어가는 접대는 삼가는 편이 좋을 수 있다.
- 바이어 관리카드를 작성하고 가끔 전화로 바이어 관심사항에 대해 이야기 나누며 정보를 제공한다. 기념일에는 간단한 선물을 제공하는 등 호감을 표시하고 인간적 관계를 유지하려고 노력한다. 바이어 칭찬은 아끼지 않아야 한다.
- 바이어의 사소한 불만이나 개선 요청사항도 귀담아듣고 긍정적 답변을 제시하는 등 불평하는 바이어 마음을 잡아야 한다.

PART 6

수입실무

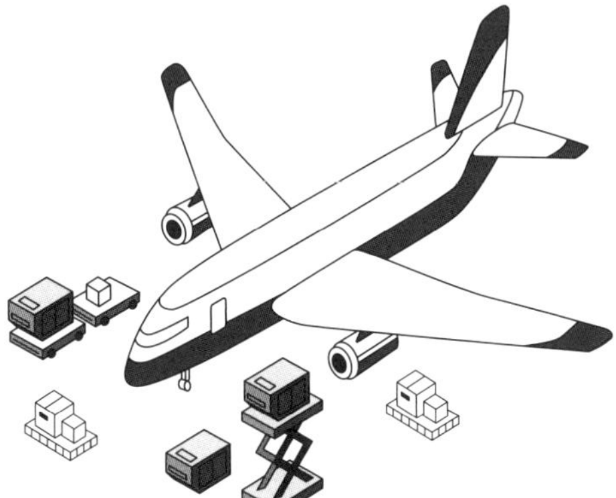

01

수입상품과 해외거래처 발굴

POINT

해외로부터 제품을 수입하려면 먼저 수입자는 국내시장을 조사하고 시장에 맞는 외국제품을 찾는다. 수입할 제품이 정해지면 해외에서 공급자를 발굴한다. 좋은 수입비즈니스를 하려면 해외거래처 선정이 대단히 중요하다.

수입상품과 해외거래처 선정 시 고려사항	
수입상품 선정 시 고려사항	• 자신이 경험하고 지식이 있는 분야 • 국내에서 잘 팔리기 시작한 제품 • 신규수입상품(시장형성 문제가 따르지만) • 해당 상품의 수입에 따른 법적 문제(특별법 등)
해외거래처 선정 시 고려사항	• 수출할 의욕이 있는지 • 안정적인 공급 문제(생산체제, 납기 등) • 가격경쟁력 문제 • 품질과 사양 변경 가능성 문제

수입상품 발굴

수입할 상품을 발굴할 때는 해외시장에서 잘 팔리는 상품이라 해서 국내시장에서도 반드시 잘 팔리는 것은 아님에 유의해야 한다. 국내에도 트렌드가 있으므로 국내시장 상황을 파악하고 소비자 구매의욕을 불러일으킬 수 있는 상품을 발굴하는 것이 중요하다. 그러려면 국내시장에 대한 이해도를 높일 필요가 있다. 잘 팔리는 제품의 공통점을 알아두면 수입상품 발굴에 도움이 많이 될 것이다.

〈잘 팔리는 수입상품의 공통점〉

- 우리나라 사람의 욕구에 맞는 제품(디자인, 색상 등)
- 반복해서 소비자가 구매하는 제품(가격과 품질)
- 한국에 없는 제품
- 편리성과 기능성이 좋은 제품
- 유행상품

수입상품은 국내에서 발굴할 수도 있고 직접 해외에 나가서 발굴할 수도 있다.

1) 국내에서 발굴하기

- 인터넷 검색: 거래알선사이트나 해외쇼핑몰에 접속하여 수입상품을 발굴할 수 있다.
- 국내에서 개최하는 전시회: 해외에서 한국에 수출하려는 제조회사들이 국내에서 개최되는 전시회에 참가한다. 관심 있는 분야의 전시회를 참관하고 외국 제조회사의 상품을 확인할 수 있다.
- 상품정보지 또는 각종 출판물: 해외에서 발간되는 상품정보지와 각종 출판물에는 신제품이나 유망상품을 소개한다. 이들 정보를 잘 활용하면 좋은 상품을 발굴할 수 있다.
- 업종별 디렉토리: 세계 각국의 상공회의소나 무역 관련 기관에서 비치한 디렉토리를 활용할 수 있다.

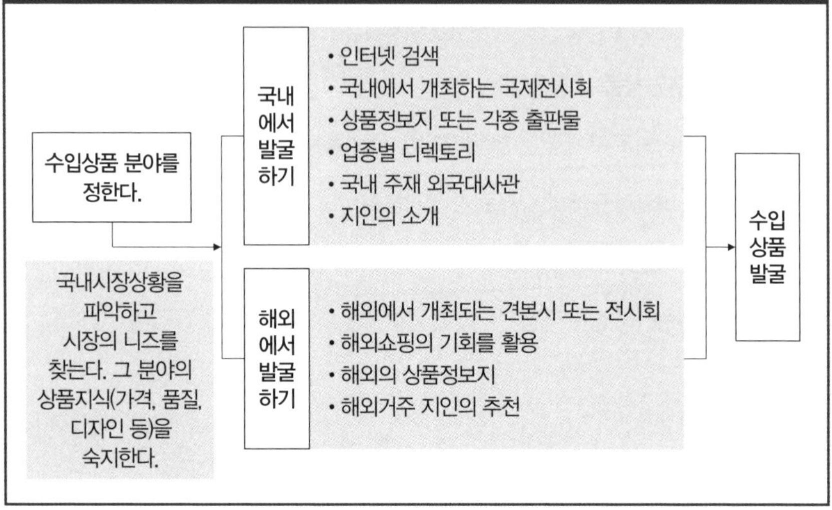

수입상품 발굴 방법

• 국내 주재 외국대사관 또는 외국의 무역 관련 지원기관 국내사무소: 외국대사관이나 이들 사무소는 자국 상품을 한국에 팔려고 애쓰므로 여기를 방문해 발굴할 수 있다.
• 지인 소개: 기존 거래처의 지인이 추천하는 상품

2) 외국에서 발굴하기

• 해외에서 개최되는 견본시 또는 전시회: 직접 해외에서 개최되는 견본시나 전시회를 참관하고 상품 설명을 듣고서 발굴할 수 있다.
• 해외쇼핑의 기회 활용: 해외 출장이나 여행 시에는 시간을 내어 쇼핑한다. 좋은 상품을 발굴할 기회이다.
• 해외의 상품정보지: 각국에서 발간되는 상품정보지를 활용해서 발굴할 수 있다.

해외거래처 발굴 방법

수입해야 할 원자재 또는 상품이 정해져 있다면 해외에서 해당 상품의 공급처를 발굴하면 된다. 해당 품목을 생산하는 회사 또는 공급회사 정보를 입수하여 검토한 후 몇 개 회사를 선정하여 거래를 제의한다. 해외거래처(공급처) 발굴은 다음과 같은 방법을 활용하는 것이 일반적이다.

- 지인 소개
- 인터넷 활용: 국내외 무역 관련 지원기관의 무역거래알선사이트 활용
- 한국무역협회, KOTRA 등과 같은 무역 관련 지원기관에 비치된 자료 활용 또는 상담
- 국내외에서 개최되는 전시회 또는 각종 상품의 견본시 활용
- 주한 외국공관 또는 외국 상공회의소 등의 한국 내 사무소에 의뢰
- 외국의 상공회의소 등과 같은 무역 관련 지원기관에 의뢰
- 외국의 해당 상품의 협회 또는 조합의 회원사 리스트 활용
- 해외시장조사 또는 쇼핑기회 활용
- 국내외에서 발간되는 각종 출판물 또는 상품정보지 활용
- 국내 무역 관련 지원기관의 해외 주재사무소 활용

해외공급처는 어느 나라에서 찾으면 좋을지 검토할 필요가 있다. 그 상품 분야에서 정평이 있는 나라나 지역이 있으므로 그곳에서 찾아보는 것이 좋을 수도 있다. 그러나 상품의 경쟁력과 환율변동 등을 고려해서 몇 국가의 회사와 접촉하고 최종적으로는 상품의 국제경쟁력을 체크해서 해외공급처를 발굴하는 것을 권한다.

02
국내시장조사

POINT

수입할 물품이 정해지면 그 물품이 국내시장에 수용될지 알기 위해 국내시장조사가 필요하다. 수입에 따르는 법규제와 국내시장 적합성, 시장규모 등을 조사한다. 만약 제품이 국내시장에 맞지 않으면 품질과 사양변경이 필요하다.

국내시장조사 항목

구 분	내 용
법적 규제 확인	• 수입을 제한하는 수입승인품목인지 확인 • 수입승인품목인 경우 수입요건을 충족할 수 있는지 확인 • 특별법의 규제를 받는 경우 그 내용 확인 • 수입품에 대한 국내인증제도
시장성 확인	• 해당 수입상품이 한국 시장에 적합한지 조사 • 적합하지 않으면 시장에 맞게 품질이나 사양의 변경 가능성 확인 • 가격경쟁력을 확인하기 위한 유통단계별 거래가격 조사 • 샘플과 시장반응 확인 – 고객에게 샘플을 제시한 후 반응 확인
유통구조 확인	• 유통 형태는 어떻게 이루어지는지 • 수입관세율과 유통단계별 마진율, 최종소비자 가격 • 해당 상품의 거래관습

※ 수입물품의 규제 여부를 파악하려면 해당 물품에 대한 HS번호를 알아야 한다.

국내시장조사

수입물품과 해외공급처가 정해지면 해당 물품에 대한 국내시장조사를 한 후 이를 바탕으로 해외 공급처와 협상한다. 국내시장조사를 하지 않고 먼저 해외공급처와 협상한 뒤 계약하면 추후 정식으로 수입할 때 국내 관련 법규제로 어려움이 있을 수 있어 수입계약 전에 국내시장조사는 꼭 필요하다.

국내시장조사에서 중요한 항목은 앞의 표를 참고하면 되지만 그 외에 시장규모와 경쟁회사 현황 그리고 거래 관행 등을 파악하는 것도 중요하다.

유통 루트 검토

수입품의 국내 판매는 수입 형태 또는 수입물품에 따라 방법에 차이가 있을 수 있다. 따라서 어떤 형태의 판매 루트를 활용하여 판매할지 사전에 검토해둘 필요가 있다. 수입품의 판매 루트는 일반적으로 다음과 같은 다섯 가지 형태가 있다.

- 일반적인 도매 루트: 도매상을 통하여 소매점에 상품을 유통하는 판매
- 소매점에 직접 판매: 대형 소매점인 백화점, 할인점, 슈퍼마켓, 양판점, 쇼핑몰 등에 도매상을 거치지 않고 직접 판매하는 것
- 소비자에게 직접 판매
- 통신판매 루트: Cable TV, Credit Card 등을 통한 판매
- 기존 판매 루트

유통채널은 시장의 수요동향, 판매예측, 채산성 등을 확인하여 결정한다.

수입에 관련되는 법규제

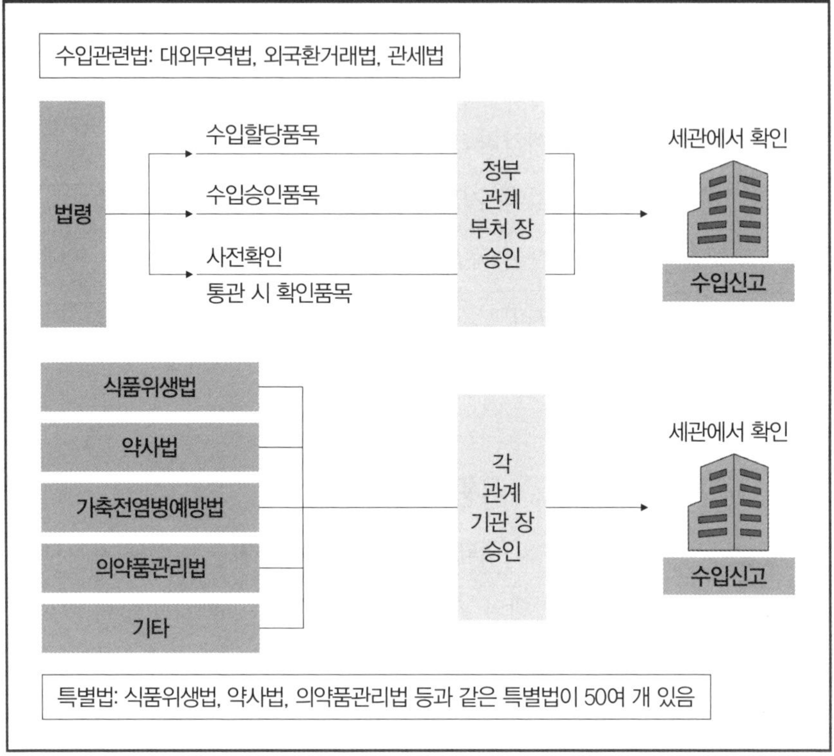

※ 수입상품의 법규제 및 수입절차는 해당 상품의 HS번호를 참고로 해서 '품목별 수출입 요령'집에서 확인할 수 있다.

| 유용한 정보 |

Surrendered B/L, Check B/L, FCR에 관해서

Surrendered B/L, Check B/L, FCR은 B/L의 종류가 아니며 다음과 같은 의미를 가지는 말이다.

- **Surrendered B/L:** 선박회사가 선적을 완료하면 B/L을 발급하여 수출자(송하인)에게 교부해주어야 하나 수출자가 Surrender를 요청하면 Original B/L을 수출자에게 교부하지 않고 그 대신에 B/L의 'non-negotiable copy'에 자사의 Sign방을 찍어 교부하고 이것으로 수입상이 물품을 찾을 수 있도록 하는 것을 말한다. Surrendered B/L은 신용장에서 명시적으로 요구하고 있는 경우에만 사용된다. 선적서류의 도착기일보다 운송기간이 짧은 지역 간의 무역거래에서 이용되고 있다.

- **Check B/L:** 선박회사가 정식 선하증권을 발급하기 전에 선하증권 양식에 맞춰 내용을 작성하여 수출자에게 확인하도록 보내는 것을 말한다.

- **FCR:** Forwarder's Cargo Receipt의 약어로 Forwarder(운송주선인)가 수출자로부터 화물을 수령하고 그때마다 발행하는 화물수령증을 말한다. 선박을 보유하고 있지 않은 운송주선인이 발행하는 House B/L도 FCR의 일종이다. 그리고 Forwarding Agents Certificate of Receipt(FCR)는 FIATA(국제운송주선인협회)가 제정한 화물수령증으로서 비유통성증권이며 신용장상에 특별히 명시가 있어야 수리가 가능하다.

| 유용한 정보 |

전용선(專用船)의 종류

화물선은 용도에 따라서 다른데, 다음과 같은 종류가 있다.

- 벌크선: 포장하지 않은 곡물이나 석탄 등을 대량으로 수송한다.
- 오일 탱커(Oil Tanker): 내부 탱크에 원유를 저장해서 수송한다.
- 자동차전용선: 자동차를 운반하기 위해 주차장이 층층으로 되어 있는 배
- LNG선: 초저온화한 천연가스를 운반하는 배
- 컨테이너선: 화물이 실린 컨테이너를 운반하는 배

03

수입협상에서 계약까지

POINT

국내시장조사를 바탕으로 해외공급처에 견적을 요청하고 필요할 경우 샘플을 요구하는 등 정식 인콰이어리를 보낸다. 또한 공급처와 가격, 납기, 지불조건 등 구체적인 조건에 대해 협상해서 합의되면 주문서를 발행하고 계약을 체결한다.

정식 오퍼요청에서 계약체결까지

항 목	당사자	비 고
① 정식오퍼요청	수입자 → 수출자	인콰이어리(Inquiry)
② 오퍼제시	수출자 → 수입자	견적서(Quotation)
③ 카운터 오퍼 제시	수입자 → 수출자	Counter Offer, 조건의 일부 변경이나 새로운 조건 제시
④ 승낙 또는 일부 조건 수정 제시	수출자 → 수입자	수출자가 승낙의 경우 계약 성립
⑤ 승낙 또는 일부 조건 수정 제시	수입자 → 수출자	수입자가 승낙의 경우 계약 성립
⑥ 승낙	수입자 ↔ 수출자	거래조건을 쌍방 완전 합의
⑦ 주문서 발행	수입자 → 수출자	Purchase Order(Order Sheet)
⑧ 계약체결	수입자 ↔ 수출자	Purchase Contract

※ 카운터 오퍼는 실무상 여러 번에 걸쳐 교환된 후 어느 한쪽의 승낙으로 계약이 성립되는 것이 일반적이다.

① 정식오퍼요청

국내시장조사 내용을 바탕으로 수출자에게 정식으로 오퍼요청을 하는 인콰이어리를 보낸다. 인콰이어리에는 수입하고 싶은 상품명과 수량을 알려주면서 오퍼를 의뢰하는 것이 일반적이다. 경우에 따라서는 거래조건 일부를 먼저 제시하기도 하고 필요하다고 생각될 때는 샘플을 요청하기도 한다.

② 오퍼제시

인콰이어리를 받은 수출자는 그 내용을 검토하고 해당 상품의 가격을 포함한 구체적 거래조건을 명기한 오퍼를 수입자에게 보낸다. 확정오퍼는 반드시 유효기한을 명기하는 것을 염두에 두어야 한다.

③ 카운터 오퍼 제시

수입자는 수출자로부터 받은 오퍼를 검토하고 무조건 승낙하면 계약은 성립된다. 그런데 오퍼 조건의 일부 또는 전부를 받아들일 수 없을 때 수입자는 일부 조건의 변경 또는 새로운 조건을 제기할 수 있다. 이를 카운터 오퍼라 한다.

④ 승낙 또는 일부 조건 수정 제시

수입자의 카운터 오퍼에 대해 수출자가 승낙하면 계약은 성립한다. 그러나 받아들일 수 없을 경우 수출자는 문제 되는 조건에 대해 변경된 조건을 제시하든가 아니면 기존의 조건을 유지한다.

⑤ **승낙 또는 일부 조건 수정 제시**

수출자의 ④ 회신에 수입자가 승낙하면 계약은 성립된다. 그러나 받아들일 수 없는 경우 수입자는 다시 문제가 되는 조건에 대해 자신의 변경된 조건을 제시한다.

⑥ **승낙**

상기의 ③ 카운터 오퍼 제시에서 쌍방이 합의하기까지는 실무상 카운터 오퍼가 여러 번에 걸쳐 교환된 후 어느 한쪽의 승낙으로 계약이 성립되는 것이 일반적이다. 계약은 오퍼나 카운터 오퍼의 내용을 상대방이 무조건 승낙을 해야 성립한다.

- 수출자의 오퍼에 대한 수입자의 승낙: Acceptance
- 수입자의 주문에 대한 수출자의 승낙: Acknowledgment

⑦ **주문서 발행**

전면적으로 합의에 도달한 거래조건을 바탕으로 수입자는 주문서를 발행한다. 주문내용이 간단한 경우에는 주문서신(Order Letter)으로 하지만 복잡한 경우에는 주문서(Order Sheet)를 작성하여 수출자에게 보낸다. 주문서를 수령한 수출자가 Acknowledgment(승낙서)를 보냄으로써 계약은 완전히 성립된다. 승낙서는 수령한 주문서 하단에 Acknowledgment 사인을 해서 보내는 것이 일반적이다.

⑧ **계약체결(수입계약서 작성)**

수입계약서의 타이틀은 수출자와 수입자의 입장에 따라 다르기는 하지만

'CONTRACT OF PURCHASE'로 하는 것이 일반적이다.

정형화된 수입계약서 내용은 수출과 거의 같다. 다만 이면의 인쇄약관이 수출계약서는 수출이 유리하게, 수입계약서는 작성자인 수입자에게 유리한 내용으로 구성된다. 계약서 작성형식은 수출계약서과 마찬가지로 다음과 같다.

- 별도 계약서를 작성하여 쌍방이 서명날인하는 형식
- 수입자가 발행한 주문서(Offer Sheet)에 수출자가 승낙(Acknowledgement)의 서명을 하는 형식
- 수출자가 발행한 최종 오퍼 하단에 수입자가 승낙(Acceptance)의 서명을 하는 형식

수입계약서 양식과 기재항목

계약서는 법적으로 정해진 양식은 없다. 수입계약에도 정형화된 계약서 양식을 많이 사용한다. 수입계약의 주요 기재항목도 수출계약의 항목과 거의 같은 사항이지만 당연히 수입 특유의 항목도 포함한다. 정형화된 수입계약서 기재항목은 상품 분야에 따라 약간씩 다르지만 일반적으로 다음과 같다.

(앞면)

계약서 표제

- Buyer(수입자)명 및 주소
- Seller(수출자)명 및 주소
- Contract No.(계약서 번호)
- Contract Date(계약체결일)

- Description of Goods(상품의 상세 = 품명, 품질 또는 사양)
- Quantity(수량)
- Unit Price(단가와 사용통화)
- Amount(총금액)
- Payment Terms(지불조건)
- Insurance(보험)
- Packing(포장) 및 Shipping Mark(荷印)
- Inspection(검사)
- Time of Shipment(선적시기)
- Place(Port) of Shipment(선적장소 = 선적항)
- Terms of Shipment(선적조건)
- Destination(목적지 = 도착항)
- Special Terms & Conditions(특별조건)

(뒷면 또는 첨부 페이지 = General Terms and Conditions 기재항목)

- Quality Assurance(품질보증)
- Force Majeure(불가항력)
- Trade Terms(거래조건)
- Industrial Property Right(공업소유권)
- Intellectual Property Right(지적재산권)
- Inspection(검사)
- Non-responsibility for Infringement of Patents and Trade Marks(특허 침해 면책)
- Claim(클레임)
- Arbitration(중재)
- Tax(세금)
- Governing Law(준거법)

SEINE INC.
89, UNAM-RO, OSAN-SI,
GYEONGGI-DO, KOREA
Tel : +82-31-3xx-5199
e-mail : seine@seineinc.co.kr

CONTRACT OF PURCHASE

SEINE INC. as Buyer hereby confirm the purchase from the under-mentioned Seller of the following goods(the "Goods") on the terms and conditions given below INCLUDING ALL THOSE PRINTED ON THE REVERSE SIDE HEREOF, which expressly agreed to, understood and made a part of this Contract ;

SELLER'S NAME & ADDRESS		BUYER'S DEPT.		DATE
		BUYER'S CONTRACT NO.		SELLER'S REF. NO.
MARKING	COMMODITY & QUALITY	QUANTITY	UNIT PRICE	AMOUNT
TERMS OF DELIVERY		PAYMENT TERMS		
PORT OF SHIPMENT				
PORT OF DESTINATION		PACKING		
INSPECTION		SPECIAL TERMS & CONDITIONS		
INSURANCE				
TIME OF SHIPMENT				

Accepted and confirmed by

(SELLER)	(BUYER)
BY ______________	BY ______________
NAME	NAME
TITLE	TITLE

(SEE GENERAL TERMS AND CONDITIONS ON REVERSE SIDE)

04

수입신용장 개설

POINT

수입계약을 하고 나면 수입자는 계약조건에 따라 수입상품의 대금을 지불해야 한다. 대금지불조건이 신용장조건일 경우에는 계약조건을 바탕으로 선적일정을 고려해서 신용장을 개설한다.

신용장개설 절차

거래은행과 신용장개설 약정 체결	신용장개설을 위한 금액 한도를 받는다. 이미 약정되어 있으면 생략
↓	
신용장개설 신청서 작성	각 은행의 자체 양식에 따라 계약내용을 바탕으로 작성
↓	
신용장개설 수수료 지급	은행마다 약간씩 차이가 있다.
↓	
개설은행의 신용장개설	개설은행은 신청서에 따라 신용장을 개설하고 통지은행에 송부한다.
↓	
신용장개설 복사본 수령	신용장 복사본을 받아 신용장개설 신청서와 비교 확인한다.

신용장개설 시 구비서류

- 수입신용장 발행신청서와 담보차입증, 신용장거래 약정서: 신용장개설은 개설은행이 대외적으로 지급을 확약하는 여신행위이므로 이와 수반하여 수입업자로부터 통상 수입신용장발행신청서 배면에 인쇄된 신용장거래 약정서를 징구하고 있다.
- Offer Sheet 또는 Proforma Invoice
- 보험증서(해상운송보험의 부보가 수입자인 경우)

신용장개설 시 유의사항

- **신용장 자체에 관한 사항**
  - 수익자, 개설의뢰인의 회사 및 주소 등은 약호를 사용하지 말아야 한다.
  - 신용장 금액은 표시통화 및 계약금액과의 일치 여부를 확인하고 숫자와 문자를 병기한다. 'about', 'circa' 또는 이와 유사한 표현은 쓰지 말아야 한다. 있으면 10% 이내에서 과부족을 인정하는 것이 된다.
  - 선적기일, 신용장 유효기일, 서류제시기일은 오해할 소지가 없도록 명확하게 기입한다. 서류제시기일이 명시되지 않을 경우 선적일로부터 21일까지 허용된다.
  - 양도신용장의 경우는 개설은행에 의해 반드시 'Transferable'이 표기되어야 한다.
  - 신용장통일규칙 문언채택-개설은행이 알아서 함

• **환어음 및 결제에 관한 사항**

- 지급기일(tenor)이 계약내용과 일치해야 한다. 일람불(at sight)인가, 기한부(usance)인가 구분해서 표시한다.
- 결제방법으로 신용장 금액의 100%를 일시불인가 아니면 분할결제인가 확인하고 명확히 표시한다.

• **선적서류에 관한 사항**

- 요구하는 선적서류의 종류와 통수 그리고 선적서류의 조건을 구체적으로 명시
- 운송서류는 수하인을 개설은행으로 하고, Notify Party는 개설의뢰인 또는 개설의뢰인이 지정하는 자(회사)로 한다. 운임 지불에 관해서도 'Prepaid' 또는 'Collect'를 명확히 표기한다.
- 운송조건이 CIF, CIP인 경우 신용장상 보험서류가 요구된다.

• **상품 및 선적에 관한 사항**

- 상품이 많고 복잡할 경우 대표적 상품명세만 기입하고 첨부하는 것으로 표시한다.
- 선적항, 도착항은 계약내용과 일치 여부를 확인한다.
- 분할선적, 환적을 명확히 표시한다.

• **특수조건에 관한 사항:** 수입자 국가, 수입상품, 거래방식 등의 특성에 따라 요구되는 사항이 있을 경우 기재한다.

신용장개설 신청서 양식 및 포인트 설명

신용장발행 신청서의 양식은 각 은행에 따라 약간씩 다르다.

포인트 설명(321페이지의 취소불능화환신용장 발행 신청서 샘플 참조)

① 신용장 발행신청 은행명 기재, 신청일 기재

② Advising Bank명 은행에서 기입

40 : Irrevocable 은행에서 기입

20 : 신용장 번호(L/C No.) 은행에서 기입

31 : 신용장 유효기한 및 장소 기입, 장소는 대부분 수출국이 되지만 수입국이 되는 경우도 있다.

50 : 신용장 발행신청자명 및 주소, 전화번호 등을 기입

59 : 신용장 수익자명 및 주소, 전화번호 등을 기입

32 : 신용장 금액을 기입

39 : 신용장 금액의 과부족 편차를 기입(해당 사항이 아니면 그대로 두면 됨)

42C : 화환어음의 기간을 기입–일람불일 경우 'sight'를 기입하면 된다.

42 : 화환어음의 지급인을 기입–신용장 발행은행이 되며 은행에서 기입

42M : 혼합지급으로 사용이 가능한 경우 그것들의 결정에 필요한 지급일자, 금액 그리고/또는 방법 등을 기입(해당 사항이 아니면 그대로 두면 됨)

43P : 분할선적의 허용 여부를 체크

43T : 환적의 허용 여부를 체크

44A : 선적항(또는 발송지/수탁지)을 기입

44B : 목적지항(또는 도착지)을 기입

44C : 최종 선적기일을 기입

③ 수입하는 화물에 대해서 정확하게 기입(경우에 따라 별지첨부를 해도 됨)

46: 이 신용장에서 요구하는 서류 체크, 추가서류(있을 경우) 기입

47 : 추가(특별)조건 (있을 경우) 체크 및 기입

71 : 수수료 부담에 관한 사항으로 그대로 두면 됨

48 : 선적 후 서류가 지급, 인수 또는 매입을 위해 제시되어야 하는 제한일수 기입 (일반적으로 7일에서 10일 정도임)

49 : 수신은행(receiving bank) 앞 확인에 대한 지시사항 기입(Confirmed L/C일 경우)

53 : 개설은행에 의하여 상환을 이행하도록 수권받은 상환은행명 기입(은행에서 기입)

57 : 수익자에게 통지하기 위하여 경유해야 하는 은행명 기입(은행에서 기입)

④ 신용장 발행신청서의 신청인 주소, 전화번호, 성명 기입 및 날인

| 유용한 정보 |

목록통관과 일반통관의 비교

	목록통관	일반통관
서류	송장 + 개인통관고유부호	수입신고서 + 송장 + 개인통관고유부호
분류	자가 사용 물품으로 목록통관 분류 물품	자가 사용 물품으로 목록통관 대상 제외 물품
물품가액 기준 (CIF가격)	물품가격 + 현지세금 + 현지 배송비 + 과세표준운임 (국제운임은 제외)	
과세	물품가액이 150달러(미국의 경우 200달러) 초과 시 일반통관으로 분류되어 관세, 부가세를 납부해야 한다.	물품가액이 150달러 초과 시 관세, 부가세를 납부해야 한다. 자가 사용기준 초과 시 관세, 부가세 또는 과태료 발생

취소불능화환신용장 발행 신청서
APPLICATION FOR IRREVOCABLE DOCUMENTARY CREDIT

부(지점)

계	대리	차장	부부장	부점장

① TO: DATE: . . .

② ※ Destination LT(Advising bank): (Bank code:)

※ M:40 : Form of documentary credit: irrevocable

※ M:20 : Documentary credit number: □ Airmail(우편등기 필요시 표기함)

M:31 : Date and place of expiry:

M:50 : Applicant:

M:59 : Beneficiary(Write full address & tel):

M:32 : Issuing Amount:

0 :39 : Pct credit amount tolerance(more or less):

0 :42C : (Draft tenor) Drafts at: (□ Banker, □ Shipper's, □ Domestic)

※0 :42 : Drawee(Bank) (□ Remittance Basis의 경우 표시할 것)

※0 :42M : Mixed payment details

0 :43P : Partial shipments: □ Allowed □ Not allowed

0 :43T : Transshipment: □ Allowed □ Not allowed

0 :44A : On board/disp/taking charges(Loading port):

0 :44B : For transportation to(Unloading port):

0 :44C : Latest date of shipment:

Commodity description	Origin	Price Terms	Unit Price	Total Amount

③

0 :46 : Documents required: ☒ Signed commercial invoice in quintuplicate ☒ Packing list in triplicate

☒ Full set of clean on board ocean bills of lading made out to the order of KOREA ABC BANK marked "Freight" and "Notify accountee"

□ Air Way Bills "Freight" □ Freight Certificate of Origin

□ Full set of marine insurance Policy or Certificate or declaration: 110% invoice value(Institute cargo clause)

□ Inspection certificate issued by Additional Documents(if any)...

0 :47 : Additional(Special) conditions: □ Emblem _______________must be marked on the surface of each package and beneficiary must certify to this effect on commercial invoice. ☒ All documents must bear our credit number.

0 :71 : Charges: All banking commissions and charges including reimbursement charges outside Korea for account of beneficiary.(or □ applicant)

0 :48 : Period of presentation: Documents must be presented within( ) days after the date of shipment, but within the validity of this credit.

M:49 : Confirmation instruction: (Confirmed L/C 개설 시 표시할 것)

※0 :53 : Reimbursement bank:

※0 :57 : Advise thru bank:

위와 같이 신용장발행을 신청함에 있어서 위 기재사항이 수입허가(승인)사항과 틀림없음을 확인하고 따로 제출한 수입거래약정서의 각 조항에 따를 것을 확인하며 아울러 위 수입화물에 관한 모든 권리를 귀행에 양도하겠습니다.

④ 주 소: (전화번호:)

인감대조	금융담당 책 임 자 지급보증 확 인	

신청인:

05

수입대금결제 및 선적서류 수령

POINT 신용장 조건 거래는 은행으로부터 선적서류가 도착했음과 환어음을 결제하도록 연락을 받으면 대금을 지불하고 선적서류를 수령한다.

수입대금 결제방법		
화환어음 결제	신용장 결제	개설은행의 지급보증
	무신용장 추심결제 (D/A, D/P)	개설은행의 지급보증이 없음
무화환어음 결제 (송금결제)	선송금	수출자는 대금수령 후 선적 선적서류는 직접 수출자로부터 수령함
	후송금	선적 후 일정기한 내에 송금 선적서류는 직접 수출자로부터 수령함

계약조건에 따라 수입물품의 선적기일이 다가오면 해외공급처에 선적일정을 확인하고 물품대금을 준비한다. 일람불신용장조건 거래의 경우 신용장 개설의뢰인(수입자)은 개설은행으로부터 선적서류의 도착 및 환어음의 지급에 대해 통지를 받으면 선적서류가 개설은행에 도착한 일로부터 정해진 기일 이내에 수입대금을 결제하고 선적서류를 수령하면 된다.

신용장 개설은행은 선적서류가 도착하면 신용장조건과 일치하는지 검토

신용장조건거래에서 대금결제의 흐름

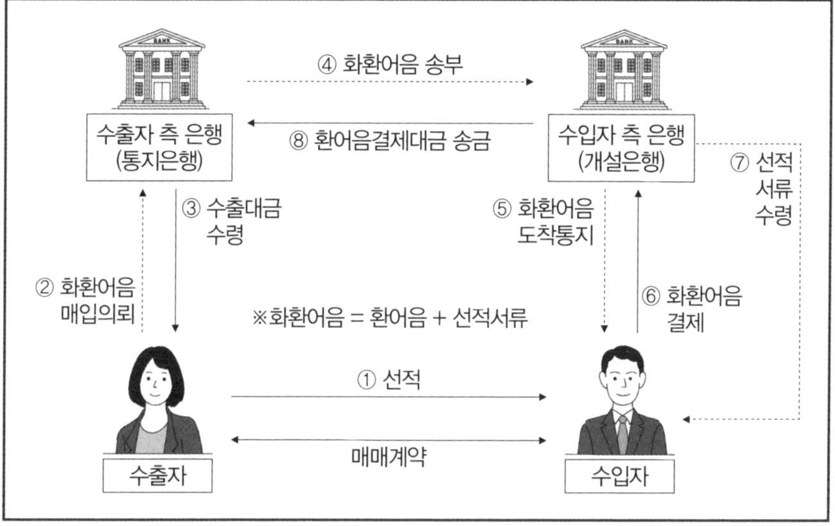

한다. 만약 불일치한 것을 발견하면 신속하게 개설의뢰인에게 이를 알리고 서류의 인수 여부를 확인한다. 개설의뢰인이 신용장조건불일치 서류의 수령을 수락하면 개설은행은 통상대로 결제처리하고 선적서류를 개설의뢰인에게 인도한다.

만약 개설의뢰인이 서류의 수령을 거절하면 개설은행은 수출지에 있는 매입은행에 지급거절을 통지하는 등 거절절차를 밟는다.

D/P, D/A방식의 거래일 경우에는 수입자의 거래은행은 수출지의 은행으로부터 추심어음 및 선적서류가 도착하면 수입자에게 어음의 도착 및 선적서류의 수령을 통보한다. 수입자는 D/P방식의 경우는 어음대금을 지급하고, D/A방식은 어음을 인수하고서 선적서류를 수령한다.

송금결제의 경우 선적서류는 선적하고 난 후 수출자로부터 직접 수령한다.

06

수입통관

POINT

수입화물이 보세구역에 반입되면 세관에 수입신고를 하고 통관수속을 밟는다. 수입신고가 수리되면 관세 등 세금을 납부한 후 수입신고필증을 발행해 받는다.

수입통관의 흐름	
물품반입 (장치장)	외국으로부터 물품도착 후 보세구역에 물품을 장치한다.
→ 요건구비 (수입화주)	• 수입화주는 요건확인 · 세율추천 · 감면추천서를 수입 신고하기 전에 구비해야 한다. • 전산망 연계기관의 경우에는 요건확인 · 세율추천 · 감면추천서를 전자문서로 신청 및 제출이 가능하다.
→ 수입신고 (신고인)	• 신고인은 수입신고서를 작성하여 통관시스템에 전송한다. • 통관시스템은 검사대상과 서류제출대상을 선별한 후 신고인에게 접수 통보한다.
→ 신고서처리 (세관)	• 검사 건은 현품 확인 후 서류로 통관심사를 한다. • 서류제출 건은 서류로 통관심사를 한다. • P/L(Paperless) 건은 화면으로 통관심사를 한다. • 심사 결과 이상 없는 건은 결제등록한다.
→ 담보제공 또는 사전납부	• 수입화주는 물품을 인도받기 위해 세관에 납세담보를 제공하거나 세금을 사전에 납부해야 한다.

→ 신고수리	• 세금이 수납되었거나(사전납부) 담보가 설정된 경우(사후납부)에는 통관시스템에서 자동으로 신고수리가 된다. 수입신고필증을 수령한다.
→ 물품반출	• 수입화주는 보세구역(장치장소) 운영인에게 물품반출을 요청하여 보세구역에서 물품을 반출한다.
사후납부 (수입화주)	• 수입화주는 신고수리 후 15일 이내에 세금을 납부해야 한다.

출처: 관세청 홈페이지

수입통관

수입통관은 물품이 외국에서 우리나라 국내로 이동하는 경우 세관통관을 의미한다. 세관에 수입신고를 하고 서류심사와 검사를 받고 관세·내국세를 납부한 후 수입신고필증을 받아 수입물품을 수령하는 과정을 수입통관절차라고 한다.

수입신고도 수출신고와 마찬가지로 전자통관시스템인 UNI-PASS에서 한다. 수입통관시스템은 수입신고서 접수 및 심사, 수입C/S, 상표권관리, 까르

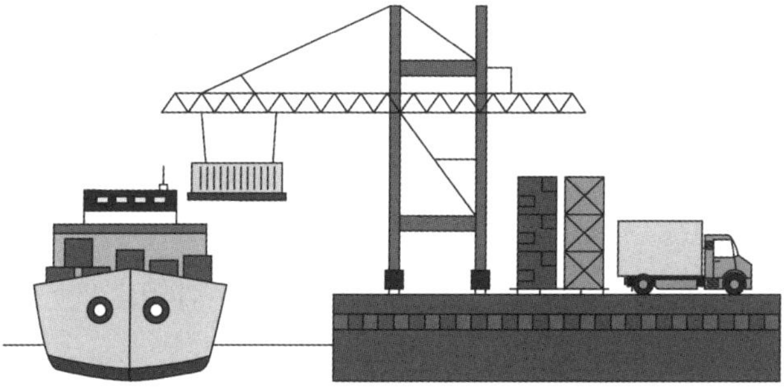

네 관리, 정보관리 등으로 구성되어 있으며, 100% 전자문서에 의한 신고가 이루어지고 있다. 또한 은행과 연계되어 인터넷뱅킹에 의한 전자수납이 이루어지며, 요건확인기관과 연계되어 전자문서에 의한 확인 및 처리가 가능하도록 되어 있다.

수입통관은 대개 관세사에게 의뢰

수입통관에 관해서는 관세사와 협의하고 의뢰하는 것이 편리하다. 대부분의 중소기업에서도 수출통관과 마찬가지로 관세사에게 통관을 의뢰하는 것이 현실이다. 관세사가 요구하는 서류를 제출하고 통관에 필요한 관세를 포함한 제반 비용을 관세사사무실에 건네주면 관세사사무실은 관세청 통관망과 연계되어 있는 UNI-PASS 또는 EDI(Electronic Data Interchange, 전자문서교환방식) 전산망을 이용해서 수입통관을 위한 수입신고를 한다. 관세사는 세관에서 신고가 수리된 것을 PC에서 확인한 후 관세, 부가가치세 등을 은행에 납부하고 수입신고서 내용을 출력하여 화주에게 교부한다. 화주는 이를 가지고 창고료 등을 납부한 후 화물을 수령한다.

수입신고 시기

물품이 항구(공항)에 도착한 후 신고하는 것이 원칙이나 신속 통관을 위해 도착 전이라도 신고 가능하다. 그뿐만 아니라 해당 물품을 적재한 선박이 수출국에서 출항하기 전에도 수입신고가 가능하다. 선박 또는 항공기가 출항하기 전에 선박회사 또는 항공회사(대리점 포함)는 출항지 세관장에게 적하목록을 제출하고 입항지에 있는 선박회사 또는 항공회사에 적하목록을 송부해야 한다. 적하목록이 제출되지 않으면 신고수리가 불가능하다.

〈관세감면에 대해〉

관세감면을 받으려면 납세의무자가 관세감면신청서를 작성하여 수입신고 시에 제출해야만 한다.

〈수입신고수리 조건의 부가〉

우리나라 관세법에서는 수입통관 후 특정한 용도에만 사용해야 하는 물품 등에 대해서는 수입신고수리 시 해당 의무를 이행하도록 조건을 부가하고 해당 물품의 신고수리를 받은 자가 부가된 의무를 이행하도록 하고 있다. 대상물품은 다음과 같다.

- 신고한 용도로 사용하지 않고 다른 용도로 사용할 우려가 있는 물품
- 원산지표시 대상물품으로 수입신고수리 후 분할 재포장 시 원산지표시 의무를 이행하도록 되어 있는 물품
- 기타 수입 관련 다른 법령 규정에 따라 수입신고수리 후 특정의무를 이행하도록 되어 있는 물품

수입신고조건 불이행 시에는 세관장이 불이행물품에 대해 지정된 보세구역에 반입토록 명령을 할 수 있고, 수입신고조건을 이행토록 강제할 수 있으며, 이행하지 않을 경우에는 관세법에 따라 처벌받게 된다.

UNI-PA

수 입 신 고 필 증

(갑 지)

※ 처리기간 : 3일

① 신고번호	② 신고일	③ 세관.과	⑥ 입항일	⑦ 전자인보이스 제출번호
40420-22-000219M	2022/03/15	040-C1	2022/03/15	
④ B/L(AWB)번호	⑤ 화물관리번호		⑧ 반입일	⑨ 징수형태 11

⑩ 신 고 인 관세법인
⑪ 수 입 자 케이티씨(케이티씨-5-05 1-01-3 A)
⑫ 납세의무자 (케이티씨-5-05-1-01-3 / 124-37-28498)
(주소)
(상호) 케이티씨
(성명) 김진호
⑬ 운송주선인 (주)네슈라항운(KNCX)
⑭ 무역거래처 DER&GFAS0001H
⑮ 통관계획 F 도착후부두식반출
⑯ 신고구분 A 일반P/L신고
⑰ 거래구분 11 일반형태수입
⑱ 종류 21 일반수입(내수용)
⑲ 원산지증명서 유무 N
⑳ 가격신고서 유무 N
㉑ 총중량 91 KG
㉒ 총포장갯수 1 CT
㉓ 국내도착항 ICN 인천공항
㉔ 운송형태 40-FTC
㉕ 적출국 DE GERMANY
㉖ 선기명 KE530 KR
㉗ MASTER B/L번호 18057545375
㉘ 운수기관부호
㉙ 검사(반입)장소 04077003-223089907T((주)대한항공)

● 품명 · 규격 (란번호/총란수 : 001/001)
㉚ 품 명 EPOXIDE RESIN
㉛ 거래품명
㉜ 상표 NO

㉝ 모델 · 규격	㉞ 성분	㉟ 수량	㊱ 단가(EUR)	㊲ 금액(EUR)
(NO. 01)				
SIGNAL WHITE (RAL 9003)TIN / 1KG		10 EA		

1란 을지 계속

㊳ 세번부호 3907.30-9000
㊴ 과세가격(CIF) $ 3,096 / W 3,829,719
㊵ 순중량 60 KG
㊶ 수 량 0
㊷ 환급물량 26 KG
㊸ C/S검사 S 생략
㊹ 검사변경
㊺ 원산지 DE-B-S-
㊻ 사후확인기관
㊼ 특수세액 0.00
㊽ 수입요건확인 (발급서류명)

㊾ 세종	㊿ 세율(구분)	51 감면율	52 세액	53 감면분납부호	감면액	*내국세종부호
관	6.50 (C가가)	0.00			0	
부	10.00 (A)	0.00			0	

54 결제금액(인도조건-통화종류-금액-결제방법) CFR-EUR-2,827-TT
59 환 율 1,354.5500
55 총과세가격 $ / W
57 운 임 0
58 보험료 0
59 가산금액 0
60 공제금액 0
64 납부번호 040-11-22-06868390
65 부가가치세과표

61 세 종	62 세 액
관 세	
개별소비세	0
교통에너지환경세	0
주 세	0
교 육 세	0
농어촌특별세	0
부가가치세	
신고지연가산세	0
미신고가산세	0
63 총세액합계	

※신고인기재란
업태 = 제조.도매종목 = 무역달러환율 = 1,236.8500

66 세관기재란
- 사후심사결과에 따라 적용세율 변경될 수 있음.
'20.7.1일부터 중소기업의 컨테이너 수입화물에 대해 세관검사비용을 지원하오니 지원 대상 여부를 확인하시어 신청하시기 바랍니다.
(unipass.customs.go.kr)
- 관세법 제157조의 2에 따라 화주 또는 반입자는 수입신고 수리 후 15일 이내에 수입화물을 반출하여야 함.(위반시 과태료 부과)

INCHEON MAIN CUSTOMS 인천세관 THE REPUBLIC OF KOREA

67 담당자 000000
68 접수일시 2022/03/15 13:20
69 수리일자 2022/03/15

발 행 번 호 : 세관.과 : 040-C1 신고번호 : Page : 1/2

* 본 신고필증은 발행 후 세관심사 등에 따라 정정,수정될 수 있으므로 정확한 내용은 발행번호 등을 이용하여 관세청 인터넷통관포탈 (http://unipass.customs.go.kr) 에서 확인하시기 바랍니다.
* 본 수입신고필증은 세관에서 형식적 요건만을 심사한 것이므로 신고내용이 사실과 다른 때에는 신고인 또는 수입화주가 책임을 져야 합니다.

| 유용한 정보 |

항공화물 중량의 종류와 계산법

중량의 종류로 실중량과 부피중량, 운임중량이 있다. 실중량과 부피중량 중 더 높은 것이 운임중량이 된다.

실중량	부피중량	운임중량
실제 화물의 중량 (Gross Weight)	부피를 중량으로 변환한 중량 (Volume Weight)	실중량과 부피중량 중 더 높은 중량 (Chargeable Weight)

〈화물 부피를 중량으로 환산하는 기준〉

국제항공운송협회(IATA)에서 6,000cm^{3}을 1kg으로 하도록 규정하고 있다.
그래서 중량환산은 센티미터를 기준으로 가로(cm) × 세로(cm) × 높이(cm)/6,000cm^{3}로 계산하게 되며 CBM이라는 표현보다는 Volume Weight라는 표현을 사용한다. 그래서 단위도 kg이 된다.
따라서 중량환산법은
① 가로 × 세로 × 높이(cm)/6,000cm^3 또는
② CBM × 167kgs
※ 1CBM은 1 × 1 × 1(m)이고, 이를 cm로 표시하면 100 × 100 × 100(cm)
= 1,000,000(cm)/6,000cm^3 = 166.66kgs → 통상 167kgs으로 적용

한편 해상운송에서는 미터를 기준으로 1CBM(1 × 1 × 1m)은 1,000kg으로 적용하고 있다. 운임중량을 Revenue Ton이라고도 표기한다.

07

수입물품 수령과 국내 판매

POINT 수입물품을 수령하면 국내 판매활동을 전개한다. 국내 판매는 물품의 수입형태에 따라 달라진다.

수입형태	
오퍼세일(Offer Sale)	국내회사가 외국회사를 대신해서 국내에서 동 회사 물품의 판매활동을 하여 거래를 유도하는 무역거래방식
선매수입(대행수입)	수요자로부터 수입의뢰를 받고서 물품을 수입해 이를 수입의뢰인에게 인도하는 수입형태
재고판매수입 (Stock Sale)	가장 일반적인 수입형태. 수입자가 불특정 다수에게 판매하기 위해 재고부담의 위험을 안고서 직접 수입하는 형태
자가수요수입	수입자가 직접 사용할 목적으로 수입하는 형태

수입물품 수령

수입자는 물품대금을 결제한 후 수령한 선하증권 원본을 운송회사에 제시하고 화물인도지시서(D/O, Delivery Order)를 발급받는다. 수입자는 이를 선장 또는 창고관리인(CY Operator 또는 CFS Operator)에게 제시하고 수입물품을 수령한다.

그런데 신용장조건의 경우 수입물품은 국내에 도착하였으나 은행을 경유하는 선적서류 원본이 도착하지 않아 수입물품을 빨리 수령하지 못할 때에는 개설은행으로부터 수입화물선취보증서(L/G, Letter of Guarantee, 항공화물의 경우 항공화물 인도승낙서라 함)를 발급받아 이를 이용하여 수입화물을 수령할 수 있다. L/G를 발급받기 위해서는 은행이 인정할 정도로 수입자의 신용이 확실하든가 아니면 담보가 있어야 한다. 은행은 기 확보된 담보가 부족할 경우에는 수입보증을 추가로 적립하도록 하든가 해당 수입대금 전액을 결제하도록 요구할 것이다.

수입물품 국내 판매

수입물품을 수령하면 국내 판매활동을 전개한다. 국내 판매는 물품의 수입형태에 따라 달라진다. 수입형태는 일반적으로 오퍼세일, 선매수입(대행수입), 재고판매수입(Stock Sale), 자가수요수입 등이 있다.

〈오퍼세일〉

수입지인 국내회사가 외국의 물품공급업자를 대신해서 국내에서 해당 물품을 수입하고자 하는 회사에 판매 청약을 제시하여 거래를 유도하는 무역거래방식이다. 이때 국내 회사를 오퍼상이라 한다. 오퍼상은 외국의 공급업자와 대리점 계약을 체결하고 국내거래가 성사되면 대리점 계약에 따라 일정의 커미션을 수령한다.

오퍼상(국내대리점)은 이 계약에 대해 법적으로 책임을 지지 않으며 외국의 물품공급업자가 책임을 진다. 오퍼상을 포함해서 외국회사 상품의 국내판매점 및 수입 관련 회사를 회원으로 하는 단체로 한국수입협회가 있다.

〈선매(先賣)수입〉

특정의 수요자로부터 수입의뢰를 받고서 대행계약을 체결한 후에 해당 물품을 수입해서 이를 수입의뢰인에게 인도하는 수입형태를 말한다. 대행수입이라고도 한다. 단순대행수입과 실수요대행이 있다.

- 단순대행수입: 일정의 대행수수료를 받고 이름만 빌려주는 수입 형태. 모든 수입업무는 대행의뢰인이 직접 수행한다.
- 실수요대행: 수입대행사가 수입계약 체결에서 수입통관까지 모든 수입 절차를 완료한 후 수입물품을 대행의뢰인에게 인도하는 수입형태이다. 대행수입자는 대행의뢰인으로부터 일정한 계약 선금을 받고 선매계약을 체결하는 것이 일반적이다.

〈재고판매수입〉

가장 일반적인 수입형태이다. 수입자가 불특정 다수에게 판매하기 위해 재고부담의 위험을 지고 직접 수입하는 형태이다. 완제품을 수입해서 판매하는 형태와 원자재를 수입해서 제조회사에 판매하는 형태가 있다. 재고위험을 줄이는 것이 큰 관건이므로 재고판매수입 시에는 시장상황, 재고상황, 국내외 가격추세, 경쟁사 동향 등을 고려해서 신중하게 의사결정해야 한다.

〈자가수요수입〉

제조회사나 본인이 사용할 목적으로 직접 수입자가 되어 수입하는 형태이다. 설비투자를 위한 시설재 수입이나 생산에 필요한 원자재 수입 등의 경우가 이에 해당한다.

수입물품은 사전에 국내시장조사를 하고 그것을 바탕으로 치밀한 계획에 따라 수입하지만 국내판매가 계획대로 안 될 수도 있으므로 이에 대한 충분한 대비가 필요하다.

대표적인 수입형태라 할 수 있는 재고수입의 경우를 두고 보면 사전 영업활동을 바탕으로 세운 판매계획에 따라 거래처 및 고객과 상담을 진행하고 수입물품을 인도한 후 대금을 결제받는 일련의 과정으로 이루진다. 이 과정에서 거래처 및 고객에 대한 관리는 대단히 중요하다.

| 유용한 정보 |

목록통관, 간이통관 및 일반통관의 비교

	수입목적	기준금액	수 량	관세/부가세	국내판매
목록통관	자가 사용	150달러 이하 (미국 200달러 이하)	제약 있음	면제	불가
간이통관	자가 사용	150달러 초과 2,000달러 이하	제약 없음	발생	불가
일반통관	자가 사용 목록통관 대상 제외 물품	금액 제약 없음	제약 없음	자가 사용목적 150달러 이하 면제	자가 사용목적 150달러 이하 면제품 – 불가

※ 일반통관의 경우 관세와 부가가치세를 납부하고서 수입한 경우 국내판매가 관세법상으로는 가능하지만 소득세법에 관련되므로 유의가 필요하다.

| 유용한 정보 |

CBM이란?

'CBM'은 Cubic Meter(세제곱미터)의 약어로 화물의 용적을 나타내는 단위이다. 화물의 세로 · 가로 · 높이를 미터로 고쳐 곱셈한 값(단위: CBM/M3)을 말한다. Packing List(포장명세서), 선박회사가 발행하는 선하증권(B/L)이나 도착 안내(Arrival Notice) 등의 서류에 기재된다.
CBM이 운임의 기본 레이트로 사용되는 것은 주로 LCL 화물이며, 선박회사나 항로의 거리에 따라서 1CBM당의 운임, 그리고 추가 요금이 정해져 있다. 계산법은 1CBM당 운임에 화물 한 박스의 CBM을 곱하고 다시 화물의 수량을 곱하는 것이다. 통상 선박회사는 1CBM 이하의 화물은 모두 1CBM으로 계산하는 경우가 많다.(FCL 화물의 경우는 컨테이너 1대당 요금 지불)

〈CBM 계산방법의 예〉
Q) 46cm x 32cm x 29cm의 카튼박스(Carton Box)의 CBM은?
A) 0.46m x 0.32m x 0.29m = 0.042688CBM
해설) 각각을 미터로 고친다.

컨테이너선에 싣는 LCL 화물은 팔레트 위에 쌓아서 싣는 경우 팔레트도 포함한 CBM이 계산되므로 코스트(비용) 계산 등과 관련하여 화물의 CBM을 계산할 때는 주의할 필요가 있다.
컨테이너별 최대적재용량은 대체로 20피트가 32.9CBM이고 40피트는 67.1CBM이지만, 화물의 형상이나 선적 과정에서 발생하는 공간을 감안하면 평균적재용량은 대체로 20피트가 25CBM, 40피트가 55CBM 정도 된다.
한편 LCL 화물의 해상운송 시 운임계산 부과 기준으로 사용되는 톤을 운임톤(R/T, Revenue Ton)이라 말하며 Freight Ton이라고도 한다. 해상운임 계산 시 화물의 총중량(Gross weight)과 총용적(Gross Measurement)을 비교하여 큰 쪽을 운임톤(R/T)으로 선정 계산하게 되는데, 이때 중량과 용적의 분기점은 1CBM(Cubic Meter = 1m^3)당 1MT (Metric ton = 1,000kg)이 된다. * 1CBM(1m^3) = 1MT(1,000kg)
즉, 화물 용적 1CBM의 무게가 1,000kg 이상이 되면 중량화물(weight cargo)이 되어 무게를 기준으로 운임을 부과하고, 무게가 그 이하면 용적화물(measurement cargo)이 되어 부피를 기준으로 운임을 부과한다. 그러므로 중량(실중량, 총중량)도 정확히 기재하여야 한다.

PART 7

수출입거래의 기본조건

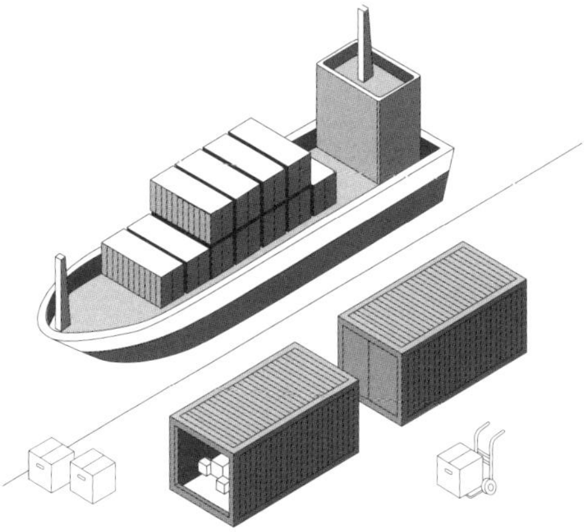

01

수출입거래 기본조건의 종류

포인트

수출입거래에서는 거래되는 그 상품에 관련되는 구체적인 조건을 비롯해서 대금결제방법에 이르기까지 개개의 합의 내용이 집결된 매매조건이 존재한다. 매매조건은 수출입계약에서 꼭 정해두어야 할 거래의 기본조건이다.

수출입거래 기본조건의 종류

구 분	수출입거래 조건
상품 자체에 대한 조건	• 품질조건(Quality): 품질결정방법, 품질결정시기
	• 수량조건(Quantity): 수량단위, 수량표시방법, 수량결정시점
	• 가격조건(Price): 가격책정기준, 결제통화
	• 포장조건(Packing): 포장재와 포장단위, Shipping Mark
계약이행조건 – 제3의 당사자와 추가계약	• 선적조건(Shipment): 선적시기, 방법, 선적항, 도착항 ⇒ 물품인도: 운송계약
	• 결제조건(Payment): 결제방법, 시기, 결제수단, 결제통화 ⇒ 대금결제: 환계약
	• 보험조건(Insurance): 보험금액, 보험조건, 부보통화, 지급지 ⇒ 선적 후 위험담보: 보험계약

구 분	수출입거래 조건
계약불이행사항 ※ 불이행 – 이행불능(Frustration) – 계약위반(Breach)	• 불가항력조항(Forcemajeure)
	• 클레임 해결조건 – 중재조항(Arbitration) – 준거법(Governing Law)
기타사항	• Trade Terms
	• 계약체결일자, 당사자 등

※ 표에서 품질조건, 수량조건, 가격조건, 선적조건, 결제조건을 수출입거래의 5대 조건이라 한다.

수출입계약의 기본조건, 무역거래의 기본조건이라고도 한다. 수출입거래는 다른 나라 수출입업자와 거래하는 것이기 때문에 국내거래보다 더 다양한 문제가 발생할 가능성이 많다. 이들 문제를 사전에 방지하기 위해 계약체결 시 해당 목적물의 품질이나 수량 그리고 수출입에 수반되는 여러 가지 비용부담 문제를 포함하는 가격 등과 같은 제반 조건을 명확히 해둘 필요가 있다.

이와 같은 여러 가지 거래조건을 통틀어 수출입거래의 기본조건이라고 한다.

02
품질조건

포인트

수출입거래에서 가장 중요한 것은 해당 상품의 품질이며 이에 대한 분쟁이 가장 많이 발생한다. 따라서 품질 분쟁을 사전에 방지하기 위해 품질의 결정방법과 결정시기를 당사자 간에 명확히 해둘 필요가 있다.

품질결정 방법의 종류

종 류	내 용
견본매매 (Sale by Sample)	견본을 품질 기준으로 삼아 이루어지는 매매
표준매매 (Sale on Standard or Type)	인도하게 되는 물품에 가장 근접하다고 생각되는 표준물을 제시하고 이를 기초로 하는 매매
상표 · 브랜드매매 (Sale by Trademark or Brand)	알려진 상표 또는 브랜드를 지정해서 목적물품의 품질을 표시 결정하고 행하는 매매
사양서 매매 (Sale by Specification)	상세하게 결정한 사양서에 따라 품질을 결정하고 이루어지는 매매
규격매매 (Sale on Grade)	규격을 표시하는 방법에 따라 품질을 표시 결정하고 행하는 매매

품질결정 방법

품질은 목적물품의 성질을 표시하는 방법으로 결정된다. 이 목적물품의 품질을 결정하는 방법을 살펴본다.

1) 견본매매(Sale by Sample)

통상 견본을 가지고 목적물품의 품질을 표시하고 매매가 이루어지는 것을 말한다. 제조·가공품의 거래에 이용되는 경우가 많으며, 견본과 실제 물품은 품질, 성능, 상태가 엄밀하게 일치되는 것을 요구하는 것이 일반적이다.

2) 표준매매(Sale on Standard or Type)

표준품매매라고도 말하는 표준매매는 인도하는 물품에 가장 근접하다고 생각되는 표준물을 제시하고 이를 기초로 하는 매매를 말한다.

농산물과 같이 견본으로 품질결정이 불가능한 품목의 경우에 적용된다. 공공기관이나 세계적으로 유명한 거래소 등에서 선정한 표준품을 기준으로 품질을 결정한다. 이 경우 표준품보다 양질일 때는 가격을 인상하고, 질이 떨어질 때는 가격을 인하하는 등 가격이 조정된다.

거래물품의 표준품질을 표시하는 방법으로는 다음과 같은 것이 있다.

① FAQ(Fair Average Quality, 평균중등품질조건)

해당(또는 경우에 따라 전년도) 계절 수확물이 중등품질이면 판매자는 책임을 면하는 품질조건으로 주로 농수산물(곡물, 과실물 등) 등의 선물거래 시에 사용된다.

② GMQ(Good Merchantable Quality, 판매적격품질조건)

물품의 성질과 상관습에 비추어 판매가 가능한 것, 즉 판매적격성을 판매자가 보증하는 품질조건을 말한다. 원목이나 냉동어류 등과 같이 외관상으로는 좋게 보이나 그 내부가 부식, 부패 등 기타의 잠재하자가 들어 있을 가능성이 높은 물품의 거래에 채택되어 사용된다.

③ USQ(Usual Standard Quality, 보통품질조건)

공인(公認)의 표준물을 기준으로 계약품질을 정하고, 현물거래는 이 표준물과 비교해보고 공정등급에 따라 차이를 정해 대금의 증액·감액을 결정하는 조건이며, 미국의 면화(목화)거래가 좋은 예로 말해진다.

※ 당사자 간 특약 표준물은 사전에 다음 사항을 명확히 해둘 필요가 있다.

- 표준물 견본 조정이나 선택
- 검사기관 결정
- 검사 장소
- 표준물과 현물 검사성적 대비
- 문제발생 시 해결방법 등

3) 상표·브랜드매매(Sale by Trademark or Brand)

일반적 또는 세계적으로 알려진 상표 또는 브랜드를 지정해서 목적물품의 품질을 표시 결정하고 행해지는 매매를 말한다. 인지도와 지명도가 높으므로 그 품질에 대해서 일정 성과를 가지는 물품은 반드시 견본이나 표준물을 필요로 하지 않는다.

4) 사양서 매매(Sale by Specification)

재료, 구조, 성능 등에 관해 상세하게 결정한 사양서에 따라 품질을 결정하고 이루어지는 매매를 말한다.

- 견본·표준품과 같이 품질을 충분히 표시하기 곤란한 경우 사용된다.
- 상표·브랜드품과 같이 명시 방법에 따라 품질 표시가 곤란한 경우에 사용된다.
- 기계, 기구, 플랜트류 거래는 재료, 구조, 성능, 사이즈, 내구성 등 상세에 관해 결정하여 사양서를 작성하며, 사정에 따라 보조적 설명을 위해 사진이나 도면 등의 자료가 첨부될 수 있다.
- 식품, 유지(油脂), 기타 화학·공업제품 거래에서와 같이 향미, 색상, 성분, 불순물 등을 명확하게 표시한 분석표 또는 품질명세서를 품질의 기준으로 하여 매매하는 경우도 이에 해당한다.

5) 규격매매(Sale on Grade)

규격이 국제적으로 정해진 경우 그 규격을 표시하는 방법으로 품질을 표시 결정하고 행하는 매매를 말한다.

예를 들면 우리나라의 KS, 일본의 JIS, 영국의 BSS 등이 있으며, 그밖에 시멘트의 BBS12, 양모의 오스트레일리아 규격, 면화의 미국 규격 등은 물론 ISO가 있다.

상기 방법 외에 점검매매(Sale by Inspection)라는 방법도 있다. 이는 수입자가 거래물품을 현지에서 직접 확인한 후 매매계약을 체결하는 방법이다.

이상 품질결정 방법을 설명하였지만 현실적 거래에서는 각각의 품질조건이 단독으로 정해지는 경우와 복수로 정해지는 경우가 있으므로 주의가 필요하다. 특히 복수로 정해지는 경우 분쟁을 미연에 방지하기 위해서도 어느 쪽을 중요시하는가 또는 양쪽을 동등하게 보는가를 명확히 결정해두는 것이 대단히 중요하다.

품질결정 시기

품질결정 시점을 분쟁발생을 예방하기 위해서 사전에 명확하게 규정해둘 필요가 있다. 누구에게, 언제 검사시킨 결과를 최종 확정품질로 채용할지 당사자 간에 명확하게 정해야 한다. 특히 변질하기 쉬운 농수산물과 같은 물품은 검사방법, 검사장소, 검사기관 등과 같은 상세사항을 표시할 필요가 있다.

① 선적품질조건(Shipped Quality Terms)

해당 물품의 수출지에서 선적 시에 약정한 품질과 동일하면 되는 조건으로 사전 합의된 또는 권위 있는 검사기관의 검사를 받아 검사증명서(Inspection Certificate)를 바이어에게 제출하면 운송과정, 현물인도과정에서 품질변질에 면책된다.

FOB, CIF규칙 매매의 경우 물품 인도장소, 비용부담, 위험이전 등이 선적과 동시에 바이어에게 이전되는 것이기 때문에 이 조건에 따른다.

곡물류 거래는 영국 런던 곡물시장에서 정립되어 사용되는 특수조건으로 T.Q와 S.D가 있다.

- T.Q(Tale Quale) → as it is, just as they come

• S.D(Sea Damaged) → 곡물거래에서 특약부선적품질조건(特約附船積品質條件)이다. 해상운송도중에 생긴 유손(濡損, 젖음: Wet, Damaged by wet) 그리고 이에 따른 부패, 곰팡이(Mildew, Mould), 발효 등 품질장해에 대해서는 바이어가 클레임을 제기할 권리를 보유하는 조건을 말한다.

② 양륙품질조건(Landed Quality Terms)

해당 물품의 수입지에서 하역 시 검품하는 조건으로 도착품질조건(Arrival Quality Term)이라고도 한다.

DAP, DPU, DDP 규칙 매매의 경우가 이에 해당한다. 현품이 계약조건대로의 물품이 아니면 바이어는 수취를 거부할 수 있으며 검사증명서 또는 감정보고서(Survey report)를 증거로 손해배상청구를 할 수 있다.

• 특수조건 R.T(Rye-Terms) → 수송 도중 변질에 대해서는 판매자가 모든 책임을 지게 하는 조건으로 곡물류 거래에서 주로 활용된다.

※ 국제거래에서는 물품의 종류, 성질에 따라 당사자 간 합의 유무에 관계없이 수출국 내지는 수입국 정부의 법령, 규칙 등에 따라 검사방법이 지정 또는 강제되는 경우가 있다. 그 같은 규칙, 법령에 합격하지 않으면 수출 또는 수입을 못할 수 있으므로 사전에 상호 정보를 교환하는 등 조사 검토가 필요한데, 이는 대단히 중요한 절차이다.

03
수량조건

포인트

수량은 통상 수량기준에 의해 표시되고 특정된다. 수출입거래에서 사용되는 수량기준은 물품의 성질, 종류나 상관습에 따라 다양한 기준이 있다. 수량 단위로는 중량(weight), 용적(measurement), 개수(number), 컨테이너에 사용되는 TEU, FEU 등이 있다.

주의해야 할 단위

구 분	내 용
중량	Ton: Long Ton(L/T, English Ton, Gross Ton) 2,240lbs ≒ 1,016kgs Short Ton(S/T, American Ton, Net Ton) 2,000lbs ≒ 908kgs Metric Ton(M/T, Middle Ton, Kilo Ton) 2,204lbs ≒ 1,000kgs Hundred Weight: English CWT, American CWT
용적	SF(Super Foot): 목재에서 수량 표시단위 1SF = 1'×1'×1' M/T(Measurement Ton): 1M/T = 480SF = 40 Cubic Feet
개수	Gross: 12Dzs = 144Pcs Small Gross: 10Dzs = 120Pcs Great Gross: 12Gross = 1,728Pcs

※ 포장화물 거래의 경우
포장 재료를 포함한 총중량(Gross Weight)으로 표시할지 아니면 총중량에서 포장 재료(風袋, tare) 중량을 공제한 물품의 정미(正味)중량 또는 순중량(Net Weight)으로 표시할지 정해둬야 한다. 정미중량은 tare 계산방법으로 Actual tare, Average tare, Customary tare가 있다.

수량과부족 용인조건

물품의 성질, 종류에 따라 정확하게 계약수량을 인도하는 것이 곤란하든가 불가능한 경우가 있을 수 있다. 따라서 어느 정도 범위에서 과부족을 용인하는 조건을 정해둘 필요가 있다.

① 수량과부족용인조항(More or Less Clause)

(예문) Quantity, unless otherwise agreed, shall be subject to a variation of 3% plus or minus at the Seller's option.

Bulk Goods에서 전통적 상관습으로 사용되며, 그 범위의 용인 한도는 국가 또는 사람에 따라 각기 다르다.

신용장통일규칙에서는 그 한도를 5%로 규정하므로 결제조건이 신용장인 경우에는 큰 문제가 없으나 결제조건이 D/A, D/P 등과 같이 다른 조건일 때는 계약 시 별도로 그 한도 범위를 정할 필요가 있다.

② 계수수량(Approximate quantity)조건

계수표시어인 about, approximately, Circa, Around, Some 등과 같은 수량조건을 기재해서 수량 과부족을 용인하는 방법이다.

신용장통일규칙에서는 10% 범위에서 과부족을 허용한다. 그러나 다른 결제조건에서는 계약 시 명확하게 정해둘 필요가 있다.

※ 정산기준가격

• Day of Shipment Price • Day of Arrival Price • Contract Price(통상적이다)

③ 최소 · 최대인수가능수량(1회당 주문수량)

- Minimum Quantity Acceptance(최소인수가능수량) → 수입자가 인수할 수 있는 1회당 주문수량의 최소한 약정을 말한다. 1회당 주문수량이 적으면 생산비는 물론 운임 등을 감안해 1회당 최소주문수량을 정한다. 다품종소량 주문의 경우(관련 비용의 최소화 문제와 직결) 이 조건을 명시할 필요가 있다.
- Maximum Quantity Acceptance(최대인수가능수량) → 수입자가 인수할 수 있는 물품 수량의 최대한도를 정하는 거래조건을 말한다. 계절에 따른 수요 · 공급의 변화가 심한 상품, 생산(공급)능력의 한계로 주문에 응할 수 없는 경우, 대량생산이 불가능한 수공예품 등의 경우 이 조건을 명시할 필요가 있다.

  유행이 심한 물품, 생산과잉 기미로 바이어가 적은 시장의 경우(다품종소량의 경우에도 주문량이 적을 수 있으므로 이에 대비하는데, 이는 납기와 관계된다.)

수량결정 시점

〈선적수량조건〉

물품의 인도에 관해서 선적항에서 선적 시 수량을 근거로 인보이스를 작성하고, 그것에 따라 대금결제가 행해지기 때문에 선적 시 구매자가 승인한 검정기관에서 그 선적수량을 입증하면 선적한 후 수량 감량이 있어도 판매자는 그 책임을 면할 수 있다. 판매자는 선적수량을 입증하기 위해 검정기관으로부터 용적중량증명서(Certificate and List of Measurement and/or List)를 입수하여 선적서류 일부로 인보이스와 함께 제공하는 것이 일반적이다.

〈하역수량조건(양륙수량조건)〉

물품의 도착항에서 하역 시 실제 수량에 따라 대금결제를 행하는 것으로 해상운송 중 발생하는 일체 감량은 판매자 책임으로 되는 것이다. 단 하역한 이후 검량이 늦어지면 늦어지는 만큼 판매자로서는 감량에 따른 손해를 부담해야 하므로 일정 기간 내에 공인(公認) 검정기관에 의한 검사, 검량 없이 물품이 도착한 당시 수량을 입증하는 것이 조건으로 된다.

상기의 어느 수량조건이더라도 검량에 관한 증명서가 중요하므로 어느 검정기관에서 어떠한 검량방법으로 검량받을지 정해두는 것이 대단히 중요하다.

수출입매매거래에서 물품의 경우 수량조건에 관해서는 특약이나 특별한 관습이 없는 한 매매계약의 수량조건이 선적지조건에 속하는 FOB나 CIF규칙에 따라 거래되는 경우 선적수량조건이 적용되고, 하역지조건에 속하는 DAP나 DPU규칙 등에 따라 거래되는 경우 하역수량조건이 적용된다고 해석할 수 있다.

그러나 후일 분쟁을 미연에 방지하기 위해서도 수량조건에 관해서는 선적수량조건으로 할지 또는 하역수량조건으로 할지는 물론 검정기관도 사전에 정해두는 것이 대단히 중요하다.

04

가격조건

포인트

가격조건에서는 표시통화(Currency, 결제통화)의 결정문제와 수출입에 수반되는 각종 비용을 물품원가와 이윤에 추가로 산입해야 하는데, 그 각종 비용과 위험을 누가 어느 정도로 부담하는가 하는 정형거래조건 문제가 있다.

수출입가격의 구성요소	
수출가격 구성요소(수출자 부담)	수입가격 구성요소(수입자 부담)
• 내륙운송료 (inland transportation charge) • 해상운임(ocean freight) • 기타비용(other charge) • 해상보험료 (marine insurance premium) • 국내보험료(insurance fee) • 은행수수료(banking charge) • 각종 금융이자(interest) • 통관비용(customs clearance fee) • 창고료(storage) • 포장비용(packing charge) • 물품원가(cost) • 환차손익(difference of exchange rate) • 잡비(sundry charge) • 수출자 이윤(margin)	• 해상보험료 (marine insurance premium) • 해상운임(ocean freight) • 양륙비(landing charge) • 통관비용(customs clearance fee) • 수입관세(import duty) • 창고료(storage) • 내륙운송료 (inland transportation charge) • 신용장개설비용(L/C opening charge) • 각종 금융이자(interest) • 환차손익(difference of exchange rate) • 잡비(sundry charge) • 구매자 이윤(margin) • 은행수수료(banking charge) • 국내보험료(insurance fee)

가격조건이란 상대방에게 가격을 제시할 때 물품의 제조원가와 이윤 이외에 어떠한 요소비용을 포함하여 가격을 산출할 것인가 하는 문제이다. 비용부담을 귀속시키는 방법에 따라 여러 가지 가격조건을 정형화하여 각 조건(Terms)에 따라 판매자와 구매자는 부담을 달리한다.

가격은 품질과 함께 판매와 구매를 성립시키는 중요한 결정요인이다.

가격의 표시통화는 당사자 간에 별도 합의가 없는 한 수출자가 제시하는 가격의 통화가 표시통화로 된다. 표시통화는 환시세 변동에 따른 환위험이 적은 안정된 통화, 즉 통화의 안정성(stability), 교환성(convertibility), 유통성(circulativeness) 등을 고려하여 선택할 필요가 있다.

가격조건은 인코텀즈의 규칙에 따라 적용되는 구성요소가 달라지기 때문에 수출입거래에서 가격을 제시할 경우 인코텀즈를 반드시 표시하고, 아울러 다른 가격조건이 있을 때는 함께 제시한다.

수출입가격의 구성요소

수출입가격을 구성하는 요소는 수출입계약 조건에 따라 차이가 있을 수 있다. 부대적으로 소요되는 요소들 중 어떤 것들은 수출자가 부담하고 또 어떤 것들은 수입자가 부담할지에 따라 수출단가와 수입단가가 달라진다.

수출입가격의 구성요소 표에서는 해상운송조건 시에 어떤 요소를 어느 쪽이 부담하는가의 문제를 떠나 수출자와 수입자가 각각 가격책정 시 부담할 수 있는 요소들을 열거하였으니 참조하였으면 한다.

05
선적조건

포인트

선적조건에서는 선적시기, 분할선적, 환적 문제, 지연선적, 선적일 증명방법 등을 다루며, 수출입계약 체결에서는 이 같은 문제에 관해 명확하게 합의해 두어야 한다. 선적조건과 관련해서도 인코텀즈의 이해가 필수적이다.

선적시기 약정

① 단월조건(單月條件)과 연월조건(連月條件)

– 단월조건이란: 특정 월을 선적시기로 규정

September shipment

Shipment shall be made during September, 2022.

– 연월조건이란: 연속된 두 달을 선적 시기로 지정하는 방법

September/October shipment

Shipment shall be made from September to October, 2022.

② 선적조건

Latest shipping date: September 15, 2022

Shipment shall be made by September 15, 2022.

③ 특정일 이후 정기간(定期間) 선적조건

Shipment shall be made till Sep. 15, 2022

Shipment should be made within three months after Seller's receipt of L/C.

④ 즉적(卽積)조건

즉시 선적조건으로 as soon as possible이라든가 promptly 등과 같이 구체성이 결여된 표현은 피하는 것이 좋다. 즉적조건으로 약정되었다면 신용장방식에 따른 거래에서는 선적기간에 대한 약정이 없는 것으로 간주됨에 주의가 필요하다.

※ 유의해야 할 것은 기간용어 및 일자용어(Date Term)이고 '신용장통일규칙'상 해석을 참고할 필요가 있다.

- From, Till(Until), To: 해당 일을 포함
- After: 해당 일을 제외
- On or about: 지정일로부터 5일 전후로 이루어지는 기간을 지정하되 전후 양 말일을 각각 포함해 11일의 기간 내 선적
- 모월의 First half, Second half: 전반(1~15일), 후반(16~말일)
- 모월의 Beginning, Middle, End: 상순(1~10일), 중순(11~20일), 하순(21~말일)

※ Latest Shipping Date가 미정인 경우 신용장의 Expiry Date가 Latest Shipping Date로 간주되며, Expiry Date가 일요일이나 공휴일일 경우 다음 최초 영업일로 연장되지만, Shipping Date는 연장되지 않는다는 데 유의할 필요가 있다.

※ 선적일자 해석: 선적일자가 중요한 이유는 다음과 같다.

- 선적일자는 서류 제시기간의 기산일
- 환어음 만기일 결정(일자 후 정기출급방식)

분할선적

분할선적(Partial Shipment)의 경우 선적횟수, 선적시기 등에 관해 계약체결시 명확히 해둘 필요가 있다.

신용장조건거래에서는 특별한 경우를 제외하고는 명기해야 한다. 계약이나 신용장상에 분할선적에 관한 규정이 없으면 신용장통일규칙에서는 긍정

적으로 규정하고 있다.

분할부분이 약정대로 되지 않았다면 계약 또는 신용장 전체에 미치는 효과가 문제가 된다. 이에 대해 신용장통일규칙에서는 위약된 해당 분할선적분과 그 이후 선적분에 대한 신용장은 무효가 된다고 규정하고 있음에 유의해야 한다.

할부선적

특정 기간 일정량의 화물을 여러 차례에 걸쳐 선적하는 방법을 말한다. 할부선적(Installment Shipment)은 신용장상 'Installment Schedule(할부 스케줄)'에 따라 반드시 지정된 기간 내에 지정된 물량만 선적해야 한다. 선적스케줄 위반 시 해당 할부분과 향후 할부분에 대한 신용장은 사용할 수 없다.

환적

선적항에서 목적지항까지 운송 도중에 다른 운송수단으로 옮겨 싣는 것을 말한다. 환적(Transhipment) 시 멸실(Loss)이나 손상(Damage)의 위험이 크므로 가급적 피하는 것이 좋다. 직항선적도 해난 또는 사고로 부득이 피난항에 기항하거나 선용품조달을 위해 일시적 기항은 인정되고 있다.

지연선적과 선적일 증명

불가항력의 경우 수출자는 면책된다. 이때는 3주 또는 1개월 정도 자동 연장이 관례이며, 불가항력 존재의 즉시성 입증이 필요하다. 기간이 길어지면 계약의 효력 존속 문제는 통상 바이어에게 부여한다.

〈선적일 증명〉

- 선적 선하증권의 경우: B/L Date
- 수취 선하증권의 경우: 후에 선적되었음을 나타내는 부기(附記, Notation)에 표시된 날짜를 선적일로 한다.
- 그 밖의 경우: 운송서류 발행일

| 유용한 정보 |

컨테이너 사이즈

컨테이너 사이즈는 세계적으로 통일되어 있으며 다음의 3종류가 많이 사용된다.

폭	길 이	높 이	용 적
폭 8피트 (약 2.4미터)	길이 20피트 (약 6미터)	높이 8.6피트 (약 2.6미터)	약 33CBM
	길이 40피트 (약 12미터)	높이 8.6피트 (약 2.6미터)	약 67CBM
		높이 9.6피트 (약 2.9미터)	약 76CBM

06
결제조건

포인트 수출입거래에서 결제조건은 당사자 합의로 결정되며 결제방법, 결제시기, 결제수단, 결제통화를 고려해야 한다.

결제방법과 시기

당사자 상호 간의 합의로 결제방법과 시기를 결정한다. 결제방법에는 다음과 같은 방식이 있다.

① 신용장(Letter of Credit)방식
② 추심결제방식
- D/P(Documents against Payment, 지급도)방식
- D/A(Document against Acceptance, 인수도)방식

③ 송금방식
- 사전송금방식: CWO(Cash with Order, 주문불) 방식도 여기에 해당한다.
- 사후송금방식: 수출자 입장에서 수입자가 물품대금의 결제를 틀림없이 할 것이라는 확신이 없으면 채택하기 어려운 방식이다. COD(cash on delivery, 현물상환인도) 방식과 CAD(cash against documents, 서류상환인도) 방식이 있다.

④ 기타방식

결제수단

수출입대금 결제수단으로는 현금(Cash), 어음(Bill, Draft), 환(Transfer) 등이 있

다. 무역거래에서는 국내거래와 달리 대부분 어음결제로 화환어음에 의한 결제가 채택되며 현금결제는 상대적으로 많이 쓰이지 않는다.

최근 들어 전자무역이 활성화되어 전자무역에 대비한 결제수단이 등장하고 있다.

① 어음결제

- 화환어음(Documentary Bill, Documentary Draft)
  - Documentary Bill with L/C: Sight Bill과 Usance Bill(Time draft)
  - Documentary Bill without L/C: D/P Bill과 D/A Bill이 있으며, 어음에 D/P, D/A 표시가 없으면 D/P Bill로 간주된다.
- 무담보어음(Clean Bill, Clean Draft): Red clause L/C

② 현금결제

- COD(Cash on Delivery, 상품인도 현금 지불)
- CAD(Cash against Documents, 선적서류상환 현금 지불)
- CWO(Cash with Order, 현금 지불 주문)

③ 수표결제: T/C(Traveller's Cheque)

④ 환결제: 단순송금방식 또는 중장기 연불이나 Progressive Payment 등에서 선급금 지급 시 또는 착수금(Down Payment)의 경우 주로 사용되며 환(Transfer)으로는 T/T(Telegraphic Transfer)와 M/T(Mail Transfer)가 있다.

결제통화

가격조건에서 표시통화이다. 환리스크를 고려하여 비교적 안정적인 것으로 그리고 국제통용력과 공신력이 높은 것으로 선정, 즉 안정성, 교환성, 유통성을 감안하여 결정할 필요가 있다. 경우에 따라서는 선물환거래 등으로 환위험을 커버할 수 있는 대책도 필요하다.

결제시기

결제시기조건을 보면 다음과 같다.

- 선지급조건(Advance Payment): 선적(인도)되기 전에 미리 대금을 지급하는 조건으로 CWO, 사전송금방식 등이 있다.
- 선적서류 상환불: 선적서류를 제시하고 대금을 받는 조건으로 CAD, 사후송금방식 등이 있다.
- 현금결제: 상품 인도와 동시에 대금을 받는 조건으로 COD 등이 있다.
- 후지급조건(Deferred Payment): 물품이나 운송서류를 인도하고 일정기간이 경과한 후 대금결제가 이루어지는 조건으로 사후송금조건이나 연불조건(단기연지급과 중장기연지급) 등이 있다.
- 분할지급(Progressive Payment): 대금을 정해진 시기에 일정금액씩 나누어 결제하는 조건을 말한다.
- 청산결제(Open Account): 수출입 대금을 매회 직접 수수하지 않고 장부의 대차관계 내용을 거래시마다 기재해두었다가 일정기말에 대차의 차액만 청산하는 조건을 말한다.

| 유용한 정보 |

품질보증의 종류

'Warranty'와 'Guaranty'

- Guaranty: 제품 전체에 대한 확신과 확실한 보증을 하는 것. 제공자, 판매자, 채무자의 상품에 대한 완전한 성능보증 또는 채무자의 지불의무를 부과하는 약속에 대해 사용된다.

- Warranty: 제품의 전체 또는 일부에 대한 조건부로 보증하는 것. 제품의 일부 또는 부수적인 보증으로서 보증의 방법과 조건을 규정하고 통상 제품의 판매에서 판매자가 상품에 대한 기능이나 특징을 설명할 때에 구입자가 상품구입을 결정하게 하는 내용에 대한 보증을 말한다.

Warranty의 종류

- Express Warranty(명시적 보증): 판매자가 구입자에게 제품의 성능이나 품질에 대한 명확한 약속을 하는 것

- Implied Warranty(묵시적 보증): 통상 상품으로서 갖추어야 할 품질이나 기능을 갖추고 있는 것을 보증하는 것.
  묵시적 보증에는 상품의 적합성(Merchantability/fitness for an ordinary purpose)과 특정 목적에의 적합(fitness for a particular purpose)이 있다.
  상품의 적합성이란 구입자가 어느 제품을 구입할 때에 최소한 기대할 수 있는 기준을 만족시키는가에 있다. 한편 특정 목적의 적합은 목적에 맞는 제품의 제조와 품질을 만족시키는가에 있다.

07

포장조건

포인트

포장은 운송이나 보관, 거래, 기타 유통에서 물품 내용이나 외형 보호에 필요하다. 이 경우 질적 보호와 양적 보호를 모두 포함한다. 이로써 가치를 보존하고, 그 물품이 해당 거래 또는 수송의 목적물임을 외관상으로 쉽게 판별하게 하려고 행하는 공정을 말한다.

포장조건의 주요 내용
① 적절한 포장재 선택 물품의 성질이나 운송수단과 거리 등을 고려하여 계약 시 어떠한 소재를 택할지 사전에 정해두어야 한다.
② 알맞은 포장단위 선정 내장과 외장에서 어느 정도의 수량을 하나로 묶어서 포장할지 정해야 한다. 총중량으로 할 경우 운임계산에서 총중량 또는 외장을 포함하는 부피로 하게 되므로 외장의 단위선정이 대단히 중요하다.
③ Shipping Mark(貨印화인 또는 荷印하인) 결정 기본적으로는 구매자가 정하지만 계약 시 정해둘 필요가 있다.

포장의 종류

- 외장(outer packing)
- 내장(inner or interior packing)
- 개별포장(each packing or unitary packing)

기타

- 포장이 불충분해 발생한 손해에 대해 보험자는 면책되며 운송인도 면책된다는 것에 유의할 필요가 있다.
- 물품의 성질, 운송수단과 거리, 환적 여부, 포장비와 운임, 기후조건, 당사국의 포장규정이나 상관습 등을 감안해 포장재 선택과 포장단위를 약정할 필요가 있다. 특히 과대포장이 되지 않도록 유의해야 한다.
- 비포장개체물: 곡물류, 광물류 등의 벌크 상품, 자동차, 선박 등

한편 Shipping Mark에 관해서는 'PART 3, 02 패킹리스트'에서 상세히 설명하였으므로 참조하였으면 한다.

| 유용한 정보 |

3국간 무역

3국간 무역이란 A국이 중개자(제3국)가 되어 B국에서 물건을 사고 C국에 물건을 파는 무역형태를 말한다. 3개국의 매매계약을 주관하는 것은 중개자이자 하송인인 A국이 되며, B국과 C국에 대해 금전을 주고받는다.

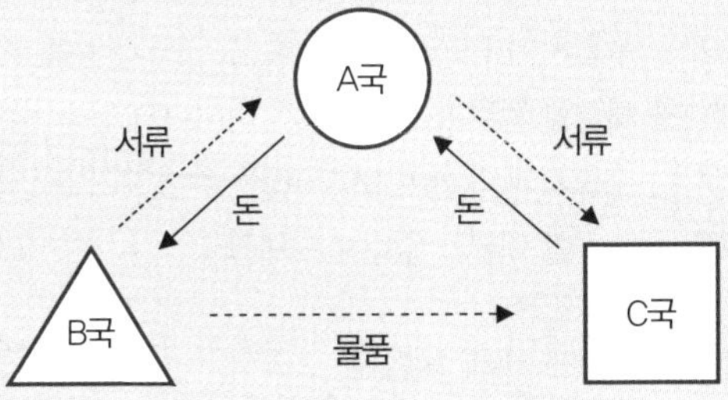

구체적으로 A국은 무역의 중개자(제3국)가 되어 C국으로부터 요금을 받고 B국에 요금을 지불하고, 물건은 B국에서 C국으로 직접 보내진다.

08
보험조건

포인트

보험조건도 수출입거래에서는 무시할 수 없는 중요한 조건이다. 물품을 해외로 운송할 때는 운송 중 멸실 또는 손상 위험을 담보하기 위해 반드시 보험에 들어야 한다.

인코텀즈 2020 규칙의 보험조항 내용

<table>
<tr><th>규 칙</th><th>보험조항 내용</th><th>보험가입자</th></tr>
<tr><td>EXW</td><td rowspan="6">A. 수출자는 수입자에 대하여 보험계약을 체결할 의무가 없다.

B. 수입자는 수출자에 대하여 보험계약을 체결할 의무가 없다.</td><td rowspan="6">물품 인도가 수출국에서 이루어지고 목적지까지 운송 중 위험부담을 져야 하는 수입자가 본인을 위해 보험계약 체결</td></tr>
<tr><td>CPT</td></tr>
<tr><td>CFR</td></tr>
<tr><td>FCA</td></tr>
<tr><td>FAS</td></tr>
<tr><td>FOB</td></tr>
<tr><td>DAP</td><td rowspan="3">A. 수출자는 수입자에 대하여 보험계약을 체결할 의무가 없다.
B. 수입자는 수출자에 대하여 보험계약을 체결할 의무가 없다.</td><td rowspan="3">물품 인도가 수입국에서 이루어지고 목적지까지 운송 중 위험부담을 져야 하는 수출자가 본인을 위해 보험계약 체결</td></tr>
<tr><td>DPU</td></tr>
<tr><td>DDP</td></tr>
<tr><td>CIP</td><td rowspan="2">수출자가 수입자에 대해 보험계약 체결</td><td>수출자, 협회적하약관의 A-약관 기준</td></tr>
<tr><td>CIF</td><td>수출자, 협회적하약관의 C-약관 기준</td></tr>
</table>

운송 중 발생할 수 있는 손해에 대비해 수출자 또는 수입자가 상호합의에 의거 운송보험계약을 보험회사와 체결해야 한다. 이를 일반적으로 적하보험이라고 한다.

적하보험에서는 보험위험과 보전대상 손실 범위에 대한 전형약관이 있다. 런던보험자협회(The Institute of London Underwriters)가 제정한 협회화물약관(ICC, Institute Cargo Clause)을 말한다. 이 전형약관에는 구약관(종래 약관)과 1982년 제정된 신약관(ICC)이 있다.

보험약관

종래 약관을 바탕으로 내용을 알아보면 다음과 같다.

○ FPA = Free from Particular Average(분손부담보약관, 단독해손부담보약관)

특정 화주만이 단독으로 입는 물적 손실인 단독해손(Particular Average)은 보험자가 이를 보전해주지 않는다는 약관으로 담보 범위가 가장 좁은 반면 보험료가 싸다. 담보되는 해손(海損)의 범위는 다음과 같다.

- 전손(全損, Total Loss)
- 공동해손(共同海損, G/A, General Average)
- 단독해손 중 특정분손(特定分損, SPA, Specified Particular Average)

신약관 ICC(C)와 유사하다.

○WA = With Average(분손담보약관)

전손과 공동해손은 물론 단독해손까지 보전해주는 약관이다. 분손이 전보(塡補)되므로 아주 작은 손해발생에 대한 보상 여부가 문제가 된다.

이 문제를 명확히 하기 위하여 보통 소손해 면책 비율제도를 적용한다. 즉 막연히 'WA'라 하지 않고 'WA~%'로 나타내며 '~%'는 면책비율(Franchise)에 해당한다.

따라서 WA를 채용할 경우 면책비율을 어떻게 하여 부보토록 할지 매매계약서에 명확히 명기해야 한다.

신약관 ICC(B)에 해당한다.

※ WAIOP(WA Irrespective of Percentage): 아무리 작은 손해라도 면책비율 없이 보전받으려 할 경우 WAIOP 약관으로 부보가 필요하다.

○A/R(AAR) = All Risks(Against All Risks)

담보위험의 범위를 가장 확대한 약관이다. 면책비율을 적용하지 않고 소손해도 보전해주는 전제하에 전손과 공동해손, 단독해손까지 모두 담보해준다.

적하보험에서 공통적인 담보제외 위험이 아닌 한 모든 위험을 담보해주는 약관이다. 담보제외 위험에는 항해지연이나 보험목적물 고유의 성질 또는 하자, 피보험자 측의 불법행위, 선박의 불내항은 물론 FW/SRCC, 즉 전쟁, 동맹파업, 폭동 및 소요와 FC&S, 즉 포획 및 나포 등이 포함된다.

신약관 ICC(A)도 이와 유사하며, 다음 Clause에 포함·열거된 위험은 담보에서 제외된다.

• General Exclusions Clause

• Unseaworthiness and Unfitness Exclusion Clause

• War Exclusion Clause

• Strikes Exclusion Clause

○ TLO = Total Loss Only(전손담보약관)

ICC(C) 또는 FPA보다 담보 범위가 더 좁은 약관이다.

보험약관에서 정하고 있는 '담보위험' 및 '면책위험'에 관해서는 'PART 2, 09 수출입보험에 관해서'에서 설명하였으니 참조하였으면 한다.

한편 육상운송이나 항공운송, 복합운송도 운송보험이나 항공운송보험 내지는 항공보험, 일관보험(Through Insurance) 등 어느 보험에 가입할지 당사자 간에 합의할 필요가 있다.

보험계약을 체결할 경우 화물의 최종목적지에서 하역까지 과정에서 무보험 존(구간)이 발생하지 않도록 주의해야 한다.

09

기타 조건

포인트

이행불능(Frustration)이나 계약위반(Breach) 등 계약불이행 시를 대비한 조건이 있다. 항목으로 불가항력(Force Majeure)에 관한 조항과 클레임 또는 분쟁이 발생했을 때 해결하는 조항이 있다.

계약불이행 관련 조항		
불가항력 조항	Force Majeure Clause 불가항력의 범위, 당사자의 면책요건 등에 관한 사항을 명확히 한다.	
분쟁발생 대비 조항	클레임 조항 Claim Clause	클레임이 발생했을 경우 해결방법에 대한 조항으로 클레임의 제기 절차와 방법, 시기 등을 정한다.
	중재 조항 Arbitration Clause	분쟁 발생 시 법원의 재판에 의하지 않고, 중재에 따라 분쟁을 해결하겠다고 하는 조항을 말한다. 중재기관과 중재인 선정방법을 명확히 한다.
	재판관할 조항 Jurisdiction Clause	분쟁이 발생했을 때 소송을 제기하는 경우 재판할 법원을 어디로 하느냐에 대해 정한 조항. 상대국 법원으로 합의할 경우 다대한 시간과 비용이 들어갈 수 있다.
	준거법 조항 Governing Law Clause	계약에 어느 나라 법률을 적용하느냐에 대한 조항

※ 상기 조항들은 일반거래조건(Trade Terms)으로 정형화된 계약서에서는 대부분 이면에 인쇄되어 있다.

PART
8

수출입계약

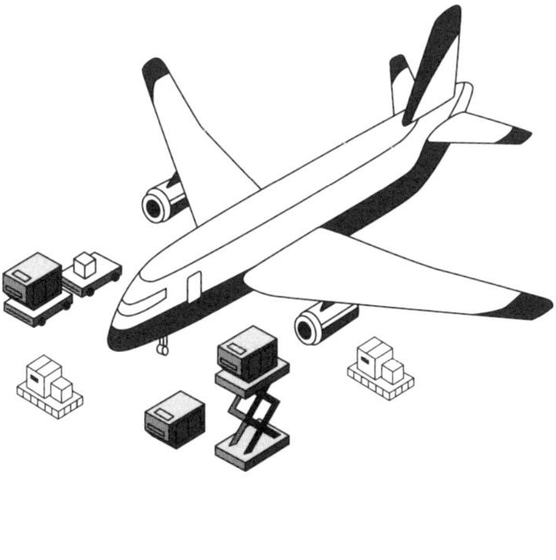

01
계약의 성립

POINT

계약은 청약(Offer)과 승낙(Acceptance)의 의사가 일치해야 성립된다. 청약과 승낙의 효력발생 시기에 대해 수출입계약의 경우 수출자와 수입자가 다른 국가에 있어 효력시점에 관한 문제가 대두된다.

무역거래계약의 성립과정	
제안 (Proposal) ↓	시장조사나 거래처 선정을 한 후 거래처 후보에 거래를 제안한다. 구체적으로는 이메일을 보낸다. 경우에 따라서는 직접 방문할 수도 있다.
인콰이어리 (Inquiry) ↓	제안에 관심을 가진 거래처 후보로부터 해당상품의 가격, 수량, 납기 등에 관해 문의가 온다. 이를 인콰이어리라 한다. 샘플 송부를 요청받을 경우도 있다.
청약 (Offer) ↓	상품의 가격표, 카탈로그 또는 지불조건 등 거래조건을 제시한다. 이를 청약이라 한다.
반대청약 (Counter Offer) ↓	일방의 청약에 대해 그 청약을 받은 상대방은 가격의 할인이나 선적시기 변경 등 일부 수정이나 변경을 해서 회답을 한다. 이를 반대청약이라 한다.
승낙 (Acceptance) ↓	일방의 청약에 대해 상대방이 그것을 무조건 받아들이는 것을 승낙이라 한다.
계약체결 (Contract)	일방의 청약에 대해 상대방이 승낙하면 계약이 성립한다. 무역거래의 계약은 구두로도 성립하지만 나중에 발생할지도 모를 분쟁을 방지하기 위해 계약서를 작성한다.

계약의 성립

계약의 성립은 수출자의 제의(청약)와 수입자의 승낙으로 성립하는 것이 원칙이다. 수출자가 거래제의(Offer)를 하고 수입자가 거래제의 조건을 그대로 승낙(Acceptance)하면 계약은 성립한다. 그 반대로 수입자의 거래제의(Offer)를 수출자가 그 조건을 승낙(Acceptance)해도 계약은 성립한다. 카운터 오퍼는 승낙이 아니므로 계약의 성립은 아니며 상대방의 새로운 오퍼로 간주된다.

청약과 승낙

- 청약 방법과 취소: 청약은 특정한 방법을 필요로 하지 않으며, 구두나 서면, 경우에 따라서는 행위(act or duct)로도 가능하다. 최근 들어서는 이메일이나 인터넷을 이용해 전자문서 방식으로 행해진다. 청약 취소는 반드시 상대방에게 통지되어야 하고, 그 통지는 승낙이 발송되기 전 상대방에게 도달해야 한다.
- 승낙 방법과 취소: 승낙 방법은 청약과 마찬가지로 따로 정해진 것은 없다. 승낙이 청약자에게 도달하면 계약이 성립되므로 원칙적으로 승낙은 취소될 수 없다.

〈청약과 승낙의 효력 발생시기〉

효력 발생시기에 대해서는 도달주의와 발신주의가 있다. 영미법계에선 청약은 도달주의를, 승낙은 발신주의를 원칙으로 하며 독일 등 대륙법계에선 청약과 승낙 모두 도달주의를 원칙으로 한다. 유엔국제물품매매계약(CISG, 일명 비엔나협약)에서는 도달주의를 채택하고 있다.

우리나라는 CISG를 국내법으로 수용하여 특별법으로 운용하므로 국제거래에서는 CISG와 동일하게 대화자 간 및 격지자 간 공히 도달주의로 보아야 한다.

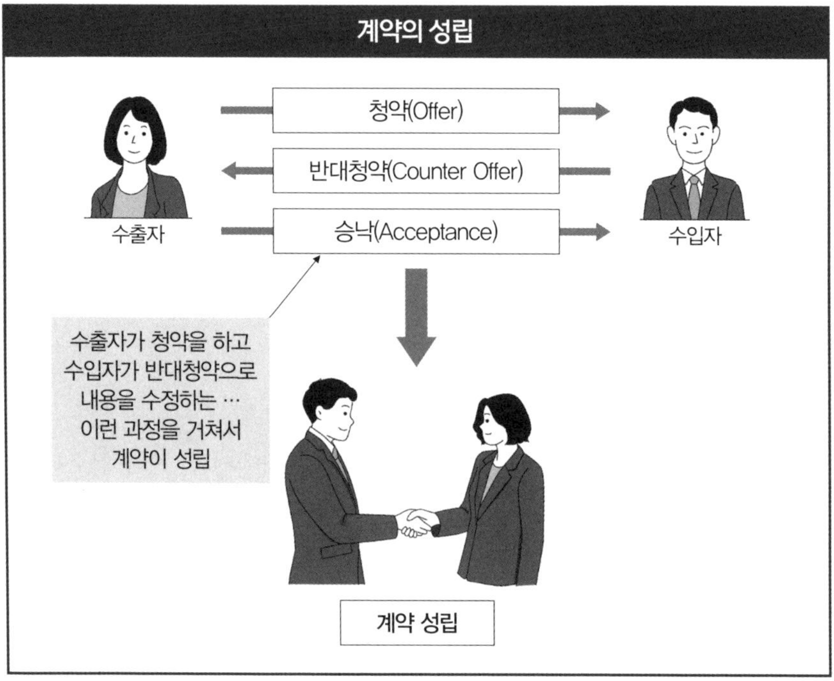

계약의 법적 성질

계약 성립의 제1요건은 당사자 간 합의이다. 계약이 유효하게 성립하려면 복수의 의사표시, 의사표시 내용의 일치, 의사표시의 교환적 대립성 등의 요건이 필요하다. 계약의 법적 성질은 다음과 같다.

• 낙성계약(Consensual Contract): 계약은 청약과 승낙이라는 당사자 간 합의

만으로 성립된다.

- 쌍무계약(Bilateral Contract): 수출자는 물품인도 의무가 있고 수입자는 대금지불 의무가 있다.
- 유상계약(Remuneration Contract): 무상계약에 반대되는 개념으로 금전적 대가를 부담하는 계약이다.
- 불요식 계약(Informal Contract): 계약은 특별한 요식이 없으며 구두나 행위 또는 서명으로도 의사의 합치만 확인되면 성립된다.

계약의 종류

계약체결 방법에 따라 다음과 같은 계약이 있다.

개별계약 (Case by Case Contract)	거래 시마다 수출자와 수입자 간에 거래조건에 합의하면 계약이 성립되고, 그 계약에 대한 거래가 종결되면 계약이 종료되는 계약. 처음 거래인 경우나 중장기 연불방식에 의한 수출입 등과 같이 거래내역이 복잡한 경우, 1회 거래로 종결되는 경우에 주로 사용하는 방법
포괄계약 (Master Contract)	동일한 수출입거래 당사자 간에 일정 기간 동일 또는 유사물품을 계속 거래할 경우 매번 거래조건을 합의하고 문서화하는 것을 생략하고 일반거래조건을 쌍방 합의하고 문서화해 교환하는 일반거래협정서이다. 수출자는 수입자가 필요시 주문하면 선적하는 방법
독점계약 (Exclusive Contract)	특정물품에 대해 수출자는 특정 수입자와만 매매계약을 하는 거래조건의 방법, 당사자가 준수해야 할 사항, 계약 유효기간, 계약 연장조건 등이 기재되어야 한다.

02

계약서 작성의 필요성

POINT

계약은 구두로도 성립하지만 현실적으로는 증거로 문서를 남기는 것이 중요하다. 수출입거래는 언어나 문화가 다른 외국과 거래되기 때문에 무슨 일이 생길지 모른다. 나중에 발생할 수 있는 문제를 방지하기 위해서라도 계약서 등을 작성해야 한다.

계약서 작성의 필요성

항 목	설 명
매매당사자 간의 오해·오인(誤認)을 피한다.	상식으로 생각하는 것들도 문화, 풍토, 관습 등에 따라 다른 경우가 많으므로 계약 내용을 문서화해서 용어 등을 정의해둠으로써 계약 내용의 해석에 따라 발생할 문제의 소지를 사전에 방지한다.
구두계약 시 문제가 발생할 소지를 방지한다.	문제가 발생하면 계약당사자는 자신에게 유리하게 해석하려는 경향이 있으므로 계약서가 없으면 문제는 더욱 복잡하게 전개될 소지가 있다.
중재나 재판으로 갔을 경우 해결을 용이하게 한다.	분쟁으로 발전되었을 경우 계약내용이 명확하지 않으면 제3자일지라도 최종 결론을 내리기 어렵게 된다.
수출입에 따른 제반 업무를 위한 증거서류	수출입국에서 상품의 종류나 계약 내용에 따라 수출입 허가, 승인, 검사 등이 필요한 경우 계약서가 없으면 어려울 수 있다. 또한 무역금융 등을 이용할 때도 증빙자료로 활용된다.

계약서의 체크포인트

수출입거래에 한정되는 것은 아니지만 매매거래에서 판매자(수출자)와 구매자(수입자)는 대부분 이해가 상반된다. 거래상대방이 계약서를 보내온 경우 자기 이익을 최대한으로 확보하는 것을 목적으로 만들어져 있으므로 자사 측에 불리한 내용이 많다고 생각하고 체크할 필요가 있다.

〈수출자 측 체크포인트〉

수출자 측에서 볼 때 가장 중요하다고 할 수 있는 점은 확실한 대금 회수이다. 상품을 출하한 후(대금을 미리 받으면 이상적이지만) 얼마나 순조롭게 상품대금 전액을 회수할지가 거래 성공의 열쇠이다.

또한 상품을 수입자가 수령한 후에는 클레임 문제가 발생할 수 있다는 점에도 주의가 필요하다. 클레임 통지와 협상에 관한 과도한 권리를 수입자에게 지나치게 주지 않도록 계약서 작성 단계에서 충분한 검토가 필요하다.

〈수입자 측 체크포인트〉

수입자 측에서 볼 때 가장 중요하다고 할 수 있는 점은 상품의 품질과 납기이다. 원하는 품질의 상품을 예정된 시기에 입수한다면 거래는 성공이라고 할 수 있다. 또한 만일 수령한 상품에 하자가 있거나 납기가 늦어지거나 했을 경우 어떠한 보증을 받을 수 있는지도 미리 결정해서 권리를 확보해두는 것이 중요하다.

수출입계약 시 주의사항

수출입계약은 수출입 양 당사자 간에 각각의 권리와 의무를 확인하고 실천을 약속하는 것이다. 계약을 체결할 때는 주의가 요구되는 사항이 많지만 통상 다음 사항은 특별한 주의가 필요하다.

- 합의 내용에 관해서는 나중에 문제가 될 소지가 있을 것으로 판단되는 사항은 모두 망라하고, 또한 계약서상 표현은 명확하게 해야 하며 모호하게 해서는 안 된다.
- 정형화된 계약서를 사용할 경우 계약서의 이면조항도 앞면과 같은 법적 효력이 있으므로 상대방이 제시하는 계약서는 검토에 소홀해서는 안 된다. 수출계약서는 수출에 유리하게, 수입계약서는 작성자인 수입자에게 유리한 내용으로 되어 있는 것이 일반적이기 때문이다.
- 계약서 사인은 계약서 내용을 신중하게 재삼 검토한 다음 하는 것이 중요하다.

영문계약서 작성 요령

무역거래에서 영문계약서는 정형화된 계약서 서식을 활용하는 경향이 높지만 큰 금액의 계약일 경우에는 세세한 부분까지 양자가 합의해서 영문계약서를 작성한다. 영문계약서를 쉽게 작성하는 요령을 다음과 같이 소개한다.

- 샘플을 잘 활용한다: 유사한 상황의 사례 샘플을 잘 활용하면 쉽게 작성할 수 있다.

- 필요 사항을 리스트 업하고 계약 전체의 구성을 그려본다: 먼저 정하고 싶은 것을 생각나는 대로 쓴다. 그리고 그것들을 테마별로 분류한 후 알기 쉽고 논리적인 순서로 배열한다.
- 조문의 골격을 만든다: 전체의 구성이 그려지면 개개의 조문을 쓴다.
- 조문을 균형 있게 살 붙이기를 한다: 살 붙이기에는 5W1H가 기본이다. 영문계약서에서는 '왜'는 거의 사용하지 않는다.
- 오해를 피하기 위해 한 문장에는 하나의 사항만 정한다.
- 불명확함을 피하기 위해 가능한 한 능동태로 쓴다.
- 원칙을 먼저 쓰고 그다음에 예외를 쓴다.
- 정의는 충분하게 한다: 정의가 충분하지 않으면 오히려 분쟁이 될 수 있으므로 분명하게 해야 한다.
- 용어의 일관성에 주의한다: 같은 의미를 표시하는 경우에는 같은 용어를 일관성 있게 사용해야 한다.
- 권리는 강하게, 의무는 가볍게 한다: 계약서는 작성하는 쪽의 권리를 가능한 한 강하게, 의무는 가능한 한 가볍게 하는 것이 철칙이라 할 수 있다.
- 용법, 용어를 확실하게 숙지한다: 용법, 용어 그리고 관용어는 실수하지 않도록 그 내용을 충분히 이해하고 사용한다. Shall, Will, May의 용법, 시간·기간에 관한 표시(휴일과 기간의 계산), 동의어 중복사용, 영어 아닌 외국어에서 나온 용어 등에 관해서 숙지해야 한다. 가능하면 잘 아는 용어나 용법을 사용하도록 한다.

03
수출입계약의 포인트

POINT

수출입거래에서 매매계약서는 매우 중요하며 기재된 내용도 모두 중요한 내용뿐이다. 계약서에 기재되는 내용을 자세히 알아두고 반드시 쌍방이 서명한 계약서를 보관하는 것이 중요하다.

영문계약서의 기본구성

일반적인 영문계약서는 다음과 같은 구성으로 작성된다.

- Title: 표제 · 타이틀(계약서명)
- Premises: 두서(당사자의 이름이나 주소 등)
- Whereas clause: 전문(前文)(계약에 이르기까지 경위)
- Definition: 정의(계약서에서 사용되는 용어)
- Operative Provisions: 본체조항(실제 구체적인 합의내용에 대한 합의조항)
- General Provisions: 일반조항
- Closing: 결어(結語)(계약내용의 마지막 정리)
- Signature: 당사자 서명
- Witness: 입회인(있을 경우)
- Exhibits: 첨부서류(있을 경우)

무역거래에서 큰 금액을 계약한다든가 총대리점계약, 라이선스계약, 합작회사 계약 등과 같은 경우에는 세세한 부분까지 양자가 합의해서 영문계약서를 작성하는 것이 대단히 중요하다. 최근 들어 국제비즈니스에서 무역계약은 간소화되는 경향이므로 정형화된 계약서 서식에 따른 계약서를 바탕으로 언급하고자 한다.

수출입계약의 형태

수출입거래를 하는 회사들 중 많은 회사가 계약서를 비롯한 자사의 무역서식을 준비해두고 있지 않다. 국제거래에서 법적으로 정해진 매매계약 서식이 있는 것은 아니므로 무역비즈니스를 본격적으로 하려고 한다면 자사 계약서 양식과 기본거래조건인 'General Terms and Conditions'를 준비해 둘 필요가 있다.

실제 수출입계약에서는 정형화된 계약서 서식을 사용하든가 계약금액이 소액이고 상대방을 신뢰할 수 있을 때는 정식으로 계약서를 작성하지 않고 수출자가 발행한 Quotation이나 Offer Sheet 또는 Proforma Invoice에 수입자가 Acceptance 사인을 하는 형태 또는 수출자가 제시한 견적서를 바탕으로 바이어가 발행한 Purchase Order(구매주문서)나 Order Sheet(주문서)에 수출자가 Acknowledgement 사인을 하는 형태로 간략하게 계약서를 대신하는 경우도 많다.

쌍방이 서명한 계약서 교환

수출입거래에서 매매계약은 통상 '거래조건을 기재한 서면'을 수출자(매도인)와 수입자(매수인) 사이에 교환하면서 이루어진다.

어느 경우에도 쌍방이 서명하지 않으면 매매계약서가 되지 않는다. 만약 어느 한쪽의 서명밖에 없다면 주문서는 주문서일 뿐이고, 청약서라면 단지 청약서일 뿐이므로 그 점은 주의해야 한다.

무역실무 현장에서는 쌍방 모두 안심감 등의 이유로 계속 거래를 실시하고 있을 때 한쪽만의 서명(사인)으로 거래가 행해지는 경우가 있다. 그러나 만일을 위해 자신들이 작성한 서류에는 상대방에게 서명(사인)을 받고 상대방의 서류로 진행할 경우에는 서류 내용을 확인해 서명한 뒤 반송하도록 한다.

수출입계약서의 앞면과 이면

〈계약서의 앞면〉

계약서 앞면(표면이라고도 한다)의 기입방법은 '수출계약서(SALES CONTRACT)', '수입계약서(PURCHASE CONTRACT)' 모두 기본적으로는 같지만 계약서에서 Seller와 Buyer 난은 각각 반대로 된다.

수출은 Seller가 Sales Contract를 2부 작성하여 Buyer에게 보내고, 수입도 Buyer가 Purchase Contract를 2부 작성해 Seller에게 보내 양 당사자가 서명하는 것이 일반적이다.

경우에 따라서는 양 당사자 간 상호 협의에 따라 어느 일방이 계약서 2부를 작성 서명하여 다른 일방에게 송부하면 상대방은 그 계약서에 서명하여 1부는 자사가 보관하고 1부는 상대방에게 반송한다.

계약서의 타이틀(표제)에 관해서는 그 문서가 계약서라는 것을 당사자가 알기 쉽게 하는 것이 중요하며, 법적으로는 큰 의미가 없다. 예를 들면 판매계약서의 경우 'SALES CONTRACT', 'SALES NOTE', 'CONFIRMATION OF SALES' 등이 자주 사용되며, 그중에는 주문서(Order Sheet)가 계약서 역할을 하는 것과 같은 경우도 있다. 중요한 것은 계약서 내용인 것이다.

계약서 기재내용은 상품명, 수량, 가격, 납기, 결제조건 등과 같은 중요한 사항은 계약서 앞면에 기재하고 일반적인 내용은 이면에 기재한다. 전자를 주요계약사항이라 말하고, 후자를 일반계약사항 또는 부속계약사항 등이라 말한다.

계약서 앞면과 이면은 같은 법적 효과를 가지기 때문에 자사 이익을 확보하기 위해서는 앞면에 기재되는 계약사항만이 아니라 이면에 기재되는 조항에 관해서도 실수가 없도록 만전을 기해 준비해둘 필요가 있다.

〈계약서의 이면〉

계약서의 앞면에는 계약의 기본 거래사항 또는 주요한 거래내용이 기재된다. 그에 대해 이면에는 앞면에 기재되지 않은 세목(細目)이나 일반적인 거래조건이 기재된다. 이면의 제목을 'General Terms and Conditions' 등으로 기재하는 경우가 많다.

그래서 앞면이 우선하고 이면은 앞면의 보충 정도로 생각하는 사람이 있으며 또한 이면의 인쇄사항은 그다지 중요하지 않다고 생각하는 사람도 꽤 있는데 그것은 잘못된 것이다. 계약서의 이면도 앞면과 같이 계약내용의 일부인 것은 틀림이 없다.

이면약관은 작성자의 권리나 이익을 보호하는 것을 전제로 되어 있으므로 앞면의 기재사항과 일치하지 않는 것이 많이 있을 수 있다. 그래서 계약서의 앞면과 이면에 차이가 있으면 앞면 기재사항이 우선하게 된다.

앞면의 인쇄문언과 추가문언에서는 추가문언이, 추가문언에서도 PC로 작성 인쇄한 것과 직접 손으로 쓴 것에서는 직접 손으로 쓴 것이 우선되는 것이 통상적이다.

이면약관이 없는 계약서 등도 많지만 앞면 계약사항만으로는 불완전한 계약이 되는 경우가 많다. 이면의 계약내용도 앞면의 내용과 똑같은 법적 효과를 가지기 때문에 반드시 확인하는 습관을 들여야 한다. 그래서 만약 의문점 등이 있든가 납득할 수 없는 경우에는 주위 전문가 등에게 확인해둘 필요가 있다. 이면의 인쇄조항은 일반적으로 작성한 측에 유리하게 되어 있으므로 받는 쪽은 주의가 필요하다.

완전합의조항

완전합의조항(Entire Agreement)은 계약의 대상 사항에 대해 계약체결에 선행하는 협상과정에서 구두약속이나 회의록, 각서 등이 있다고 해도 그것들은 효력을 갖지 않게 함으로써 계약에서 발생하는 문제에 대해 계약서 이외에 관련된 합의나 서면이 영향을 주는 것을 배제하려는 조항이다.

합의내용을 완전히 반영한 계약서임을 당사자끼리 확인하고 나중에 계약서 외의 다른 것을 금지하는 데 목적이 있다. 예를 들어 한쪽 당사자가 협상단계의 회의록과 차이가 있다는 이유로 계약서 기재내용과 다름을 주장한 경우 그러한 주장이 허용되면 계약의 안정성이 훼손된다. 또 사후적 주장에 대비해 협상단계의 자료를 계속 보관해야 한다고 하면 관리 부담이 늘어나게 된다. 완전합의조항은 이러한 폐해를 미연에 방지하는 역할을 한다. 최종합의조항, 아니면 최종성조항 등으로 부르기도 한다.

수출입계약에서는 당사자가 전제로 하는 법률이나 상관습이 다르므로 계약서에 최종적으로 정리된 것이 당사자 간 합의의 전부라고 규정할 필요가 생기는 경우가 있다. 완전합의가 이뤄지면 그 이전의 개별합의는 효력이 없어진다. 아울러 계약 내용을 변경하는 경우 서면합의 등 특정 방법으로만 유효하게 할 수 있다고 합의하는 것이 통례이다.

〈완전합의조항의 예문〉

This Agreement covers the entire understanding between the Parties with respect to the subject matter hereof and supersedes all prior agreements, understandings and representations between the Parties.

이 계약은 이 계약의 주제와 관련하여 양 당사자 간 완전한 합의로 정하는 것으로, 양 당사자 간의 본계약 이전의 일체 합의사항, 양해사항, 표명을 우선한다.

영문계약서 읽기

영문계약서는 작성하는 것도 중요하지만 외국의 거래 상대방으로부터 제시된 영문계약서를 정확하게 읽는 것도 대단히 중요하다. 작성자에게 유리하게 되어 있는 것이 일반적이므로 영문계약서를 받으면 정확하게 읽고 자기 측에 불리한 점이 없는지, 어떤 문제가 있는지 찾아내어 상대방과 협상을 해야 한다. 따라서 계약서를 읽을 때는 의심을 가지고 이면에 숨어 있는 상대방의 진의를 정확하게 간파하는 것이 중요하다.

무역 관련 자격증 안내 ①

무역비즈니스에 관심이 있고 그 분야로 취업을 희망하는 사람들은 가능하면 자격증을 하나쯤은 확실하게 취득해두면 좋을 것이다. 무역 관련 자격시험을 준비할 경우에도 다음 사항은 염두에 두었으면 한다.

- 모든 자격시험은 무역 관련 전공자가 아니더라도 도전할 수 있는 분야이다. 관심을 갖고 있다면 도전하자.
- 같은 무역 관련 일을 하더라도 직무의 성격은 다양하게 세분화되어 있으므로 직무내용을 잘 보고 자신에게 꼭 필요하다고 생각되는 자격증을 선택해서 준비하는 것이 좋다.
- 자격증을 취득했다고 해서 바로 취업을 보장해주는 것은 아니다. 자격증은 그 분야의 전문성을 갖추고 있다는 것을 증명해 보이는 좋은 수단에 불과함을 잊지 말아야 한다.
- 자격증을 따더라도 무역 관련 업무를 하기 위해 갖춰야 하는 것들을 살펴보고 다방면으로 준비하는 자세가 필요하다.

〈국가자격〉

관세사(관세청): 무역 및 통관 관련 분야에 전문지식을 가진 자에게 국가가 시험을 거쳐 관세사 자격을 부여하며, 관세사는 화주로부터 위탁을 받아 수출입업체를 대리하여 관세사의 직무를 대행한다.

보세사: 한국관세물류협회에서 시행하는 보세창고 운영인이 보세창고를 운영하기 위해서 반드시 채용해야 하는 국가공인 전문자격증이다. 보세사는 보세화물관리에 전문적인 지식을 지니고 보세화물 관리에 대한 세관공무원의 업무 중 일부를 위탁받아 수행하는 보세화물 전문관리자이다.

물류관리사: 물류 전문인력의 양성을 위하여 1995년 말 화물유통촉진법을 개정하여 물류관리사 자격제도를 도입 시행한 자격시험이다. 물류관리에 대한 전문적인 지식을 가지고 원자재의 조달에서부터 물품의 생산, 보관, 포장, 가공, 유통에 이르기까지 물류가 이동되는 전체 영역을 관리한다. 국토교통부 주관의 자격증으로 시험은 한국산업인력공단이 관리한다.

PART 9

수출입거래에서의 클레임

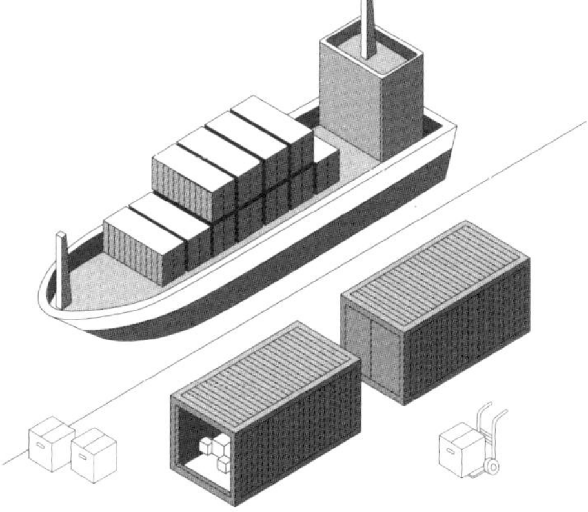

01
클레임의 종류

포인트

클레임에 대해서는 종류에 따라 정확하고 신속하게 대응하면 오히려 거래 상대방으로부터 자사에 대한 신뢰를 구축하는 데 도움이 될 수 있다. 어떤 클레임이 있는지 그 종류와 클레임 발생 원인을 알아두자.

클레임의 종류

종 류	내 용
무역클레임	수출입계약서상 이행위반이나 수입자가 입은 손해 또는 수입자의 지불거절 등에 의한 매매당사자 간 문제 등과 같은 클레임
운송클레임	운송 도중 일어난 사고에 대해 수출자 또는 수입자가 운송인에게 제기하는 클레임
보험클레임	운송 중 위험에 대비해 부보된 경우 화물에 손해가 발생했을 때 피보험자가 보험회사에 보험금 지급을 청구하는 클레임
마켓클레임	계약체결 후 상품 시세하락 등으로 수입자가 손실을 보는 경우 고의적으로 제기하는 클레임
의도적 클레임	수입자가 의도적으로 수출자의 계약이행에 지장을 주려고 제기하는 계획적 클레임

클레임이란

수출입거래에서 매매당사자 일방이 계약내용을 이행하지 않았을 때 상대방이 이로 말미암아 입은 손해를 계약을 위반한 상대방에게 청구하는 것을 말한다. 일반적으로 클레임이라 함은 무역클레임을 말한다.

클레임 발생원인

클레임은 계약체결과정에서 계약조건의 불명확화로 어느 일방이 계약조건을 제대로 이행하지 않는 경우가 직접적인 클레임 원인으로 작용한다. 또한 언어의 상이(相異), 상관습과 법률의 차이, 문화의 차이, 수량 척도단위의 차이, 신용조사 미흡, 상대국 법규에 대한 무지 등 간접적 원인으로 발생하는 경우도 많다.

최근에는 수출입을 할 때 관세법 관련뿐만 아니라 지적재산권이나 제조물책임과 관련한 법률에 의한 트러블이 많아지고 있다. 이같이 각국의 법적 규제에 기인하는 클레임을 법률클레임이라 한다.

02

클레임의 주요 내용

포인트

무역클레임은 거래상대방의 책임으로 발생한 손해에 대해 배상 등을 요구하는 것, 또는 요구되는 것이다. 무역클레임이라 말하지만 그 원인은 다양하고 각각의 원인에 따라 예방·대비책이 마련되어야 한다. 클레임의 주요 내용을 파악하고 이해하자.

클레임의 주요 내용

구 분	내 용
품질에 관련한 클레임	품질불량(Inferior Quality), 품질상이(Different Quality) 등
수량에 관련한 클레임	수량부족(Shortage) 등
포장에 관련한 클레임	불완전한 포장(Bad Packing) 등
선적에 관련한 클레임	선적지연(Delayed Shipment), 선적불이행, 선적상이(Different Shipment) 등
결제에 관련한 클레임	물품대금 지급 거부 등
서류에 관련한 클레임	기재사항 상이(misdescription), 서류불비(lack of documents) 등
계약에 관련한 클레임	계약불이행(non-fulfillment of a contract), 계약취소(cancellation of contract) 등

품질에 관련한 클레임

품질이 나쁘거나 규격, 색상 등이 계약내용과 다를 경우에 발생하는 클레임이다. 그 원인도 품질불량(Inferior Quality), 품질상이(Different Quality) 이외에 다양하며 가장 빈번하게 일어나는 클레임이다.

수량에 관련한 클레임

실제 수량이 계약내용과 달라서 야기되는 클레임이다. 대부분 수량부족(Shortage)이 원인이다. 상품에 따라서는 수송 중 양이 줄어드는 것도 있으므로 선적서류에 수량이나 중량을 명확히 표시해야 한다.

포장에 관련한 클레임

불완전한 포장(Bad Packing)으로 발생하는 클레임으로 물품이 없어지거나 파손(Breakage)되는 문제를 비롯하여 다양한 원인이 있다.

선적에 관련한 클레임

선적지연(Delayed Shipment), 선적불이행, 선적상이(Different Shipment) 등으로 발생한다. 불가항력에 의한 선적지연, 선적불이행은 계약서상 불가항력조항에 따라 처리된다.

결제와 관련한 클레임

수입자가 도착물품이 계약물품과 다르다거나 선적서류가 신용장조건과 일치하지 않는다는 빌미로 물품대금을 지급하지 않을 때 수출자가 제기하는 클레임이다.

서류에 관한 클레임

서류에 관한 계약조건 위반으로 발생하는 클레임이다. 서류 기재내용의 부실, 기재사항의 상위(misdescription), 서류불비(lack of documents) 등이 있다.

계약에 관한 클레임

계약이행 위반으로 발생하는 클레임으로 계약불이행(non-fulfillment of a contract), 계약취소(cancellation of contract) 등이 있다.

마켓클레임

계약체결 후 상품의 시세 하락으로 수입자가 손실을 보는 경우 고의적으로 제기하는 클레임이다. 마켓클레임(Market Claim)의 경우 수입자는 수출자의 사소한 실수도 빌미로 삼아 가격인하를 요구하거나 물품 인수를 거부하기도 한다.

클레임 청구의 종류

무역클레임은 금전을 내용으로 하는 클레임으로 손해배상청구, 대금감액요구, 대금지급거절 등이 있다. 그리고 금전 이외의 청구를 내용으로 하는 화물인수거절, 계약이행청구, 계약해제요구 등이 있다.

클레임 대비책

수출입계약 내용에는 클레임 발생과 관련하여 클레임 제기기간, 제기근거, 제기절차 및 방법 그리고 해결방법 등이 포함되어야 한다. 클레임 발생 가능성을 최소화하려면 상대방 신용조사를 확실하게 할 필요가 있다. 또한 계약서에 각 당사자의 의무와 책임을 분명하게 명시하고 신용장조건 거래의 경우에는 신용장을 꼼꼼히 검토해서 실수가 없도록 해야 한다.

03
클레임 해결방법

포인트

무역클레임 해결방법은 기본적으로 계약체결 시에 당사자 간에 합의해둔다. 클레임이 발생하면 그 합의내용에 따라 처리하면 되지만 클레임 원인을 가능한 한 빨리 분석하고 관계자의 지원을 받아서 신속하게 처리하는 것이 중요하다.

클레임 해결방법의 종류	
방 법	개 요
당사자 간에 해결하는 방법	
포기	Waiver of Claim, 클레임 제기금액이 너무 적어 클레임을 포기하고 경고한 후 주의를 촉구하는 방법
화해	쌍방 간에 합리적 방법으로 타협해서 해결하는 방법
제3자 개입에 의한 해결방법	
알선	당사자 일방 또는 쌍방의 요청으로 제3자가 개입하여 원만하게 해결하도록 조언하는 방법. 강제력이 없다.
조정	양 당사자가 제3자를 조정인으로 선정하고 조정인이 제시하는 해결안을 받아들이는 방법. 합의에 이르기까지는 강제력이 없다.
중재	당사자 간 합의로 중재인을 선임하여 중재인 판단에 맡기고 그 결과에 양 당사자가 구속되는 방법. 강제력이 있어 판정효력은 법원의 판결과 동일
소송	법원의 판결로 분쟁을 강제로 해결하는 방법

클레임 해결방법

클레임이 발생했을 경우 상대방에 대해 주장하는 내용은 자신에게 유리한 결과를 나오게 하려는 잠재적 편향이 있으므로 어떻게 하든 주관적인 내용으로 되고 만다. 그러나 이 편향은 결과적으로 문제 해결을 곤란하게 하기도 한다.

당사자끼리 문제를 해결하는 것이 비용이나 나중 거래를 고려하면 가장 바람직한데, 쌍방이 노력해 합의로 해결하는 방법을 화해라 하며, 당사자 간에 해결할 수 없는 경우 제3자에게 알선이나 조정을 의뢰하게 된다.

그 같은 해결 노력이 있었음에도 분쟁이 해결되지 않고 당사자 주장이 분규로 발전한 경우 등 최종적 해결방법으로 중재나 재판이 이용된다.

〈화해〉

화해(和解, Compromise)는 Amicable Settlement라고도 한다. 당사자 간의 교섭에 의해 서로 양보해서 우호적인 관계에서 원만하게 해결하는 방법이다. 클레임의 해결방법으로는 시간과 경비가 최소한에서 끝날 수 있다는 특징이 있어 수출입거래에서 가장 바람직한 해결방법이라 할 수 있다.

화해는 ① 당사자가 서로 양보할 것 ② 분쟁을 끝낼 것 ③ 그 뜻을 약정할 것 이 세 가지의 요건을 필요로 한다.

〈알선〉

알선(斡旋, Mediation)은 Intermediation이라고도 한다. 화해가 잘되지 않을 경우 제3자에게 분쟁당사자 사이에 개입하게 하여 쌍방의 주장을 들으면서 화해를 촉진하고, 그 자주적 해결을 위해 중개를 하여 원활하게 해결하도록 하는 방법을 말한다.

알선에 의한 해결은 비용 면에서도 저렴하며, 당사자 간에 비밀이 보장되고 거래관계가 지속될 수 있다는 장점이 있지만 법적 구속력이 없어 양쪽의 협력이 없으면 최종적인 해결에 도달하지 못하는 경우도 많다.

〈조정〉

조정(調停, Conciliation)은 화해나 알선으로 잘 해결되지 않았을 경우 당사자가 선정한 제3자(조정인)가 쌍방의 제출서류를 읽고 주장을 들으면서 해결안(조정안)을 제시하여 타협을 재촉하는 방법을 말한다.

화해나 알선보다는 구체적으로 해결방향에 대해서 전향적이지만 당사자가 합의에 이르기까지는 강제집행력이 따르지 않으므로 클레임 해결방법으로는 한계가 있다고 하겠다. 그러나 당사자 간에 합의하고 그것을 조서(調書, 조정의 기록)로 남겼을 경우 그 내용은 확정판결과 똑같은 효력을 갖는 것으로 된다.

〈중재〉

중재(仲裁, Arbitration)는 당사자가 합의해 미리 제3자를 중재인으로 선정하고 그 중재인의 판단(중재판단)에 따라 문제를 해결하는 방법이다.

조정과 다른 점으로 조정은 거래당사자 중 어느 일방의 요청이 있을 때도 가능한 데 반해 중재는 당사자 간에 중재합의가 있어야 하는 것이 대전제가 된다. 또한 조정은 양쪽 당사자의 자유의사에 따른 해결이지만 중재는 중재인의 중재판정에 절대복종해야 하는 강제성을 가질 뿐 아니라 그 효력이 법원의 확정판결과 같아서 '외국중재판정의 승인 및 집행에 관한 국제연합협약(the United Nations Convention on the Recognition and Enforcement of Foreign Arbitral Awards, 일명 뉴욕협약이라 함)'에 가입한 국가에서는 집행이 보장된다.

중재인이 중재판단을 내린 경우에는 당사자 일방이 그 내용에 불만이 있어도 더는 상소(上訴)할 수 없다는 것(방소항변, 防訴抗辯이라 함)이 중재제도의 한 가지 특징이다. 따라서 결과적으로 단기간에 결론을 내게 되고, 계쟁(係爭)을 위한 비용도 비교적 적게 들고 끝나기 때문에 중재제도가 상거래에 많이 이용되는 큰 이유가 되고 있다.

국제상사(國際商事) 분쟁에 관한 주요 중재기관으로는 미국중재협회(AAA, American Arbitration Association, 미국 뉴욕 소재), 국제상공회의소(ICC, 프랑스 파리 소재)의 국제중재재판소, 런던 국제중재재판소(LCIA, Landon Court of International Arbitration) 등이 있으며, 우리나라에는 대한상사중재원이 있다.

대한상사중재원(Korean Commercial Arbitration Board)은 자체 중재규칙에 의거 중재인이 양쪽 당사자 의견을 충분히 들은 후 판정을 내린다. 대한상사중재원에서 매매계약서 등에 권고하는 '표준중재조항'을 아래에 소개한다.

"Any disputes arising out of or in connection with this contract shall be finally settled by arbitration in accordance with the International Arbitration Rules of the Korean Commercial Arbitration Board."

The number of arbitrators shall be [one / three]

The seat, or legal place, of arbitral proceedings shall be [Seoul / South Korea]

The language to be used in the arbitral proceedings shall be [language]

(번역)

"이 계약으로 발생하는 모든 분쟁은 대한상사중재원에서 국제중재규칙에 따라 중재로 해결한다."

중재인의 수 [1/3]

중재지 [서울/대한민국]

중재에 사용될 언어 [언어]

한편 중재조항과 관련해서는 대한상사중재원 홈페이지에서 다양한 정보를 받을 수 있다.

〈소송〉

소송(Lawsuit)은 영어로 Litigation이라고도 한다. 법원에 제소해서 문제를 최종 해결하는 방법이다. 법원 판결은 당사자를 구속하지만, 거기서 내려진 내용에 만족할 수 없게 되면 한쪽 당사자 의향을 보고서 고등법원, 더 나아가서는 대법원에 상고하는 것이 가능하다.

국제상거래에서 발생하는 분쟁을 소송으로 해결하는 국제적 재판소 같은 것은 존재하지 않지만 소송지(地)를 어디로 할지에 대한 재판관할권은 중요한 문제가 된다.

소송은 비용과 시간이 많이 들 뿐만 아니라 외국 법원에서 내려진 판결을 집행하려면 그 효력에 대해 집행하려는 국가에서 외국판결의 승인을 받아야 하며 이를 위해 해당 국가의 국내법에 의거하여 일정 수속을 밟아야 하는 번거로움이 있다.

한편 재판으로 가면 반드시 판결이 선고되는 것으로 이해하는 사람이 많지만, 실제로는 화해로 종료되는 경우도 많다. 소송까지 가서 화해하는 것을 소송상 화해라 하여 협의에 의한 화해와 구별하고 있다. 화해했을 경우 재판관이 그 내용을 화해조서로 작성하며, 화해조서는 판결과 같은 효력이 있다.

재판과 중재의 비교

재 판	중 재
☆ 당사자의 합의는 필요치 않다. ☆ 법적 해석(법률전문가)에 의한 해결 ☆ 재판관(당사자는 선택할 수 없음) ☆ 공개가 원칙 ☆ 삼심제, 상소 가능, 장기화하면 코스트도 불어난다. ☆ 외국에서 집행이 거의 불가능	★ 당사자 합의가 필요(중재합의) ★ 법적 해석 플러스 거래를 근거로 한 해석 (그 분야 전문가) ★ 중재인(당사자가 선택하는 것이 가능) ★ 비공개 ★ 일심제(방소항변이 있다. 비교적 조기에 해결될 수 있다.) ★ 조건채택 국가 간에는 강제집행 가능

| 유용한 정보 |

과세표준의 종류

관세는 과세표준에 세율을 곱해서 산출한다. 과세표준에는 화물의 가격을 기초로 하는 것과 화물의 양을 기초로 하는 것이 있다.

〈관세를 산출하는 방법〉
(과세표준 = 수입신고 시 화물의 가격이나 수량) × (세율) = (관세)

① 화물의 가격으로 산출 ⇒ 종가세
(수출자가 부담하는 보험료나 운임도 포함된다.)
물품대금 + 보험료 + 운임 = CIF 가격 〈거의 대부분의 화물에 적용된다.〉
② 화물의 수량, 중량, 용적으로 산출 ⇒ 종량세
〈설탕, 알코올, 중유, 경유 등에 적용된다.〉
③ 화물의 가격과 양으로 산출 ⇒ 종가종량병용세
종가세 + 종량세가 동시에 부과된다. 〈버터, 멘톨(박하), 신발 등에 적용된다.〉
④ 화물의 가격이나 양으로 산출 ⇒ 종가종량선택세
종가세나 종량세 중 높은 쪽 또는 낮은 쪽을 선택해서 적용
〈옥수수, 생선유(기름), 유색직물 등에 적용된다.〉

무역 관련 자격증 안내 ②

〈공인민간자격〉

- **무역영어(대한상공회의소):** 무역영어 검정은 무역 관련 영문서류의 작성 및 번역 등 영어구사 능력은 물론 무역실무지식을 평가하는 국가공인 민간자격시험이다.

- **원산지관리사:** 원산지관리사는 FTA 발효국가와 무역거래기업, 관련 국가 물류업체들에 FTA 특혜관세혜택을 누릴 수 있도록 지식서비스를 제공하게 된다. 시행기관은 국제원산지정보원이다.
  정부는 원산지인증수출자 제도를 통해 체계적 원산지관리 및 검증대비를 위한 원산지관리전담자를 기업 내에 두도록 하고 있으며, 내부 원산지관리전담자가 관세청장이 인정하는 자격증(원산지관리사)을 갖춘 경우 원산지증명능력에 대한 심사를 생략할 수 있도록 하고 있다.

- **외환전문역(CFES) 2종:** 외환전문역은 금융기관의 외환업무 중 개인고객과 관련된 직무 담당자를 위한 1종과 기업고객과 관련된 직무 담당자를 위한 2종으로 나뉜다. 외환전문역 시험은 한국금융연수원에서 시행하고 있다.
  - 외환전문역 2종은 금융기관의 외환업무 중 수출입업무 및 이와 관련된 국제무역 규칙을 이해하고 외환과 관련된 여신업무를 수행하는 등 주로 기업 외환과 관련된 직무를 담당한다.

〈등록민간자격〉

- **국제무역사(한국무역협회):** 무역 전문인력에게 요구될 수 있으며 무역 업무에 다각도로 활용할 수 있는 심화된 무역 지식을 검증하는 자격시험이다.

- **무역관리사(한국무역협회):** 현장 실무 위주의 초급무역인력을 양성하기 위해 (사)한국무역협회 주관으로 시행하는 자격시험이다.

- **외환관리사:** 기업의 환위험관리 능력을 제고하고 관련 전문인력을 양성하기 위해 한국무역협회가 운영하고 있는 자격시험이다. 자격시험에 통과하면 금융감독원 지정 외환전문운용인력으로 인정받을 수 있으며, 한국무역협회에서 주관하는 사업의 모집, 선발 등에서 가산점을 받을 수 있다.

- **수입관리사(한국수입협회):** 비영리 사단법인 한국수입협회에서 수입업무 능력과 전문성을 검증하는 자격시험이다.

PART
10

전자무역에 대해 알아본다

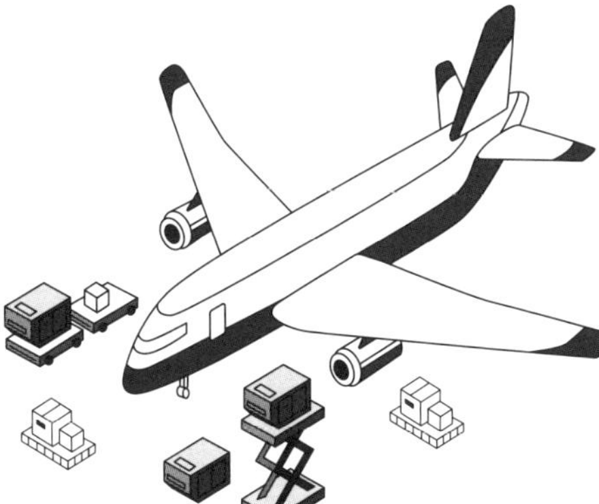

01
전자무역을 이해하자

POINT

전자무역이란 거래처 발굴·상담계약·원자재 조달·운송·통관·대금결제 등 제반 무역업무를 인터넷 등 최신 IT기술을 활용해 시공간 제약 없이 처리하는 무역거래 형태이다. 물건만이 아니고 서비스나 솔루션도 전자무역이 가능하다.

전자무역과 전통적 무역의 비교

	전자무역	전통무역
시장조사 및 거래처 발굴	시장정보를 주로 인터넷상의 검색엔진(search engine)으로 정보검색 등	무역 관련 기관에 거래알선 의뢰, 광고지 활용, 국내외 무역전시회 참가, 직접 현지방문 등
거래교섭 및 계약체결단계	e-mail, 인터넷 팩스, 인터넷폰, 홈페이지, 메신저 기능 등을 이용	전화, 팩스(fax), 서신 등을 이용, 직접 면담
물류운송단계	물류추적활용 시스템을 통한 포괄적 전자화, 디지털 상품(digital goods)의 경우 인터넷에서 직접 전송	해상운송, 항공운송, 국제복합운송 등 제한적 전자화
대금결제단계	전자신용장, trade card, Bolero 시스템, 전자자금이체(electronic fund transfer) 방식, credit card, 전자화폐(cyber cash) 등 이용	신용장(L/C)이나 D/A와 D/P 같은 추심(collection)방식, 송금방식(remittance) 등의 결제방식이 널리 이용

	전자무역	전통무역
통관	유니패스(EDI)를 통한 전자 신고, 전자서류 제출	신고서 및 무역 관련 종이서류 제출
지역 및 활동시간	전 세계를 상대, 제약이 없다.	제약이 따른다.

※ 아직은 무역거래 전 과정이 전자적으로 수행되는 경우는 거의 없고 해외시장조사, 거래알선 등 주로 무역마케팅 분야와 계약체결, 대금결제, 수출입통관 등을 중심으로 전자무역이 이루어지고 있다.

전자무역이란

전자무역(e-Trade)은 전자상거래(e-Commerce)의 하나로 정보통신 네트워크를 이용해 이뤄지는 국제간 다양한 상품과 서비스 거래를 말한다. 대외무역법상 전자무역은 '무역의 일부 또는 전부가 컴퓨터 등 정보처리능력을 가진 장치와 정보통신망을 이용하여 이루어지는 거래'(대외무역법 제2조 6호)라고 되어 있다.

전자무역의 개념도

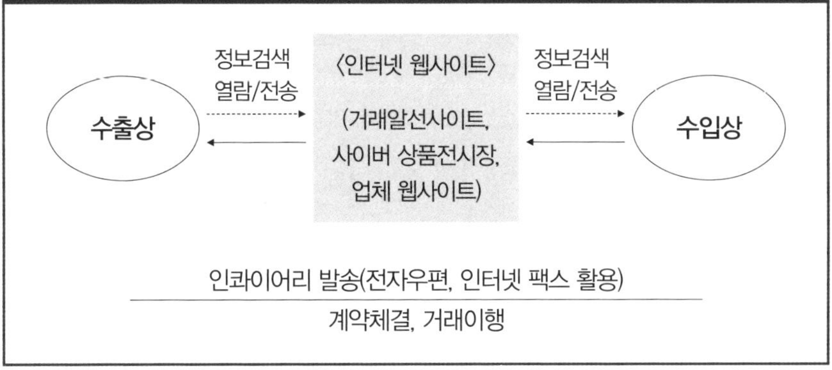

전자무역은 무역업무에 필요한 서류들을 전자적으로 처리하는 시스템을 구축해 무역업체의 부대비용을 절감하고 무역규모 확대를 촉진한다는 장점이 있다.

전자무역의 특징

전자무역은 특히 해외시장조사, 신규거래처 발굴, 수출상담, 무역계약서 체결 등이 대부분 인터넷상에서 이루어지며, 종전의 무역방식과 크게 다르지 않으나 서류를 전달할 때 인터넷이라는 매체를 활용하는 것이 특징이다.

항 목	설 명
전 세계 시장의 단일시장화	인터넷 접속으로 전 세계 시장이 하나의 단일시장으로 통합된다. 시공을 초월해 전 세계를 대상으로 마케팅 활동을 할 수 있고 전 세계 어느 곳의 누구와도 언제든 무역거래를 할 수 있다.
시장정보 입수의 용이화	인터넷에서 시장정보를 실시간으로 얻으므로 특정 상품의 제작·공급사를 쉽게 찾을 수 있다. 그뿐만 아니라 바이어 정보도 쉽게 접할 수 있다.
무역거래비용 절감화	인터넷을 통해 정보와 서류를 주고받으므로 통신비용이 절감된다. 또한 전자무역에 관련된 결제시스템이 개발되어 안전하고 확실한 대금결제가 보장되므로 금융수수료를 절감할 수 있다.
제품이나 서비스의 가격이 낮아짐	인터넷으로 수출자와 수입자가 바로 연결되므로 유통비용이 그만큼 줄어든다. 생산과정의 정보가 공개됨에 따라 가격구조가 평준화되어 제품이나 서비스 가격이 전반적으로 하락하게 된다.
중소기업들의 활동영역 광역화	인터넷을 이용해 일반 중소기업들도 네트워크를 구축하여 대기업만이 독점했던 전 세계를 대상으로 하는 광고나 시장개척 활동을 할 수 있다.

전자무역 플랫폼 u트레이드허브

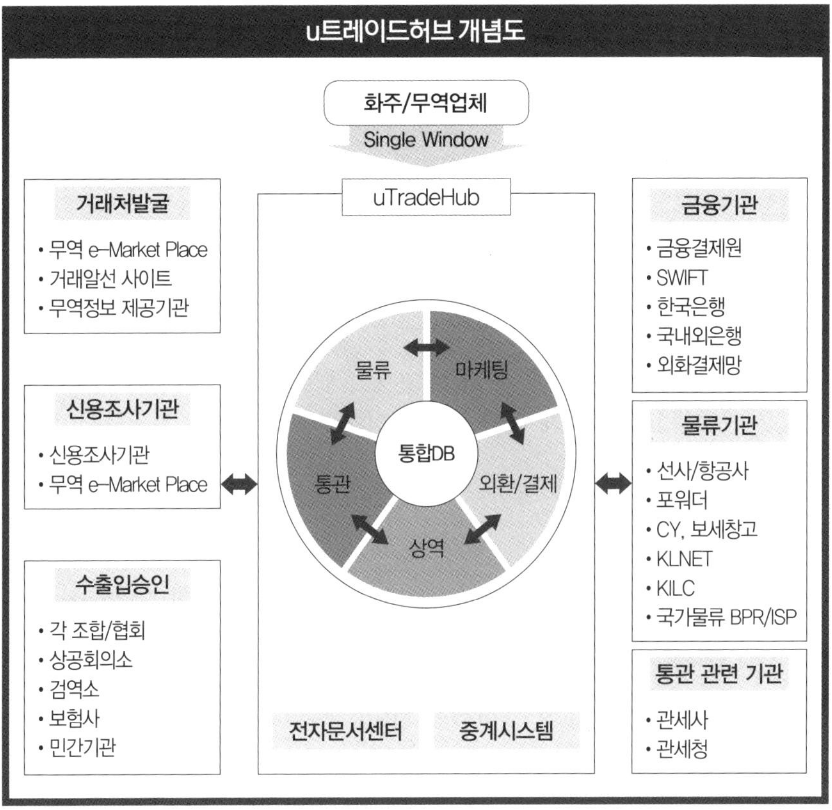

u트레이드허브(uTradeHub)는 무역업무 단일창구 포털로 전자무역 서비스를 위한 통합시스템이다. 누구든 세계를 대상으로 마케팅에서 대금결제에 이르기까지 모든 업무를 단절 없이 처리할 수 있는 전자무역 플랫폼이다.

uTradeHub(Ubiquitous Trade Hub)는 무역포털, 물류포털, 통관포털, 마케팅 포털 등에 사용자가 접근하는 관문으로 통합로그인, 전자무역서비스에 대한 전반적 소개, 서브포털에서 제공하는 공통서비스(공지사항, FAQ, Q&A, 자료실)를 제공한다.

따라서 무역업체는 u트레이드허브를 이용함으로써 인터넷에 한 번 접속하면 마케팅, 상역, 외환, 통관, 물류, 결제까지 모든 무역업무 프로세스를 신속하고 편리하게 원스톱으로 처리할 수 있다. 이제 은행이나 수출입 관련 기관을 방문할 필요 없이 언제 어디서나 복잡한 무역업무를 볼 수 있다.

무역포털 서비스의 개요

무역포털은 마케팅, 상역, 외환, 통관, 물류, 결제까지 모든 무역업무 프로세스를 신속하고 편리하게 단절 없이 처리하도록 단일화된 워크플레이스를 제공한다.

무역업체를 위한 전자무역의 단일화된 워크플레이스를 제공함으로써 사용자의 업무처리 절차를 간소화하고 무역업무 효율성을 높여 무역 활성화에 기여한다.

- 포털을 이용해 서류 또는 단절된 서비스 중심이 아닌 사용자 중심 작업 공간 구현
- 개별 수출입 건수 기준으로 업무 진행 상황 추적, 요청 업무 처리결과, 관련 문서 등을 실시간으로 포털 사용자 업무 프로세스상에서 확인할 수 있다.

e-B/L, e-Nego 등으로 Paperless Trading의 기반을 마련하였다.

- 무역포털로 선적요청, 선하증권, 원산지증명서, 적하보험, 환어음 등 유관기관 방문 없이 서류 제출·접수가 가능하여 은행이나 수출입 관련 기관을 방문할 필요 없이 언제 어디서나 복잡한 무역업무를 볼 수 있다.

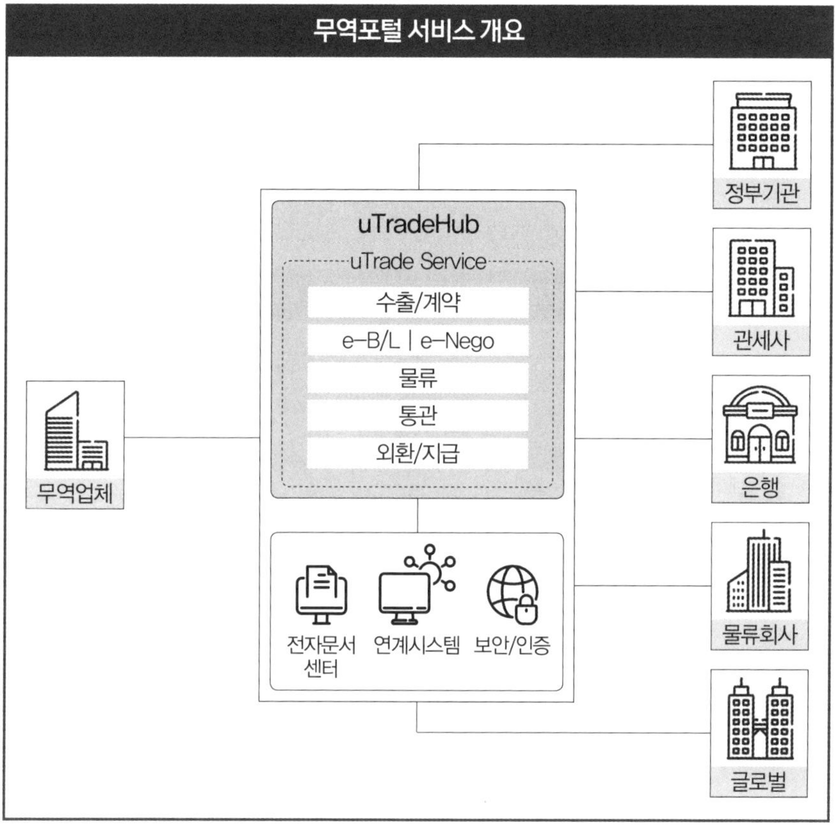

전자문서 중복 제출 방지와 유통 간소화로 비용과 인력을 절감한다.

- 전자문서 유통체계 개선을 통해 전자무역 프로세스 개선
- 전자문서의 진정성과 제3자 유통성 확보를 통해 동일문서 중복 제출 및 종이 원본 제출을 줄일 수 있다.

한편 무역포털 서비스의 구체적 내용은 u트레이드허브 사이트(https://www.utradehub.or.kr/porgw/index.jsp?sso=ok)를 방문하면 확인할 수 있다.

전자문서 통합지원센터

전자문서 통합지원센터에는 전자문서를 생성하는 전자화 작업장, 전자문서를 유통하는 공인전자문서중계자, 전자문서를 보관하는 공인전자문서 보관센터가 있다.

전자문서의 생성, 유통, 보관 과정

전자문서 생성

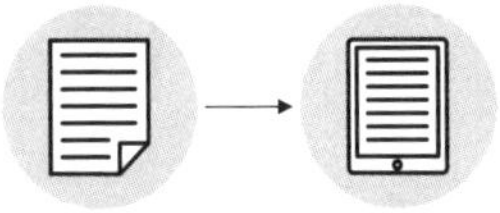

종이문서의 전자화

전자화 작업장

종이문서를 전자문서로 변환하여 해당 전자문서를 공인전자문서센터에 보관한 후 기존 종이문서는 폐기가능

전자문서 유통

전자문서의 송신 · 수신

공인전자문서중계자

공인전자문서중계자를 통해 송 · 수신되는 전자문서는 유통사실에 대한 법적 효력 발생

전자문서 보관

전자문서 보관

전자문서 보관

공인전자문서센터에 보관된 전자문서는 보관기간 동안 위변조되지 않았음을 법적으로 인정받음

전자문서 통합지원센터 제도소개

전자문서 통합지원센터 홈페이지의 '제도소개'를 옮기니 참고했으면 한다.

〈전자문서란?〉

정보처리시스템에 따라 전자적 형태로 작성, 송·수신, 저장, 검색 등을 할 수 있는 정보로 생성된 문서이다.

〈전자문서 통합지원센터 제도 소개〉

「전자문서 및 전자거래 기본법」에 따라 전자문서는 법적 효력을 인정받으며, 전자문서의 생성·유통·보관 과정에서 전자문서의 안정성과 신뢰성을 확보하였다. 여기에는 전자화 작업장, 공인전자문서센터, 공인전자문서중계자 제도가 있다.

이 책에서는 공인전자문서센터만 간략히 소개한다. 전자화 작업장 및 공인전자문서중계자 제도는 전자문서 통합지원센터 홈페이지(https://www.npost.kr/)를 참조하기 바란다.

공인전자문서센터

〈'공인전자문서센터'란〉

문서보관의 효율성과 안전성을 확보하고자 과학기술정보통신부장관으로부터 지정받은 법인 또는 국가기관을 칭한다. 공인전자문서센터는 전자문서를 안전하게 보관하고, 보관하는 동안 전자문서 내용이 변경되지 아니함을 증명하는 인증된 기관이다.

공인전자문서센터의 특징

문서 무결성 및 법적 효력	보관되는 기간에는 문서 내용이 변경되지 않음을 증명서 발급으로 증명
안정성	이용자의 개인정보보호 및 철저한 정보보안 준수 자연재해, 분실, 도난으로부터 보호
배상책임 및 보험 가입	이용자에게 피해를 준 경우 피해보상을 위한 손해배상책임보험 가입 의무화
이용자와 독립성 유지	전자문서를 신뢰성 있게 보관하려고 이용자와의 관계에서 독립성 유지
문서관리 편의성	전자화 과정을 거쳐 공인전자문서센터에 보관한 종이문서 폐기 가능
엄격한 지정기준과 운영 점검	지정기준 유지 여부 및 운영 실태 확인을 위해 정기점검, 수시점검 시행

〈공인전자문서센터 지정기준과 근거법령〉

전자문서 통합지원센터 홈페이지를 참조하면 알 수 있다.

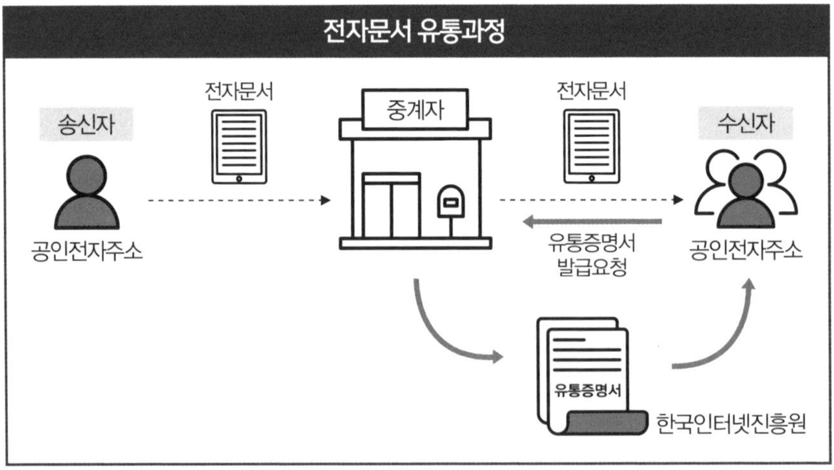

※ 송신자(송신자의 공인전자주소)가 작성한 전자문서는 공인전자문서중계자의 유통 플랫폼(모바일 메신저, 숍메일 등)을 통해 수신자(수신자의 공인전자주소)에게 전송된다.

| 유용한 정보 |

무역 관련 국제공인 자격증 소개 ①

LIBF(London Institute of Banking & Finance, 영국 금융전문대학원)의 무역 및 TRANSACTION BANKING 분야의 자격증은 전 세계적으로 인정받고 있으며, 트랜잭션 뱅킹은 은행이 기업고객에 자금 관리 서비스, 지급결제, 무역금융 등을 제공하는 걸 말한다. 결제 중심의 자금관리와 무역금융을 넘어서 외환, 리스크 관리, 자금시장 거래에 대한 자문, 신탁까지 폭넓은 통합 자금 관리 서비스를 해주는 것이다.

(출처: 한국국제금융연수원(주) 홈페이지 https://ikifi.com/)

- **CDCS(Certificate for Documentary Credit Specialist, 국제신용장전문가)**

CDCS는 무역신용장 실무와 국제상거래 규약실무 등을 위해 국제상업회의소(ICC)와 영국은행협회(IFS) 소속 영국금융대학원이 공동 개발한 전 세계의 대표적인 신용장관련 국제공인 자격증이다. 국내에서는 2021년부터 온라인 상시시험으로 전환되어 언제든 응시가 가능하게 되었다.

신용장뿐만 아니라 송금, 추심방식을 포함한 국제무역대금결제 전반에 관한 외환, 수출입실무업무에 관한 지식과 능력을 보유한 전문가임을 인증하는 자격증으로 신용장을 비롯한 국제무역대금결제 전반에 걸쳐 실질적인 현장업무를 수행할 수 있는 실무전문가임을 객관적으로 증명하는 '국제공인 자격증'이다.

이 자격은 영국은 물론 유럽에서도 인정받고 통용되는 자격증으로 CDCS 시험에 합격하면 ICC 및 LIBF로부터 Certificate가 주어지고, 합격 후 자격은 3년 주기로 갱신하여야 한다.

- **CSDG(Certificate for Specialist in Demand Guarantee, 국제보증전문가)**

CSDG는 해외건설/선박수출입/무신용장/플랜트 수출입 등과 관련한 은행의 입찰보증/선수금환급보증/계약이행보증/하자보증 등 국제거래용 은행보증서의 전문가를 입증하는 국제공인 자격증이다. CSDG는 수준 높은 전문성을 발휘할 수 있으며 청구보증 모범사례와 관련된 복잡한 문제에 대한 지식과 이해를 향상시킬 수 있다.

CSDG는 청구보증의 정확성 확인, Stand-by 요구서의 확인을 통해 청구보증 관리와 위험을 식별하는 데 필요한 지식과 기술을 개발한다. 이 안에서 청구보증을 뒷받침하는 제품, 프로세스, 당사자, 규칙 및 규정에 대한 핵심적인 이해를 제공한다.

02

전자무역실무

POINT

인터넷을 이용하면 소규모 중소기업들도 네트워크를 구축해 과거 대기업이 독점했던 전 세계를 대상으로 하는 광고나 시장개척 활동을 할 수 있다. 전자무역 실무 지식을 익히자.

전자무역 주요 실무	
구 분	내 용
전자무역 마케팅	인터넷을 이용한 거래처 발굴과정으로 E-Market Place가 대표적
전자무역계약	전자무역계약은 세 유형으로 구분할 수 있다. • 전자문서교환(EDI)에 의한 계약 • 전자우편에 의한 계약 • 무역거래알선사이트를 통한 계약
전자무역 대금결제	대표적 결제유형으로 SWIFT, 볼레로(Bolero), Trade Card가 있다.
전자인증과 전자서명	• 전자인증: 전자서명이 특정인에게 유일하게 속한다는 사실을 인증서로 인증하고 증명하는 전자적 정보처리를 말한다. • 전자서명: 서명자의 신원과 서명자가 해당 전자문서에 서명하였다는 사실을 나타내는 데 이용하기 위해 전자문서에 첨부되거나 논리적으로 결합된 전자적 형태의 정보를 말한다.

전자무역 마케팅

인터넷 등으로 해외시장조사를 해서 거래처를 발굴해 상품과 서비스를 거래하게 하는 과정이다. 그 특징으로는 쌍방향 의사소통, 시간과 공간 제약 없음, 마케팅과 판매비용 등의 절감, 불특정 다수에게 홍보 등을 들 수 있다.

전자거래 알선사이트

폐쇄적인 형태의 B2B에서 개방형 형태의 E-Market Place로 발전해 뉴미디어로 공급자와 소비자를 연결하는 중개자 역할을 하는 가상시장 개념이며, 다음과 같이 구분할 수 있다.

〈사업영역의 폭에 따른 구분〉

① 수직적 E-Market Place(VORTAL, Vertical E-Market Place) → 특정산업에서 구매자와 공급자의 상호작용을 자동화하는 것을 목적으로 원자재부터 완성품에 이르기까지 수직적 관계로 전 품목을 취급하는 시장

② 수평적 E-Market Place(HORTAL, Horizontal E-Market Place) → 특정제품이나 산업에 국한하지 않고 다양한 산업군을 포괄하는 시장

③ Mega Market → 수직적 E-Market Place + 수평적 E-Market Place

〈시장창출 방식에 따른 구분〉

- 카탈로그형: 판매자가 상품가격, 특징 등의 정보를 웹에 업로드하고 이를 구매자가 웹상에서 확인한 후 구매하는 형태
- 경매(Auction)형: 구매자와 경매 메커니즘을 이용한 매칭을 통해 상거래가 이루어지는 형태

- 역경매(Reverse Auction)형: 구매자가 구매하고자 하는 물품의 조건을 제시하고 다수의 공급자 중 최적 조건을 제시한 공급자와 거래하는 형태
- 교환(Exchange)형: 양방향 경매 형태로 제3의 중개인에 의해 거래되는 형태

E-Market Place의 주요 기능

- 오퍼정보열람(View Trade Leads): 수출입희망품목 오퍼정보 열람 가능
- 오퍼정보검색(Search Trade Leads): 관심품목 검색 가능
- 오퍼등록(Post Trade Leads): 거래희망업체의 오퍼 등록 가능
- 상품카탈로그 정보검색(View Products): 키워드/카테고리 검색으로 제품 정보 조회 가능
- 주문형 오퍼정보 수신(Trade Alert): 관심 키워드로 등록한 오퍼정보를 자동 검색해 알려주는 정보수신 기능
- 홈페이지 자동작성시스템(My Homepage): 사용자 스스로 전자카탈로그나 홈페이지를 등록·제작 가능
- 거래오퍼관리시스템(Manager Trade Leads): 전송한 오퍼를 사후 관리하는 기능

전자무역계약

전자무역계약 성립 시기

피청약자가 청약자에 대한 승낙의사를 발송하고 그 의사가 청약자에게 도달하면 계약이 성립된다. 전자계약에서는 청약과 승낙이 실시간으로 이루어

져 계약이 체결되므로 청약과 승낙 모두 도달주의를 채택한다.

전자문서 송신, 수신 시기

다음과 같이 구분해볼 수 있다.

- 전자문서는 작성자 또는 그 대리인이 해당 전자문서를 수신할 수 있는 정보처리시스템에 입력한 때 송신된 것으로 본다.
- 전자문서는 다음 어느 하나에 해당하는 때 수신된 것으로 추정한다.
  - 수신자가 전자문서를 수신할 정보처리시스템을 지정한 경우 지정된 정보처리시스템에 입력된 때
  - 전자문서가 지정된 정보처리시스템이 아닌 정보처리시스템에 입력된 경우 수신자가 이를 검색 또는 출력한 때
  - 수신자가 전자문서를 수신할 정보처리시스템을 지정하지 아니한 경우 수신자가 관리하는 정보처리시스템에 입력된 때

전자인증과 전자서명

〈전자인증〉

전자서명생성정보가 가입자에게 유일하게 속한다는 사실을 확인하고 이를 증명하는 행위를 말하며, 인증기관에서 발행하는 인증서에는 공동인증서와 사설인증서가 있다.

- 공동인증서: 공인인증기관(금융결제원 등)에서만 발급하는 인증서
- 사설인증서: 민간업체(PASS, 네이버 등)에서 발행하는 인증서

〈전자서명〉

전자서명은 전자문서에 결합되어 서명자의 신원과 그 명의인이 실제 서명했다는 사실을 입증하는 데 필요한 전자적 정보이다.

전자서명의 효력은 전자서명법에 다음과 같이 명기되어 있다.

① 전자서명은 전자적 형태라는 이유만으로 서명, 서명날인 또는 기명날인으로서 효력이 부인되지 아니한다.

② 법령의 규정 또는 당사자 간 약정에 따라 서명, 서명날인 또는 기명날인 방식으로 전자서명을 선택한 경우 그 전자서명은 서명, 서명날인 또는 기명날인으로 효력을 가진다.

전자무역 대금결제

〈전자무역결제〉

국가 간 물품매매에 수반되는 대금지급을 신용카드, 전자수표, 전자자금이체, 전자화폐를 이용해서 결제하는 것을 말한다.

〈전자무역결제의 유형〉

- SWIFT(Society for Worldwide Interbank Financial Telecommunication): 금융기관 간에 교환되는 각종 메시지를 업무별로 표준화하여 전 세계적으로 구성된 자체 통신망을 이용해 송수신하도록 조직화된 전 세계 은행 간 금융정보통신망
- 볼레로(BOLERO, Bill of Lading Electronic Registry Organization): SWIFT와 선주들의 국제기구라 할 수 있는 TTclub이 각각 50% 지분을 투자하여 결성

한 Bolero Association Limited(BAL)가 운영하는 솔루션인 볼레로넷에서 하는 전자무역결제방식

- 트레이드 카드(Trade Card): 세계무역센터협회 자회사인 Trade Card사가 무역서류의 전송과 대금결제 방법을 전자화하고자 개발한 무역결제용 솔루션으로 그 특징으로는 신용장 배제, 신용평가기관을 통한 자금공여, 프로세스 관리 등이 있다.

볼레로(BOLERO)와 트레이드 카드(Trade Card) 비교

구 분	BOLERO	Trade Card
목표	전자적 B/L의 구현 및 무역서류의 전자화	신용장 방식에서 벗어난 무역거래의 전자화
추진주체	SWIFT, TTclub	Trade Card사
역할	전자서명 인증, 무역서류 관리 및 통신방법 제공	전자계약 확인, 계약이행 여부 확인, 대금지급 결정
메시지 표준	UN/EDIFACT, XML	UN/EDIFACT
은행 역할	신용공여자	자금공여자, 상대적으로 역할 축소
대금 결제	은행위임, SWIFT와 연계 가능	COFACE, 토머스 쿡
서류 점검	종이 출력, 전산 확인 가능	Trade Card가 자동으로 수행

03

전자무역 관련 법규

POINT

전자무역은 무역의 일부 또는 전부가 전자적 수단으로 수행되는 거래이므로 대외무역법의 적용을 받는다. 또한 전자무역은 전자상거래의 한 분야이므로 전자상거래와 관련된 법규의 적용을 받는데, 이와 관련된 국제규범과 우리나라 법률을 알아두자.

전자무역 관련 국내 법규	
법 률	설 명
전자무역촉진에 관한 법률	이 법은 전자무역의 기반을 조성하고 그 활용을 촉진하여 무역절차의 간소화와 무역정보의 신속한 유통을 실현하고 무역업무의 처리시간 및 비용을 절감함으로써 산업의 국제경쟁력을 높이고 국민경제의 발전에 이바지함을 목적으로 한다(제1조). 총 11장 33조, 부칙으로 구성되어 있으며, 법령체계는 전자무역촉진에 관한 법률, 전자무역촉진에 관한 법률 시행령, 전자무역촉진에 관한 법률 시행규칙으로 되어 있다.
전자문서 및 전자거래기본법	이 법은 전자문서 및 전자거래의 법률관계를 명확히 하고 전자문서 및 전자거래의 안전성과 신뢰성을 확보하며 그 이용을 촉진할 수 있는 기반을 조성함으로써 국민경제의 발전에 이바지함을 목적으로 한다. 총 8장 46조, 부칙으로 구성되어 있으며, 법령체계는 전자문서 및 전자거래기본법, 전자문서 및 전자거래기본법 시행령, 전자문서 및 전자거래기본법 시행규칙으로 되어 있다.
전자서명법	이 법은 전자문서의 안전성과 신뢰성을 확보하고 그 이용을 활성화하기 위하여 전자서명에 관한 기본적인 사항을 정함으로써 국가사회의 정보화를 촉진하고 국민생활의 편익을 증진함을 목적으로 한다. 총 26조, 부칙으로 구성되어 있으며 법령체계는 전자서명법, 전자서명법 시행령, 전자서명법 시행규칙으로 되어 있다.

전자무역 관련 국제 법규	
국제법규	설 명
전자상거래모델법 (Electronic Commerce Model Law)	UN 국제상거래법위원회(UNCITRAL, United Nations Commission on International Trade Law)에 의해 제정된 것으로 전자상거래에서 실제 사용되는 법이 아니라 각국이 전자상거래 관련법을 제정할 때 참고하도록 만든 모델법이다. 정보가 데이터 메시지 형태라는 이유로 그 효력이나 유효성, 법률적용이 부정되어서는 안 된다고 규정하고 있다.
전자서명모델법 (Electronic Signature Model Law)	UNCITRAL에서 전자상거래의 핵심요소인 전자서명과 인증기관 문제를 규율하려고 2000년에 제정한 국제적 표준규범이다. 전자서명에 관한 법규범을 정비하면서 국제적 통일성을 확보하려고 제정된 것이다.
ICC(국제상업회의소)의 GUIDEC	정보보안과 관련한 전자서명, 인증, 인증기관, EDI와 전자상거래 관련 법규 등 전자상거래에 관한 기술적 발전현황을 점검하여 전자상거래 시 일반지침으로 활용되는 디지털로 보장되는 국제상거래 일반 관례를 의미한다.
전자선하증권에 관한 CMI 통일규칙	EDI 확산에 따른 전자선하증권 사용에 관한 근거규정이 미비한 점을 보완하기 위해 국제해법에서 공표한 규칙이다. 선하증권의 정보를 전자데이터 통신수단에 의해 전송하는 경우 당사자의 권리 및 의무와 종이서류에 의한 선하증권의 거래방식 인정과 함께 전자선하증권의 권리의 전자적 이전에 관한 방식을 규정한다.
전자적 제시를 위한 신용장통일규칙 (e-UCP)	UCP와 함께 사용하는 UCP 추록으로 신용장 통일규칙의 보칙형태이다. UCP가 적용된다고 해도 e-UCP가 적용된다는 문구가 있어야지만 e-UCP까지 적용이 가능하다. e-UCP가 적용되는 경우 그 조항은 UCP 조항보다 우선하여 적용하며 신용장이 수익자로 하여금 전자제시와 종이서류에 의한 제시 중 선택하도록 허용하는 경우 수익자가 종이서류를 제시하면 e-UCP가 적용되지 않고 UCP가 적용된다.

04
디지털 무역을 알아본다

POINT

디지털 무역은 관련 산업과 거래의 종류가 다양하고 범위도 넓어 국제적으로 통용되는 명문화된 정의는 없으나 일반적으로 기존 전자상거래를 포함한다. 인터넷과 ICT 등 디지털 기술을 이용한 국가 간 교역활동(상품 + 서비스 + 데이터) 전반을 의미한다.

디지털 무역의 범위

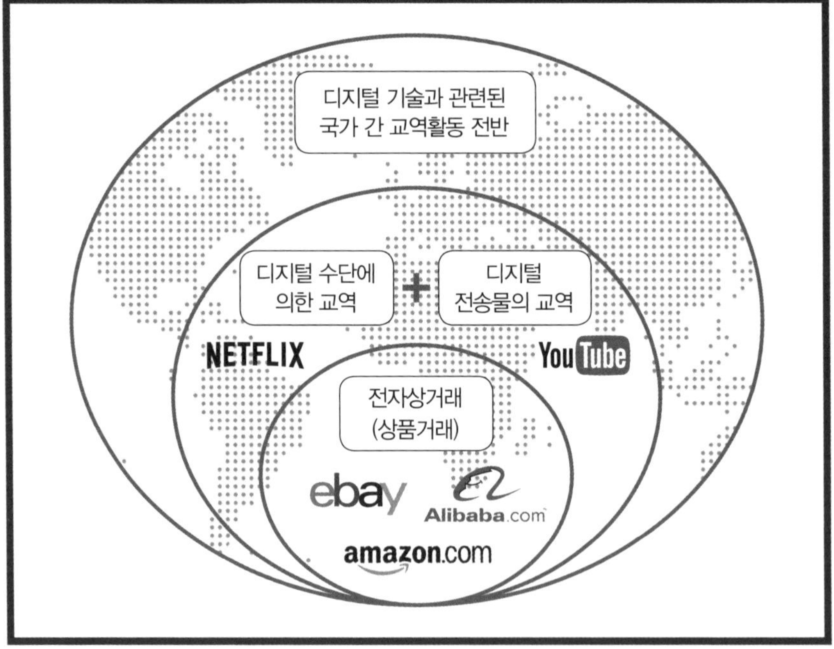

출처: 산업통상자원부

디지털 무역이란

디지털 무역의 정의는 세계적으로 통일된 것은 아직 없다. OECD는 디지털 무역이란 기본적으로는 국경을 넘는 데이터의 이전을 전제로 한 것으로 소비자, 기업, 정부가 관련되는 전자적 또는 물리적으로 배송되는 물품이나 서비스의 무역에 관련되는 전자적 거래를 포함하는 것이라는 개념을 소개하고 있다.

디지털 무역의 범위

디지털 무역에는 제품이나 서비스 등의 전자적 수단에 의한 해외거래뿐 아니라 디지털화 사회를 실현하기 위한 디지털 관련 제품·서비스의 무역, 디

디지털 제품의 정의

분 류	설 명
한미FTA	전달매체에 고정되는지 또는 전자적으로 전송되는지에 관계없이 디지털방식으로 부호화되고 상업적 판매 또는 배포를 목적으로 생산된 컴퓨터프로그램, 문자열, 동영상, 이미지, 녹음물, 그밖의 제품으로 정의한다.
TPP	디지털방식으로 부호화되고 상업적 판매 또는 배포를 목적으로 생산된 컴퓨터프로그램, 동영상, 이미지, 녹음물, 그밖의 제품으로 전자적으로 전송될 수 있는 것으로 정의한다.
USITC	산업 분야에서 기업에 의한 인터넷을 통한 상품과 서비스의 전송 및 스마트폰과 인터넷 연결기기 등에 의한 관련 상품 전송으로 정의한다. 디지털 무역은 전자상거래 플랫폼과 관련 서비스의 제공을 포함하는 반면에 온라인으로 주문된 물리적 상품과 디지털 복사본 판매는 정의에서 제외한다.

* TPP: Trans Pacific Partnership, 환태평양경제동반자협정

* USITC: United States International Trade Commission, 미국국제무역위원회

지털 관련 지적재산의 보호, 전기통신 인프라에 대한 투자, 기업의 국외 투자·서비스 제공 및 제품 수출에 관련한 데이터의 취급 등 광범위한 분야를 포함한다.

디지털 제품이란 오프라인상으로 교역되던 물품들이 디지털 변환이 되어 온라인상에서 거래되는 경우를 의미한다. 디지털 제품에 관해서도 앞의 표에서 보듯 통일된 정의가 없다.

디지털 무역시대의 무역장벽

WTO 등 무역 관련 기관은 디지털 시대의 국제무역거래에서 무역장벽으로 작용할 수 있는 요인을 다음과 같이 열거하고 있다.

〈데이터 국지화(Data Localization)〉

국가 간 데이터 이전을 제한하도록 하는 규제로 기업, 기관 등이 자료를 수집한 국가 내에서만 데이터를 저장하고 처리해야 한다는 내용

〈지적재산권의 침해〉

디지털 기술의 발달로 불법다운로드나 상표 복제, 위조, 인터넷 IP 도용 등으로 인한 침해가 과거보다 기하급수적으로 늘어났으며 해외에서 발생하는 경우가 많아졌다. 인터넷을 통해 지적재산권이 침해된 경우 해당 상품을 판매·제공한 검색엔진이나 플랫폼 서비스 공급자의 책임 소재에 대한 각국 간 법률적 판단이 다를 수 있어 무역장벽으로 작용할 수 있다.

〈정부 차원의 인터넷 접속 통제〉

정부에서 특정 웹사이트 접속을 방해하거나 아예 차단하는 경우 혹은 특정 정보를 걸러내는 경우도 무역장벽으로 작용한다.

미국은 인터넷 공급자의 정보 필터, 사용자의 접속 차단 등을 금지하나 유럽의 경우 트래픽 양에 따라 사용자의 인터넷 접속이 통신 공급자에 의해 달라질 수 있다.

〈각국의 서로 다른 디지털 규제로 인한 무역장벽〉

국제기준에서 크게 벗어나는 국가 차원의 법령 혹은 지역 내 규제가 있는 경우, 국제기준을 준수하는 ICT 제품이라 할지라도 특정한 국가 혹은 지역의 네트워크 체제와 연결되지 않거나 고유 규제에 따라 생산된 하드웨어와 호환되지 않는 경우 무역장벽으로 작용한다.

국제무역협정에 반영된 디지털 무역

세계무역기구(WTO)에는 디지털 무역만 다루는 단일 국제협정은 없으나 아래 기술된 조약이 이와 관련된 일부 내용을 반영하고 있다.

- 서비스 교역에 관한 일반협정(GATS, General Agreement on Trade in Services)
- WTO 정보기술협정(ITA, Information Technology Agreement)
- 전자상거래에 관한 WTO 각료선언(Declaration on Global Electronic Commerce)
- 무역 측면에서 지식재산권에 관한 협정(TRIPS, Agreement on Trade-Related Aspects of Intellectual Property Rights)

• 세계지식재산권기구(WIPO, World Intellectual Property Organization Internet Treaties)

(자료 출처: KOTRA 해외시장뉴스 사이트)

디지털 무역협정

날로 확대되는 디지털 교류 흐름에 맞춰 국제사회에서도 디지털 무역 규범과 표준을 개발하려는 움직임이 빨라지고 있는데 그 대표적 사례로 다음과 같은 협정이 있다.

- 포괄적 · 점진적 환태평양경제동반자협정(CPTPP)
- 역내포괄적경제동반자협정(RCEP)
- 한국-싱가포르 디지털동반자협정(KSDPA)
- 미국 주도의 인도태평양경제프레임워크(IPEF)

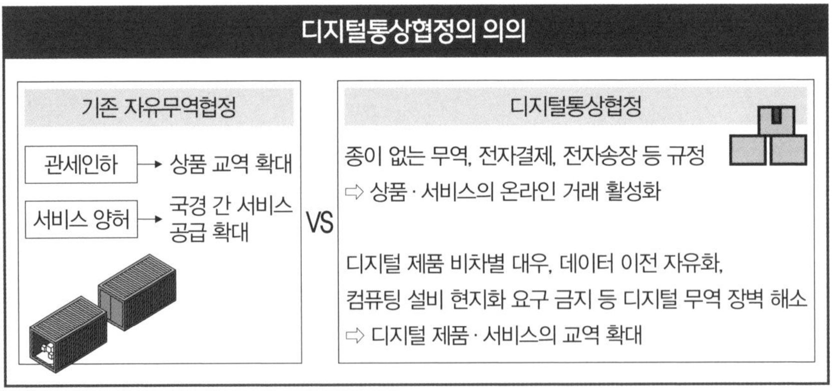

출처: 산업통상자원부

주요 디지털 무역협정 현황

협 정	참여국	발효·타결시기
미-일디지털 무역협정(USJDTA)	미국, 일본	2020년 1월 1일
싱가포르-호주 디지털경제협정(SADEA)	싱가포르, 호주	2020년 12월 8일
디지털경제동반자협정(DEPA)	싱가포르, 뉴질랜드, 칠레	2021년 1월 7일
한국-싱가포르 디지털동반자협정(KSDPA)	한국, 싱가포르	2021년 12월 15일 (타결)
USMCA(NAFTA개정)	미국, 캐나다, 멕시코	2020년 7월 1일

※ 이들 협정의 주된 내용은 디지털 제품 무관세와 비차별적 대우, 데이터의 국경 간 이동 활성화 등을 다루고 있다.

한국도 DEPA에 2021년 9월 가입을 신청해 회원국과 협상을 진행 중이다. 2021년 12월에는 우리나라 최초의 디지털 부문 통상 협정인 한국-싱가포르 디지털동반자협정(KSDPA)을 맺었으며 2022년 5월에는 IPEF 참여 또한 공식 선언하는 등 디지털 무역협정 참여를 도모하고 있다.

05

온라인 무역

POINT

온라인 무역은 인터넷 기반의 가상공간에서 벌이는 무역을 말한다. 아마존, 알리바바, 이베이 등과 같은 글로벌 쇼핑몰을 이용해 국제적으로 물건을 사고파는 비즈니스이다.

온라인 무역과 기존 무역의 비교

항 목	온라인 무역	기존 무역
정보입수	• 얻기가 쉽다. • 인터넷 검색으로 간단하다.	• 얻기가 쉽지 않다. • 인맥이 중요하다.
홍보방법	• 글로벌 사이트를 이용한 제품 홍보	• 전시회, 박람회 참가 • 매체를 통한 홍보
수출자 입장	• 제품홍보: 소자본으로 큰 효과를 볼 수 있다(웹디자인 이용). • 전 세계 바이어와 시간과 공간 제약 없이 만날 수 있다.	• 제품홍보에 많은 자본과 시간이 필요하다. • 만날 수 있는 바이어가 한정적이다.
바이어 입장	• 단시간에 수많은 공급업체 정보를 얻을 수 있다. • 공급업체별 거래조건을 비교하기 쉽다.	• 공급업체 정보입수의 제한으로 발굴에 시간이 걸린다. • 공급업체별 거래조건 비교가 상대적으로 어렵다.

온라인 무역이란

온라인 무역이란 글로벌 쇼핑몰에 입점하여 해외에 있는 기업이나 소비자와 직접 물건을 수출하거나 수입하는 무역을 말한다. 온라인 무역의 모델로는 B2B, B2C, C2C 등이 있으며 대표적인 글로벌 쇼핑몰으로는 알리바바, 아마존, 이베이 등이 있다.

온라인 무역 모델

	모 델	설 명
B2B	Business to Business, 기업과 기업 간의 온라인 무역	• 기업의 원가를 낮출 수 있다. • 공급자 기업과 고객기업이 직접 소통·교역 실현으로 중계과정을 줄일 수 있다. • 인터넷 활용으로 시장기회를 확대할 수 있다. • 대표적 모델은 알리바바
B2C	Business to Customer, 기업과 소비자 간의 온라인 무역	• 소비자가 인터넷을 이용해 직접 경제활동에 참여하는 방식이다. • 고객과 기업의 시간과 공간을 절약하며 거래 효율을 크게 향상시킨다. • 대표적 모델은 아마존
C2C	Consumer to Consumer, 소비자와 소비자 간의 온라인 무역	• 매매 쌍방에게 온라인 거래 플랫폼 제공 • 판매자는 상품을 인터넷에서 경매하고, 구매자는 스스로 상품을 선택하여 가격을 경쟁하는 것 • 대표적 모델은 이베이, 타오바오
O2O	Online To Offline, 온라인과 오프라인이 결합하는 현상	• 정보를 쉽게 얻을 수 있고 가격도 저렴한 온라인, 실제 물건을 볼 수 있고 구매가 이루어지는 오프라인의 장점을 접목한 유형 • 쇼루밍(Show rooming): 매장에서 제품을 보고 온라인으로 구매. M2O라고도 한다. • 웹루밍(Web rooming): 온라인으로 제품을 확인하고 구매는 오프라인에서 한다.

온라인 무역을 시작하려면

품목이 정해지면 다음과 같은 방법 중 하나를 선택해서 진행하면 된다.

- 해외 온라인 글로벌 쇼핑몰 입점: 판매자가 자체적으로 커뮤니케이션, 배송, 반품 등 모든 것을 해결해야 한다. 해외 유명 쇼핑몰 입점에는 적지 않은 보증금과 연회비, 마케팅비 등이 들어간다. 입점 후에도 지속적인 관리 필요
- 해외에서 독립 몰 운영: 직접 만들기 어렵다면 해외에서 쇼핑몰을 만들고 운영을 도와주는 전자상거래 통합솔루션업체를 이용하면 된다.
- 국내 글로벌 쇼핑몰 입점: 운영기관으로부터 업무 상당 부분을 지원받을 수 있다.

※ 해외직판과 역직구

국내 상품을 해외소비자에게 판매한다는 점에서는 같지만 방식에서 다음과 같이 구별된다.

- 해외직판: 현지에서 해당 국가 언어로 쇼핑몰을 운영하고 결제와 배송도 현지 업체를 이용하는 방식
- 역직구: 외국인이 국내 인터넷 쇼핑몰에 들어와 물건을 구매하기를 기다리는 방식

온라인 글로벌 쇼핑몰 알아보기

국내외 대표적인 온라인 글로벌 쇼핑몰은 다음 표를 참조하기 바란다.

	구 분	대표적 글로벌 쇼핑몰	
해외	B2B	• 알리바바 alibaba.com • 이월드 트레이드 eworldtrade.com • 레인지미 rangeme.com	• 글로벌소스 globalsources.com • 트레이드키 tradekey.com
	B2C	• 아마존 amazon.com • 큐텐 qoo10.com • 라자다 lazada.com.my • 티몰 tmall.com • 알리익스프레스 aliexpress.com	• 오토 otto.de • 쇼피 https//shopee.sg • 오존 ozon.ru • 타오바오 taobao.com • 라쿠텐 rakuten.co.jp
	C2C	• 엣시 etsy.com	• 이베이(B2C 포함) ebay.com
국내	대표적 사이트	• 트레이드코리아 • 고비즈코리아 • EC21	• 바이코리아 • EC Plaza

온라인 글로벌 쇼핑몰 잘 활용하기

온라인 글로벌 쇼핑몰을 잘 활용하는 것이 온라인 무역 성공의 원동력이라 할 수 있다. 온라인 글로벌 쇼핑몰을 잘 활용해서 성공하려면 다음과 같은 몇 가지 전략이 필요하다.

- 전 세계 바이어를 쉽게 접할 수 있는 온라인 무역의 장점 최대한 활용
- 글로벌 온라인 쇼핑몰에 입점할 경우 자사 상품과 마케팅전략에 맞는 쇼핑몰 선택이 필요
- 성실한 바이어 응대: 단순한 인콰이어리도 놓치지 않고 최선을 다해 바

이어를 응대하며 신뢰를 쌓는다.

- 제품별 전략적 마케팅: 제품의 특성과 종류에 따라 개인용, 의료용, 업소용 등으로 차별화하여 국가별로 공략
- 샘플을 무상으로 제공하는 것은 절대 금물
- 단기간에 바이어들로부터 신뢰를 쌓고 인지도를 높이는 데는 한계가 있으므로 온라인 무역도 오프라인과 마찬가지로 장기적 비전을 가지고 접근하는 것이 중요
- 쇼핑몰을 만들고 운영을 도와주는 전자상거래 통합 솔루션업체를 활용하는 것도 한 방법이다. 지원 업체는 다음과 같다.

지원사 이름	설 명
카페24	• 2013년 9월 서비스를 시작한 대표적인 곳. 다양한 언어로 번역된 맞춤형 해외 쇼핑몰 제작과 대표 PG(전자결제)사 등록, 현지 언어로 된 고객상담(CS) 운영 지원, 해외 광고와 마케팅 등 원스톱 서비스 제공. 2014년 말까지 카페24를 통해 개설된 해외쇼핑몰 수는 3만 개에 달한다.
클릭티브 (Clicktive)	• 플랫폼 입점부터 마케팅 등 운영 전반에 대한 업무를 수행하며, 다각도로 기업의 성장 지원 • 국내기업의 해외플랫폼 진출을 전문으로 돕는 글로벌 비즈니스 셰르파 역할을 한다.
사방넷	• 쇼핑몰통합관리서비스 제공 • 해외쇼핑몰에 상품을 등록하고 주문·배송관리 지원, 클릭 한 번에 쉽게 상품을 등록하고 여러 국가에서 발생한 주문도 한번에 모아 처리하는 업무 지원
Kmall24	• 한국무역협회에서 운영하는 해외 판매 전문 온라인 쇼핑몰 • 독립몰 운영이나 해외쇼핑몰 입점 모두 부담스러울 경우 입점하는 것도 고려해볼 만하다. Kmall24에 입점하면 무역협회로부터 커뮤니케이션, 배송, 반품 등과 같은 업무 상당 부분을 지원받을 수 있다.

PART
11

수출입협상 실무

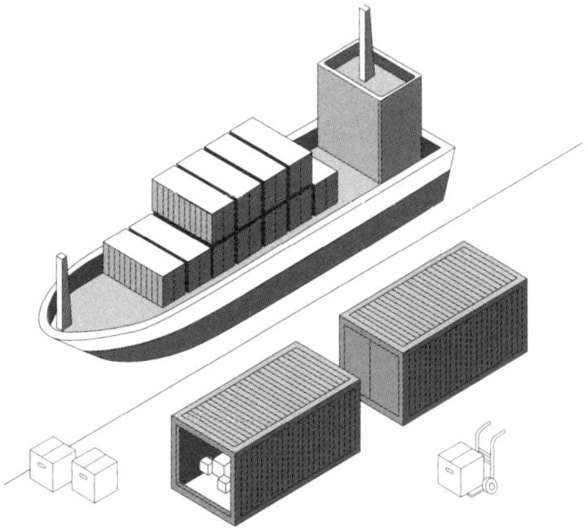

01

협상을 이해하자

포인트

협상의 구조를 이해하고 협상의 요소에는 어떤 것이 있는지 알아보자. 협상의 프로세스를 생각하는 것도 중요하다.

협상 절차	
절 차	내 용
1. 협상 여부 결정 및 협상팀 구성	사안에 대해 협상 여부 결정. 협상하기로 결정하면 협상에 임할 담당자(또는 팀) 선정
2. 협상 준비	협상 목표를 설정하고 협상 내용 결정
3. 정보교환	사전에 서로 주장을 구체적이고 명확하게 알리고 상대 의중을 타진하는 과정
4. 협상시작과 절충	협상 워크시트를 작성하고 그를 바탕으로 협상에 들어간다. 의견을 좁히는 과정
5. 협상 종료	합의된 사항을 문서로 작성하여 서명함으로써 협상이 마무리된다.

협상이란 이해관계가 있는 2자(또는 복수)가 상호 자신의 요구를 주장하고 최종적인 타결점에 도달하는 프로세스이다. 협상에서 중요한 것은 협상의 구조를 이해하는 것이다. 협상의 구조란 협상 상대가 되는 관계자는 누구인

가, 협상 쟁점은 무엇인가, 쟁점 타결 가능성의 범위와 각 관계자의 이익 또는 손실의 관계 등이다. 또한 이쪽 주장에 어떻게 반응할지, 상대 주장에 이쪽이 어떻게 반응해야 하는지와 같은 프로세스를 생각하는 것도 중요하다.

많은 비즈니스 협상에서는 협상 후에도 관계를 계속 이어나가는 것이 기본이므로 타결점은 상호 윈윈(Win-Win)관계를 찾는 것이 기본이다. 그를 위해서도 타결점은 상호 이해가 일치 또는 전체 이익이 최대가 되는 점을 목표로 한다.

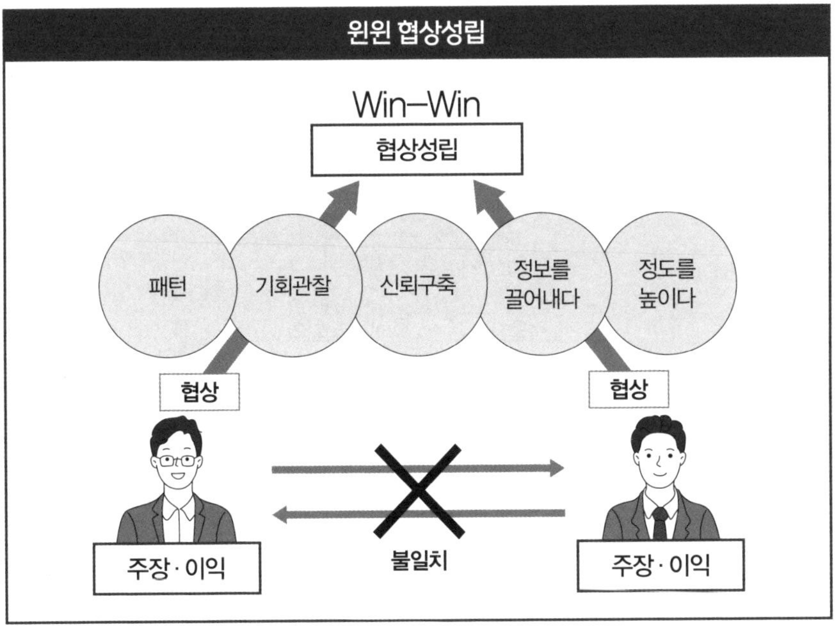

협상의 요소

협상에는 여러 가지 구성요소가 있는데 몇 가지 주요 구성요소에는 다음과 같은 것이 있다.

- 협상당사자 • 협상의제 • 입상(Position, 요구)과 이해(Interest, 욕구)
- 협상목표 • 정보 • 시간 • 협상능력
- BATNA(Best Alternative to a Negotiated Agreement): 협상이 결렬되었을 때 대책으로 가장 좋은 안, 즉 대안을 말한다.
- ZOPA(Zone of Possible Agreement, 협상가능영역): 협상이 타결될 가능성이 있는 조건범위를 말한다.

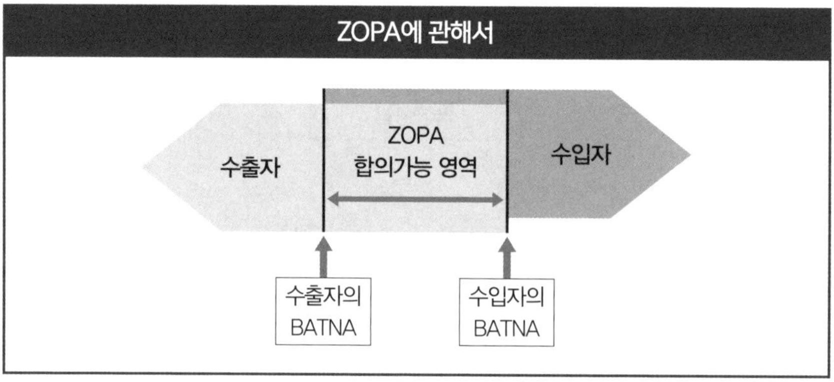

상기 외에 협상요소로 관계, 힘, 장소, 문화 등을 들기도 한다. 협상요소는 학자에 따라 약간씩 달리 구분한다.

협상의 절차

① **협상 여부 결정 및 협상팀 구성:** 가장 먼저 정해야 할 것은 사안에 대해 상대와 협상할지 정하는 일이다. 협상하기로 결정하면 협상에 임할 담당자(또

는 팀)를 선정한다.

② **협상준비:** 어떠한 형태의 협상에서도 반드시 필요한 과정이다. 이 과정에서는 협상목표를 설정하고 협상내용을 결정한다. 양보할 항목 또는 양보할 내용을 결정하고 타결 가능성도 확인한다. 자료준비를 철저히 하려면 협상상대는 물론 협상의제에 대한 정보수집이 대단히 중요하다. 자료는 많으면 많을수록 유리하다.

수집된 정보를 정리 분석해 그것을 바탕으로 다양한 협상전략을 개발한다. NPT(Negotiation Preparation Table)를 작성하고 BATNA와 ZOPA를 찾는다.

③ **정보 교환:** 본격 협상에 들어가기 전에 조사한 정보를 바탕으로 서로 주장을 구체적이고 명확하게 상대에게 알리고 의중을 타진하는 과정이다.

④ **협상시작과 절충:** 교환된 정보를 바탕으로 Negotiation Worksheet(협상워크시트)를 작성하고 본격 협상을 시작한다. 협상 워크시트를 바탕으로 서로 설득해나가는 과정으로 양보를 통해 의견을 좁히는 과정이다. 중간중간 협상 워크시트를 점검하면서 협상을 진행할 필요가 있다.

⑤ **협상종료:** 합의된 사항을 문서로 작성해 서명함으로써 협상이 마무리된다.

협상 전 사전준비

사전준비에서 반드시 준비해야 할 5가지 항목을 프로세스 순번에 따라 간단하게 소개한다.

① **자신에게 가장 유리한 목표를 생각한다:** 자신에게 최고의 합의내용은 무엇

인가 생각

② **협상상대를 분석한다:** 협상 상대의 니즈를 찾는다.

③ **목표설정을 한다:** ZOPA를 준비하고 협상에 임한다.

④ **선택지를 만든다:** 합의를 이끌기 위한 방책으로 다양한 아이디어를 찾는다.

⑤ **BATNA를 만든다:** 합의 실패 시의 대안을 준비한다.

BATNA 만드는 순서

취할 수 있는 선택지(옵션)를 모두 열거 → 선택지를 정리 → BATNA의 결정 → BATNA 이하의 조건으로 합의한 경우의 액션 결정

협상전략의 종류

협상의 종류는 너무나 다양하다. 개인이나 집단, 조직, 국가 등 이익이 수반되는 곳에는 항상 협상이 있다. 따라서 협상의 종류는 소개하지 않는다. 그 대신 협상전략의 종류 가운데 가장 많이 알려진 것을 소개한다.

첫째, 거래상황이다. 경쟁(Competition) → 실질적 결과 획득에만 관심

이때 상대와의 관계에 신경 쓰기보다는 어떻게 해서든 이익을 많이 얻기 위해 상대를 협박하고 거짓 정보를 흘리게 된다. 이러한 상황에서는 내가 승리하고 상대를 패배시키는 경쟁전략(win-lose)을 사용한다.

* 경쟁전략

- 자신이 가능한 한 큰 이익을 얻는 데 초점을 맞출 뿐 상대 이익에는 관심이 없음
- 자신의 욕구를 유지하고 상대가 포기하도록 설득하려고 함
- 수단과 방법을 가리지 않고 상대를 위협하거나 으름장을 놓거나 일방적인 행동을 함
- 거짓 정보를 흘리는 행위도 서슴지 않음

둘째, 관계상황이다. 수용(Accommodation) → 상대방과 좋은 관계 형성·유지에만 관심

관계를 더욱 중요시 여겨 이번에 손해 보더라도 상대에게 양보하고 앞으로 더 많은 것을 얻겠다는 상황이다. 이런 상황에서는 상대 제안에 수용전략

협상전략의 종류

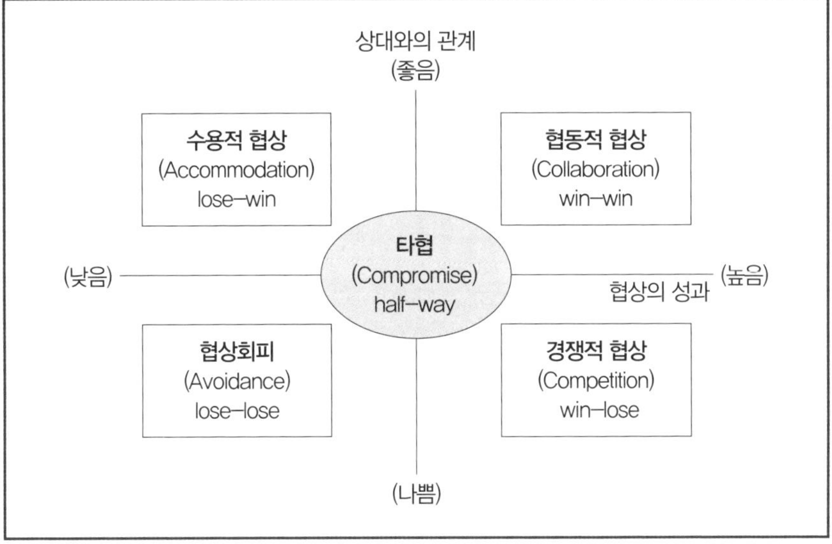

(lose-win)을 사용한다.

* 수용전략

- 상대를 위해 자신의 목표를 포기함
- 상대의 이익 극대화로 관계를 개선함
- 상대로부터 요청받은 정보를 공개함
- 중장기적으로 자신에게 이익이 될 것을 기대할 때 활용

셋째, 윈윈(win-win) 상황이다. 협동(Collaboration) → 실질적 결과, 상대방과 관계형성 모두 관심 있음

이때는 상호이익이 되도록 자기 정보도 공개하고 신뢰하는 협동전략을 사용한다. 가장 바람직한 전략이라고 할 수 있다.

* 협동전략

- 자신의 이익뿐만 아니라 상대의 이익달성 여부에도 관심 높음
- 갈등을 풀기 위해 양쪽 모두 이길 수 있는 대안 제시
- 서로 정보와 의중을 공개하고 신뢰를 바탕으로 협상 착수
- 문제를 해결하려는 데 초점을 맞춤(문제해결 방식)

넷째, 절충상황이다. 타협(Compromise) → 어느 정도 협상하다가 서로 반반씩 나누는 상황

가장 많이 접하는 상황으로, 이때는 타협전략(half-way)을 사용한다. 이 전략이 가장 많이 사용되는 이유는 공평하고 이해하기 쉬울 뿐만 아니라 가장

빠르게 의사결정을 할 수 있기 때문이다.

다섯째, 무관심 상황이다. 회피(Avoidance) → 현재는 물론 미래에도 거래하고 싶지 않음

협상으로 관계를 증진하거나 이득을 보기 힘들 경우가 있다. 이때는 모두 이득을 보지 못하는 회피전략(lose-lose)을 사용한다.

* 회피전략

- 협상하지 않기로 마음먹고 회피함
- 실질적인 결과와 상대와의 관계형성을 모두 원하지 않을 때
- 협상하지 않고도 필요한 것을 충족할 수 있을 때
- 상대방과 관계를 형성하면 지속적인 손해를 가져올 것으로 예상되는 제외고객일 때 활용

협상의 원칙

협상은 제로섬 게임이라고 생각하기 쉽다. 협상을 상대와의 쟁탈전이라고 생각하면 결국 잘되지 않고 시간도 걸린다. 쌍방이 이점을 얻고 윈윈하도록 원칙에 입각해 협상을 진행하는 것이 중요하다.

- 협상 상대와 좋은 인간관계를 구축할 것 – 윈윈의 상호만족을 목표로 한다.
- 사람과 문제를 분리한다.

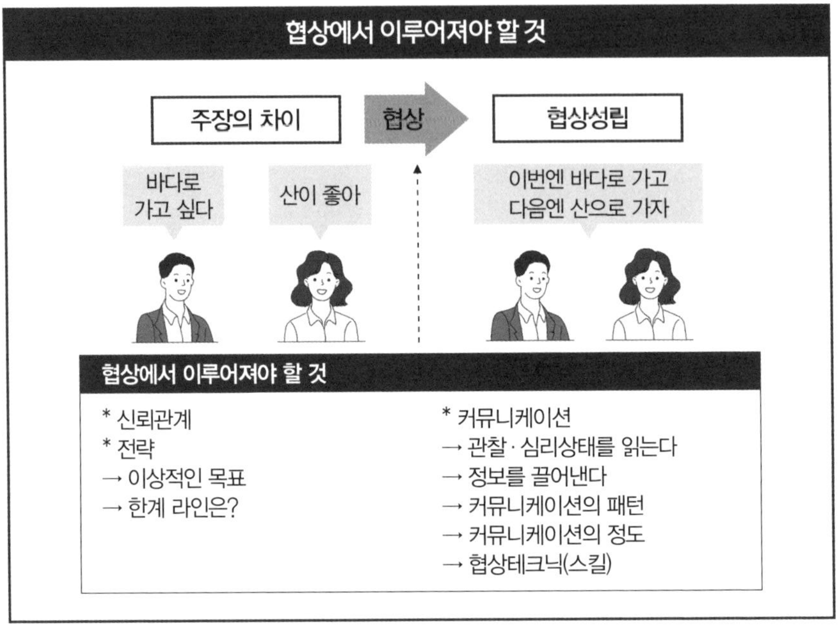

- 초점을 입장이 아닌 이해(利害)관계에 둔다.
- 상호이익에 주목하고 이익이 되는 선택지를 개발한다.
- 객관적 기준에 따라 문제를 해결한다.
- 자기감정을 컨트롤한다.
- 철저한 사전준비: 협상준비테이블(NPT, Negotiation Preparation Table)은 필히 준비

협상의 기술

협상의 기술에는 다양한 방법이 있는데, 여기서는 그중 몇 가지만 소개한다. 협상의 기술은 언제 어디서나 어떤 경우에도 반드시 통용되는 것은 아니

다. 그러나 상황에 따라 적절하게 응용하여 활용하면 협상에 많은 도움이 될 것이다. 협상의 기술에 대한 자료는 많다. 따라서 기회가 되면 다양한 협상의 기술을 찾아 숙지하고 체득하기 바란다.

- 상대방에게 정확하게 주장할 것(Assertiveness)
- 상대방 의도를 정확하게 파악할 것
- 싸우려 하지 않고 공동으로 문제를 해결하는 것을 목표로 할 것
- 타결을 위한 아이디어를 가능한 한 많이 낼 것
- 안이하게 양보하지 말 것
- 조정인을 이용하는 경우가 있을 것
- 협상가의 자세 및 협상의 대화 노하우 등을 사전에 숙지할 것

협상가의 유형

사람들은 자신만의 행동양식이 있으며 이는 잘 변하지 않는다. 협상에서 적절하게 대응하려면 상대방의 이러한 스타일을 아는 것이 중요한 정보가 된다. 협상가의 유형은 관점에 따라 여러 가지로 나눌 수 있다. 여기서는 다음과 같은 네 가지 유형을 소개한다.

- 돌진하는 유형: 기본적으로 결론에 초점을 두는 스타일이다. 결과를 최우선으로 삼으며 목표 달성을 위해 구체적 계획을 수립하여 저돌적이고 민첩하게 행동한다. 효율성을 중시하며 표현 방식이 직설적이고 사무적이라 목표의 효율적 달성에 방해가 된다고 여기는 사람들과는 마찰

도 주저하지 않는다.

- 상냥한 유형: 상대방과의 관계에 초점을 두는 스타일이다. 성과보다는 관계를 중시하여 목표 달성을 할 때도 개인적 유대관계부터 쌓은 후 업무를 진행한다. 리스크를 감수하기보다는 안정적인 것을 선택하며, 의사결정과정에서도 지인들의 조언을 구하는 데 많은 시간을 할애한다. 타인을 배려하며 협력적이다.
- 분석적 유형: 공정하고 여러 모로 낭비가 없는 결과를 탐색하는 데 가능한 모든 수단을 다 사용하여 모든 선택사항을 체계적으로 조사한다. 신중하고 논리적이며 의사결정 시 정보와 데이터, 확률을 중시하고 일 처리가 깔끔하다. 감정 표현이 많지는 않아 친해지기가 다소 힘들지만, 신중하고 허투루 하는 말이 없어 장기적으로는 신뢰가 가는 스타일이다.
- 혼합유형: 어느 한 가지 유형에 속하는 뚜렷한 특징을 보이지 않고 여러 유형을 복합적으로 사용하는 유형이다.

협상 진행 관리 요령

구 분	설 명
* 협상 중간과정에서 Pending List 작성 확인	〈Pending List 작성항목〉 • 쟁점사항의 정확한 기술(대상 조항/문장/의견 등) • 자기 측 주요 반론/주장 정리 • 상대방 주장/논리 • 상대방 주장에 대한 반격 • 이미 합의한 사항 정리
* 협상과정의 산출물에 대한 기록을 남김	• 쟁점별 입장과 주장 • 법률적 쟁점의 변천 과정 • 협상과정에서 느낀 점 • 상대 멤버의 특기사항
* 협의사항 회의록 작성	〈회의록 작성요령〉 • 5W 1H 11F 원칙에 따라 간단히 작성 • 구체적 합의사항은 문구 그대로 기술(특히 타협/조정한 문구) • 합의사항, 미합의사항이나 합의를 위한 조건 그리고 계속적 협의를 위한 협조사항 기재 • 드래프팅(Drafting)의 이니셔티브 가짐 • 협상 당사자 서명을 받아둠 • 상대방이 기초한 경우 반드시 그 내용과 표현 확인

※ 협의사항 회의록 작성 시에는 이중으로 해석될 여지를 남기지 않도록 유의해야 한다.

02
수출입협상

포인트

수출입협상은 수출입거래를 할 때 각자의 이익을 극대화하기 위해 상대방과 합의하는 과정을 말한다. 수출입 비즈니스에서 협상의 역할은 대단히 중요하다. 상대방에게 신뢰를 주고 동시에 자기 이익도 극대화하는 방법이 필요한데 이것이 협상의 역할이다.

협상에서 해야 할 것과 하지 말아야 할 것	
협상에서 해야 할 것(Do List)	**협상에서 하지 말아야 할 것(Don't List)**
• 배트나(대안) 준비 • 상대방 배트나 예측 • 중요도에 따른 협상 항목 정리 • 상대방의 중요도에 따른 협상 항목 순위 예측 • 자신과 상대방의 시간적 압박 파악 • 상대방보다 먼저 제안(정보가 더 많을 것으로 판단할 때) • 필요한 경우 외에는 침묵	• 상대방의 분위기 띄우기에 현혹되는 것 • 상대방의 강압적 분위기 조성에 위축되는 것 • 의사결정권자가 아닌 사람과 협상하는 것 • 딱 떨어지는 숫자가 아니라 '○○에서 ○○ 정도'식으로 제안하는 것 • 협상이 아닌 비본질적인 부분에 빠져들기 • 협상의 전체 파이가 고정되어 있다고 생각하기 • 거짓말하기

협상은 어떤 분야에서든 대단히 중요하지만 수출입 비즈니스에서도 협상을 잘했을 때는 불가능해 보이던 계약도 극적으로 좋은 조건에서 성공으로 이끌기도 하고, 계약 후 발생할 수 있는 클레임도 예방할 수 있다. 그러나 준비되지 않은 협상은 거래계약을 체결하기 직전 상대방의 신뢰를 잃게 만들

뿐만 아니라 체결 후 이행과정에서도 예기치 못한 클레임을 야기할 수 있다.

이와 같이 협상 결과가 회사의 손익에 직접 영향을 주기 때문에 협상해야 할 때는 철저한 준비로 신중하게 임해야 한다.

수출입협상의 특징

수출입협상에는 다음과 같은 특징이 있다.

- 외국과의 거래이므로 특별한 경우를 제외하고는 외국어를 사용해야 한다.
- 상대국의 법과 제도, 국제협약 등을 참조해야 한다. 다양하고 복잡한 절차를 거친다.
- 정보 입수에 어려움이 있다. 상대방에 대한 정보가 일반적 거래와 비교해서 많이 부족한 경우가 대부분이다.
- 각국의 문화와 가치관이 다르므로 거래의 불확실성이 상대적으로 높다. 상대국의 문화와 상관습, 국민의식 등을 이해해야 한다.
- 수출입 실무에 관한 지식 전반의 숙지는 필수이다. 수출입 실무 지식이 부족하면 상대와 협상을 진행하기가 어려워질 수 있다.

수출입협상의 기본

- 바이어 또는 해외 공급자와 동일한 입장이 되어라.
- 서두르지 마라.
- 견적을 여유 있게 주어라.

- 직접적인 표현을 삼가라.
- 의도적으로 회신을 지연하라.
- 한꺼번에 너무 많은 정보를 주지 마라.
- 지나친 요구에는 대응하지 마라.

수출입협상의 의제

수출입협상에서는 가격만이 유일한 협상 대상이라는 생각을 해서는 안 된다. 가격만이 아니라 다양한 의제가 있으며 각 의제에 관련되는 변수들을 자세히 살펴보고 그것들을 협상에 어떻게 적용하고 활용할지 고민해야 한다. 수출입협상의 의제는 상품에 따라 약간씩 차이가 있으나 일반적으로는 다음과 같은 것들이 있다.

- 상품
- 수량
- 대금
- 선적일(인도일)
- 포장
- 검사
- 보험
- 손해배상
- 지적재산권(특허)
- 채무불이행
- 보증
- 불가항력
- 클레임
- 세금 및 조세
- 비밀 준수
- 계약의 양도 또는 수정
- 계약 해제 등

협상 의제는 상기 이외에도 상품이나 비즈니스의 성격에 따라 그에 맞는

다양한 의제가 있을 수 있으므로 협상에 임하기 전에 협상 의제도 확실하게 준비해야 한다.

수출입협상을 성공으로 이끄는 방법

상담이나 협상, 특히 외국기업을 상대로 할 때는 언어도 외국어(영어)를 사용하는 등 사정이 다르다. 그와 같은 협상에서도 만족할 만한 결과를 얻으려면 확실하게 준비해야 한다.

- 상대의 상관습이나 문화 숙지 → 예를 들면 말 그대로 해석해도 좋은 상관습이나 문화의 협상 상대가 있는가 하면 말 자체보다 발언 뒤에 숨어 있는 비언어적 메시지를 읽지 않으면 안 되는 협상 상대도 있으며 그 중간에 있는 협상 상대도 있다.
- 협상의 전체 그림 파악 → 협상에 임하기 전에 그 협상의 전체 그림을 파악할 필요가 있다. 왜 협상하는가, 이미 결정된 것은 무엇인가, 협상에서 결정해야 할 것은 무엇인가, 그것을 하기 위한 과제는 무엇인가, 우리 주장은 무엇이고 상대 주장은 무엇인가(상상도 포함), 협상이 결렬되었을 때는 어떻게 할 것인가 등을 미리 알아두어야 한다.
- 상대방의 진정한 필요와 목적 이해, 신뢰감 주려고 노력
- 양측 견해의 차이점보다는 공통된 기반과 유사점에 초점 → 제로섬 게임이 아닌 시너지 효과를 낼 수 있는 방향으로
- 양측 모두의 목적을 실현시킬 수 있는 해답을 찾는 데 집중 → 상대방 문화에 대한 상당한 이해 필요

- 사전에 협상과정이나 전략을 예측하고 매끄럽게 진행하려는 준비 필요 → NPT(협상준비테이블)를 반드시 작성한다. 가격 외에도 대금 지급 조건, 품질과 사양, 품질검사, 손해배상 등과 같은 협상에서 논의할 수 있는 변수들을 다 적어놓는다.
- NPT를 바탕으로 하는 협상 중간중간에 Negotiation Worksheet를 작성하여 다음 단계 협상에 활용
- 소비에트 협상스타일에 대한 대응 요령 및 투쟁협상 전술에 대한 대응 요령을 알아두면 도움이 된다.

NPT, Negotiation Preparation Table(협상준비테이블)

의 제	자 사			협상 상대(예측)			비 고
	입 장	목 표	대 안	입 장	목 표	대 안	

Negotiation Worksheet, 입장 차이 파악 1

의 제	자사 제시조건	상대 제시조건	차이 크기

Negotiation Worksheet, 입장 차이 파악 2

자사 대안제시			
필수 목표	대안 제시	장 점	단 점
상대 대안제시			
필수 목표	대안 제시	장 점	단 점

수출입협상 전술

협상가가 협상을 진행하는 과정에서 접하는 여러 가지 상황에서 적절하게 대처하는 방안을 알아본다.

〈타협 요령〉

- 유리한 조건을 얻는 교환을 위한 '양보 가능한 조항' 발굴
- 별도 문서나 수단으로 상대방 요구를 수용하는 방안 강구
  - 본계약과 병행하여 동일 날짜, 동일 서명자에 의하도록 하는 방안
  - 본계약과 병행하되 서명자 직급을 낮추는 방안
  - 법률상 효과에 의문이 있더라도 이면처리하는 방법
  - 법률적 강제력은 없으나 서면으로 약속하는 법(Gentleman's Agreement)

- 법률적 계약 측면에서보다는 비즈니스 흥정에 더 중점을 두는 방안
- 분담 가능한 이익이나 리스크의 크기, 범위 등을 조정하면서 타협 모색

〈교착상태 극복요령〉

- 분위기 바꾸기(휴식/협상장소 변경 등)
- 협상순서 변경
- 의견 상충 부분을 의도적으로 부각해 양보 강요
- 협상의 전략적 중단 요령
  - 결정 권한이 없음을 이유로 중단
  - 회사 내부의 절차적 문제를 이유로 중단
  - 제3자와 협상을 암시하여 중단
  - 법규나 정부 정책상 요건이나 규제 내용을 언급하여 중단

전화 협상과 이메일 협상

가장 좋은 협상은 말할 것도 없이 만나서 대화하는 것이다. 그러나 외국과의 비즈니스에서는 매번 상대와 만나서 협상하기가 쉽지 않다. 이 경우 수출입협상은 이메일 또는 전화 협상도 유효하다.

전화 협상

○ 전화 협상의 특징

- 장소 이동의 부담이 없기 때문에 시간 자원과 교통비용 절감: 빠른 대응 가능

- 얼굴 표정과 몸짓 등을 볼 수 없어 의사전달 정확도 저하
- 목소리 톤으로 상대방 기분을 해석하고 톤을 잘못 해석할 여지가 있어 더 많은 오해를 할 소지가 있다.
- 거절하기 용이: 원하는 것을 진지하게 얻고자 한다면 대면협상 필요
- 정보와 경험을 공유하는 데 충분한 시간이 없어 '투쟁 협상' 유발 가능성이 높아 전화 거는 사람이 유리하되, 뜻밖의 전화를 받는 사람은 불리
- 빠른 전달과 빠른 결정: '손쉬운 의사전달'
- 더 경쟁적이 된다: '짧은 시간을 활용하려면 마음도 급해진다.'
- 더 큰 위험도 내재: '빠른 만큼 위험부담도 크다.'

○ **성공 10계명**

- 받는 사람이 되지 말고 거는 사람이 돼라.
- 만들고 싶은 일이 일어나도록 의제를 준비하고 거래상황을 예행 연습하라.
- 우아한 탈출: 일방적 희생을 요구하는 전화 토론이 진행되면 '끊을 수 있는 구실'을 구상하라.
- 경청은 말을 이해할 뿐만 아니라 상대방 의도를 알아차리는 것: "의도는 말에 있지 않고 사람에 있다."
- 답변하기 어려운 상황에서는 '침묵'하라: 상대방은 중대한 정보를 추가 제공
- 전화 협상 중 협의사항을 메모하라.
- 적대적인 관계일 때는 상대방 전술을 예상해보라.

- 사실과 수치에 관한 자료를 옆에 두고 돌발적인 질문에 대비하라.
- 집중하여 산만함을 피하라: 전화하면서 다른 일 동시 진행 금지
- 끊기 전에 합의사항을 요약하고, 다음 행동에 대한 책임 범위를 정하라.

이메일 협상

명확한 수신자 지정	불필요한 이메일 수신을 줄여야 한다. 이메일을 직접 받는 사람과 참조 용도로 받는 사람 등 업무 관련 정도에 따라 수신자 지정을 명확히 한다. To(직접수신), Cc(참조), Bcc(비밀참조) 기능을 적절히 사용하면 좋다.
머리글 사용 생활화	업무협조, 보고, 결제요청 등 이메일 제목에 머리글을 사용하는 것은 이메일 작성 목적과 업무 우선순위 등을 한눈에 파악해 효율성을 높여준다.
짧고 명료한 내용	결론을 먼저 언급하고 중요사항은 빨간색으로 표시하는 등 내용을 짧고 명료하게 작성해 업무 손실을 최소화한다.
신속한 회신	회신은 24시간 이내에 한다. 출장, 휴가 등 불가피한 사정을 제외하고 이메일 확인 후 다른 업무를 진행한다. 회신을 제때 하지 못하면 업무 손실이 커지게 된다.
회신 시 첨부파일 제거	회신 이메일엔 첨부파일을 제거해 용량을 줄이는 것이 에티켓이다. 특히 're'를 세 번 이상 사용하는 것은 실례가 된다.

수출입협상 사후관리

비즈니스에는 반드시 사후관리가 따른다. 수출입협상도 협상이 완료되면 사후관리를 해야 한다. 사후관리는 세부 절차에 주의를 기울이고 합의한 내용을 확고히 하는 등 약속을 충실히 이행하도록 지속적인 관심을 두는 것이다.

또한 지속적인 비즈니스 관계로 다음 협상을 유리하게 이끌어나가는 토대를 마련하는 것이다. 다시 말해 고객과 관계를 증진해서 차후 비즈니스 연결은 물론 그에 따른 협상계획에 도움이 된다.

사후관리를 하려면 다음과 같은 것이 필요하다.

- 미합의사항 목록(pending list)을 작성 교환한다.
- 내부 활용을 위하여 협상과정을 기록으로 남긴다.
- 회의록 등을 작성 서명해둠으로써 합의사항에 대한 증빙을 유지한다.
- 협상을 중단할 경우에도 설득력 있는 명분을 내세워 비즈니스에 악영향이 없도록 배려한다.
- 협상완료 후에도 사후 추가협상 요구가 있을 수 있으므로 이에 대해 예측과 준비가 필요하다.

| 유용한 정보 |

무역 관련 국제공인 자격증 소개 ②

- **CITF(Certificate in International Trade and Finance, 국제무역금융전문가)**

  CITF는 LIBF와 ICC가 공동으로 개발하고 미국의 국제거래 은행협회인 BAFT가 지원하는 국제공인 자격증으로 국제 무역금융의 기본 절차, 관행 및 입법에 대한 철저한 이해를 제공한다.

  CITF는 무역금융에 대한 전반적인 지식을 알고자 하는 모든 분에게 적합한 과정으로 은행의 RM이나 무역업무종사자들이 적합하다.

  이 자격증은 영국교육청인 Ofqual에 등록된 Level3의 국제공인 자격증이다.

- **CTFC(Certificate in Trade Finance Compliance, 무역금융 Compliance 전문가)**

  CTFC는 영국 LIBF와 The Institute of International Law & Banking Practice(IIBLP)와 공동으로 개발한 국제공인 자격증이다. 무역금융에서 컴플라이언스는 규제에 대한 집중이 전 세계적으로 증가함에 따라 중요성이 매우 커지고 있는 영역이다. CTFC는 복잡해지는 무역 환경에서 무역금융을 둘러싼 금융범죄의 종류 및 형태를 파악하고 이를 예방하기 위한 주요 국가 및 국제기구의 준법 감시 규정을 이해하고, 관련된 재무적·비재무적 위험을 극복하기 위한 대처능력을 제고하기 위해 개발되었다.

- **CertPAY(Certificate in Principles of Payments, Payment 전문가)**

  CertPAY 자격증은 글로벌 지급결제를 담당하는 전문가들을 위해 만들어진 국제공인 자격증으로 영국은행협회의 LIBF와 SWIFT Institute가 공동으로 개발하였다. 이 자격증은 전 세계 Payment(지급결제)에 관한 모든 내용을 요약적으로 이해하기 좋게 설계되어 리스크, 규정, 전략 및 컴플라이언스까지 전 세계 자금 흐름의 메커닉의 역학을 이해할 수 있는 자격증이다.

한편 국제공인 자격증인 CDCS, CSDG, CITF, CTFC, CertPAY 등의 자격시험 및 시험대비 교육 등에 관한 구체적인 사항은 한국국제금융연수원(주) 홈페이지(https://ikifi.com/)를 방문하면 정보를 입수할 수 있다.

PART
12

무역마케팅

01

무역마케팅의 기본을 알자

POINT

무역마케팅에는 수출마케팅과 수입마케팅이 있다. 문화, 언어, 상관습, 법제도 등이 다른 나라에서 마케팅 활동을 하므로 국내마케팅과는 다른 점이 있다. 또한 무역마케팅활동을 하려면 마케팅의 기본개념과 구도를 이해하는 것이 중요하다.

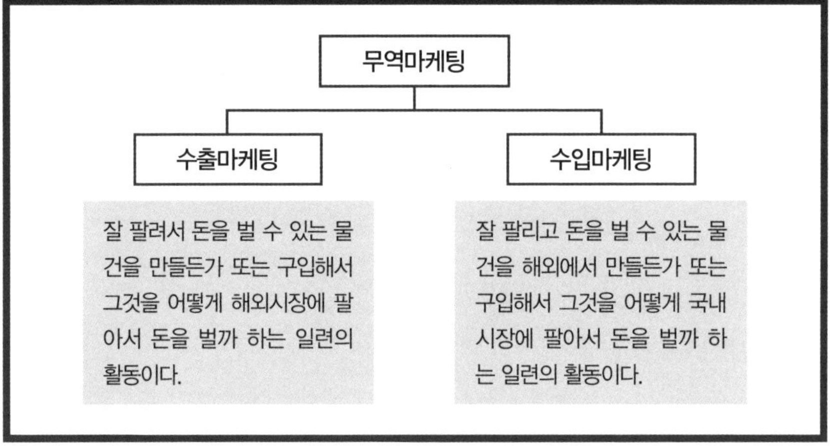

무역마케팅의 분류

무역마케팅이란

무역마케팅이란 해외시장조사로 바이어를 찾아 계약을 체결하고 제품을 수출하고 대금을 회수하는 일련의 절차와 해외시장조사로 아이템 또는 해외공급처를 물색하여 계약을 체결하고 수입하여 국내시장에 판매하는 일련의 과정을 말한다. 따라서 무역마케팅은 수출마케팅과 수입마케팅을 총칭하는 것이라 할 수 있다.

무역마케팅은 국경을 초월하여 마케팅활동을 하므로 국내마케팅과는 다른 점이 있다. 그 차이는 대략 다음과 같다.

- 국제비즈니스로 문화, 법제도, 상관습 등이 전혀 다른 환경에서 한다.
- 대금결제가 달러 등 외국 통화를 사용하므로 환율 변동에 따른 환위험이 있다.
- 시장조사 등을 해외에서 해야 하므로 비용이 많이 든다.

무역마케팅을 수행하려면 마케팅과 관련한 기본개념을 이해할 필요가 있다. 왜냐하면 마케팅 개념을 정확하게 이해해야 무역마케팅전략을 수립하는데 효과적으로 활용할 수 있기 때문이다.

마케팅의 기본을 알자

〈마케팅이란〉

마케팅이란 말을 들으면 떠오르는 이미지는 '마켓이나 소비자 니즈를 조사하는 것', '소비자의 니즈에 맞는 상품이나 서비스를 만드는 것', '상품이나 서비스의 선전 수법을 생각하는 것' 등으로 사람에 따라 다를 것이다.

실제 어느 것이든 마케팅의 일부이지만 마케팅이 의미하는 범위는 더 넓고 기업 등의 조직이 자사 상품이나 서비스를 팔기 위해 행하는 시장조사, 제조, 운송, 보관, 판매, 선전 등과 같은 활동의 총칭이다.

간단하게 말하면 시장(소비자) 니즈를 분석하는 것도, '누구에게 무엇을 어떻게' 판매할지를 정하는 것도, 잠재고객이 어느 정도 가격이면 구입할지 적절한 가격을 생각하는 것도, 유통경로를 확보하는 것도, 그 선전활동의 전략을 세우는 것도, 상품이나 서비스를 팔고 돈을 벌기 위한 전략과 시스템을 만드는 것도 모두 마케팅이 된다.

〈마케팅의 기본구조〉

마케팅의 기본구조는 다음 페이지에 있는 그림을 참조하기 바란다.

독자들 중에는 '마케팅의 기본구조' 그림에 있는 포지셔닝이나 마케팅 믹스 등에 관해 처음 듣는 이들도 있을지 모르지만 기업이 판매하는 상품이나 서비스는 실제로 여러 가지 분석과 선택을 거쳐 시장(소비자)에 유통된다는 것을 알 수 있을 것이다. 이 일련의 흐름에 따르는 업무를 흔히 '마케팅활동을 한다', '마케팅을 한다' 등과 같이 표현한다.

최근에는 마케팅력이 주목되는데, 새로운 상품이나 서비스를 개발한다든가 출시하려고 할 때는 시장조사를 포함해서 타깃 고객 분석, 고객을 즐겁게 해주는 프로모션 기획 등 시장동향이나 과거 판매실적 등과 같은 데이터를 참고로 마케팅하는 사례가 증가하고 있다.

마케팅의 기본구조

SWOT분석

- 회사의 상품이나 서비스의 강점과 약점을 인식
- 시장에서 자사의 강점을 살리는 기회, 경쟁비교(위협)의 분석

시장세분화(Segmentation)

- 불특정 다수의 사람들을 같은 니즈를 가진 고객집단으로 분류(세그멘트) 세분화
- 시장이나 고객의 특성 분석

표적시장의 선택(타깃팅)

- 자사 상품이나 서비스를 판매할 시장 설정
- 예상 고객의 행동이나 속성 분석

포지셔닝

- 예상 고객에게 상품이나 서비스를 어떻게 인식시킬까(포지셔닝)에 대한 결정
- 독자의 포지션을 구축하는 활동

마케팅 믹스

- 상품이나 서비스를 어떻게 제공할까 (수단)를 결정
- 상품(Product), 가격(Price), 유통채널(Place), 프로모션(Promotion)의 전략 입안과 실행

시장(소비자)

02

마케팅에서 대표적인 분석방법을 이해하자

POINT

마케팅 분석은 마케팅전략을 세우기 위해 필수적인 존재라고 할 수 있다. 왜냐하면 현황을 정확하게 분석하지 않으면 정확한 마케팅전략을 세울 수 없기 때문이다. 대표적인 분석방법으로는 3C분석, SWOT분석, STP분석이 있다.

마케팅 분석의 대표적 방법

항 목	3C분석	SWOT분석	STP분석
분석 대상	Customer(시장 · 고객) Competitor(경쟁사) Company(자사)	Strength(강점) Weakness(약점) Opportunity(기회) Threat(위협)	Segmentation(시장세분화) Targeting(목표시장) Positioning(포지셔닝)
목적	시장의 수요와 경쟁사의 상황을 파악해서 사업성공 방향을 도출할 수 있는 KSF를 찾아내는 것	자사의 내외부 환경을 파악하고 나아갈 방향을 정하는 등 기업성장을 위한 전략을 세울 때 활용하는 것	마케팅전략의 명확화나 고객 요구 파악, 경쟁 차별화로 고객의 선호와 회사의 편익을 증대하는 것
필요성	객관적 관점에서 분석하고 사업 성공요인을 파악할 수 있으므로 자사전략의 최적화가 가능하다.	마케팅전략 책정 시 자사의 강점과 약점을 파악해 상황에 맞는 최적의 전략을 취하도록 준비하는 데 있다.	시장이나 고객의 요구는 시대와 함께 변화하고 시대 변화에 대응하기 위해서는 타깃을 명확히 한 마케팅전략이 필요하다.

3C분석

3C분석이란

3C분석은 자사의 상품이나 서비스를 전개하는 환경을 분석하기 위해 도움이 되는 분석기법이다. 외부환경이나 경쟁사 상황으로부터 사업의 KSF(Key Success Factors, 성공요인)를 끌어내고 사업을 성공으로 이끌기 위해 이용된다. 다음 세 가지 영어단어 각각의 머리글자 C를 따서 '3C분석'이라 한다.

- Customer – 시장 · 고객
- Competitor – 경쟁사
- Company – 자사

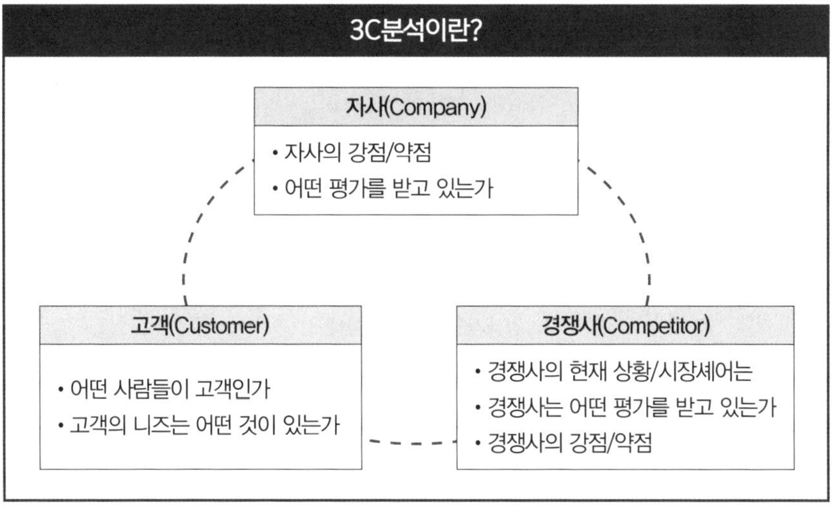

3C분석의 포인트

시장 · 고객 분석의 포인트	자사의 제품이나 서비스를 구매할 의지나 능력이 있는 잠재고객을 파악한다. 구체적으로는 시장규모(잠재고객의 수, 지역구성 등), 시장의 성장성, 니즈, 구매결정 프로세스, 구매결정사 등과 같은 관점에서 분석한다.
경쟁사 분석의 포인트	경합 상황이나 경쟁 상대를 파악한다. 특히 경쟁사가 어떻게 시장을 점하는가 하는 관점을 가지고 독점도(경쟁사 수), 진입장벽, 경합 전략, 경영자원이나 구조상 강점과 약점(영업원 수, 생산능력 등), 경쟁사 실적(매상고, 시장셰어, 이익, 고객 수 등)에 착안한다. 경쟁사와의 비교는 자사의 상대적 강점과 약점을 추출하는 데도 도움이 된다.
자사 분석의 포인트	자사의 운영자원이나 기업활동에 관해서 정성적 · 정량적으로 파악한다. 구체적으로는 매상고, 시장셰어, 수익성, 브랜드 이미지, 기술력, 조직스킬, 인적자원 등을 분석한다. 또한 부가가치를 창출하는 기능이나 코스트 드라이버에도 주목한다.

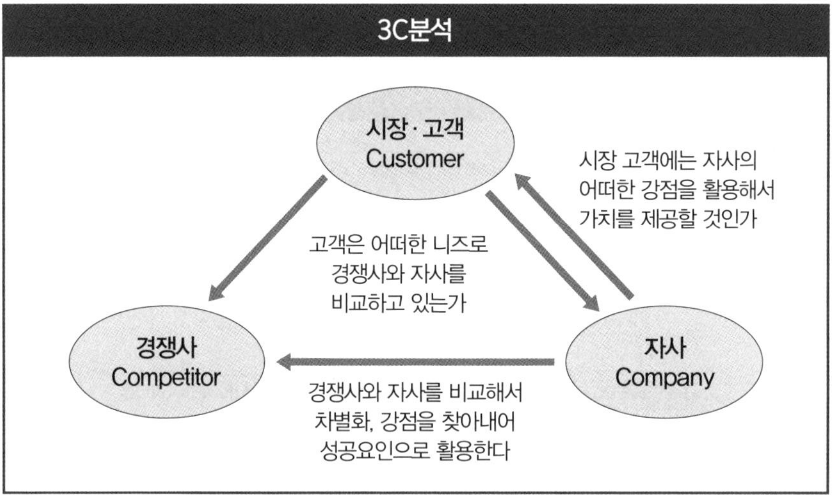

3C분석 방법

○ Customer: 시장 · 고객 분석방법

먼저 시장 · 고객을 분석해야 한다. 시장을 모르고는 자사의 강점 · 약점을 평가할 수 없기 때문이다. 여기서는 매크로분석, 마이크로분석, 고객분석이라는 세 가지 기법을 이용해 효과적인 분석을 할 수 있다.

- 매크로(Macro, 거시적)분석: 경기변동이나 법률개정, 인구나 유행의 유동 등 사회적 변화를 찾아내려고 한다. 구체적인 변화를 찾아내려면 'PEST 분석'을 하는 것이 좋다.
- 마이크로(Micro, 미시적)분석: 업계의 구조변화부터 자사 비즈니스에 미치는 영향을 검토한다. 이 분석으로는 '5F 분석'이 유효하다.
- 고객분석: 고객분석에서는 매크로분석이나 마이크로분석에서 얻은 정보가 고객의 가치관이나 니즈에 어느 정도 영향을 미치는지 검토한다. 고객분석에서 유효한 기법의 하나로 설문조사가 있다.

○Competitor: 경쟁사 분석방법

이 분석은 경쟁사가 시장 변화에 어떻게 대응하는지 파악하는 것이 큰 목적이다. 그래서 '경쟁기업의 비즈니스 결과', '그 결과가 나오게 된 이유' 등 두 가지 관점에서 분석하는 것이 바람직하다.

○Company: 자사의 분석방법

시장분석이나 경쟁사 분석을 종합해서 자사가 어떠한 전략을 쓸 수 있을지 검토한다. '시장의 변화와 경쟁사가 그 변화에 대해 어떻게 대응하는지' 자사와 비교·분석한다. 이 분석에는 'VRIO분석'이 많이 이용된다.

또한 자사의 분석항목으로 경영자원, 매출액, 시장점유율, 수익성, 판로, 기술력, 조직력 등 다양한 관점에서 자사의 강점과 약점, KSF(성공요인)를 도출한다. 내외부환경 분석에 이용되는 방법으로는 'SWOT분석'이 있다.

3C분석항목	
시장 · 고객 Customer	• 시장볼륨: 시장규모는? 성장성은? • 세그멘트: 시장은 어떻게 세그멘트되는 것인가 • 결정기준: 각 세그멘트의 구매결정요인은 무엇인가 • 결정프로세스: 어떤 프로세스로 누가 의사결정을 하는가
경쟁사 Competitor	• 경합: 누가 경쟁 상대인가 • 경쟁력 비교: 각사의 업적/재무건전성/기술력/셰어/생산력은? • 포지셔닝: 각사의 상품종류/상품특성/가격대는? • 진입난이도: 신규진입의 두려움은 있는가, 진입을 방해받는가? • 고객평가: 고객의 각사에 대한 평가는?
자사 Company	• 사업경제성: 이익창출력은 있는가? 어떤 사업이 수익성 있을까? • 브랜드이미: 자사/자사상품은 어떤 평가를 받고 있는가? • 기술력: 자사의 핵심기술은? 부족한 기술은? • 판매력: 최적의 상품유통망을 구축할 수 있는가? • 내부체제: 의사결정 시스템, 평가보수제도, 인재육성 등은?

3C분석은 실제 해보면 생각보다 시간이 걸리고 꽤 어려운 분석이다. 좋은 사업전략은 좋은 분석이 필요하지만 좋은 분석을 할 수 있는 것은 실천뿐이다. 3C분석은 사업전략 입안에 없어서는 안 되는 것이다.

SWOT분석

SWOT분석이란

Strength(강점), Weakness(약점), Opportunity(기회), Threat(위협)의 네 가지 항목으로 내부환경이나 외부환경을 분석해서 방향성과 개선책을 찾아내고 전략에 활용하는 기법이다.

이 기법은 내부환경과 외부환경의 좋은 점과 나쁜 점을 명확하게 한다. 내부환경의 분석은 자사의 강점이나 약점에 대한 분석이다. 그리고 외부환경의 분석은 자사의 기회나 자사에 대한 위협 등 시장의 경쟁 환경에서 나오는 것으로 자사에서는 컨트롤할 수 없는 영역이다. 이 두 가지 측면에 있는 강점, 약점, 기회, 위협이라는 네 가지 축을 바탕으로 해서 평가·분석한다.

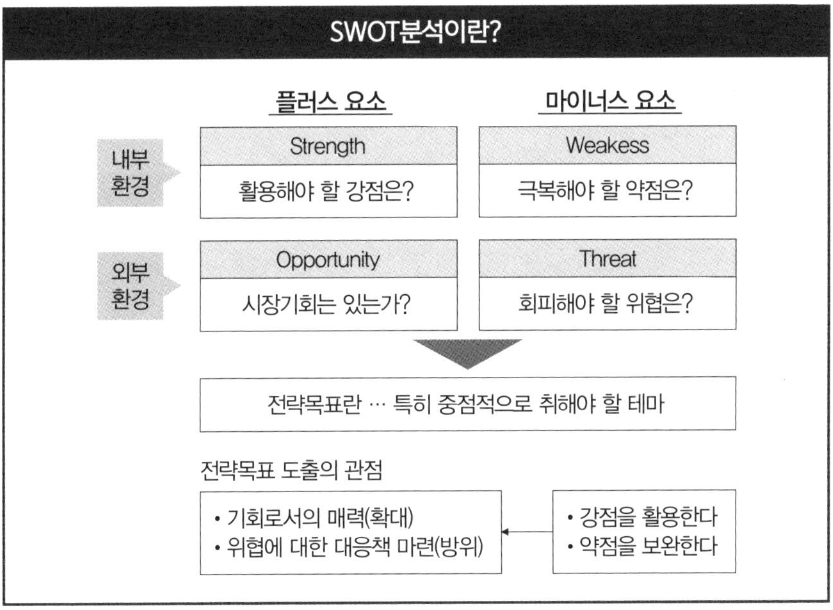

내외부환경의 항목 소개

내부환경의 항목(예)	외부환경의 항목(예)
자원, 고객서비스(콘텐츠), 판매·마케팅, 기술·노하우, 시스템, 인프라, 매니지먼트, 가격, 운송시간, 운송방법, 유통채널, 브랜드력, 인재·조직, 설비·자산, 기업이념·기업풍토나 문화 등	정치·법령, 시장트렌드, 경제상황, 주주의 기대, 과학기술, 공중의 기대, 경쟁회사의 활동상황 등

SWOT분석을 잘 활용하려면

SWOT분석을 사업이나 전략에 활용하려면 다음 사항에 주의하길 바란다.

① 목적을 명확히 한다.
② 전제조건을 정리한다.
③ 시야를 넓히기 위해 다양한 사람과 협조한다.
④ SWOT분석의 장단점을 이해한다.

SWOT분석 방법

① 분석대상으로 하는 항목을 정한다.

② 항목이 정해지면 먼저 외부환경 분석을 한다.

③ 외부환경 분석이 끝나면 내부환경 분석에 들어간다.

SWOT분석 방법

내부환경	**강점**(Strength)	**약점**(Weakness)
	자사가 타사보다 뛰어나고, 전문적이고 이길 수 있는 것은 무엇인가?(어떻게 강점을 활용할 것인가)	자사가 타사보다 열등하고, 서투르고 이기기 어려운 것은 무엇인가?(어떻게 약함을 극복할 것인가)
외부환경	**기회**(Opportunity)	**위협**(Threat)
	자사에 유리하고 안전하며 도움이 되는 시장의 변화는 무엇인가?(어떻게 기회를 활용할 것인가)	자사에 불리하고 위협적이며 부담이 증가할 것으로 예상되는 시장의 변화는 무엇인가?(어떻게 위협을 방어할 것인가)

SWOT분석의 포인트

SWOT분석은 비즈니스에서는 가장 자주 사용되는 분석방법의 하나이다. 그런데 중요한 결론(전략)을 이끌어낼 수 없다는 평가도 있다. 그러한 경우는 분석 목적을 정확히 이해한 후 다음과 같은 포인트에 대해 재검토가 필요하다.

- 강점을 살릴 방법을 생각한다. → 전략은 기본적으로 강점을 살리는 것이기 때문에 강점을 어떻게 활용하면 타깃 고객의 요구를 만족시켜 골에 가까워질 것인가 하는 것을 생각한다.
- 최적의 타이밍으로 SWOT분석을 사용한다. → 전략을 생각한 후 평가하고 최적화하기 위해 사용하도록 하면 가장 강점을 발휘할 수 있다.
- 크로스 분석을 실시한다. → 크로스 분석은 강점, 약점, 기회, 위협을 서로 크로스해서 대응해야 할 과제를 추출하는 수법이다.

크로스 SWOT분석

	기회 (Opportunity)	위협 (Threat)
강점 (Strength)	기회×강점 강점을 살려서 기회를 잡기 위해서는? 최우선	위협×강점 강점을 살려서 위협이나 리스크를 회피하고 기회로 바꾸는 차별화란?
약점 (Weakness)	기회×약점 약점을 보강해서 기회를 붙잡기 위한 시책(전술)은?	위협×약점 약점을 이해함으로써 위협을 회피하는 등 최악의 시나리오를 피하기 위해서는?

〈크로스 SWOT분석 방법〉

- 기회×강점: 강점에 따라 기회를 최대한 활용하기 위해 노력해야 할 것은 무엇인가? 자사의 강점을 활용해 기회를 살리려면 어떻게 할지 생각

한다. 회사나 사업의 성장을 목표로 할 때는 이 분석을 사용하는 것이 좋다.

- 기회×약점: 약점으로 기회를 놓치지 않기 위해 대처해야 할 것은 무엇인가? 자사의 약점을 보강하는 등 기회를 활용하는 방법을 생각한다. 모처럼의 기회를 살리려면 어떻게 해야 할지 논의한다.
- 위협×강점: 강점으로 위협에 따른 악영향을 회피하기 위해 대처해야 할 것은 무엇인가? 자사의 강점을 살려 위협에 의한 영향을 피하거나 경우에 따라서는 기회로 활용하는 것을 생각한다. 업계 등에 대한 위협도 경우에 따라서는 비즈니스 기회가 될 수 있다. 위협을 피하는 데만 그치지 말고 가능하면 기회를 찾는 데까지 논의한다.
- 위협×약점: 약점과 위협으로 최악의 결과가 되는 것을 피하기 위해 대처해야 할 것은 무엇인가? 자사의 약점을 이해하고 위협에 의한 영향을 피하거나 최소화하기 위해 어떻게 해야 할지 생각한다. 회사의 업태나 위협 수준에 따라서는 큰 타격을 받을 수도 있으므로 제대로 의식하고 분석한다.

강점을 살리는 방법을 생각해 실행하고 그것을 평가·최적화해서 전략을 만들어 크로스 분석에 따라 약한 부분을 개선하거나 강한 부분을 최대한으로 발휘하거나 하는 것으로 '전략을 어떻게 해나갈지'까지를 이끌어간다.

STP분석

STP분석이란

STP분석은 Segmentation(시장 세분화), Targeting(목표시장), Positioning(포지셔닝)에서 각각의 머리글자를 따서 붙인 분석기법이다. 마케팅전략의 기초 프레임워크라 할 수 있다.

Segmentation(시장 세분화)은 고객을 니즈가 같은 그룹으로 분류하는 것을 의미한다. Targeting은 세분화한 그룹 중 어느 시장(고객)을 표적으로 할지 정하는 것이다. 마지막으로 포지셔닝은 표적으로 설정한 시장에서 자사 위치를 명확하게 하는 것이다. 주로 경쟁회사와 차별화 요인을 가리려고 하는 분석기법이다.

STP분석이란?

S	Segmentation 시장의 세분화(니즈가 같은 고객별 그룹으로 분류하는 것)를 의미한다.	시장에 뿔뿔이 흩어져 있는 사람들을 니즈에 따라 그룹으로 묶는다.
T	Targeting 세분화한 그룹들 중에서 어느 시장(고객)을 표적으로 할 것인가를 결정한다.	그 그룹들 중에서 '가장 매력적'인 그룹을 찾아낸다.
P	Positioning 표적으로 설정한 시장에서 자사의 위치를 명확하게 한다.	고객이 '이 정도면 사고 싶다'라고 생각할 요소를 찾아내 경쟁품보다 더 매력적으로 보일 수 있는 방법을 생각한다.

STP분석에서 각 항목의 분석방법

〈Segmentation〉

STP분석의 스타드는 먼저 세그먼테이션, 즉 고객을 분류하는 것이다. 여기서 분류는 어떤 '공통점'으로 묶을 것인가가 포인트이다. 예를 들면 다음과 같은 분류가 자주 사용된다.

- 지리적 변수: 국가나 지역, 도시규모, 발전 정도, 인구, 기후, 문화, 생활습관, 종교 등
- 인구통계 변수: 연령, 성별, 직업, 소득이나 학력, 가족구성 등
- 심리적 변수: 가치관, 취미 · 기호, 라이프스타일 등
- 행동변수: 구매상황이나 구매패턴, 사용 빈도, 제품에 대한 구매자의 지식 · 태도 · 반응 등

이들 변수에 따라 시장이나 고객을 세분화한다.

〈Targeting〉

타깃팅은 시장에서 표적으로 해야 할 타깃층을 한정하는 작업으로 세그먼테이션과 세트로 사용된다. 세그먼테이션과 타깃팅의 차이는 세그먼테이션이 시장을 '나누는 작업'인 데 비해 타깃팅은 분할된 시장 중에서 표적으로 해야 할 시장을 한정하는 작업에 해당한다는 점이다. 타깃팅을 효율 좋게 하는 데 편리한 세 가지 패턴을 소개한다.

- 무차별형 마케팅: 세그먼트된 시장 간 차이를 무시하고 같은 상품을 모

히트상품의 지름길은 S*T*P의 철저한 검토

S Segmentation	T Targeting	P Positioning
시장(고객)을 • 지리적 요인 • 인구동태적 요인 • 심리적 요인 • 행동적 요인 등으로 세분화된 세그멘트로 분류한다.	분류한 각 세그멘트의 매력을 평가하고 • 고객평가창출 • 장기지속성 • 경영자원의 제약 등을 고려해서 진입시장을 결정한다.	진입을 결정한 세그멘트에서 경쟁제품에 대한 우위성을 검토하고 고객의 심중에 어떠한 포지셔닝을 목표로 할까 결정한다.

든 시장에 공급하는 방법이다.

- 차별형 마케팅: 복수의 세그먼트된 시장에 각각의 시장 니즈에 맞는 상품이나 서비스를 제공하는 방법이다.
- 집중형 마케팅: 하나 또는 별도 정해진 시장에 경영자원을 집중해서 마케팅하는 방법이다.

〈Positioning〉

포지셔닝은 세그먼트 내의 경쟁상품이나 서비스를 보고 자사가 설 위치를 결정하는 작업이다. 포지셔닝을 하는 데 중요한 것은 경쟁제품과 비교하는 축을 가지는 것이다. 가격이나 품질, 점포 수, 판매채널 등 많은 지표 중 필요한 것을 선정해서 경쟁제품과 비교한다. 자사가 승부할 포지션을 찾는 것이 중요하다.

STP분석의 포인트

〈Segmentation의 포인트〉

- 고객 니즈에 주목한다.
- 고객은 될 수 있는 한 세분화한다.
- 니즈와 속성은 세트로 생각한다(어떤 니즈를 지닌 어떤 속성의 고객인가).

〈Targeting의 포인트〉

- 3C(고객, 경쟁사, 자사) 관점에서 타깃을 한정한다(좁혀서).
- 타깃의 평가를 5R로 행한다.
- 페르소나를 책정하고 현실적인 이상의 사용자상을 명확하게 한다.

〈Positioning의 포인트〉

- Positioning은 명확하고 알기 쉬운가
- 경합 · 비교하면 자사 우위성이 있는 포지셔닝으로 되는가

STP분석에 따라 세운 전략을 바탕으로 시장에 진출할 때는 4P나 4C의 관점에서 구체적인 전략을 검토해야 한다. STP분석은 마케팅전략에서 기초 중의 기초이다. 기업이나 제품, 서비스의 내용이나 가격을 결정할 때 필요한 프레임워크이다. 꼭 숙지해서 활용하길 바란다.

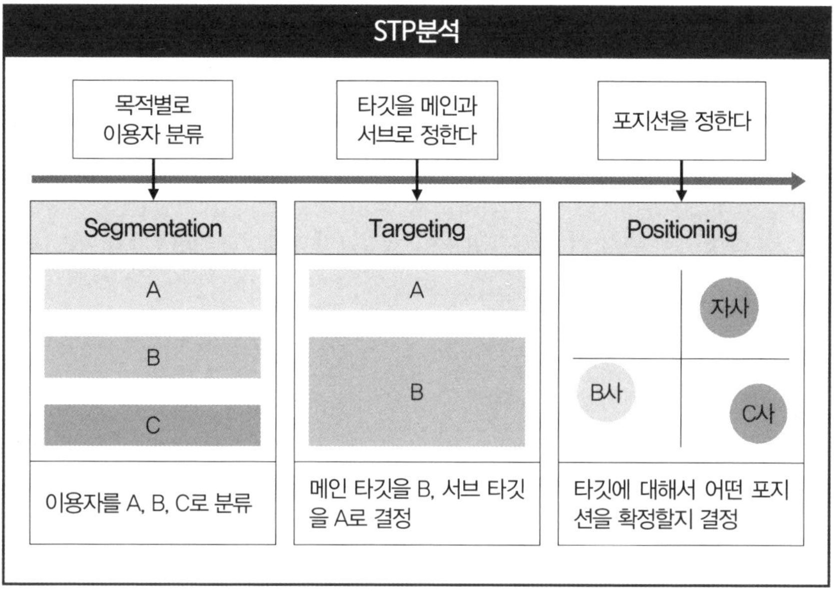
STP분석
목적별로
이용자 분류
타깃을 메인과
서브로 정한다
포지션을 정한다
Segmentation
A
B
C
Targeting
A
B
Positioning
자사
B사
C사
이용자를 A, B, C로 분류
메인 타깃을 B, 서브 타깃을 A로 결정
타깃에 대해서 어떤 포지션을 확정할지 결정

03
마케팅 믹스

POINT

마케팅 믹스란 마케팅전략에서 이상적인 고객의 구매행동을 얻기 위해 마케팅 프레임워크나 툴(도구)을 조합하는 것이다. 마케팅전략의 흐름에서 실행전략이라 할 수 있다. 마케팅 믹스에는 '4P'나 '4C'와 같은 몇 가지 대표적인 프레임워크가 있다.

마케팅전략의 단계		
1 단계	환경분석	환경분석은 크게 내부분석과 외부분석으로 나눈다. 환경분석으로 기업은 자사가 처한 상황을 제대로 파악할 수 있으므로 더 효과적인 마케팅전략을 입안할 수 있다.
2 단계	STP분석과 기본전략 수립	사업성장을 바랄 수 있는 시장이나 진입 가능한 시장을 선정하기 위해 STP를 분석한 후 기본전략을 책정한다.
3 단계	실행전략 (마케팅 믹스) 수립	STP분석으로 책정된 기본전략을 바탕으로 결정된 타깃 시장에 어떻게 접근할지 구체적 실행전략을 수립한다. 실행전략은 복수 요소를 가장 좋게 조합하려고 생각하는 데서 시작되며, 이를 '마케팅 믹스'라 한다. 주로 이용되는 방법으로 '4P분석'과 '4C분석'을 들 수 있다.
4 단계	전략의 실행과 평가	마케팅 믹스를 바탕으로 완성된 마케팅전략을 실행한 후 결과를 평가한다. 평가 결과에 따라서는 마케팅전략의 수정 등을 검토한다.

마케팅 믹스란

마케팅전략에서 바람직한 반응을 시장에서 끌어내기 위해 마케팅 툴을 조합하는 것이다. 예상고객에 대해 다양한 마케팅 수법을 조합해 접근하는 것으로 포인트는 '예상고객'을 메인으로 생각하는 것이다.

기업이 입안한 마케팅전략을 상품기획이나 광고 · 선전, 영업활동 등 실제 행동에 스무드하게 하기 위해 몇 개의 프레임워크를 조합해 사용한다. 그 대표적인 예가 4P 마케팅 믹스라고 불리는 방법이다.

마케팅 믹스의 대표적인 4P

마케팅에서는 통상 다음 네 가지 요소를 조합해 전략을 세우는데, 그 4요소의 영어 머리글자를 따서 4P라고 한다.

- Product(제품): 상품 · 서비스 개발이나 브랜딩
- Price(가격): 가격, 지불방법 등
- Place(유통): 채널(유통경로)
- Promotion(판매촉진): 광고 · 선전활동

마케팅전략은 상기 네 가지 요소별 전략을 단독으로 수행하는 것이 아니라 이것들을 각각 조합하고 관련시키면서 추진해나간다. 이 네 가지 전략을 조합하는 것을 마케팅 믹스라고 한다.

이 4P의 특징은 기업이 자사에서 컨트롤할 수 있는 것들이라는 점이다.

4P란 무엇인가?

제품을 만든다	**제품전략(Product)** 소비자 조사, 제품기획, 제품개발, 디자인, 포장결정, 에프터서비스 결정 등
가격을 정한다	**가격전략(Price)** 가격설정, 지불방법 등
판매방법을 정한다	**유통전략(Place)** 유통경로 결정, 물류업자 선정 등
판촉활동을 한다	**판매촉진전략(Promotion)** 광고기획의 책정, 광고매체 선정, 판촉활동 결정 등

4P분석의 목적

네 가지 항목에서 타깃 시장을 분석하고 자사제품의 과제나 강점을 발견하는 것이 목적이다. 과제나 강점을 명확하게 함으로써 구체적 전략을 입안할 수 있다. 제품이 잘 팔리지 않을 때나 시장 전개 전략을 생각할 때 하는 분석방법의 하나이다.

4C의 개요

마케팅 기법도 시대 흐름에 따라 기업 측 입장인 4P로부터 고객 측 입장인 4C로 마케팅 믹스에 대한 생각이 변화되어왔다. 따라서 4C는 고객 입장이 중심이 되는 마케팅 믹스인 것이 특징이다. 4C란 4P와 같은 마케팅 믹스의 프

마케팅 믹스의 기본요소 4P

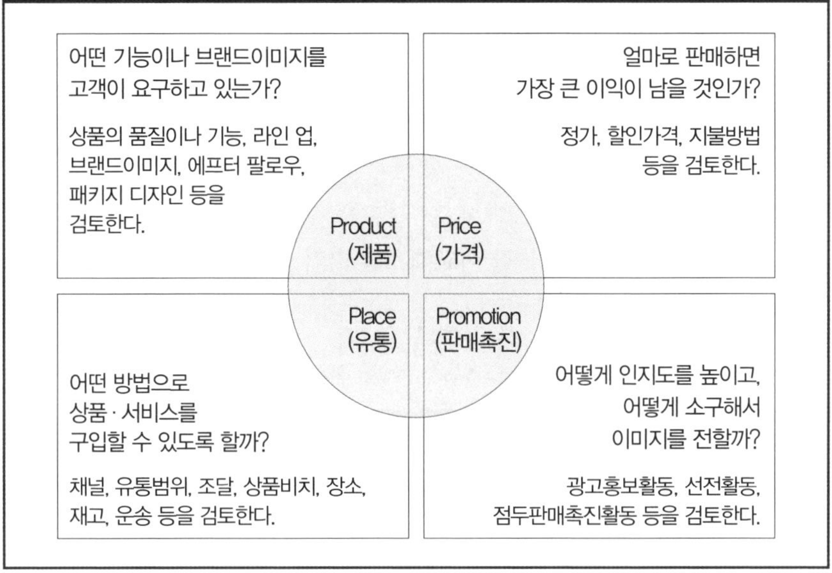

레임워크이다. 4C는 Customer Value(고객가치), Customer Cost(고객부담 비용), Convenience(편리성), Communication의 첫 글자를 딴 것이다.

4C와 4P의 관계성

- **Customer Value(고객가치) = Product(제품)**

  제품은 고객의 메리트를 바탕으로 고객가치를 창출해야 한다.

- **Customer Cost(고객부담 비용) = Price(가격)**

  고객의 비용은 금전만이 아닌 시간이나 수고로움 등 일체 비용 면에서 메리트가 있어야 한다.

- **Convenience(편리성) = Place(유통)**

  유통의 정비는 고객 입장에서 생각하면 제품이나 제품에 관한 정보에 쉽게 접근할 수 있는 편리성이 중요하다.

- **Communication = Promotion(판매촉진)**

  광고·선전 시 기업에서 일방적으로 고객에게 전하는 것이 아니고 고객의 니즈나 소리를 반영한 에코시스템의 구축이 중요하게 되었다.

4C는 4P를 기반으로 한다. 잘 비교해보면 기업 입장과 고객 입장에서 마케팅 믹스가 변화되어온 것을 쉽게 알 수 있다.

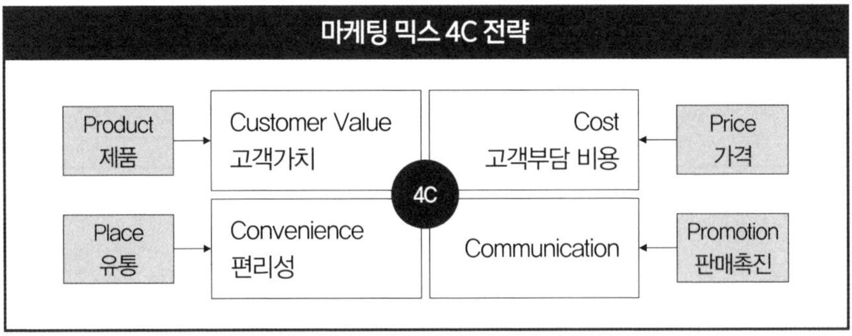

4C분석에서 주의해야 할 사항

- 고객 기반에서 벗어나지 않아야 한다 – 작성자의 생각이 반영되는 4P분석을 경계
- 먼저 고객의 니즈를 파악한다 – 실제 고객의 소리를 참고로 한다.
- 근저에는 타깃이 존재한다 – 타깃팅이 안 된 상태에서는 4C분석은 할 수 없다.
- 각 요소의 연결을 의식한다 – 타깃을 베이스로 해서 네 요소에는 연관이 있다. 각 요소의 횡적 연결이 끊기지 않도록 유의해서 작성해야 한다.

4C분석의 포인트

Customer Value(고객가치) 고객에게 가치 (신선함, 참신함, 감동, 만족, 사용하기 쉬움, 안심) 등	Cost(고객부담 비용) 고객부담의 비용 (저렴함, 적당함, 알뜰함, 비용) 등
고객의 편리함 (입수하기 쉬움, 시간단축, 언제나 구입할 수 있다) 등 Convenience(편리성)	고객과의 교류 · 대화 (질문대응, 정보제공, 정보교환, 팬 교류) 등 Communication

4C 분석

4C분석의 능숙한 사용법

4P는 기업입장이고 4C는 고객입장이다. 4C로만 마케팅 믹스를 생각하면 고객입장에서 보므로 자사에서 실행 불가능한 전술이 될 수 있다. 반면 4P는 기업의 입장으로 전략은 실행 가능하지만 고객에게 받아들여지지 않는 마케팅 믹스가 될 수 있다.

4P와 4C를 더불어 이용하면 자사에서 실행 가능하고 고객에게도 받아들여지는 마케팅 믹스를 만들 수 있다. 4C도 4P와 마찬가지로 사전에 3C분석과 SWOT분석, STP분석에서 제품 마케팅 전략의 방향성을 미리 성해둘 필요가 있다.

04

수출마케팅

POINT

수출마케팅을 검토하는 데는 우선 자사 상품이나 서비스의 적합성이 높은 시장(국가)으로 진출을 생각하는 것이 중요하다. 즉, 경제상황이나 규제 환경으로부터 진출하기 쉬운 시장(국가)으로 진출을 검토한다.

수출마케팅의 절차	
1단계 환경분석	수출마케팅전략을 수립하기 위해 먼저 해야 할 것은 3C분석기법을 활용하는 환경분석이다. 환경분석은 PEST분석이나 5F분석으로도 하지만 주로 3C분석을 활용한다.
2단계 기업 내외부 환경분석	이 단계에서는 많이 알려진 SWOT분석을 주로 활용해 분석한다. 시장기회와 사업기회를 명확하게 한다.
3단계 마케팅전략 수립	이 단계에는 STP분석이 활용된다. STP분석은 경쟁이 치열한 비즈니스 환경에서 자사의 독자성이나 우위성을 끌어내는 가장 유리한 포지셔닝을 찾아내는 것이다.
4단계 마케팅 실행계획 수립	상기 1, 2, 3단계를 거쳐서 나온 결과물을 바탕으로 마케팅 실행계획을 수립한다. 실행계획은 4P분석과 4C분석을 활용한다.
5단계 실행	4P분석과 4C분석에서 각각의 4요소를 조합해 시장으로부터 바람직한 반응을 이끌어내기 위해 하는 것을 마케팅 믹스라 한다.

수출마케팅이란

수출마케팅이란 해외로 물품을 수출하기 위해 행하는 해외시장조사 활동과 수출상담 활동 등과 같은 제반 활동을 말한다. 해외마케팅이라고도 한다.

수출마케팅은 단순히 상품을 생산, 해외운송, 해외판매로 이어지는 일련의 과정만이 아니라 해외고객의 잠재욕구와 니즈를 이해하고 만족시키려는 해외마케팅 활동으로, 해외의 소비자, 유통업자, 판매 에이전트 등과 거래관계를 끊임없이 개선하고 발전시켜나가는 경영활동의 총체라고 할 수 있다.

이때 타깃시장에서 경쟁사 또는 선도회사와 경쟁상황을 분석, 경쟁사와는 차별화된 전략을 수립하여 타깃시장 접근을 시도하는 마케팅을 '전략적 해외마케팅'이라 한다.

마케팅전략의 생각 방법

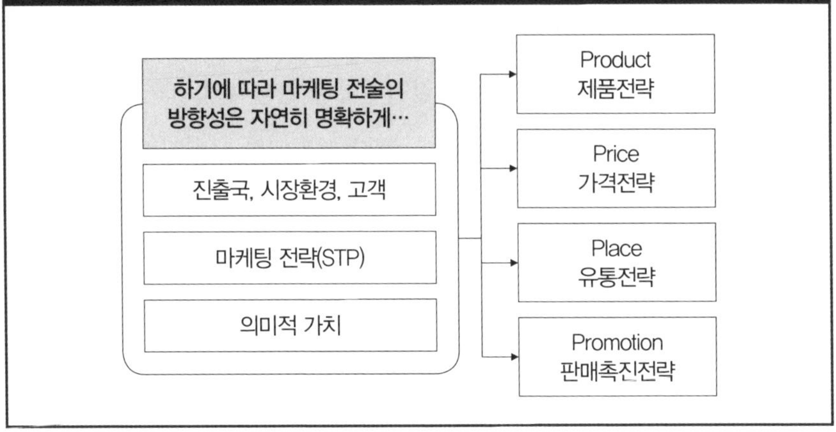

수출마케팅 전략의 요소

제품전략(PRODUCT)

제품차별화, 브랜드, 디자인, 특허, 보증, 포장, 서비스 등에 관한 전략을 말한다. 표적시장에 대해 투입할 제품·브랜드 개발 및 라인업을 결정한다.

제품은 고객지향적인 관점에서 검토하는 것이 바람직하며, 포장, 상표뿐만 아니라 해외고객에 대한 서비스의 제공까지도 제품전략을 수립할 때 종합적으로 검토해야 한다.

고객의 니즈에 맞춘 제품개발이 이상적이지만 비용을 최소화하는 의미에서는 현재 있는 제품을 수출하는 것을 검토하는 것이 효율적이다. 패키지나 표시 등 간단한 변경만으로 수출을 실현할 수 있는 것이 이상적이라고 할 수 있다.

가격전략(PRICE)

시장에 따른 가격차별화를 할지, 할인전략을 활용할지, 가격책정 방법은 어떻게 할지 등에 관한 전략을 말한다. 해당국에 대한 사전시장조사를 바탕으로 가장 경쟁력 있는 가격을 책정하도록 신중할 필요가 있다. 경우에 따라서는 가격 할인도 검토해야 한다.

유통전략(PLACE)

유통방법, 물적 유통 등에 관한 전략을 의미한다. 표적시장의 고객에게 제품이 도달하는 가장 효율적인 경로를 검토한다. 해외시장 진입방식은 유통경로를 확보하는 방식에 따라 간접 또는 직접 수출, 해외현지생산으로 구분된다.

판매촉진전략(PROMOTION)

인적 촉진, 광고, 협의의 판매촉진(매장 진열대 진열, 샘플 무료배포, 경품행사, 쿠폰 활용 등) 전략을 의미한다.

광고 프로모션을 포함 제품·브랜드 가치의 전달방법을 결정한다. 광고전략은 각 시장의 고유한 특성에 따라 표준화전략과 현지적응화전략 중 어느 하나를 택하여 해당국의 법적인 규제와 언어장벽, 문화의 다양성 등을 고려하여 실행전략을 세워야 한다.

목표로 하는 시장이 해외라는 것을 제외하면 마케팅 전략을 세우기 위한 세부 전략항목에 관해서는 국내시장에서의 마케팅 전략이나 별반 차이가 없다. 해외시장에서의 성공적인 마케팅 전략을 세우고 수출 상담을 성공하기 위해서는 목표로 하는 해외시장에 대한 조사가 대단히 중요하다고 할 수 있다.

수출마케팅의 관리

수출환경은 수시로 변한다. 새로운 기회가 발생하기도 하고 반대로 새로운 위협을 맞기도 한다. 이에 따라 이미 설정된 수출목표와 계획의 수정을 요구받기도 한다. 때로는 입안된 마케팅 믹스 정책에서 문제점이 발생하기도 한다. 이 경우 계획된 수출목표를 달성하기 어려울 수도 있다.

따라서 수출회사는 동태적인 수출환경에 맞게끔 수출계획을 수시로 수정·조정하고, 필요한 경우 단기적인 상황계획을 수립해 대처해나가지 않으면 안 된다.

05

수입마케팅

POINT

수입마케팅은 수입비즈니스의 지속 가능 여부를 결정하는 중요한 포인트이다. 수입비즈니스를 시작할 때 반드시 해야 하는 수입마케팅은 국내시장에서 국산품과 마찬가지로 일반적인 마케팅과 수입상품조달 측면에서의 마케팅으로 나누어 검토되고 있다.

수입마케팅의 흐름	
1단계 수입상품 발굴	국내시장에서 소비자가 무엇을 요구하는지 파악하고 수입비즈니스가 가능한 제품을 발굴한다.
2단계 해외공급자 물색	수입상품이 정해지면 해외에서 공급할 회사를 찾는다. 제품정보를 입수해서 검토하고 국내시장조사를 한다. 제품에 따라서는 샘플이 필요할 수도 있다.
3단계 수입절차 확인	수입 가능 여부 등 법적 규제를 확인한다. 수입 가능할 경우에도 어떤 절차를 거쳐야 하는지, 관세 등 수입통관 시 문제점을 검토한다.
4단계 수입상품 구매 협상 및 계약	해외공급자에게 인콰이어리를 보내고 정식 오퍼를 요청한다. 가격, 납기, 지불조건 등 제반 조건을 협상한다. 협상 결과 경쟁력이 있고 국내 판매가 가능하다고 판단되면 수입계약을 체결한다.
5단계 계약상품 수입	계약내용에 따라 상품이 선적되어 국내 항구에 도착하면 통관수속을 밟는다. 통관이 완료되면 보관창고로 운송한다. 조건부 통관일 경우에는 부과의무를 이행해야 한다.
6단계 국내 판매	미리 수립한 마케팅 믹스 전략에 따라 국내 판매에 들어간다. 그리고 고객반응, 시장동향을 파악하고 대비책을 검토한다.

수입마케팅이란

수입마케팅은 해외에서 제품을 수입하여 국내에 판매하려고 전개하는 일련의 과정을 말한다. 해외에서 수입제품 발굴 또는 제품공급자를 물색하는 과정(Sourcing)과 수입제품을 국내에 판매하는 과정으로 나누어 살펴볼 수 있다.

수입비즈니스를 하려는 사람은 한국이라는 단일시장 안에서 다수 소비자가 무엇을 요구하는지 항상 파악하고, 그 요구에 맞는 상품을 해외의 최적 지역에서 신뢰할 수 있는 업체와 제휴하는 것이 중요하다.

수입상품 판매시장이 한국이라는 국내시장이므로 소비자 본위의 마케팅 수법이 요구되는 것과 동시에 제품 공급기지가 해외이기 때문에 특이한 여러 문제를 해결하는 것이 시장 진입의 전제가 된다. 따라서 해외에서 생산된 제품을 수입하여 국내시장에 유통하려면 국산품의 마케팅과 다른 수입마케팅을 실행할 필요가 있다.

한편 수입마케팅은 각각의 수입형태에 따라 약간씩 다르다. 그러므로 수입을 계획하는 단계에서부터 형태별 수입마케팅을 다르게 세울 필요가 있다. 수입형태에 관해서는 'PART 6, 07 수입물품 수령과 국내 판매'에서 설명하였으니 참고하길 바란다.

수입마케팅 시 주요 포인트

수입상품에 대한 국내시장조사

국내시장 전반에 대해 제대로 파악하지 못하고, 단순한 계획만으로 수입비즈니스를 하면 어려움에 처할 수 있다. 따라서 국내시장에 대한 이해를 바탕으로 마케팅할 필요가 있다.

- 소비재 상품 및 완제품에 대한 시장조사: 해외에서 잘 팔리는 상품이라도 국내에서는 잘 안 팔리는 것이 태반이다. 따라서 팔릴 것 같은 상품이라도 반드시 국내시장조사로 팔릴 가능성을 확인해야 한다.
- 생산재 상품·원자재 시장조사: 수요자가 대부분 회사조직임에 따라 원가 및 품질 면에서 유리하다면 그만큼 경쟁적인 이점을 가질 수 있을 것이다. 관련 산업의 단체나 실제로 사용하고 있는 회사에 접촉해서 정보를 입수하는 등으로 시장조사를 한다.

해당 상품의 수입규제 여부 검토

외국으로부터 수입되는 화물에 대해서는 국내 산업에 악영향을 미치는 것이 있을 수 있다. 이러한 화물에 대해서 우리나라에서는 각각의 국내 법령에 의해서 수입의 규제를 실시하고 있다.

수입의 규제에 대해서는 품목에 따라 대외무역법과 특별법에서 화물의 수입에 관해 허가, 승인 그 외에 행정기관의 처분 또는 검사 혹은 조건의 구비(허가, 승인 등)를 필요로 한다고 규정하고 있으므로 수입하기 전에 충분히 조사·검토해야 한다.

유통경로(판매경로)

사전에 조사한 국내시장에서 해당 수입상품 같은 종류의 유통구조와 경로를 참고로 유통채널을 검토하여 결정해야 한다. 유통채널은 수입형태에 따라, 수입상품에 따라 다르기 때문에 유통체계를 재점검하고 상황에 따른 대책을 강구할 필요가 있다.

재고위험을 줄이려는 수요예측 조사

수입자가 재고부담을 안고 직접 수입하여 불특정 다수에게 판매할 경우 재고위험을 줄이는 것이 가장 큰 관건이다. 과잉재고나 재고량 부족은 해당 비즈니스의 채산에 영향을 미치므로 재고수입 형태에서는 정확한 수요예측조사가 전제로 된다.

수입대리점에 관해서

수입대리점은 크게 외국회사 제품 수입을 국내에 알선·중개만 하는 대리점(Agent, 일명 오퍼상)과 직접 수입해서 국내에 자기 책임하에 판매하는 판매점(Distributor)으로 나눌 수 있다. 물론 판매점에서도 수입을 알선·중개하기도 한다.

대리점(Agent, 일명 오퍼상)

① 책임한계

수입대리점은 외국의 물품공급자인 본사(Principal) 이름으로 오퍼를 발행할 뿐 스스로 책임이 귀속되는 계약체결 당사자가 아니므로 수출입 본거래에 대하여 책임을 지지 않는다.

② 영업형태

본사의 가격정책, 판매정책에 따라 다양하게 이루어진다. 대리점 이익은 다음과 같은 방식이 있다.

- Commission Base
- Over-Value Base: Seller's Market인 물품에 대하여 독점권을 확보한 경우 또는 오퍼상 영업능력이 뛰어날 경우 활용
- Commission Base와 Over-Value Base의 혼합형태

판매점(Distributor)

① 책임한계

판매점은 해외의 공급사로부터 직접 수입해서 국내시장에서 자신의 책임하에 판매한다. 따라서 공급사에 독립해서 책임과 리스크를 지게 된다.

② 영업형태

본사의 가격정책, 판매정책을 바탕으로 해서 세운 자사의 국내시장에 대한 판매정책과 가격정책으로 이루어진다. 따라서 판매점 이익은 판매가격에 수입에 따른 제 비용을 제외한 금액이 된다.

대리점(Agent) vs 판매점(Distributor) 차이점

대리점(Agent)	판매점(Distributor)
• 해외공급자를 대리하여 상품을 판매한다. • 구입자에 대해 파는 사람 입장에 서지 않는다(공급자가 파는 사람). • 공급자로부터 받는 수수료가 이익이다. • 공급자에게 종속되고 독립된 책임 및 리스크를 지지 않는다.	• 해외공급자에게서 상품을 구입하여 판매한다. • 구입자에 대해 파는 사람 입장에 선다. • 전매에 의한 차익이 이익으로 된다. • 공급자와는 독립하여 자신이 책임과 리스크를 진다.

• 대리점과 판매점 중 어느 것을 선택할지는 취급상품이나 시장상황에 따라 판단하면 된다.

• 대리점계약 체결 시 세일즈 테리토리(Territory)와 독점판매권 확보를 요구하는 이유
  – 판매영업에서 영속적이고 일관성 있는 판매활동을 전개하기 위해
  – 시장 확보, 상품화에 따른 비용부담과 정보교환, 신상품 발굴 · 개발에 필수적

대리점과 판매점 차이

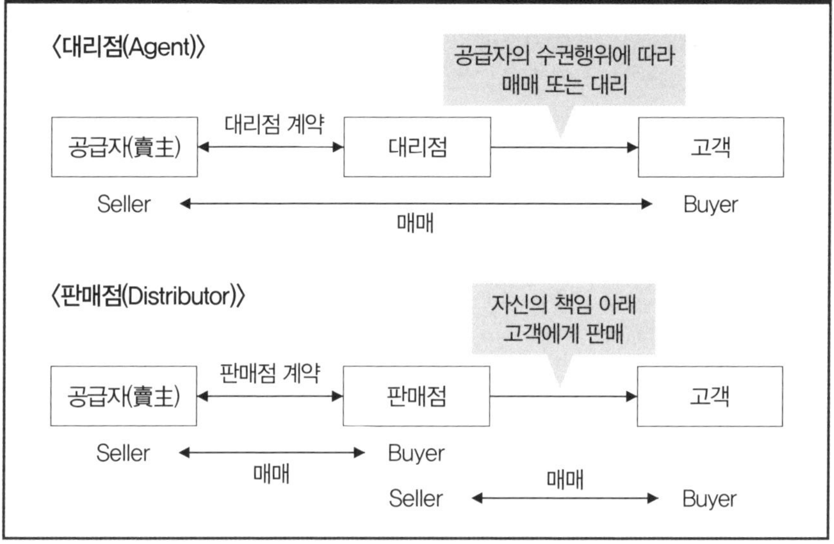

수입마케팅에서 특히 중요한 것은 수입하고자 하는 물품에 대한 국내시장 조사이다. 수입가능 여부, 시장규모, 국내거래관행, 시장지배자, 결제관행 등을 파악하고, 판매활동에 따르는 재고, 결제위험 등과 같은 제반 위험을 최소화해야 하기 때문이다.

| 유용한 정보 |

마케팅 전략 환경분석 – PEST분석

PEST분석이란 외부환경을 정치(Politics), 경제(Economy), 사회(Society), 기술(Technology)의 4가지 요인으로 분류하여 자사에 미치는 영향을 읽어내는 분석기법이다. 자사를 둘러싼 외부 환경에는 미시적(미크로) 환경과 거시적(매크로) 환경이 있으며, PEST분석은 자사에서 제어하기 어려운 거시적 환경분석에 적합하다.
PEST분석을 통해 자사에 영향을 미치는 위협을 규명하고 앞으로 일어날 수 있는 사회변화 등을 예측하여 사업전략수립 및 마케팅전략에 참고한다.

PEST분석의 요소

업계환경

Politics, 정치적 요인

규제 등 시장의 Rule을 변화시키는 것
- 법률, 법개정(규제 · 완화)
- 세제(증세 · 감세)
- 정치, 정권교체
- 재판제도
- 정치단체, 데모 등

Economy, 경제적 요인

매상이나 비용 등 이익에 직결되는 가격연쇄에 영향을 미치는 것
- 경기동향
- 경제성장률
- 물가
- 외국환 · 주가 · 금리
- 소비동향 등

Society, 사회적 요인

인구동태의 변화 등,
수요구조에 영향을 미치는 것
- 인구동태 · 밀도 · 구성
- 유행 · 여론
- 세대수
- 종교 · 교육 · 언어
- 노령인구 · 소자화 등

Technology, 기술적 요인

IT 등 시장경쟁에 영향을 주는 것
- 인프라
- IT 활용
- 이노베이션
- 특허
- 신기술, 기술개발 등

PEST분석을 실시하는 목적
PEST분석을 실시하는 주된 목적으로는 ① 마케팅 전략이나 전술의 방향성을 명확히 하고 ② 시장의 장래성이나 변화를 예측한다는 것을 들 수 있다.

PART 13

국제통상과 FTA, CISG

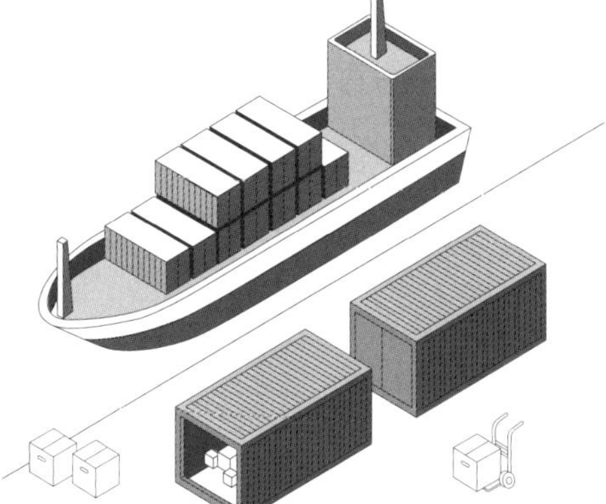

01

국제통상을 이해하자

포인트

국제통상은 유형적인 상품의 교역뿐 아니라 무형적인 서비스거래와 지적재산권, 노동과 자본의 교환만이 아니라 교환을 원활하게 해주는 활동이라 할 수 있다. 국제통상규범과 국제통상정책, 무역장벽 등을 이해하는 것이 중요하다.

국제통상규범의 분류

구 분	분류 및 내용
포괄적 규범	지역 간 협정: EU, NAFTA, AFTA 등
	다자간 규범: WTO, GATT 등
	복수국가 간 경제기구: APEC, OECD 등
	양자 간 협정: FTA 등
개별적 규범	상품별 시장개방협정: 다자간 섬유협정(MFA), 다자간 철강협정(MSA) 등
	주요 분야별 규율제정: 반덤핑, 정부조달, 세이프가드 등
	※ 관세인하, 수량제한 철폐 그리고 기타 비관세장벽 철폐를 주 내용으로 한다.

국제통상이란

국제통상이란 국가 간의 상거래 및 경제활동에 대한 제약요인을 제거 또는 완화해서 국가 간에 상거래가 원활하게 되도록 만드는 국가의 여러 활동 및 과정을 말한다.

국제통상과 상호주의

상호주의(Reciprocity)는 국제관계에서 타국이 자국에 대해 권리나 편의를 인정해주는 만큼 자국도 타국에 대해 똑같이 인정해주는 가장 기본적인 원칙이다. 상호주의가 국가 상호 간에 혜택을 주는 방향으로 나아간다는 점에서 국제통상관계의 호혜적인 발전에 기여하였으나 다음과 같은 단점도 있다.

- 상호주의에 따라, 특히 개발도상국을 대상으로 대가의 동등성에 집착하면 오히려 다자간 국제관계 확립을 어렵게 한다.
- 국가들이 상대국과 교환되는 이익과 손실 계산에만 집착하면 국제통상관계가 보호무역주의로 흐르기 쉽다.

오늘날 국제통상관계는 상호주의원칙과 최혜국대우(MFN)원칙이 공존한다고 할 수 있다.

국제통상규범의 분류

국제통상의 주체는 국가이며, WTO 같은 국제기구와 EU와 같은 지역경제통합기구도 주체가 될 수 있다.

국제통상의 주체인 여러 국가가 특정국가 또는 특정사안에 대해 공동규칙을 정하기 위해 노력한 결과 나온 것이 국제통상규범이다. 국제통상규범은 포괄적 규범과 개별적 규범으로 나누어볼 수 있다.

포괄적 규범은 국가 간 경제적 관계를 전반적으로 규정하는 것이다. 개별적 규범은 특정 상품 또는 분야에 대한 규범을 말한다. 구체적인 통상이슈에 대하여 사안별로 협상 결과가 나타난다.

국제통상정책

〈국제통상정책이란〉

국제통상정책이란 국가 간의 통상문제, 대외협상과 관련된 전략적 차원의 입장 수립을 포함한 포괄적 정책을 의미한다. 정부는 국제통상정책으로 국제수지 개선, 국내산업 보호 자원의 효율적 배분, 고용 증대, 물가 안정을 도모하면서 경제성장을 촉진할 수 있다.

〈국제통상정책의 두 가지 유형〉

국제통상과 관련하여 국가 역할에는 자유무역주의와 보호무역주의라는 두 가지 상반되는 유형이 있다. 자유무역주의는 말 그대로 국가 간섭을 받지 않고 개개인이 자유롭게 무역하는 것을 원칙으로 하는 주의이다. 자유무역주의는 별도 정책 수단이 필요 없다.

보호무역주의는 국가가 국내 산업을 보호·육성하려고 관세와 같은 직접적인 통제수단으로 수입을 제한해야 한다는 주의이다. 정책수단으로는 보조금 지급, 환율조정, 제도나 법규 변경, 관세·비관세장벽 등이 있다.

관세장벽과 비관세장벽

어느 한 국가가 무역을 통해서 일방적으로 이득을 취하게 되는 경우 상대국가는 적자를 보게 된다. 적자를 보게 된 국가가 자국 내 산업보호를 위해서 보호무역조치를 실행하게 되는데 이를 무역장벽이라 한다. 무역장벽에는 관세장벽과 비관세장벽이 있다.

관세장벽(tariff barriers)은 국내 산업을 보호하기 위하여 수입품에 고율의 관세를 부과하여 그 수입을 억제하는 수입제한의 한 가지 방법을 말한다. 비관세장벽(non-tariff barriers)은 관세를 부과하지 않고 수입을 제한할 수 있는 조치를 의미한다. 관세장벽과 비관세장벽의 종류는 상당히 많은데 그중 몇 가지만 표에서 소개한다.

관세장벽과 비관세장벽의 종류

관세장벽의 종류	비관세장벽의 종류
• 덤핑방지관세(anti–dumping duties) • 보복관세(retaliatory duties) • 긴급관세(emergency duties) • 조정관세(adjustment duties) • 농림축산물에 대한 특별긴급관세 • 상계관세(counter valling duties) • 편익관세(beneficial duties) • 계절관세(seasonal duties) • 할당관세(quota tariff)	• 수입할당제(import quota system) • 수입과징금 • 수입담보금(import margin money) • 구상무역 • 수출자율규제(voluntary export restraint) • 긴급수입제한조치(safeguard) • 시장질서유지협정(OMA, orderly marketing agreement) • 국영무역(state trading)

국제통상협상

국제통상과 관련해서 협상 당사자가 모두 정부나 국제기구인 협상을 말한다. 국제통상협상은 일반적으로 당사자 수에 따라 양자협상과 다자간협상이 있다. 국제통상협상의 특징은 다음과 같다.

- 윈윈(winwin)협상: 국제통상협상에서는 협상 당사자가 독립적인 정책결정을 하기보다는 정책협조와 조정으로 모든 당사자가 이익을 보는 형태인 윈윈협상을 한다.
- 다양한 의견과 선호를 갖는 집단 존재: 국내에는 다양한 의견과 선호를 갖는 집단이 있기 때문에 국제통상협상은 대내적 협상과 대외적 협상을 동시에 진행하는 경우가 많으며, 최종결론은 정치적으로 수용할 수 있는 대안 중에서 선택되는 경우가 많다.
- 국제통상협정의 의제: 국제통상협상에서는 한 의제를 다루는 것보다 여러 의제를 동시에 다루는 것이 결렬 가능성이 적고 협상 혜택이 고루 돌아가는 점에서 바람직하다.
- 상호주의와 다자 당사자 협상: 국제통상협상에서는 상대방의 시장개방을 전제로 자신의 시장을 개방한다는 상호주의와 더불어 다수 당사자가 협상에 참여하는 경우가 많다.
- 중재자와 연합: 국제통상협상에서 다자간 협상이 어려울 때는 중재자가 개입하는 경우가 많다. 그런가 하면 일부 국가들은 이해관계가 같은 국가들과 연합하여 협상결과를 자국에 유리하게 이끌려고 한다.

국제통상법이란

국제통상법은 국제통상관계를 규율하는 법이다. 국제통상관계는 조약과 각국 통상법규로 규율된다. 국제통상법의 대상은 국제통상의 주체 면에서 볼 때는 국제기구, 국가 또는 정부, 기업, 개인이며 국제통상의 객체 면에서 볼 때는 상품, 서비스, 기술투자, 지적재산권, 국제수지 등이다.

국제통상법은 기본적으로 무역거래의 전반적인 진행과정에 걸쳐 규범화된 모든 국제법규는 물론이고 국제통상과 관련된 경제법적 개념까지 포괄하는 매우 광범위한 것을 포함한다.

국제통상법의 영역

국제통상법
(국제공법적 영역)

- WTO법체제 일반: 조직 및 권한
- 관세: 관세평가/분류, 원산지
- 수량제한(Quota)
- 내국민대우
- 최혜국대우
- 경제통합: 자유무역지역, 관세동맹
- 국가무역
- 정부구매(정부구매협정)
- 표준/기술규정 및 위생조치 협정
- 세이프가드 협정
- 보조금 및 상계관세조치협정
- 반덤핑협정
- 예외: 일반적/안보상 예외
- 농업문제
- 무역 관련투자(TRIMs) 협정
- 서비스무역(GATS)
- 무역 관련 지적재산권 협정(TRIPs)
- WTO분쟁해결제도
- 개도국을 위한 특별대우
- 환경과 무역 등 통상법 영역의 확대
- 미국통상법
- EU통상법
- 국제통화법(IMF)
- 국제개발체제(IBRD)

02

국제통상과 국제무역의 차이는 무엇인가

포인트

국제무역은 개인이나 기업이 상품, 서비스, 지적재산권 등을 거래하는 활동, 단기적 사업 활동에 초점을 둔 개념이라면 국제통상은 국가 간, 정부 간 중장기적 거래에 대한 활동을 의미할 때 사용되는 말이다.

국제통상과 국제무역의 차이

항 목	국제통상	국제무역
대상	상품, 서비스, 지적재산권을 포함한 자본, 노동 등 여러 가지를 함께하는 것으로 그 범위가 넓다.	상품, 서비스, 지적재산권 등
주체	국가 간 또는 국제기구의 행위	개인이나 기업이 주체로 개별경제 주체 사이에 이루어지는 거래
경제활동의 본질	국가의 경제적 이익을 극대화하기 위하여 국가 간의 협상에 의해 양보하고 타협	개인이나 기업의 영리를 목적
경제활동의 범위	상품거래는 물론 정치, 경제, 사회적 상황까지 포괄적인 거래를 포함	무역을 하는 개인이나 기업이 상품만 거래하는 것
용어의 사용 시기	법, 제도적 측면을 고려해 만들어진 전문적인 용어	예전부터 사용해왔고 일반인들도 흔히 사용하는 용어
특성	거시적 거래로 중장기적 교역	미시적 거래로 주로 단기적 거래

기본적으로 모든 경제주체 간에는 상품과 같은 눈에 보이는 유형재화(visible goods)와 자본, 정보, 기술 등 눈에 보이지 않는 무형재화(invisible goods) 및 노동, 운송, 보험, 금융 등 용역(서비스)의 교환거래가 이루어진다.

국제무역은 이러한 거래가 국제적으로 이루어지는 것을 의미하며 국제통상은 국제무역을 포함한 모든 국제경제거래와 이를 원활하게 하려는 각종 활동·과정을 포괄한다.

국제통상과 국제무역의 차이를 알아보면 대략 다음과 같다.

국제통상의 대상이 국제무역보다 광범위하다.

국제무역은 상품, 서비스, 지적재산권 등이 대상인 반면 국제통상은 상품, 서비스, 지적재산권은 물론 자본, 노동 등을 포함해 그 범위가 넓다.

국제통상의 주체는 사인(私人) 간 거래가 아닌 국가 간 관계를 의미한다.

국제무역은 개인이나 기업이 주체로 개별경제주체 사이에 하는 거래인 반면 국제통상은 국가 간 또는 국제기구의 행위를 의미한다. 국가가 주체가 되어 국가관계, 제도, 정책 등에 대한 활동이 중심이 된다.

경제활동의 본질에 차이가 있다.

국제무역은 개인이나 기업의 영리를 목적으로 하는 반면 국제통상은 국가의 경제적 이익을 극대화하고자 국가 간 협상으로 양보하고 타협한다.

국제통상이 경제활동의 범위가 넓다.

국제무역은 직접적인 경제활동이고 국제통상은 간접적인 경제활동을 포함한다. 직접적인 경제활동이란 무역을 하는 개인이나 기업이 상품만 거래하는 것을 말하고 간접적인 경제활동이란 상품을 포함해 정치, 경제, 사회적 상황까지 포함한 포괄적 거래를 포함하는 것을 말한다.

용어 사용 시기가 다르다.

국제무역은 전통적이고 일상적인 표현이며 국제통상은 법, 제도적 측면을 강조한 전문적 표현이라 할 수 있다. 국제무역이라는 용어는 교환이 이루어진 시기부터 사용해왔고 일반인들도 흔히 사용하는 용어인 반면, 국제통상은 법과 제도를 고려해 전문적 용어로 바뀐 것이라 할 수 있다. 또 국가와 정부 사이의 경제활동을 포함하는 용어이다.

국제무역은 미시적 거래이고 국제통상은 거시적 거래라 할 수 있다.

국제무역은 미시적 거래로 주로 단기적 거래가 특성이고 국제통상은 거시적 거래로 중장기적 교역 특성을 말한다.

유의할 점은 넓은 의미의 무역에서는 무역 대상을 유형재와 무형재 모두 포함하는데, 이 경우 무역은 결국 국제통상과 같은 의미가 된다는 점이다. 따라서 일반적으로 통상은 국가나 국제기구 입장에서 행해지는 국가 활동을 말하며 무역은 개인이나 기업 입장에서 행해지는 국제상거래라고 할 수 있다.

국제무역과 국제통상은 크게 구분되지 않는 경우가 많지만 국제무역은 일반적이고 보편적으로 사용되는 용어인 반면 국제통상은 법과 제도 측면이 강조되고 현대무역의 여러 측면을 고려해 만들어진 용어라고 할 수 있다.

| 유용한 정보 |

국제(거래/경제)관계 유형과 적용법 영역

법 영역	법률관계의 범위와 성격	규율대상
국제통상법	국가 간 차원	통상정책의 조정과 협력
국제거래법	사인 간 차원	상품의 생산, 운송, 대금지불 등 직접적 경제활동
국제경제법	국가 간 차원	경제정책의 조정 및 협력
국제법	국가 간, 국가와 사인 간 차원	국제사회의 질서유지, 국가 간의 관계, 국제기구 및 개인의 기본적인 권리
국제환경법	국가 간 차원	환경보호 관련 정보교환, 기술 및 재정정책, 긴급환경사태하의 상호원조

| 유용한 정보 |

디지털무역 상담 플랫폼 TradePro

채팅/화상/전화로 손쉽게 전문가와 상담할 수 있는 서비스로, 무역협회가 새롭게 시작한 디지털 무역상담 플랫폼이다. 기존 무역협회가 운영해왔던 무역상담 서비스인 '트레이드 SOS(Trade SOS)'를 한 단계 업그레이드한 것이라 한다.

'TradePro'의 핵심 서비스는 다음과 같이 3가지가 있다.

- 각 분야의 전문가와 1 대 1로 진행되는 개인상담: 비대면 1 대 1 채팅 및 화상상담
- 사이트 내에서 진행되는 오픈상담: 온라인 게시판을 통해 문의·답변
- AI 자문 서비스: 인공지능(AI) 기반의 'AI 자문 상담' 서비스

트레이드프로 이용은 한국무역협회 홈페이지(www.kita.net) 디지털 무역상담 플렛폼에서 상담방식 중 하나를 선택하면 자문을 할 수 있다. 관련 문의는 무역협회 트레이드 콜센터(1566-5114)로 하면 된다.

03

대표적 국제통상 관리기구를 알아본다

포인트

국가 간 무역협상, 통상마찰 등을 관리하려고 국제기구가 탄생했는데 대표적 국제기구로 WTO, OECD, IMF, IBRD 등이 있다. 이들 국제기구를 이해하고 우리나라와 관계를 알아두자.

대표적인 국제통상 관리기구

국제기구	개 요
WTO	World Trade Organization, 세계무역기구 GATT의 한계를 극복하고 국제무역질서를 더욱 효과적으로 규율하고자 우루과이라운드 협상 결과 탄생한 국제기구
OECD	Organization for Economic Cooperation and Development, 경제협력개발기구 유럽경제협력기구(OEEC)를 토대로 1961년 서유럽 18개국과 캐나다, 미국 등 자본주의 국가를 중심으로 설립된 선진국 모임으로 세계경제의 운영전략을 수립하거나 정책방향을 제시하고 논의하는 기구
IMF	International Monetary Fund, 국제통화기금 외환거래의 자유와 국제무역의 확대, 균형성장을 도모하고 국제수지를 조정하려고 브레턴우즈 협정 결과로 1945년에 설립된 국제금융기구
IBRD	International Bank for Reconstruction and Development, 국제부흥개발은행 브레턴우즈 협정에 기초해 1946년 발족. 초기에는 전쟁 복구자금과 개발도상국에 대한 경제개발자금을 지원했으나 1960년대 이후에는 주로 개발도상국들에 대한 장기개발자금 융자에 주력

WTO에 관해서

WTO는 우루과이라운드 협상 결과 1994년에 설립이 합의되어 1995년 1월 1일에 설립된 국제기구이다. WTO협정(WTO설립협정 및 그 부속협정)은 무역과 관련된 여러 가지 국제규칙을 정하고 있다. WTO는 이러한 협정을 실시·운용을 하는 것과 동시에 새로운 무역과제에 대처를 꾀하고 다각적 무역체제의 중핵을 담당하고 있다.

설립 당시 76개 회원국으로 시작한 이래 2016년 7월 현재 총회원국은 163개국이 되었다. 사무국은 스위스 제네바에 있으며 영어, 프랑스어, 스페인어 3개 국어를 공용어로 사용한다. 2016년 기준 600여 명의 직원이 근무한다. 사무국은 다른 국제기구와 마찬가지로 각 회원국들의 분담금으로 운영되고 있다.

〈GATT에서 WTO로〉

1947년에 GATT(관세 및 무역에 관한 일반협정)가 제정되고 GATT체제가 1948년에 발족했다. 무역에서 무차별 원칙(최혜국대우, 내국민 대우) 등 기본적 규칙을 규정한 GATT는 다각적 무역체제의 기초를 구축하고 무역자유화를 촉진해서 세계경제의 성장에 공헌해왔다.

GATT는 국제기구가 아닌 잠정적 조직으로 운영되어왔다. 그러나 1986년 개시된 우루과이라운드 협상에서 무역규범이 대폭 확충됨과 동시에 이들을 운영하기 위해 더 강력한 기반을 갖춘 국제기구를 설립할 필요성이 강하게 인식되면서 1994년 우루과이라운드 협상 타결 시 WTO 설립이 합의되었다.

〈WTO의 특징 및 기본원칙〉

WTO의 특징	• 기존 무역규칙 강화 • 분쟁해결 절차 강화	• 새로운 분야의 규칙 수립 • 제 협정의 통일적인 운용 확보
WTO의 기본원칙	• 차별 없는 무역 • 더 자유로운 무역 • 공정경쟁의 촉진 • 개발과 경제개혁 촉진	• 시장접근의 보장원칙 • 예측 가능한 무역 • 투명성의 원칙

〈한국과 관계〉

한국은 1967년 4월 GATT 회원국이 되었으며, 1995년 1월 1일 세계무역기구 출범과 함께 회원국이 되었다.

우리나라가 WTO에 가입한 배경을 WTO역할을 바탕으로 살펴보면 3가지로 요약할 수 있다. 첫째 일부 선진국의 우리나라에 대한 일방적인 무역보복 가능성을 감소시키는데 기여, 둘째 폐쇄적인 지역경제 블록의 증가로 인한 불이익을 최소화할 수 있다. 셋째 우리나라의 세계화·개방화 정책 추진에 기여할 것으로 평가된다. 그러나 농업, 교육분야 등 다소 취약성이 있는 분야에 대한 피해도 예상된다.

그동안 한국은 세계무역기구에 가입해 무역규모를 확대하고 무역상대국을 다양화하여 무역규모 기준 세계 10위권 이내 무역대국으로 성장했다.

OECD에 관해서

1961년 설립된 OECD는 국제경제 전반에 대한 협의를 목적으로 한 국제기구로 '세계 최대 싱크탱크'라고 불린다.

OECD조약 제1조에는 ① 회원국의 경제성장과 금융안정을 촉진하고 세계경제발전에 기여 ② 개도국의 건전한 경제성장에 기여 ③ 다자주의와 무차별주의에 입각한 세계무역의 확대에 기여라는 3가지 설립목적이 명기되어 있다.

그 후 국제사회 · 경제가 다양화함에 따라 OECD는 상기 3가지에 더해 환경, 에너지, 농림수산, 과학기술, 정보통신, 교육, 의료, 투자, 금융, 고령화, 세금, 연금 · 건강보험제도 등 경제 · 사회의 광범위한 분야에서 적극적인 활동을 실시하고 있다.

〈특색〉

- 시장주의를 원칙으로 하는 선진국의 모임이다.
- 정치, 군사를 제외하고, 경제, 사회 등의 광범위한 분야를 취급하고 있으며 또한 각 분야와 연관되어 있는 문제에도 대처할 능력을 갖춘 국제기구이다.
- '클럽적 성격'이라 칭해지며, 그 활동형태는 WTO와 같은 회원국 간의 '협상'이 아니라 '논의'를 함으로써 정책협조나 국제규칙 제정을 주체로 하고 있다. 그 때문에 회의 운영에도 ① 만장일치를 기본으로 한다. ② 결정의 대부분이 신사협정이라는 특징이 있다.

〈현황〉

OECD 회원국은 2020년 4월 현재 37개국이며 본부 사무국은 프랑스 파리에 두고 있다. 공용어는 영어와 프랑스어이며 우리나라는 1996년 12월에 가입하였다.

우리나라는 2009년 12월 DAC(Development Assistance Committee, 개발원조위원회) 가입으로 공식적인 공여국으로서 역할을 하는 계기를 마련하였다.

〈우리나라와 관계〉

우리나라는 OECD에서 발표되는 세계경제동향을 파악하여 대응하고 환경, 노동, 반부패 등과 같은 국제현안과 각종 경제현안에서 우리나라 입장이 반영되도록 노력하고 있다. OECD를 통해 개도국의 개발협력 분야에서 중견 공여국으로서 활동을 강화해왔으며, 우리나라의 발전경험을 국제사회와 공유해오고 있다.

한편 OECD에서는 우리나라 경제를 전망하고 정책을 권고하는데, 특히 무역 갈등에 따른 글로벌 불확실성이 확대되는 것은 한국경제에서 경계해야 할 위험요인임을 유의해야 한다는 평가를 하였다.

IMF에 관해서

IMF는 1944년 7월에 미국 뉴햄프셔주의 브레턴우즈에서 개최된 연합국 국제통화금융회의에서 조인된 IMF협정에 근거해 1945년 12월에 설립되었다. IMF는 국제금융 및 환율안정을 목적으로 하는 유엔의 전문기관이다. 본부는 미국의 수도 워싱턴D.C.에 있다. 2023년 현재 회원국은 190개국이다.

세계은행과 함께 국제금융 질서의 바탕을 이룬다. 다른 여러 국제기구와 마찬가지로 미국과 영국 등 서방 강대국들의 영향을 상당히 받고 있으며 WTO, 세계은행과 더불어 세계화를 상징하는 3대 구성요소이다.

IMF는 세계무역의 안정된 확대로 가맹국들의 고용증대, 소득증가, 생산자원개발에 기여하는 것을 궁극적인 목적으로 한다. 그 목적을 달성하기 위하여 외환시세 안정, 가맹국의 외환제한 철폐, 회원국에 대한 자금공여 등과 같은 활동을 하고 있다.

〈업무〉

IMF는 주로 다음과 같은 업무를 한다.

- 대외적인 지불곤란(외화 부족)에 빠진 회원국에 일시적인 외화 대출 형태로 지원을 하고 그 나라의 위기 극복에 도움을 준다.
- 세계 각 지역 및 각국의 경제와 금융의 정세를 모니터하고, 회원국에 경제정책에 관한 조언을 한다(감시). 또한 질서 있는 환율제도를 확보하고, 안정된 환율제도를 위해 감독과 협력은 회원국의 의무로 되어 있다.
- 거시경제 · 재정 · 금융 등의 분야에서 전문지식을 갖춘 정책담당자가 부족한 회원국에 대해 회원국 요청에 의거해 전문가를 파견하고 그 정책 수행능력을 높이기 위한 기술지원을 실시한다.

〈우리나라와 관계〉

우리나라는 1955년 8월에 58번째 회원국으로 IMF에 가입하였고, IMF 가입 이후 여러 차례에 걸쳐 IMF의 다양한 자금과 기술 지도를 받아 경제개발에 크게 도움을 받았다. 특히 1997년 11월 외환위기에 직면하자 IMF에 구제금융을 신청하여 외환위기를 극복한 바 있다. IMF대출계정에는 제한된 한도 내에서 자유롭게 빌릴 수 있는 차입예약협정(Stand-by Agreement)과 IMF사태와 같이 부채상환이 완료될 때까지 IMF가 경제정책을 좌지우지하는 긴급수혈자금(Supplemental Reserve Facility)이 있다.

IBRD에 관해서

IBRD는 제2차 세계대전 후 각국의 경제적 부흥을 지원하기 위해 설립되었다. 본부를 워싱턴D.C.에 두고 있는 국제금융기구로 세계은행 그룹의 일원이다.

일반적으로 세계은행이라고 하면 IBRD를 가리키는 경우가 많다. 1944년 브레턴우즈 협정에 따라 설립이 결정돼 1946년에 IMF와 동시에 설립되었으며 1947년부터는 유엔의 전문기구가 됐다.

IBRD는 기본적으로 개발기구인 반면 IMF는 국가 간의 규율 있는 수지를 유지하기 위한 협력기구이다. 또한 IMF와 달리 프로젝트 단위의 대출을 하는 경우가 많아 편의상 민간기관에 대출을 하기도 한다.

〈주요 업무〉

개발도상국에 대한 개발자금의 지원이 주요 업무이다. IBRD 재원은 자본시장 차입, 가맹국 출자금, 유보이익, IBRD 대출금 회수로 조달되고 그중 시장 차입이 최대 자금원이다. IBRD는 신용등급이 AAA에 해당하므로 낮은 비용으로 자금을 조달해서 좋은 조건으로 빌려줌으로써 개발계획에 필요한 자금조달을 돕는다.

IBRD 이사회는 188개 회원국을 대표하는 이사 25명으로 구성되어 있다. 이 중 5명은 임명 이사, 20명은 선임 이사이다.

〈우리나라와 관계〉

우리나라는 1955년에 가입했고 1970년 대표이사로 선임되었으며 1985년 10월 제40차 총회가 서울에서 개최되었다. 우리나라는 1968년 IBRD로부터 처음 융자를 받았으며 급속한 경제발전을 이룩하는 과정에서 필요한 외자조달뿐만 아니라 정책자문 등에 관해 적지 않은 도움을 받았다. 세계은행 측에서도 한국을 세계은행의 정책자문과 자금지원으로 가장 성공적인 경제발전을 이룩한 모범국가로 인정하고 있다.

지역협정 EU, ASEAN

지역협정(Regional Agreement)이란 개별국가들을 그룹으로 조직화하여 회원국 간의 서비스와 상품거래에 대한 제약을 제거하는 것을 주요 목적으로 맺은 협정을 말한다.

지역협정의 특징은 회원국들이 지리적으로 인접하며 회원국들의 역사적 배경의 유사성을 들 수 있다. 이 같은 지역협정은 지역별 경제통합으로 나타나는데 EU, ASEAN 등과 같은 것을 말하며 그 수가 상당히 많다.

04

FTA에 관해서

포인트

FTA(자유무역협정) 체결국으로의 수출은 무관세(또는 낮은 세율) 적용이므로 수출 시에는 원산지증명서 발급 등 해당 FTA 협정내용을 파악하고 따라야 한다. 특히 수입당사국에 의한 FTA사후검증 절차가 있어 이에 대비해야 하는 점에 유의할 필요가 있다.

우리나라 FTA 추진 현황 (2023년 4월 현재)

구 분	상대국가
발효 (59개국 21건)	칠레, 싱가포르, EFTA, ASEAN, 인도, EU, 페루, 미국, 튀르키예, 호주, 캐나다, 중국, 뉴질랜드, 베트남, 콜롬비아, 중미5개국, 영국, RCEP, 이스라엘, 캄보디아, 인도네시아
서명	필리핀
협상 진행	한중일, MERCOSUR, 러시아, 말레이시아, 에콰도르, 우즈베키스탄, 한-아세안 추가자유화, 한-인도 CEPA업그레이드, 한-칠레 FTA업그레이드, 한-중국 FTA(서비스·투자후속협상), GCC, 과테말라의 한-중미FTA 가입협상
협상재개, 개시, 여건조성	몽골, 조지아, 멕시코, 영국(개선), 이집트, PA

① EFTA(유럽자유무역연합)(4개국): 스위스, 노르웨이, 아이슬란드, 리히텐슈타인
② ASEAN(10개국): 브루나이, 캄보디아, 인도네시아, 라오스, 말레이시아, 미얀마, 필리핀, 싱가포르, 베트남, 태국
③ EU(27개국): 오스트리아, 벨기에, 체코, 키프로스, 덴마크, 에스토니아, 핀란드, 프랑스, 독일, 그리스, 헝가리, 아일랜드, 이탈리아, 라트비아, 리투아니아, 룩셈부르크, 몰타, 네덜란드, 폴란드, 포르투갈, 슬로바키아, 슬로베니아, 스페인, 스웨덴, 불가리아, 루마니아, 크로아티아
④ 중미(5개국): 파나마, 코스타리카, 온두라스, 엘살바도르, 니카라과

⑤ RCEP(역내포괄적경제동반자협정)(한국 제외 15개국): 한국, 아세안 10개국, 중국, 일본, 인도, 호주, 뉴질랜드
⑥ GCC(걸프협력회의)(6개국): 사우디아라비아, 카타르, 쿠웨이트, 바레인, 오만, 아랍에미리트
⑦ MERCOSUR(남미공동시장)(4개국): 아르헨티나, 브라질, 파라과이, 우루과이
⑧ PA(태평양동맹)(4개국): 콜롬비아, 멕시코, 페루, 칠레

출처: FTA강국, KOREA 홈페이지

FTA란

FTA(Free Trade Agreement, 자유무역협정)는 2개국 이상의 국가나 지역 간에 관세나 서비스 무역의 장벽 등을 완화 또는 철폐하는 것을 목적으로 하는 협정이다. 관세나 비관세장벽을 없애는 것으로 체결국·지역 간에 자유로운 무역을 실현해 무역이나 투자의 확대를 목표로 한다.

최근 FTA는 관세·비관세장벽 완화 외에 지적재산권·정부조달·경쟁 등 다양한 통상규범도 포함하여 체결되는 추세이다. FTA 협정별, 분야별 주요 내용은 'FTA강국, KOREA' 사이트(https://www.fta.go.kr/)를 방문하면 자세히 알 수 있다.

우리나라의 FTA

우리나라는 2004년 한-칠레 FTA 발효 이래 주요 시장을 중심으로 FTA 네트워크를 구축해왔으며, FTA 체결 효과를 극대화하려고 상품분야에서 관세 철폐뿐만 아니라 서비스·투자·정부조달·지적재산권·기술표준 등 다양한 규범을 포함하는 포괄적 FTA를 지향해왔다.

FTA 체결 시 크게 두 가지 측면에서 긍정적 영향을 미칠 수 있다. 첫째, 관

세·비관세 등 무역장벽 완화로 주력 품목의 해외시장 진출이 활성화되면서 기업의 세계 경쟁력이 상승하고, 더 다양한 종류의 품목이 이전보다 저렴한 가격으로 수입됨에 따라 국민의 소비자 후생이 높아질 수 있다. 둘째, FTA 체결을 계기로 동시대에 세계적으로 통용되는 혹은 선도적 성격의 통상규범을 도입함에 따라 관련 국내 제도를 개선하는 기회를 마련할 수 있다.

세계적인 FTA 확산추세에 대응하여 안정적인 해외시장을 확보하고 개방으로 우리 경제의 경쟁력을 강화하기 위해 FTA를 적극 추진한 결과 총 21건 59개국(2023. 4 발효기준)과 FTA를 체결했으며, 여타 신흥국가와 FTA도 지속적으로 추진해오고 있다.

한편 FTA Flow는 수출자, 로컬수출자, 수입자에 따라 약간씩 차이가 있으며, 이에 관해서는 FTA종합지원센터 홈페이지(http://okfta.kita.net/)를 참조하기 바란다.

FTA 활용절차

① 원산지결정기준 확인

원산지결정기준이란 물품의 원산지 결정에 적용되는 판단기준으로 크게 일반기준(General Rules)과 품목별 기준(Product Specific Rules)으로 나눌 수 있으며, 양자를 모두 충족해야 원산지 물품으로 인정한다.

② 원산지 판정/관리

- 세번변경기준을 통한 원산지 판정: 세번변경기준이란 역내에서 생산 공정에 따라 비원산지재료의 세번이 변경된 경우 비원산지재료를 원산지

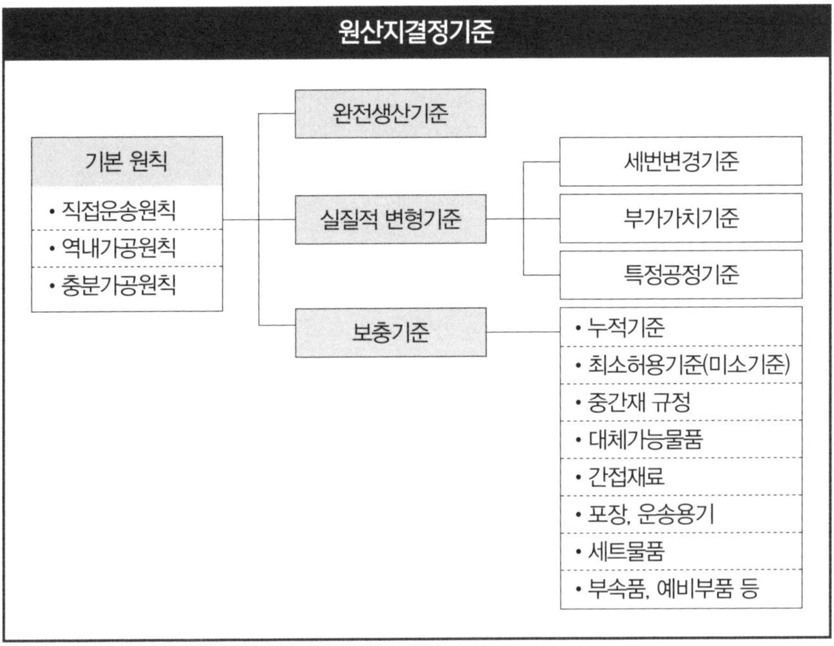

물품으로 인정하도록 하는 기준이다.

- 부가가치기준을 통한 원산지 판정: 역내에서 일정한 수준의 부가가치가 창출된 경우 원산지 물품의 자격을 인정토록 하는 기준으로 계산방법에 따라 공제법, 집적법, 순원가법 및 MC법 유형이 있다.
- 가공공정기준: 역내에서 협정이 정한 공정을 거친 경우 원산지물품의 자격을 인정하도록 하는 기준으로 주로 석유제품, 화학제품, 플라스틱, 섬유제품 등에 채택되어 있다.

③ 원산지증명 발급

FTA 원산지증명서란 수출물품이 FTA 협정에서 정한 원산지기준을 충족하였음을 확인하는 서류로 수입국에서 FTA 특혜관세를 적용받기 위해 통관

시 제출하는 서류이다.

④ **자료보관**

통관 후 검증을 진행하는 현 체제에서는 관련된 자료의 보관(Record Keeping)이 필수적이며 이를 보관하지 않거나 제출하지 않으면 적용했던 협정관세를 배제하고 벌칙을 부과하게 된다.

- 당사자별 필수 증빙자료: 수출자, 생산자, 수입자는 다음과 같은 자료를 일정 기간 보관하고 세관 당국의 제출 요구가 있을 경우 요청된 기한 내에 제출하여야 한다.

당사자별 보관 서류

수출자	수입자	생산자
• 원산지증명서 • 수출신고필증 • 원재료 수입신고필증 • 수출거래 관련 계약서 • 물품 및 원재료 관련 서류 • 원가계산서, 원재료내역서, 공정명세서 • 출납, 재고관리 대장 • 원산지확인서	• 원산지증명서 사본 • 수입신고필증 • 수입거래 관련 계약서 • 지식재산권거래 관련 계약서 • 수입물품의 과세가격 결정에 관한 자료 • 수입물품의 국제운송 관련 서류 • 사전심사서 사본 및 증빙자료(사전심사서 교부받은 경우)	• 원산지확인서 • 물품공급계약서 • 원재료 수입신고필증 • 물품 및 원재료의 구입 관련 증빙서류 • 원가계산서, 원재료내역서, 공정명세서 • 당해 물품 및 원재료의 출납, 재고관리대장
수출신고 수리일로부터 5년	수입신고 수리일로부터 5년	원산지증빙서류 작성일로부터 5년

(FTA특례법 시행령 제10조)

• 자료보관 시점과 기간: 수출자, 생산자, 수입자는 FTA 협정, FTA 특례법 시행령 제13조 제1항 각호에서 정한 서류를 일정 기간 보관하여야 한다. 보관시점과 기간은 대부분 5년간이지만 보관시점 등 각국에 대한 구체적인 내용은 협정별로 조금씩 다르므로 해당 협정문을 참조해야 한다. 자료보관방법에 관해서는 FTA종합지원센터 홈페이지를 참조하면 도움이 된다.

⑤ 품목분류

품목분류는 세계관세기구(WCO)가 중심이 되어 체결한 HS협약에 따라 상품별로 부여한 코드로써 관세율, 수출입요령, 간이정액환급액 등과 밀접한 관련이 있다. 특히 FTA와의 관계에서는 HS Code별로 협정관세율과 원산지 결정기준을 정하고 있기 때문에 무역계약에 앞서 수출입물품이 협정관세 적용대상인지, 원산지 결정기준은 무엇인지 확인하여야 한다. 이러한 사항을 모두 확인하려면 먼저 물품의 품목번호가 결정되어야 한다.

⑥ 사후검증대응

FTA에서 검증(Verification)이란 수입 당사국에 통관된 수입물품이 해당 FTA가 정한 원산지 상품인지, 즉 특혜관세의 수혜요건(원산지규정 충족, 증빙서류 유지관리, 직접운송원칙 등)을 충족하였는지를 확인하는 절차와 위반자에 대하여 일정한 제재조치를 취하는 일련의 절차라 할 수 있다.

원산지검증은 검증 주체에 따라 직접검증과 간접검증으로 나눌 수 있다.

• 직접검증: 관세당국이 주체가 되어 체약상대국의 검증대상자를 대상으

로 직접 원산지검증을 수행하는 것을 말한다.

- 간접검증: 관세당국이 체약상대국의 관세당국에 원산지검증을 의뢰(체약상대국 관세당국의 검증에 입회 또는 참관하는 것을 포함한다)하여 검증을 수행하는 것을 말한다.
- 간접·직접검증: 검증 수행 시 체약상대국의 관세당국에 검증을 의뢰하고 그 결과 부족한 부분이 있을 때 관세당국이 주체가 되어 검증하는 방식으로 先(선)간접검증-後(후)직접검증이라고도 한다.

〈FTA사후검증대응〉

FTA사후검증방식은 국가별로 다르다. 원산지 관련 서류를 의무보관기간(C/O작성일 또는 발급일부터 5년) 동안 보관하고, 해당 서류를 통하여 수출물품 원산지 판정 및 결정기준 적합성을 입증해야 한다.

원산지검증 요청을 거부 또는 기피하는 경우 과태료 부과는 물론 기존에 적용받았던 특혜관세 혜택이 모두 추징되고 향후 수출물품에도 특혜관세 적용이 배제된다. 또한 서류보관 미비로 원산지증명이 불가한 경우에도 동일한 불이익을 받으며 이때 과태료가 아닌 벌금을 받게 된다는 점에 유의할 필요가 있다.

출처: FTA종합지원센터 홈페이지(http://okfta.kita.net/)

FTA를 잘 활용하려면

우리나라는 2023년 4월 현재 FTA 협정이 발효된 나라는 59개국이다. 이들 FTA 체결국가로 수출할 경우 FTA 관세를 적용하면 수입자는 수입통관

때 수입관세를 면제받거나 소액만 내면 된다. 미체결국 기업은 받을 수 없는 엄청난 혜택이다.

이는 수출자의 제품가격 하락 효과를 유발한다. 한번 효과를 보면 장기 수출계약으로 이어질 가능성이 크다. 특히 제품품질은 세계 정상수준이지만 비싼 가격 때문에 고전하는 우리 중소기업에는 FTA 협정이 해외시장 개척에 크게 도움이 될 것이다. 문제는 중소기업 대부분이 전문지식, 인력이 모자라 FTA를 잘 활용하지 못하는 데 있다.

FTA 체결국가로 수출한다고 해서 혜택을 받는 것은 아니다. FTA 관세혜택을 받으려면 수출물품에 대한 원산지증명서가 있어야 한다. 원산지증명서 발급은 FTA 협정에 따라 다르므로 그 내용을 파악하고 준비해야 한다. FTA에 대한 전문지식이 없는 중소기업이 FTA를 잘 활용하려면 FTA종합지원센터의 지원을 받는 방법이 있다.

FTA종합지원센터는 중소기업의 FTA 활용의 전 과정을 한자리에서 체계적으로 지원하기 위하여 FTA 관련 정부부처와 지원기관이 모여 민관 합동으로 운영한다. 따라서 FTA 애로사항을 포함해 FTA에 대한 전반적인 사항을 지원받을 수 있으니 활용하기 바란다.

FTA종합지원센터 홈페이지(http://okfta.kita.net/)를 방문하면 무료 컨설팅을 비롯해 지원 관련 다양한 자료를 볼 수 있다. 또한 국번 없이 1380으로 전화하면 협정별 · 품목별 원산지증명서 작성, 사후검증 대응, 원산지시스템 구축 등 FTA 활용과 관련된 모든 문제에 대하여 전문가 도움을 받을 수 있다. 운영시간은 월요일부터 금요일까지(09:00~19:00)이다.

05

CISG에 관해서

포인트

CISG는 국제물품매매계약을 규율하는 통일규칙(Rule)을 정한 것이다. 서로 다른 가맹국에 영업소가 있는 기업 간의 물품매매계약에 적용되며 국내법에 우선한다. CISG의 적용범위 및 매도인·매수인의 권리·의무 등에 관해 알아두자.

CISG의 구성	
제1편 (Part)	• 적용범위와 총칙(Sphere of Application and General Provisions)에 관한 편 – 1장은 적용에 관한 요건, 2장은 협약을 해석하는 원칙들을 규정하고 있다. 세부적이고 실질적인 내용은 2~3편에 주로 규정되어 있다. 1편은 협약 전반의 내용에 영향을 미치는 조항들이기 때문에 상당히 중요하다고 볼 수 있다.
제2편	• 계약의 성립(Formation of the Contract)에 관한 편 – 청약 및 승낙 의사표시의 효력 등을 규정하고 있다.
제3편	• 물품의 매매(Sales of Goods)에 관한 편 – 매도인과 매수인의 의무, 위험의 이전 등을 규정하고 있다.
제4편	• 최종적 규정(Final Provisions)에 관한 편 – 협약의 효력 발생과 가입, 비준, 유보사항 등을 규정하고 있다.

CISG란

CISG는 'United Nations Convention on Contracts for the International Sale of Goods'의 약어로 '국제물품매매계약에 관한 유엔협약'을 말한다. 비

엔나협약의 정식명칭이다.

1988년 발효된 이 협약은 국가 간에 물품매매를 하는 경우 적용되는 협약이다. 따라서 서비스 제공에 관련한 계약이나 업무위탁계약, 컨설팅계약 등 물품매매가 아닌 계약서에는 적용되지 않는다. 엄밀하게 말하면 매매기본계약서나 판매점 계약 등 계속적인 매매에 관한 거래계약 자체에 적용되는 것이 아니고 그 같은 계약을 바탕으로 하는 개개의 매매계약에 적용된다.

우리나라는 2004년 유보선언 없이 가입했으며 CISG는 2005년 3월 1일 발효되었다. CISG 체약국은 2020년 5월 5일 현재 미국, 러시아, 독일, 프랑스, 일본, 중국 등 95개국이다.

CISG의 적용범위

이 협약이 적용되는 객관적 요건은 세 가지 정도로 요약할 수 있다. '국제' 거래여야 하고, '물품'이 계약 목적물이어야 하며, 물물교환이 아닌 '매매'여야 한다는 것이다.

- 이 협약은 물품의 매매에 관한 국제거래에만 적용된다.
- 무역거래 당사자들이 명시적으로 이 협약을 준거법으로 정하는 것이 아님을 밝히지 않는 한 매매 양 당사자국이 체약국인 경우 자동 적용된다.
- 준거법에 따라 비회원국에 적용되기도 한다. 특정국의 법을 준거법으로 선택할 경우 그 나라가 체약국이라면 이 협약이 준거법의 지위를 갖게 된다. 다만 동 조항을 유보한 국가는 그렇지 않다.
- 국적을 기준으로 하는 것이 아니라 당사자들의 영업소를 기준으로 서로

다른 체약국에 소재된 영업소 간의 거래에만 적용됨을 명시하고 있다.

CISG의 적용배제

이 협약은 다음 매매에는 적용되지 아니한다.

- 개인용·가족용 또는 가정용으로 구입된 물품의 매매. 다만, 매도인이 계약체결 전이나 그 체결 시에 물품이 그와 같은 용도로 구입된 사실을 알지 못하였고, 알았어야 했던 것도 아닌 경우에는 그러하지 아니하다.
- 경매에 의한 매매, 강제집행 그밖에 법령에 의한 매매
- 주식, 지분, 투자증권, 유통증권 또는 통화 매매
- 선박, 소선(小船), 부선(浮船) 또는 항공기 매매, 전기 매매
- 물품을 주문한 당사자가 그 제조 또는 생산에 필요한 재료의 중요한 부분을 공급하는 경우
- 물품을 공급하는 당사자 의무의 주된 부분이 노무 그밖의 서비스 공급에 있는 계약
- 계약이나 그 조항 또는 관행의 유효성, 매매된 물품의 소유권 이전
- 협약상 제조물 책임(제조물 책임에 근거한 인신손해에 대해서는 적용하지 않는다.)
- 당사자 간 합의로 이 협약의 전부 또는 일부를 배제한 경우
- 기타의 경우: 계약체결 당시 상대방이 상이한 국가 내에 영업소를 두었다는 사실을 알지 못한 경우에도 배제

CISG의 적용원칙

이 협약 적용에는 다음과 같은 원칙이 있다.

- 당사자가 소재하는 나라가 모두 체약국인 경우는 자동적으로 이 협약이 적용된다. 또 비체약국이라도 국제사법에 따라 체약국 법을 준거법으로 적용한다고 되어 있으면 동 협약이 적용된다. 비체약국 기업과 매매계약이라도 국제사법규정에 따라 국내법이 준거법으로 적용되면 자동으로 이 협약이 적용된다.
- 동 협약의 일부 또는 전부를 적용 배제 또는 변경할 수 있으며, 이 경우 매매계약에서 명시적으로 동 협약을 배제하는 문구를 규정하여야 한다.
- 동 협약에서 당사자는 합의한 관습 및 당사자 간에 확립된 관행에 구속된다는 규정이 있다(제9조 제1항). 이로써 이 협약이 적용된 경우에도 합의한 관습이나 당사자 간에 확립된 관행은 이 협약에 우선한다.
- 국내법의 강행규정(계약이 공서양속에 준거한 것인지 등)에 대해서는 이 협약에서는 본래 이러한 강행규정을 나타내지 않기 때문에 어느 쪽을 우선한다는 일 없이 당연히 국내법에 따르게 된다.

CISG 주요 내용

계약의 성립

○ 청약(제안, 오퍼)과 승낙

청약은 판매자가 구매자에게 판매의사를 표시한 것을 말하고, 승낙은 청약에 대한 동의를 말한다.

구분	청약	승낙
청약의 요건 및 승낙의 표시	다음 세 가지 요건이 충족되어야 청약이 된다. • 특정인에 대한 의사표시여야 한다. • 내용이 충분히 확정적이어야 한다. • 승낙이 있으면 구속된다는 의사가 있어야 한다.	청약에 대한 동의는 진술뿐만 아니라 물품발송, 대금지급, 물품수령, 신용장개설 등과 같은 행위로 가능하다.
청약/승낙의 효력 발생	상대방에게 도달한 때 효력 발생	청약자에게 도달하는 때에 효력 발생. 구두 청약은 특별한 사정이 없는 한 즉시 승낙하지 않으면 효력이 없다.
청약/승낙의 소멸	• 청약의 회수 및 철회 시 • 청약의 거절 시 • 변경된 승낙 • 연착된 승낙	효력이 생기기 전 또는 그와 동시에 회수의 의사표시가 청약자에게 도달하는 경우

* 회수는 청약의 의사표시가 효력을 발생하기 전에 그 의사표시를 거두어가는 것이다.
* 철회는 청약의 의사표시가 이미 효력을 발생한 후 거두어가는 의사표시, 철회 의사표시는 상대방이 승낙 통지를 발송하기 전에 도달해야 한다.
* 승낙의 철회는 인정되지 않는다. 승낙이 도달하여 승낙의 효력이 발생하면 계약이 성립되었으므로 더는 철회할 여지가 없기 때문이다.

○ 계약 성립의 시점

청약에 대한 승낙이 이 협약에 따라 효력을 발생하는 때 계약은 성립한다.

매도인과 매수인의 의무

매도인의 의무	• 물품의 인도의무 • 소유권 이전의무	• 관련 서류의 교부의무 • 물품적합성의무	• 기타의 의무
매수인의 의무	• 물품대금 지급 • 하자통지의무(권리하자)	• 물품의 수령 • 물품보관의무	• 물품부적합통지의무 • 기타의 의무

* 매수인의 물품부적합통지의무: 발견할 수 있는 부적합의 경우 합리적 기간 내에, 발견할 수 없는 부적합의 경우 물품수령 후 2년 내에 통지해야 하는 것으로 되어 있다. 이는 임의규정이고 당사자 간 합의로 그 기간을 단축하거나 연장할 수 있다(하자통지의무라고도 한다).
* 매수인의 물품수령 거절: 매도인의 사전인도 시 또는 초과인도 시, 매도인의 본질적 계약위반으로 계약해지 시, 대체물품인도 청구 시에는 물품수령의무에도 불구하고 수령을 거절할 수 있다. 이 경우에도 물품의 보관의무는 따라야 하는 것에 주의가 필요하다.
* 권리하자통지의무: 매수인은 권리하자를 알았거나 알 수 있었을 때부터 합리적인 기간 내에 그 권리하자를 특정하는 통지를 해야 한다. 물품부적합과 달리 권리하자는 비록 매도인이 그 하자를 중과실로 몰랐다고 해도 매도인은 매수인의 하자통지의무 위반을 주장할 수 있다.

매도인과 매수인 구제 수단

매도인의 계약위반에 대한 매수인의 구제 수단	매수인의 계약위반에 대한 매도인의 구제수단
• 이행청구 • 대금감액권리 • 손해배상청구 • 계약해제 • 대체물인도 청구 • 보완청구 • 이행청구를 위한 부가기간 설정	• 이행청구 • 손해배상청구 • 계약해제 • 부가기간 설정 이행청구 • 물품의 형태, 규격, 크기 등 명세에 대한 지정권

계약의 해제

CISG에서 계약해제는 해제권자의 의사표시로만 이루어진다고 명기하고 있다. 그리고 계약해제에서 발생하는 법적 효력은 다음과 같다.

- 급부의무로부터 해방: 해제에 의해 양 당사자는 계약의무로부터 해방되지만 손해배상의무와 해제 후의 권리의무에 관한 합의조항은 그대로 남는다.
- 반환의무: 해제 시 이미 이행된 것이 있으면 원칙적으로 동시에 반환해야 한다.

• 청산관계와 손해배상: 해제권자는 해제 전이나 후의 어떤 종류의 손해도 배상청구가 가능하다.

계약해제 요건

매수인의 계약해제 요건	매도인의 계약해제 요건
• 본질적 계약위반 • 계약물품 불인도	• 본질적 계약위반 • 이행 부가기간 경과

위험의 이전

위험이란 매도인과 매수인 어느 쪽 형태에도 기인되지 않고 발생한 우연한 멸실 또는 훼손을 말한다. 위험이 매수인에게 이전된 후에 물품이 멸실 또는 훼손되더라도 매수인은 대금지급의무를 면하지 못한다.

위험이전에 관해서는 대부분 인코텀즈를 활용하는 것이 일반적이다.

매도인에게 본질적 계약위반이 존재한다면 매수인에게 위험이 이전된 후 물품이 멸실 또는 훼손되더라도 계약해제, 대체물청구권 등 구제수단을 행사할 수 있다.

CISG 적용 관련 유의사항

CISG는 협약 체약국 간 거래에만 적용된다. 또한 당사자 일방만 가입한 경우에도, 체결국의 법률이 준거법이 된 경우에도 적용된다. 이 협약이 법률보다 우선하기 때문에 주의가 필요하다.

사전에 이 협약의 적용을 의도했다면 문제가 없지만 준거법을 국내법으로 하려고 할 때 이 협약의 존재를 의식하지 못했다면 문제가 생길 수 있다.

이 협약에는 수출자에게 불리한 내용이 군데군데 있고 국내의 민법이나 상법과는 다른 내용이 많으므로 실수로 이 협약이 적용되어 그 내용이 회사에 불리한 일이 없도록 해야 한다.

다행히 이 협약은 당사자 합의에 따라 적용을 배제할 수 있다. 특정한 조항만을 적용하지 않을 수도 있고, 이 협약 자체 모두 적용을 배제할 수도 있다. 따라서 적용하는 것이 좋을지 적용하지 않는 것이 좋을지는 일률적으로 말할 수 없지만, 현재 이 협약의 조항에 대한 분쟁해결 사례 등도 풍부하다고는 할 수 없으니 적극적으로 적용하고 싶은 사정이 없다면 적용을 배제하는 것이 좋을지도 모른다.

이 협약이 아닌 자국의 법률을 적용해야 전문가도 쉽게 찾을 수 있고 판례 등도 풍부하므로 영문계약서 조항 해석 등에서 다툼이 생겼을 경우 해결이 비교적 용이하게 될 것이다.

CISG와 INCOTERMS의 비교

CISG	INCOTERMS
무역거래에 적용할 법 통일	나라마다 다양한 상관습의 해석기준 통일
계약위반 시 권리규제에 관한 규정	계약위반 시 권리규제에 관한 규정이 없다.
매도인·매수인의 권리구제 방안	매도인·매수인의 권리구제 방안이 없다.
국제거래에만 적용	국내거래에도 적용
해당조건을 배제한다는 문언이 없는 한 기본적으로 적용	계약서에 명시해야 적용
국제거래 전 과정의 포괄적 실체법 규정	실체법 규정에 따른 이행
1988년 발효, 2020년 현재 95개국 가입	1936년 제정 후 8번의 개정

| 유용한 정보 |

마케팅 전략 환경분석 – 5F분석

5F(Forces)분석이란 업계 내 경쟁, 대체품 위협, 신규진입자 위협, 구매자 협상력, 판매자 협상력 등 5가지 요소로 나눠 분석하는 기법이다. 이러한 요소를 분석함으로써 자사의 수익에 어떻게 영향을 미칠지 전망을 세우기 쉬워진다.

5F분석의 목적

자사가 노출되어 있는 위협을 5가지로 분류해 각각을 분석함으로써 업계의 수익구조를 밝히는 동시에 자사의 경쟁우위성을 탐색하는 것을 목적으로 한다.

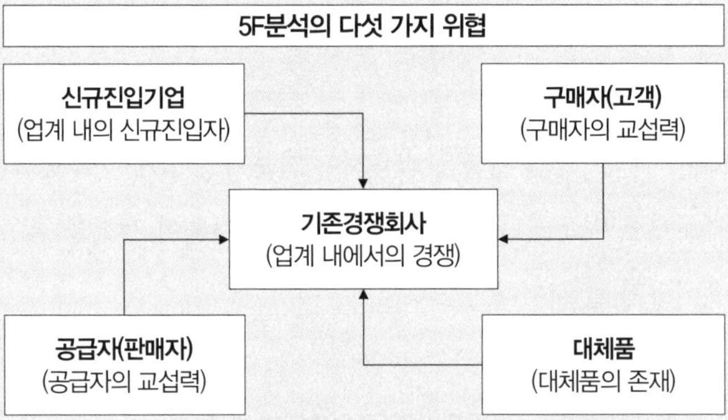

각 요소를 분석할 때의 관점

- 업계 내 경쟁사의 위협: 경쟁사 수, 시장 성장 정도, 신규진입 여지 등을 분석
- 신규진입자의 위협: 신규진입자 증가 여부, 신규진입 장벽 등을 분석
- 대체품의 위협: 대체상품이나 서비스 존재 여부, 대체품에 대해 차별화 방법 등을 분석
- 판매자의 교섭력: 공급처 분산 여부, 매입가가 급등할 위험 존재 여부 등을 분석
- 구매자의 협상력: 구매자의 가격인하 압력 존재 여부, 구매자의 구입처 선택지 등을 분석

PART
14

국제무역사기의 유형과 예방책

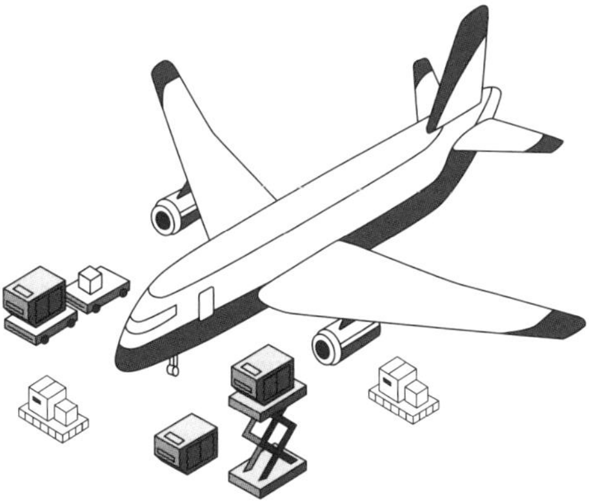

01
왜 무역사기를 당하는가

POINT

국내회사들이 수출주문확보에 전력을 기울이는 과정에서 각종 유형의 무역사기에 노출되고 있다. 무역거래를 할 때는 무엇보다 무역사기의 원인을 염두에 두고 스스로 신중하게 임하는 자세가 중요하다.

무역사기의 원인

구 분	원 인
수출회사 측 원인	기업들의 모험주의적인 업무추진 자세
	기업들의 수출실적에 대한 과도한 집착
	기업들의 해외 상관행에 대한 경험 부족
	기업들의 무역실무에 대한 전문지식 부족
	기업들의 무역계약서 작성의 소홀
	대박의 꿈
수입회사 측 원인	해외 악덕상인들이 처음부터 고의적 사기 목적 접근
	해외바이어의 표적시장 상황의 악화에 따른 사기
	수입자 측 고객의 계약위반
	해외바이어의 경영악화에 따른 사기

무역을 하는 가장 큰 목적은 돈을 벌기 위함이다. 그러다보니 위험을 무릅쓰고라도 돈 되는 일이 있으면 뛰어든다.

어느 날 갑자기 해외로부터 이메일을 한 통 받는다. 발신인은 전혀 모르는 사람이다. 물론 회사명도 들어본 적이 없다. 내용은 이러이러한 것이 있는데 거래하면 돈을 많이 벌 수 있다는 것이다. 상당히 관심을 갖게 할 만한 내용이다.

해외에는 더 교묘한 수법으로 접근해오는 사기단이 있는데 코트라 등에 따르면 피해를 당한 후 상담해오는 사람(기업)들이 해마다 증가하고 있다고 한다. 코트라 등에서 무역사기와 관련해 책을 출간하고 보고서를 내는 등 무역사기에 대해 주의 환기를 계속하지만 사기 피해를 막으려면 자기 자신의 냉정한 판단과 의연한 대응이 필요하다.

수출회사 측의 원인

- 기업들의 모험주의적인 업무추진 자세: 우리 기업들이 안고 있는 문제점 중 하나는 정확한 해외시장 분석이 선행되지 않은 상태에서 모험주의적으로 업무를 추진하는 것이다. 이 같은 관행으로 해외비즈니스를 추진하면 무역사기에 노출될 위험성이 크다.
- 기업들의 수출실적에 대한 과도한 집착: 대부분의 수출회사에 근무하는 직원들은 수출실적에 대한 스트레스를 많이 받는다. 따라서 수출실적을 올리는 데 혈안이 되어 바이어 검증을 소홀히 한 채 거래를 시작하게 되고 이로써 무역사기를 당하게 된다.
- 기업들의 해외 상관행 경험 부족: 언어와 문화가 다른 외국회사와 상거래는 국내 상거래와는 많이 다르며 나라마다 독특한 상관습이 존재한다. 따라서 거래하려는 국가의 상관행을 숙지할 필요가 있다. 이를 간과함으

로써 무역사기를 당하는 경우도 많은 실정이다.

- 기업들의 무역실무에 대한 전문지식 부족: 무역담당자라면 무역계약, 대금결제, 무역운송 등과 같은 무역실무 지식을 습득하는 것이 중요하다. 무역실무에 대한 전문지식이 부족하면 무역사기를 당할 가능성이 크다.
- 기업들의 무역계약서 작성 소홀: 무역거래를 할 때는 반드시 계약을 체결하는 것이 대단히 중요하다. 주문에만 집착한 나머지 계약체결 같은 과정을 소홀히 하고 결과에만 의미를 부여하는 경향이 있는데 이로 인해서 무역사기가 일어나는 경우가 많다.
- 대박의 꿈: 해외 바이어들 중에는 처음부터 사기를 목적으로 대형 오더, 대형 프로젝트, 수의계약, 수입독점 등과 같이 큰돈을 벌 수 있는 비즈니스로 유혹하며 접근해오는 악덕 바이어들이 있다. 대박을 기대하고 접근하는 과정에서 무역사기가 발생한다.

수입회사 측의 원인

- 해외 악덕상인들이 처음부터 고의적 사기 목적 접근: 처음부터 사기 칠 목적으로 접근해오는 악덕 바이어가 많다. 이들은 수출자가 호감을 보일 조건으로 인콰이어리를 보내온다. 상식 이상으로 좋은 조건의 제안에는 신중을 기할 필요가 있다.
- 해외바이어의 표적시장 상황 악화에 따른 사기: 바이어들이 무역계약을 한 후 자신이 목표로 한 시장의 상황이 좋지 않아서 판매가 부진하다든가 환율문제가 있으면 무역사기를 치는 경우가 많다. 특히 후진국 바이어들에게서 많이 나타난다.

- 수입자 측 고객의 계약위반: 자체 유통망이 없는 수입자가 백화점이나 중간도매상에 넘기려고 물품을 수입했는데 중간도매상이 시황 악화 등을 들어 계약을 파기하는 경우 손해를 만회하고자 무역사기 방법을 이용하기도 한다.
- 해외바이어의 경영악화에 따른 사기: 바이어들이 경영상 어려움에 처하면 그 난관을 극복하기 위해 무역사기 방법을 이용하기도 한다.

| 유용한 정보 |

수출입계약서에서 CISG의 적용 배제조항 예문

수출입계약서에서 CISG의 일부 또는 전부를 배제할 수 있다. 그 경우 계약서에 명시적으로 배제하는 조항을 추가해두어야 한다. 다음은 CISG 전부를 배제하는 조항의 예문이다.

(조항 예문)
It is hereby explicitly agreed that the United Nations Convention on Contracts for the International Sale of Products (CISG/Vienna Convention) shall not apply to this Agreement and Individual Contracts.
(국제물품매매계약에 관한 유엔협약(CISG/비엔나협약)은 본 계약이나 개별계약에 대해 적용되지 않는다는 점에 대해 명확히 합의한다.)

02
무역사기의 징후

POINT

무역거래를 하는 데 중요한 것은 바이어와 충분한 시간을 갖고 서서히 거래를 시작해야 한다는 점이다. 대부분 무역사기는 서두르기 때문에 발생하며, 조금만 주의를 가지고 관찰하면 무역사기의 징후를 사전에 간파할 수 있다.

무역사기의 징후	
거래단계 초기의 선적 전 사기 징후	• 거래를 서두른다. • 믿음을 줌으로써 경계심을 늦추게 한다. • 대형 프로젝트 혹은 대량 오더로 유혹한다. • 신뢰할 수 없는 말을 많이 한다. • 추심결제방식, 사후송금방식, 수표방식을 요구한다. • 선적을 재촉하며 항공운송을 요청한다. • 선수금 결제 후 2차분 오더는 사후송금방식을 요청한다. • 샘플 발송 횟수를 늘리고 그 수량을 점점 증가시킨다. • 오더 진행 도중 수량을 늘리면서 대금결제조건을 바꾼다. • 수표방식을 요구하면서 항공운송보다는 빠른 인수가 가능한 쿠리어 서비스(courier service)를 요구한다.
선적한 이후 사기 징후	• 상대 바이어가 전화나 기타 연락을 피한다. • 시장 사정 등 여러 가지 장황한 설명으로 대금지급을 연기하려고 한다. • 상품 도착 후 사소한 하자를 트집 잡아 대금지급을 기피한다. • 상품 선적 전과 선적 후 말이 달라진다. • 납기를 재촉하다 선적 후 연락을 끊는다.

무역사기 체크포인트

사기 의도로 간주되는 상황에 대해 대표적인 몇 가지를 다음과 같이 소개하니 이 같은 상황이 발생하면 면밀히 관찰하고 현지 무역관 혹은 신용조사 전문기관에 문의하는 한편 직접 방문하여 검토해야 한다.

- 비즈니스 레터에 연락처가 기재되어 있지 않으면 사기의도가 숨어 있는 것으로 간주
- 거래제의에서 대량 주문 가능성을 내비치면서 서방은행 신용장 개설 또는 선(先)송금방식의 매력적인 결제조건을 내세울 때 일단 의심
- 소량 샘플을 요구한 후 더 많은 샘플을 요구하거나 수표로 결제하려 할 때: 통관절차 없이 즉각 인수가 가능한 쿠리어 서비스를 요구할 때는 거의 사기 회사들의 소행으로 의심해야 한다.
- 현지 은행의 송금조건 또는 국제입찰 발주처의 품질검사 운운하며 사전 샘플이나 선적서류 송부를 요구할 때
- 추심결제방식(D/A, D/P) 혹은 사후송금결제방식을 요구하는 경우
- 즉시 대금결제를 약속하며 선(先)생산을 유도하거나 자기 상표를 붙여 선생산을 요구하는 경우

상기 외에도 사기 의도로 간주되는 상황은 많으므로 관련 책자나 인터넷 검색으로 파악해두면 국제비즈니스에 많은 도움이 될 것이다.

03

국제무역사기의 유형

POINT

무역사기에 대해 사기유형을 파악하고 있다면 무역사기 예방은 충분히 가능하다고 한다. 무역사기는 갈수록 진화하고 있다. 무역사기유형을 숙지해서 교묘해지는 무역사기 대책 지식으로 활용했으면 한다.

무역사기 7가지 대표 유형

	사기유형	내 용
1	결제사기	상품을 수령하고 나서 바이어가 의도적으로 결제를 거부하거나 접촉을 회피하는 유형
2	금품사기	계약추진에 필요한 입찰서류 구입비, 로비자금, 변호사 비용, 공증비용, 수수료, 담당자 선물명목 등으로 금품을 취하거나 국제기구, 공공기관, 대기업 직원 등 신분을 사칭해 금품을 편취하는 유형
3	불법체류	바이어로 위장하여 접근 후 제품 확인을 위한 국내공장 방문 등의 구실로 비자 초청장을 요청하여 한국 입국 후 잠적하는 유형
4	서류위조	구매대금 입금영수증(송금증), 법인등록증, 세금납부증명서, 수표 등을 위조하고 입금을 완료했다며 허위 물류회사를 통해 납품을 요구하고 운송비와 제품 편취
5	선적불량	계약체결 후 송금을 완료했으나 수출업체와 연락이 두절되고 상품을 받지 못하는 경우 또는 수출업체가 의도적으로 선적을 거부하거나 계약조건에 맞지 않는 상품을 선적하는 유형(예: 산업쓰레기, 하자 물품)

	사기유형	내 용
6	이메일사기	무역당사자 간의 이메일을 탈취하여 거래 상황을 지켜보다가 결제시점에서 바이어에게 결제은행이 변경되었다는 이메일을 보내 결제대금을 가로채는 유형
7	기타	해외투자 사기, 제품 상표권을 무단 등록하고 현지에서 판매중지를 요구하는 지식재산권 사기, 고의로 기업을 부도 처리하고 대금을 지급하지 않는 사기 등의 유형

자료: Global Market Report 23-005, 〈2022 무역사기 발생현황 및 대응방안〉, 코트라, 2023. 2.

한편 상기 사기유형 외에도 무역거래형사기, 국제입찰 권유형사기, 투자형사기, 송금처변경사기, 소셜네트워킹(SNS)이용형사기, 전자상거래사이트사기 등과 같은 사기유형도 있으므로 무역비즈니스를 하는 실무자라면 다양한 사기유형에 대해서 관련 책자나 인터넷 검색으로 찾아 유형별 내용 및 대책을 공부해둘 필요가 있다.

코트라에서 거의 매년 발간하는 〈무역사기 발생현황 및 대응방안〉이란 책자를 인터넷 검색 또는 코트라에서 입수하여 참고하면 많은 도움이 된다.

<table>
<tr><th colspan="2">무역사기 유형별 예방책</th></tr>
<tr><th>사기유형</th><th>내 용</th></tr>
<tr><td>이메일사기</td><td>• 거래업체가 다른 계좌번호를 안내할 때는 반드시 유선, 팩스, 화상통화 등 이메일 외 교신수단으로 재확인 필요
• 이메일 보안은 철저하게, 이메일 주소 등 발신자 정보는 꼼꼼하게 확인할 필요 – 담당직원 대상 주기적인 교육 시행 필요
• 피해 발생 시 가장 먼저 은행에 지급정지 요청</td></tr>
<tr><td>결제사기</td><td rowspan="2">• 거래 전 상대 해외업체의 실존 여부, 신용도 파악 필수
• 신흥국과 거래, 대형 거래인 경우 무역보험, 신용장거래 등을 통한 안전장치 확보 필요
• 과도하게 좋은 조건을 제시하거나 외상거래를 요청하는 경우 주의
• 계약체결 시에는 사고발생을 대비한 중재조항 기입이 바람직</td></tr>
<tr><td>선적불량</td></tr>
<tr><td>금품사기</td><td>• 계약의 최종단계에서(전체 계약금액)보다는 중간단계에서의 수수료 사기 등이 주목적이므로 대금 지급조건이 유리하더라도 주의 필요
– 정해진 기한 내에 입금을 하지 않으면 거래를 철회한다며 재촉하거나 급하게 계약을 추진할 경우 주의
• 대규모의 정부입찰, 비영리기관의 물품구입 등 대규모의 거래투자 제안에 대해서는 사전 검토 필수</td></tr>
<tr><td>서류위조</td><td>• 인보이스 등 서류에 기재된 기업정보(전화번호, 휴대전화, 이메일, 사업장 주소 등)를 철저히 검증하고 확인할 것
• 문서를 확대해 첨부된 이미지를 자세히 확인할 것
– 위조 또는 허위 문서는 포토샵이나 다른 그래픽 디자인 소프트웨어로 편집하는 경우가 많아 일부 글꼴의 크기와 유형이 다르게 나타나는 경우가 있음
– 정부 로고나 날인을 합성한 이미지를 사용하고, 해당 이미지들은 대부분 픽셀이 일정하지 않음
• 비즈니스 경험보다는 정부기관, 담당자와의 유대관계를 강조할 경우 의심 필요</td></tr>
</table>

사기유형	내 용
서류위조	• 일반적인 유통경로를 통해 구하기 힘든 제품을 저렴한 가격에 쉽게 구할 수 있는 경우에도 기업 존재 여부 확인 필요 • 공용어가 영어가 아닌 국가에 소재하는 기업의 웹사이트가 영어로만 제작되어 있을 경우 피싱사이트로 의심해볼 수 있음
불법체류	• 초청장 발급 전에 바이어 신용도 확인 필수 • 코트라 해외무역관 등을 통한 바이어 정보 확인 필수
기타	• 모르는 기업이 접근해 투자를 원한다며 그 과정에서 수수료 등 금품을 요구할 때 응하지 말 것 • 계약은 반드시 서면계약으로 할 것 • 대형 바이어라 해서 상대 요구사항을 맞춰 서류작성을 소홀히 하거나 외상거래는 피할 것

자료: Global Market Report 23-005, 〈2022 무역사기 발생현황 및 대응방안〉, 코트라, 2023. 2.

04

온라인 무역사기

POINT

온라인을 통한 무역사기 시도는 대부분 공통적 특성이 있으므로 사기 유형을 파악하고 있다면 무역사기 예방은 충분히 가능하다.

온라인 무역사기의 유형

사기 유형	내 용
입찰 또는 계약 가장한 부대비용 부담 요구	대규모 정부조달 프로젝트 등을 빙자하여 정부나 공공기관을 직접 사칭하거나 정부 프로젝트 수행사 또는 에이전트 등으로 가장하여 금융기관 등록 비용, 변호사 비용, 계약금, 공증 비용, 컨설팅 비용, 커미션 등 부대비용을 요구하는 사례이다.
신용장, 송금증, 수표 등 위조	정상적인 무역거래로 위장하고 현지 은행과 결탁해 위조·부도 수표 등을 발행하거나, 수출업체가 바이어로부터 대금지불 관련 증명을 이메일 등으로 수신하고 난 후 그 진위 확인에 소홀하다는 점을 악용하는 사례이다.
이메일 해킹 및 피싱사이트 유인	최근 급증하는 사기 형태로 수출업체의 이메일을 직접 해킹하거나 피싱사이트로 유인해 로그인 정보를 알아낸 뒤 바이어와 거래하는 과정에 끼어들어 거래대금을 다른 계좌로 빼돌리는 수법으로 바이어와 수출업체 모두가 피해를 보게 된다.
화물인수 및 대금지불 회피	가격할인이나 결제기한 연장을 목적으로 제품 또는 서류, 신용장상의 미미한 하자를 트집 잡아 화물인수와 대금지불을 거부하는 수법으로, 경기침체로 인한 불황으로 꾸준히 거래해오던 업체와의 사이에서도 빈발하는 사례이므로 주의가 필요하다.

사기 유형	내 용
현지 방문 또는 국내 초청 유도	거래 의사가 없으나 현지 계약서 서명 등을 가장하여 현지 방문을 유도한 후 호텔 예약 수수료 편취, 향응 또는 현지 유력인사 접대선물 등을 강요하는 수법으로 심하게는 납치 등 강력범죄로 이어질 수도 있다. 역으로 국내 불법체류를 목적으로 초청장을 요구하고 비자만 챙겨 잠적하는 경우도 있다.
수출입 업무대행, 홍보대행 사기	해외마케팅에 어려움을 겪는 수출업체 사정을 악용하여 수출입 또는 홍보업무를 무료로 대행해준다고 속이고 물품대금을 빼돌리거나, 이에 관한 계약 과정에서 합의되지 않은 내용을 문서 하단 등에 작은 글씨로 교묘히 삽입해 피해를 유발하는 사례이다.

자료: KOTRA 2013년 6월 10일 발간 〈온라인을 통한 무역사기유형과 대처방안〉

온라인 무역사기의 특징과 징후	
항 목	**내 용**
현지 시장규모 및 수요와 동떨어진 대량 주문으로 유혹	처음부터 대량 주문을 암시하며 현지 사정에 어두운 국내 수출기업을 현혹한다. 바이어가 상품에 대한 충분한 검토 없이 대량 주문을 서두르면 무역사기일 가능성이 높다.
일반적인 거래조건보다 수출자에게 매우 유리한 조건 제시	수출자에게 매우 유리한 조건을 제시하여 유혹을 뿌리치기 어렵게 만드는 수법을 주로 사용한다. 일반적으로 통용되는 가격 및 거래조건과 차이가 클 경우 무역사기일 가능성을 염두에 두고 거래를 진행해야 한다.
일부 금액을 선수금 결제하여 신뢰감을 준 뒤 나머지 금액에 대해 결제방식 변경 요구	오더 수량을 높게 설정한 뒤 일부 금액을 선수금 결제로 정상 거래하여 신뢰감을 주고 나머지 금액은 추심결제방식, 수표방식, 사후송금방식 등을 요구하고는 상품이 도착한 후에는 대금지불을 회피하고 연락을 끊어버리는 사례가 보고되고 있다.

항 목	내 용
제품 선적을 독촉하고 거래조건을 수시로 바꾸어 혼란스럽게 함	처음엔 거래조건을 수출자에게 유리하게 제시하여 현혹한 뒤 특수한 사정이나 불가피한 상황 등을 내세워 선적을 독촉하며 불리한 거래조건을 수용하라고 요구한다.
특수한 사정을 전제로 장황한 설명을 앞세움	비자금의 국외 반출, 위조수표 현금화, 대규모 국제입찰 수주 등 상식적으로 일어나기 어려운 매우 특수한 상황을 들먹거리며 협조를 구하는 경우 대부분 무역사기를 의심해야 한다.
공신력 있는 기관을 사칭하거나 유력인사 또는 정부기관과 유대관계 강조	최근 기승을 부리는 무역사기 유형으로 관련 서류나 공문서뿐 아니라 정부·금융기관의 웹사이트, 이메일 주소 등까지 복제, 위·변조하는 등 수법이 더욱더 고도화되고 있다. 관련 문서 수신 시 현지 무역관 등을 통해 위조문서 여부를 확인할 필요가 있다.
기업이나 연락처 정보가 정확하지 않거나 휴대전화 번호 사용	국내에서 이른바 '대포폰'이라고 불리며 추적하기 어려운 휴대전화가 범죄에 악용되듯이 해외에서도 이용자 정보를 추적하기 어려운 선불폰 등이 무역사기 사례에 악용되는 경우가 많다. 바이어에게 연락 가능한 유선전화번호와 팩스번호를 요청하는 방법으로 사기 피해를 줄일 수 있다.
특정 링크로 유도하여 이메일 아이디, 비밀번호 등을 입력하게 함	이메일 교신 중 어떠한 경우에도 이메일 아이디, 비밀번호 등 개인정보를 제공하지 않도록 유의해야 한다. 상대방이 보낸 이메일에 외부 링크가 있다면 개인정보를 요구하는 피싱사이트거나 불법 프로그램을 설치하는 것은 아닌지 신중을 기해야 한다.

무역사기 예방을 위한 체크리스트

• 현장방문 등을 통해 바이어의 신뢰성을 확보하라 - 상호 교차방문 및 현

장 확인 등으로 지급능력, 전문성 등의 확인은 물론 신뢰를 확보하는 절차가 중요하다.

- 거래 시 방심하거나 서두르는 것은 금물이다. - 신규 바이어는 의심의 여지를 두고 서두르지 말고 안전한 거래를 위한 원칙과 절차를 차근차근 이행하는 것이 중요하다.
- 연락처/사업자등록번호 등의 유효성을 확인하라. - 간단한 웹 검색만으로도 바이어 기본정보의 유효성을 확인할 수 있다. 연락처는 유선전화번호를 요청하는 것이 좋다.
- 바이어 신용정보 및 무역실적을 조사하라. - 거래에 앞서 바이어의 신용정보를 구체적으로 조사하는 것이 좋다.
- 서류 및 문서의 진위 여부 파악은 기본이다. - 서류에 쓰인 전화번호와 주소 등의 정보와 실제 해당기관 홈페이지상의 정보를 비교하면 손쉽게 진위를 판별할 수 있다.
- KOTRA 해외무역관을 적극 활용하라. - 의심되는 거래제의 등에 대해 해외무역관을 적극적으로 활용하면 피해를 예방할 수 있다.
- 계약서와 거래조건은 면밀히 검토하라. - 바이어 측에서 작성한 계약서는 독소조항 또는 일방적으로 불리한 조항이 없는지 면밀히 검토한다.
- 안전한 대금결제 방법을 이용하라. - 사전 송금조건이 아닌 경우 선진국 은행 또는 우량은행이 지급을 보장하는 확인 취소불능 일람불 L/C를 요구하는 것이 좋다.
- 각종 로그인 비밀번호는 수시로 변경하라. - 해킹에 대비 중요 사이트의 로그인 비밀번호를 수시로 변경하고 바이러스 백신프로그램을 최신으로 유지하는 것이 좋다.

05
무역사기를 방지하려면

POINT

무역사기 피해를 예방하려면 무역사기 예방을 위한 체크리스트를 활용하는 등 신중하게 임해야 한다. 코트라, 한국무역보험공사 등의 다양한 서비스를 활용할 필요가 있다.

무역사기 피해 예방을 위한 행동요령		
KOTRA, 한국무역보험공사 등의 다양한 서비스 활용		
기관명	서비스명	내 용
KOTRA Tel: 1600-7119	무역투자상담	기업 실존 여부 확인 등
	해외수입업체 연락처 확인	
한국무역보험공사 Tel: 1588-3884	수출입보험	무역 관련 보험
	국외기업 신용조사	바이어 신용정보 조사

무역사기 대처방안

사기 발생 후에는 대금회수가 어렵기 때문에 무엇보다 예방이 필수적이다. 대량주문, 선금 제안, 각종 거래비용 바이어 부담 등 일면식 없는 바이어가 우호적인 거래조건을 제시한다면 무역사기일 확률이 높으므로 주의가 필요하다. 바이어가 선적 이전에 입금증을 보내오는 경우도 위조서류일 가능성을 항상 염두에 두고 실제로 계좌에 입금되기 전까지 방심은 금물이다.

무역사기는 갈수록 진화하고 있다. 진화하는 무역사기에 대한 대응이 방지할 수 있었음에도 철저하게 자료조사를 하지 않아 발생한 것이 많았다는 것이다. 이를 방지하려면 다음과 같은 대처방안을 강구해야 한다.

바이어의 연락처 확인과 조회

최근 무역거래와 관련한 의견 교환은 대부분 이메일로 한다. 따라서 이메일은 가급적 자사 계정을 사용하는지 확인해야 하고 전화번호와 팩스번호 유무도 반드시 확인해야 한다. 바이어가 공동사무실을 사용하거나 다른 회사 연락처를 사용하여 사기 행각이 종료되면 흔적도 없이 사라지는 경우가 허다하기 때문이다. 이러한 사태를 미연에 방지하고 바이어의 진의를 정확하게 파악하려면 거래 상대방과 빈번하게 연락하여 확인해야 한다.

상대방에 대한 확실한 신용조사

계약체결 시 장래에 발생할 분쟁에 대비하여 계약서상에 중재조항을 설정하고 수입국의 비상위험과 수입자의 신용위험으로부터 구제받는 방안으로 확실한 신용조사는 물론이고 수출보험제도를 적극 활용한다.

KOTRA는 거래 전 업체 신용도, 과거 거래내역 등 기본적인 기업정보를 확인해 상당수 무역사기를 예방할 수 있다며 85개국 127개 해외무역관을 통해 해외업체 존재 여부와 대표 연락처를 확인하는 서비스를 지원하니 활용하길 바란다.

무역사기 피해 발생 시 대처방안

무역사기로 피해가 발생하거나 피해가 예상되면 계약서, 송금내역서 등 사기피해를 입증할 서류를 구비해 관할 경찰관서에 신고한다. 합의되지 않은 계약내용으로 피해가 예상되는 경우 최대한 빠른 시일 안에 국내 또는 현지 로펌 등을 통해 계약취소를 통지하는 한편 거래 외국환은행에 신고 및 지급정지 요청을 하는 등 추가 피해를 예방하는 조치를 취해야 한다.

수출대금을 회수하지 못할 상황이 발생하거나 계약불이행 발생 시 바이어에게 대금지불과 계약이행을 요청한다. 바이어 대응이 불성실하거나 응답이 없으면 계약서에 의거한 손해배상청구 의사를 담은 서면을 발송한다. NICE 신용정보 등 해외 채권회수 전문기관을 활용하면 일정액의 수수료와 성공보수를 지불하는 조건으로 미회수채권에 대한 도움을 받을 수도 있다.

무역사기 피해 발생 후 행동요령

거래은행에 지급정지 신청 → 가까운 경찰서 민원실에 신고	
거래은행	• 한국은행 및 거래 상대국가의 은행에도 지급정지 신청
경찰관서	• (PC) 경찰청 홈페이지 → 사이버안전 지킴이 → 사이버범죄 신고/상담 • (모바일) 사이버캅 → 사이버범죄 신고/상담 • (사이버범죄 신고 상담, 24시간 운영) ☎ 02-3150-2659 • 필요증빙: 계좌 상세내역이 포함된 송금확인증, 해커가 발송한 이메일, 이메일 접속 아이피 등

PART 15

우리나라의 무역 관련 법과 관리제도

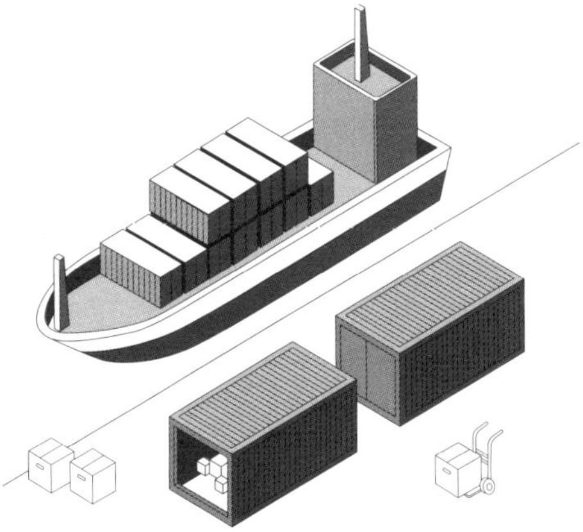

01

무역 관련 법규

포인트

무역 관련 법규는 어떤 것이 있는지 파악하고 그 내용을 이해하자. 무역 관련 법의 내용을 다 기억할 필요는 없지만 관련 준거법은 어디에 나와 있고 정확한 정보를 어디에서 찾는지 아는 건 무역실무를 하는 데 대단히 중요하다.

무역 관련 법규

법 률	법의 목적
대외무역법	무역관리를 위한 기본 법규이다. 수출입 절차와 수출입 품목관리를 주요 내용으로 하는 대외무역거래 전반을 관리 조정하는 법이다.
외국환거래법	외국환거래 기타 대외거래의 자유를 보장하고 시장기능을 활성화하여 대외거래 원활화, 국제수지 균형, 통화가치 안정을 도모함으로써 국민경제의 건전한 발전에 이바지함을 목적으로 한 법률이다.
관세법	관세의 부과·징수와 수출입 품목의 통관을 적정하게 하여 국민경제 발전에 기여하고 관세 수입의 확보를 기하는 것을 목적으로 하는 법률이다.
기타 무역 관련 법규	수출보험법, 외국인투자촉진법, 전자무역촉진에 관한 법률 등과 같은 특별법을 말한다.
개별법	무역과 직접 관련이 없지만 무역거래를 규제할 수 있는 법을 의미한다. 약사법, 마약류 관리에 관한 법, 식품위생법, 의약품관리법, 문화재보호법, 화장품법 등과 같은 법률을 말한다.

우리나라는 대외무역과 관련하여 기본 법규로 대외무역법이 있으며, 수출입 대금결제 방법을 관리하는 외국환거래법, 수출입물품의 국내외 간 이동을 통제하는 통관절차와 과세절차를 규정하는 관세법이 있는데, 이를 3대 무역 기본법이라 한다.

수출보험법, 외국인투자촉진법, 전자무역촉진에 관한 법률 등과 같은 '기타 무역관계법규'와 약사법, 식품위생법, 마약법, 문화재보호법 등과 같은 무역 관련 '개별법'이 50여 개 있다. 여기서는 우리나라 무역관리의 근간인 3대 기본법만 간략하게 알아본다.

대외무역법

대외무역법은 국내외 무역환경의 변화로 기존의 무역관리제도와 무역법 체제의 정비가 불가피해짐에 따라 자유롭고 공정한 무역으로 산업의 능률성을 높이고자 종래의 무역거래법과 무역 관련 여러 가지 법률을 통합하고 미비한 내용을 보완하여 1986년 12월 31일 새로이 제정·공포하고 1987년 7월 1일부터 시행하고 있다.

대외무역법은 국내외 무역환경의 변화를 수용하고 우리나라의 전반적인 무역관리제도의 시행과 관련한 제반 문제점을 보완하고자 몇 차례 전면 개정 또는 일부 조항이 개정되었으며, 전문 7장 59조와 부칙으로 구성되어 있다.

〈법의 대상과 내용〉

대외무역법에 따른 무역관리는 물품 수출입만 대상으로 하며, 수송·보험·금융 등의 거래와 같은 무역외거래는 외국환거래법 등 별도 법규에 의해 관리되고 있다.

대외무역법은 무역진흥을 위한 조치, 무역에 관한 제한 등 특별조치, 통상진흥 시책수립, 민간협력활동 지원 등, 수출입의 원칙과 제한 등, 통합공고, 특정 거래형태의 인정 등, 수출입승인 면제 확인, 과학적 무역업무의 처리기반 구축, 외화획득용 원료와 기재의 수입승인 등, 구매확인서 발급 등, 전략물자의 수출입 고시, 판정 그리고 수출허가 등, 플랜트 수출, 원산지표시와 판정 등, 수입수량제한조치, 수출입물품 등의 가격조작금지와 무역거래자 간 무역분쟁의 신속한 해결, 선적 전 검사기관은 WTO의 선적 전 검사에 관한 협정을 준수해야 한다는 내용 등을 포함하고 있다.

대외무역법령은 대외무역법 → 대외무역법 시행령 → 대외무역관리 규정으로 체계화되어 있다.

한편 대외무역법과 대외무역법 시행령 전문은 법제처 홈페이지(www.moleg.go.kr), 대외무역관리 규정 전문은 산업통상자원부 홈페이지(www.motie.go.kr)에서 검색하면 최신 개정 법령 또는 규정을 볼 수 있다.

외국환거래법

외국환거래법은 1994년 4월부터 시행된 외국환 관리에 관한 기본 법률이다. 이 법률은 기존의 외환관리법을 대체한 것으로 6장 32조와 부칙으로 구성되어 있다.

외국환거래법은 외국환거래와 그밖에 대외거래의 자유를 보장하고 시장기능을 활성화해 대외거래를 원활화하며 국제수지 균형과 통화가치 안정을 도모해 국민경제의 건전한 발전에 이바지함을 목적으로 한 법률이다.

〈주요 내용과 적용대상〉

외국환거래법의 주요 내용을 보면 외국환업무취급기관의 등록과 인가 취소 등, 외국환평형기금, 거주자와 비거주자 구분, 지급절차(환전절차, 송금절차, 재산반출절차 등), 지급수단 등의 수출입신고, 지급 또는 수령방법 신고, 자본거래 신고, 전자문서에 의한 허가 등, 환율(외국환거래에 관한 기준환율, 외국환의 매도율과 매입률, 재정환율 등), 외국환거래의 비밀보장, 결제방법 제한, 무역외거래 제한, 지정통화, 경고·거래정지, 외국환거래의 비밀보장, 벌칙 등을 규정하고 있다.

외국환거래법 적용대상은 동법 제2조에서 규정하고 있으며, 외국환관리의 법제는 외국환거래법 → 외국환거래법 시행령 → 외국환거래 규정으로 체계화되어 있다.

한편 외국환거래법과 외국환거래법 시행령 전문은 법제처 홈페이지, 외국환거래 규정 전문은 기획재정부 홈페이지(www.moef.go.kr)에서 검색하면 최신 개정 법령 또는 규정을 볼 수 있다.

관세법

관세법은 우리나라의 관문인 세관을 거쳐 물품이 국내외 간에 이동하는 것을 통관절차에 따라 최종적으로 규제하며, 수입물품의 과세절차를 정하고 있다. 이 법은 13장 329조와 부칙으로 구성되어 있으며, 1967년 12월 29일 법률 제1976호로 제정·공표된 관세행정의 기본법이다.

관세법은 관세의 부과·징수 및 수출입물품의 통관을 적정하게 하고 관세 수입을 확보함으로써 국민경제 발전에 이바지함을 목적으로 하는 법률이다.

〈주요 내용〉

주요 내용은 과세가격과 관세의 부과·징수, 세율과 품목분류, 관세감면·관세환급 및 분할납부 등, 납세자의 권리 및 불복절차, 운송수단, 보세구역지정, 운송(보세운송, 내국운송, 보세운송업자 등), 통관절차, 원산지 확인, 수출·수입 제한 또는 금지, 반송, 통관절차 제한 또는 통관 보류, 세관공무원의 자료 제출 요청 등, 전자문서위조 또는 변조죄, 밀수출입죄, 관세포탈죄 등의 범죄에 대한 벌칙 등을 규정하고 있다.

관세도 국세의 하나이지만 국세에 관한 국세기본법이나 국세징수법은 관세행정에는 특별히 준용하는 경우를 제외하고는 적용되지 않는다. 따라서 관세를 납부해야 하는 물품에 대해서는 다른 조세 기타 공과금과 채권에 우선하여 그 관세를 징수한다. 관세는 원칙적으로 수입신고 당시 법령에 따라 부과한다. 과세물건의 확정 시기나 납세의무자는 물품별로 정하고, 관세의 세율은 관세율표에 따른다. 관세의 과세표준은 수입물품의 가격 또는 수량으로 한다. 특별히 필요할 때는 덤핑방지관세, 상계관세, 보복관세, 긴급관세, 조정관세, 할당관세, 계절관세, 국제협력관세, 편익관세 등을 부과할 수 있다.

관세에 관한 기본법령은 관세법 → 관세법 시행령 → 관세법 시행규칙의 체계와 관세청 고시 및 관세청 훈령으로 체계화되어 있다.

한편 관세법과 관세법 시행령은 법제처 홈페이지(www.moleg.go.kr), 관세법 시행규칙 등의 전문은 관세청 홈페이지(www.customs.go.kr)에서 검색하면 최신 개정 법령 또는 규칙을 볼 수 있다.

| 유용한 정보 |

마케팅 전략 환경분석 – VRIO 분석

VRIO 분석이란 기업이 가진 경영자원을 4개의 관점에서 평가해서 그 기업의 독자적인 강점과 약점에 대해 분석하는 스킴이다. VRIO 분석의 목적은 자사의 내부요인을 평가하고 그 내부요인의 경쟁우위성을 유지 향상하기 위한 전략이나 대책을 강구하는 것이다.

〈VRIO 분석에서 평가하는 4가지 관점 및 구체적 평가내용〉
4개의 관점이란 다음과 같으며, 이들 머리글자를 따서 VRIO 분석이라고 부르고 있다.

- **경제적 가치(Value):** 자사가 취급하고 있는 상품 · 서비스에 고객이나 소비자가 지속적으로 구매 · 계약을 위해 돈을 지불해줄 만큼의 경제적 가치가 있는지를 평가한다.
- **희소성(Rareness):** 자사의 상품 · 서비스는 물론 기술이나 공급망 등의 경영자원이 경쟁사와 비교하여 희소성이 있는지를 평가한다.
- **모방가능성(Imitability):** 자사의 경영자원이 다른 회사가 모방하기 쉬운지 평가한다.
- **조직(Organization):** 자사의 경영자원을 충분히 활용할 만한 조직력이 있는지 평가한다.

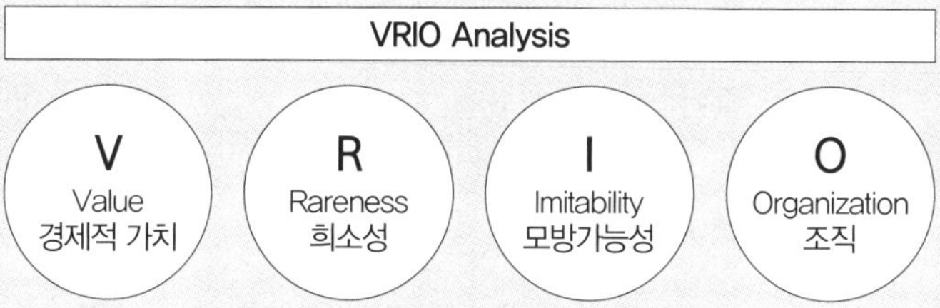

한편 VRIO 분석에서는 경영자원을 다음 5단계로 평가한다.

1. 경쟁열위: 경영자원이 경제가치가 없어 시장에 가치를 제공할 수 없는 상태
2. 경쟁균형: 경영자원에 경제적 가치가 있으나 경합이 많아 시장에서 우위를 점하지 못한 상태
3. 일시적 경쟁우위: 현재는 시장에서 우위에 있으나 모방이 비교적 쉬워서 경쟁이 나타날 가능성이 높은 상태
4. 지속적인 경쟁우위: 모방이 어렵고 경쟁이 나타날 가능성이 낮으므로 지속적으로 시장에서 우위를 점하는 상태
5. 경영자원의 최대 활용: 지속적으로 시장에서 우위를 점하는 상태이며 또한 가지고 있는 경영자원을 최대한 활용할 수 있는 상태

02

수출입품목 관리제도

포인트

수출입품목 관리제도는 수출 또는 수입에 대한 직접규제방식으로 개별품목에 대한 종합관리체계를 의미한다. 무역실무자라면 알아야 할 기본 상식이라 할 수 있으므로 관심을 가지고 공부해두자.

수출입품목 관리제도	
구 분	설 명
수출입공고	수출입공고는 대외무역법 제11조 제1항 내지 제5항의 규정에 따라 물품 등의 수출 또는 수입의 제한 금지, 승인, 신고, 한정 및 그 절차 등에 관한 사항을 규정한 것을 말한다.
통합공고	통합공고는 여러 법률에 산재하는 수출입의 요건과 절차에 관한 사항을 쉽게 파악하도록 산업통상자원부장관이 하나로 통합하여 공고하는 것을 말한다.
수출입공고와 통합공고의 관계	수출입공고에 따른 수출 또는 수입승인이 났음에도 대외무역법 제12조 규정에 의한 통합공고상에 수출 및 수입하고자 하는 물품의 수출과 수입 요령을 정한 것이 있다면 동 요령의 요건을 충족해야만 한다.
전략물자	전략물자는 대외무역법에는 국제평화 및 안전 유지, 국가안보, 기타 국가의 안전을 위하여 필요한 때 산업통상자원부장관이 별도로 정하고 공고하는 물품으로 규정된다. 미사일 등 첨단무기 제조용 기계, 기술 원재료가 나쁜 나라로 들어가지 못하도록 전 세계적으로 관리 통제하는 품목이다.

구 분	설 명
개별법(특별법)	취급하는 무역품목이 어느 개별법(또는 특별법)에 해당하는지와 수출입 절차는 '품목별수출입요령'집에서 확인할 수 있다.

수출입품목 관리제도

수출입품목 관리제도란 개별품목의 수출입 제한 여부를 종합적으로 관리하는 제도이다. 국가가 제도·기구 또는 법규로 무역거래를 간섭·통제하거나 규제하는 것을 의미하고 개별 국가들은 무역에 대한 최소한의 규제와 지원을 하고자 각종 법규와 제도로 수출입관리를 하고 있다.

수출입품목 관리는 WTO 체제하에서 무역자유화원리에 따라 가급적 최소화하려는 경향이 있고 무역관리를 위한 정부 정책이나 제도 등은 규제차원보다는 공정한 거래질서를 유지하고 국제무역의 효율성을 도모하는 형태로 전환되는 실정이다.

수출입품목 관리의 배경

국가가 법과 제도로 무역거래를 규정하고 준수하도록 하는 것은 무역관리로 공정한 수출입거래질서를 유지하고 국민경제에 기여하려는 것이다.

수출입품목 관리는 대외무역법에 근거하여 수출입공고, 전략물자수출입공고와 개별법에 따른 제한내용을 취합해 공고한 통합공고로 되어 있다.

수출입공고는 경제목적을 달성하려는 공고체계이며, 통합공고는 경제 외적 목적을 달성하려는 공고체계라고 볼 수 있다. 주의할 점은 수출입공고와

수출입품목 관리체계

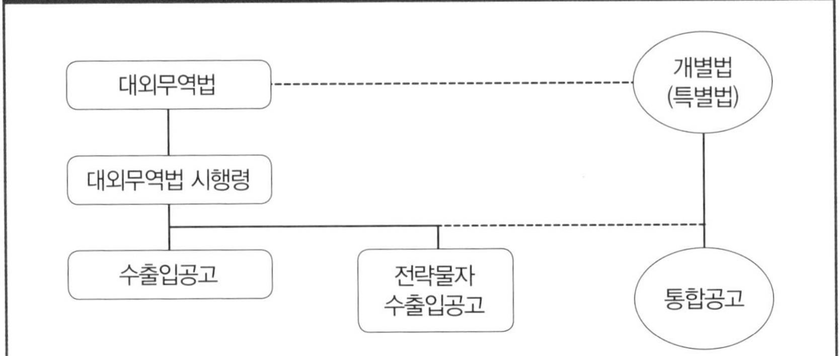

※ 개별법은 약사법, 식품위생법 등 50여 개가 있다.

통합공고는 독립적으로 적용되지만 공고체계에 의한 제한내용을 반드시 동시에 충족해야 한다는 것이다.

품목관리를 위한 각 공고방법

〈수출입공고〉

수출입 품목을 관리하려는 기본공고로 개별 품목에 대한 수출입 제한 여부를 공고하는 것을 말한다. 산업통상자원부장관이 승인대상 물품의 수량, 금액, 규격 및 수출입지역 한정 등 물품의 수출 또는 수입의 제한과 절차 등을 정하여 공고한다.

〈전략물자수출입공고〉

국제평화와 안전유지를 위해 국가 간 이동의 규제가 필요하다고 인정하는 물품에 대해 관계중앙행정기관과 협의를 거쳐 고시하는 것으로, 전략물자의 수출제한과 수입증명서 발급에 관한 사항을 규정하고 있다.

〈통합공고〉

국민보건 및 안전, 사회질서 유지, 문화재 보호, 환경보호 등을 위해 식품위생법 등 개별법상의 수출입제한 내용을 정부에서 통합해서 공고하는 것을 말한다. 산업통상자원부장관이 수출·수입요령의 제정 또는 개정 내용을 관계행정기관의 장에게서 제출받아 통합·공고하는 것이다.

개별법(특별법)에 의한 관리

우리나라는 무역거래의 기본이 되는 대외무역법과 별도로 약사법, 마약법, 의약품관리법, 식품위생법, 검역법, 문화재보호법, 영화법, 음반에 관한 법률 등과 같은 각종 개별법에 무역 관련 규정을 두고 있다. 이들 개별법을 수출보험법, 외국인투자촉진법, 전자무역촉진에 관한 법률 등과 같은 '기타 무역관계법규'와 함께 특별법이라 말하며 일반법에 우선한다는 '특별법우선적용원칙'에 따라 특별법에 의하여 수출입 행위를 관리한다.

특별법에 해당하는 물품의 수출입은 산업통상자원부장관이 별도로 '수출입요령'을 고시하며, 해당 물품을 수출입하고자 하는 경우 산업통상자원부장관의 별도고시에 정하는 제한조건을 충족한 경우에 한해 수출하거나 수입할 수 있다. 특별법에서 사전허가를 받도록 규정된 물품은 동 사전허가를 받아야 한다.

수출입 허용 여부 결정방법

무역관리를 위해 수출입의 허용품목과 금지품목을 정하는 방법으로는 'Positive List System'과 'Negative List System'이 있다.

'Positive List System'은 수출입이 허용되는 품목만 표시하고 그 외에는 수출입을 제한하거나 금지하는 제도를 말하고, 'Negative List System'은 수출입이 제한되거나 금지되는 품목만 표시하고 그 외에는 수출입을 허용하는 제도를 말한다. 우리나라는 'Negative List System'을 채용하고 있다.

| 유용한 정보 |

(영문계약서의 조문 예시)

SALES CONTRACT

This Contract, made and entered into this _______ day of March, 2023 by and between ABC Co., Ltd., a corporation duly organized and existing under the laws of Japan, with its principal office at ____주 소____, Japan (hereinafter referred to as the "Buyer") and XYZ Inc, a corporation duly organized and existing under the laws of the Republic of Korea, with its principal office at ____주 소____, Republic of Korea (hereinafter referred to as "Seller").

WITNESSETH

WHEREAS, the Buyer requires a supply of Goods hereinafter more particularly specified, and is desirous of reselling to his domestic customers through his agent in Japan: and

WHEREAS, the Seller is desirous of selling such Goods to the Buyer in accordance with the terms and conditions set forth under the Contract:

NOW, THEREFORE, in consideration of the foregoing and the obligations hereunder, the parties hereto agree as follows:

Article 1. Definition(정의조항)
Article 2. Sale and Purchase(판매 및 구입)
Article 3. Quantity(수량)
Article 4. Specifications(규격)
Article 5. Price(가격)
Article 6. Terms of Payment(지불조건)
Article 7. Delivery(인도)
Article 8. Title and Risk(소유권 및 위험부담의 이전)
Article 9. Insurance(보험)
Article 10. Inspection(검사)
Article 11. Warranty(보증)
Article 12. Patent Infringement(특허권 침해)
Article 13. Termination(해제)
Article 14. Force Majeure(불가항력)
Article 15. Taxes and Duties(세금 및 조세)
Article 16. Assignment(양도)
Article 17. Language(언어)
Article 18. Notice(통지)
Article 19. Governing Law(준거법)
Article 20. Arbitration(중재)
Article 21. Addition and Amendment(추가 및 수정)
Article 22. Effective Date(계약발효일자)
Article 23. Entire Agreement(완전합의)

IN WITNESS WHEREOF, the parties hereto have caused this Contract to be executed by their duly authorized representatives in duplicate as of the day and year first above written, each party retaining one original respectively.

SIGNED for and on behalf of :

| 참고문헌 |

• 무역실무 정석 무역을 알면 세계가 보인다, 권영구, 2019, 중앙경제평론사

• 쉽게 배우는 무역영어 기본 실무, 권영구, 2016, 중앙경제평론사

• 개인 수출입을 위한 무역실무 읽는 법, 권영구, 2013. 중앙경제평론사

• 인코텀즈 2020 한국어 공식 번역본, 2019, 대한상공회의소

• 무역실무, 이기찬, 2012. 중앙경제평론사

• 무역창업 가이드, 김성훈, 2002, 도서출판 두남

• 환리스크 대응방안, 김성훈, 2002. 도서출판 두남

• 수출입대금결제, 2008. 한국무역협회 무역아카데미

• 무역계약, 2003. 한국무역협회 무역아카데미

• 무역운송 · 보험, 2004. 한국무역협회 무역아카데미

• 무역마케팅, 2004. 한국무역협회 무역아카데미

• 국제통상 비즈니스, 손승표 외 4인, 2017, 비엔엠북스

• 국제통상의 이해, 김홍률, 2018, 도서출판 청람

• 국제통상법, 이춘삼, 1999, 법문사

• 전자무역의 이해와 활용, 임성범, 2020, 도서출판 원

• 전자무역론, 정용균, 2019, 도서출판 청람

• 협상의 정석 비즈니스 협상전략, 송이재, 2019, 경성대학교 출판부

• 비즈니스 협상실무 TOOL BOX, 이승호, 2011, ㈜델타텍코리아

• 국제무역사기 이렇게 대비하라, 1999, 대한무역투자진흥공사

• 국제무역사기 사례와 예방대책, 김성훈, 2002, 도서출판 두남

• 나는 알리바바로 40억 번다, 서이랑, 2019, 라온아시아

• 도해 수입실무, 전창원, 1998. 무역연구원

• 디지털무역 이해하기, KOTRA 해외시장뉴스 사이트

– 디지털 무역에서의 무역장벽, 임소라, 미국 워싱턴무역관, 2017. 07. 25

– 무역협정을 통해 보는 디지털 무역, 임소라, 미국 워싱턴무역관, 2017. 08. 16

• 한국무역협회, 코트라, 한국무역보험공사, 관세청 등 무역 유관기관 홈페이지

• 인터넷 포털사이트 NAVER와 DAUM 사이트

• よくわかる貿易の實務, 藏 和彌, 2002. 同文館出版株式會社

• 圖解で入門! よくわかる貿易の實務, 木村雅晴, 2004. PHP研究所

• (新版) 貿易實務がわかる本, 宮下忠雄, 2005. PHP研究所

• 解 いちばんやさしく丁寧に書いた貿易実務の本, 片山立志, 2014, 成美堂出版

• 契約の英語, 仲谷榮一郎, 1994. 荒竹出版

• 課題解決につながる「実践マーケティング」入門, 理央 周, 日本実業出版社, 2017

• ビジネスに役立つ経営戦略論 – 企業の戦略分析入門, 澤田直宏, 2020, 有斐閣

• 60分でわかる! ビジネスフレームワーク, ビジネスフレームワーク研究会, 2019, 技術評論社 松江 英夫 (監修)

• 際物品売買条約, 潮見佳男 · 中田邦博 · 松岡久和 編, 2010, 法律文化社

| 찾아보기 |

무역실무 한 권으로 마스터한다

초판 1쇄 인쇄 | 2023년 9월 20일
초판 1쇄 발행 | 2023년 9월 25일

지은이 | 권영구(YoungKu Kwon)
펴낸이 | 최점옥(JeomOg Choi)
펴낸곳 | 중앙경제평론사(Joongang Economy Publishing Co.)

대　　표 | 김용주
책임편집 | 이상희
본문디자인 | 박근영

출력 | 영신사　종이 | 에이엔페이퍼　인쇄 · 제본 | 영신사

잘못된 책은 구입한 서점에서 교환해드립니다.
가격은 표지 뒷면에 있습니다.

ISBN 978-89-6054-321-8(03320)

등록 | 1991년 4월 10일 제2-1153호
주소 | ㊟ 04590 서울시 중구 다산로20길 5(신당4동 340-128) 중앙빌딩
전화 | (02)2253-4463(代)　팩스 | (02)2253-7988
홈페이지 | www.japub.co.kr　블로그 | http://blog.naver.com/japub
네이버 스마트스토어 | https://smartstore.naver.com/jaub　이메일 | japub@naver.com
♣ 중앙경제평론사는 중앙생활사 · 중앙에듀북스와 자매회사입니다.